牟宗三先生全集⑮

康德的道德哲學

牟宗三　譯註

《康德的道德哲學》全集本編校說明

楊祖漢

　　本書是康德《道德底形上學之基本原則》及《實踐理性底批判》兩書之翻譯，並附有康德《道德底形上學》一書中〈道德學底形上成素之序論〉及〈道德學論良心〉兩篇之翻譯。

　　牟先生開始翻譯《道德底形上學之基本原則》，大約是在他任教於東海大學（1955年至1959年）之時。據蔡仁厚先生的《牟宗三先生學思年譜・學行紀要》，牟先生於1964年任教於香港大學時完成此書之譯稿。接著，他開始翻譯《實踐理性底批判》，至遲到1970年中葉，他已完成此譯本之初稿。然遲至1982年9月，他才將這些譯稿結集成《康德的道德哲學》一書，由台灣學生書局出版。次年10月此書再版時，牟先生修訂了若干錯誤，迄今未再作進一步之修訂。

　　牟先生翻譯《道德底形上學之基本原則》及《實踐理性底批判》，主要根據英人阿保特（T.K.Abbott）的英譯本，也參考拜克（L.W.Beck）的英譯本及巴通（H.J.Paton）對於前一書的英譯本。遇有疑義，間亦核對德文本。除了翻譯之外，本書亦有不少譯註及案語。在《實踐理性底批判》之〈純粹理性底動力〉章，更

有不少長篇案語，對儒家及康德的道德哲學加以比較。

本書之編校工作以1992年台灣學生書局的重印本爲依據。牟先生在其譯文中所加的補字、補句，以及根據拜克或巴通之譯本譯出者，均以〔 〕區別之。然他所加的同意語、注解語及兩可語則使用（ ），而與他在翻譯原文時所使用的（ ）不易區別。爲避免混淆，本《全集》本在其同意語、注解語及兩可語出現之處，亦使用〔 〕加以區別。

目　次

二版改正誌言

此譯書於初版後，我從頭至尾逐句檢閱一遍，發見猶有若干錯誤。今乘再版之機，一一予以改正，希讀者以此第二版文爲準。改正之須告讀者者如下：

㈠61頁：

至此，我們見到〔道德〕哲學已被致至一危急的生死關頭之境，因爲它必須堅固地被穩定，儘管它在天上或地下沒有任何一物來支持它。在此，它必須如其作爲其自己所有的法則之絕對指導者那樣而表明其純淨性，它是其自己所有的法則之絕對指導者，它不是那樣的一些法則之傳聲筒，所謂那樣的一些法則即是那由一「注入的感覺」〔an implanted sense，案：如一般人所假定的道德感覺moral sense，此爲康德所不許〕所私語給它的那些法則，或由「誰知其是什麼保護人一類者」所私語給它的那些法則。

案：此是改正文。惟須聲明者，此中首句，其他兩英譯（拜克譯與巴通譯）不如此。我是依阿保特之譯而譯。其他兩英譯於「危急的生死關頭之境」〔危險之境〕後，用關係代詞which重說此境爲必須被穩定者，不用「它」字指說哲學，亦無「因爲」字。至於下句之主詞，拜克譯明標爲哲學，而巴通譯則用女性代詞「她」字

以指說哲學。（案：哲學即道德哲學，道德兩字是我所加，原文及英譯皆無。）是則其他兩英譯顯然是分別指說。查康德原文，文法上或許是如此，究竟如何，我不能定。但於義理上，若說那危急的生死關頭之境〔危險之境，precarious position，miß lichen Standpunkt〕必須堅固地被穩定，似乎不甚通。阿譯或亦有見於此乎？若如阿譯，則下句正說「哲學必須表明其純淨性」云云，此即是承上句中之「因為」句而明說哲學之如何堅定其自己而不使其自己歧出，即如何穩定住其自己。此則上下一律，亦甚通順。若依其他兩英譯譯出，則不順適。若上句用關係代詞單指處境〔立足地〕說，不把「危急」或「危險」算在內，則應說哲學之處境〔立足地〕，不應只說處境，而若如此，則又不能用關係代詞。只說處境即是指前文「危急之境」說。此是其他兩英譯之難處。究竟如何須待明者裁決。茲暫時仍依阿保特之譯而譯。

㈡104頁：「〔……〕但只能把它〔呈現〕為一種乞求論點〔丐題〕者，此乞求論點所乞求之原則」云云，是改正文。

㈢112頁：「理性之思議其自己為實踐的」是改正文。

㈣157頁：「正如人們所能猜想的」是改正文。

以上四處，如存有初版者，當依此二版文改過來。茲還有一句應須聲明。23頁：

一個痛風的病人，他能自行選擇去享受其現在所實喜歡者，而忍耐其未來所或可喜歡者。

案：此句，我是依下文之說明而意譯，於語法上不合英譯及康德原文，但於義無違，因此，我未修改。依英譯是如此：「〔……〕去享受其所喜歡者，而忍耐其所可忍耐者」。依康德原

文是如此:「〔……〕去享用那適悅於他者,而去忍耐那他所能忍耐者」。所謂「忍耐」或「忍受」即是忍耐或忍受眼前因有病而享不到之苦,而並不為未來病愈時或可享到者而犧牲其眼前可得之享受。我承認當時於阿保特所譯之「而忍耐其所可忍耐者」中之「所可」未能明其是助「忍耐」者。我是向「喜歡」想,這當然在句法上是錯了(這錯誤是岑溢成君告予者)。但這誤打誤撞卻於義無違,因此,我原諒了我自己而仍保留了那文意通順之原譯。但我必須把原語法載於此。若讀者認為我所譯者是錯,則請用英譯語。若認為英譯亦不好,則請用康德原文。若覺康德原文稍籠統,則回頭來看看我之意譯亦未始無助。

須明告讀者的改正只上列四處,而須聲明的雖於語法上是錯而因於義無違而未改正者只這一處,其餘只修改幾個字,或校刊幾個錯字,或稍有調整詞語之位置者,則亦隨處有之,因無甚重要,故不列舉。此則只足使讀者讀之更為順適條暢而已。

中華民國七十二年九月 牟宗三 誌

譯者之言

　　康德的道德哲學以《道德底形上學之基本原則》與《實踐理性之批判》兩書為代表作。今譯此兩書是根據英人阿保特（Thomas Kingsmill Abbott）之譯而譯成。

　　阿保特之譯至今已百餘年，中經六版，可謂精譯。由英文了解康德的道德哲學者大體皆從之。近復有美人拜克（Lewis White Beck）之重譯，於1949年首版。拜克譯等於阿保特譯之再潤飾，優點如下：行文流暢，關聯顯豁，斷句較簡，詞語通常，文法明順。稍早於拜克（幾乎是同時），復有英人巴通（H. J. Paton）單譯《道德底形上學之基礎》（阿保特譯為《道德底形上學之基本原則》），於1947年出版。此譯將原文三章分成小段落，並加標題，且附有注釋。我之此譯亦分成小段落，見目錄，但不若巴通之細。

　　然茲仍據阿保特之譯而譯者，則一因其為久已流行之初譯，二因三譯相較，後兩譯只措辭有異，而意旨相同，小出入則有之，而相違逆者則甚少。吾曾逐句比對，只有一句違逆甚大，此可算是阿保特之誤，且是嚴重之錯誤，蓋於義理不通故也。此見第二節第3論假然律令與定然律令處。那個句子是界定假然律令與定然律令

者。界定假然律令者，語甚簡單。界定定然律令者，則弄的甚複雜。阿譯旣不合，即拜克譯，因複雜故，初看亦未全明，及看巴通譯則顯豁，故拜克譯亦得明。故此句應以巴通譯與拜克譯爲準。如此重要句子，若弄不清楚，豈不可惜？至於其餘，則間附拜克譯或巴通譯以備參考，並助理解。若遇三譯相違而俱不顯明者，則查質德文原文，逕依德文而譯，此必予以注明。於此等處，岑溢成、鄺錦倫、李明輝、胡以嫻諸同學幫忙甚大。直從德文譯固佳，然從英文譯而改正其錯誤，亦非無價值。蓋英文如此普遍流行，讀英文者多，而不必皆能讀德文也。

吾之此譯係嚴格地對應英文語法而直譯，務期由語法定語意，句句皆落實於英文語法之構造，決不可恍惚而臆測。語法不諦，語意不準，則差之毫釐，謬以千里。此種義理精嚴之作，概念思辨之文，只有直譯，無所謂意譯。直譯者，看準語法之結構而相對應地出之以中文語法之結構（自然是近代學術性的語體文），而亦自有其可讀之文氣者之謂。凡合文法者無不可讀者。其不可讀者，必其無文法結構者，或錯謬而違逆不通者。是故直譯，雖較囉嗦，而非無文氣。每見西人譯中文行文中之「天下」爲「在天之下」，譯「萬物」爲「十千（一萬）個物」，此非直譯，乃實不通。每一詞語或成語皆有其某一語文中習慣之定意，知其一定之意義，而即就此一定之意義而譯之，名曰直譯。若不知此一定之意義，而以「在天之下」譯「天下」，以「十千個物」譯「萬物」，則爲不通中文者，此非可曰直譯也。先有確定之譯文置於此，然後再換語疏解而通之，如此，方可有定準。若原意不準，而即以意爲之，美其名曰意譯，則望文生義，恣意遐想，其愈引愈遠，愈遠愈誤者多矣。其

確定之原意究何在耶？而況此種義理精嚴之作，概念思辨之文，雖就文字言，名曰語法之結構，而就義理言，則實爲概念之結構，若一有不準，則義理即乖，而可隨便意譯乎？

　　康德造句本極複雜，因插句太多，繫屬語太煩故也。此種複雜之句法，各方照顧之概念結構，看準其文法結構以後，而復對應地重組爲中文，實煞費經營。其插句繫屬句太多，實難直接硬捏於一起者，則只有拆開，先略譯綱脈，後詳補述，多加重複以連繫之，如此，則亦自成文氣而不失其主從。然於如此多之繫屬語，必須諦看其關聯，稍一不愼，便成錯誤。又，康德原文代詞太多，英譯仍多，此最令人頭痛，故於中文必須實指，否則必一團糊塗。然於明其實指時亦易鬧成錯誤。

　　關於的、底、地，副詞用「地」字，前置詞表所有格者用「底」字或「之」字，形容詞用「的」字。但人稱代名詞之領格亦仍順俗用「的」字，如「他的」、「它的」等。

　　關於括弧，如係譯者所加之補字或補句，或附拜克譯或巴通譯者，則用〔 〕號；如係譯者所加之同意語或注解語，或兩可語，則用（ ）號。＊原文形容語句有時亦加（ ）號以免隔斷或迷誤主句之語氣。

　　就《道德底形上學之基本原則》言，原文只大分三節，僅第二節末文及第三節文有小標題，但亦無表次第之數目字。今就大分之三節，第一節補分爲四段，予以四小標題；第二節補分爲十八段，除末後三標題爲原有外，茲復補以十五標題；第三節原有六標題，不復增補，僅補數目字。凡所補之標題及數目字，皆用〔 〕號，見目錄。

　　＊【編按：本《全集》本在同意語、注解語及兩可語出現之
處，亦使用〔 〕以資區別】

　　此譯既以阿保特譯為準，而阿保特之譯所根據的原文是羅森克
勞茲（Rosenkranz）與舒伯特（Schubert）合編的《康德全集》中
的第八冊，此可簡名曰羅森克勞茲版。他的譯文中標有此版原文的
頁數，我之此譯亦隨之將原文頁數標於書眉。讀者若對德文，可就
此頁數對；對此德文頁數，即見到英文頁數，即就之對讀英文可
也。拜克譯所根據的是普魯士學院版，他亦列有此版的頁數。巴通
譯則是根據此書的第二版，此是康德生時最好的一版，他列有此版
的頁數（同於阿譯所列），並列有普魯士學院版的頁數。讀者讀吾
此譯可對讀阿譯，並同時可參對巴通譯及拜克譯。

　　英譯三譯對看，顯然可以看出阿譯儼若初稿，其他兩譯儼若就
初稿而作修改或潤飾；而拜克譯則更似乎是如此，蓋其辭句相同者
較多故也，而巴通譯則較少，蓋巴通自謂雖主要保存原句之結構，
然亦無意字字對譯，並謂極力想使其譯文英文化，減少條頓氣
（Teutonisms）。三譯對看，除阿譯顯明為錯誤者外，各有長處，
而後兩譯不必更佳。三譯對看，有時阿譯不清楚或不明顯者，參看
其他兩譯可使之清楚而明顯，如是，若三譯相順無違，則可知於原
文無誤，除非三譯皆錯。（三譯大體皆相順，《純粹理性底批判》
之三英譯未能及此。）

　　吾茲所能盡力者，乃在盡量把握英文之句法。句法無誤，句意
自順。無誤則「信」，意順則「達」，信而達則「雅」。蓋此種概
念語言不能出巧花樣，亦不能如作文章之誇飾。若變成鼓兒詞之語
言，則雖通俗流暢，亦為不雅。若如嚴復之翻譯，以中國古文語調

出之,雖即文雅,亦不可取,蓋必不能信,而達亦不可說,蓋達其
所達,非譯事之達也。若以通俗文言出之,此於翻譯其他作品,或
有時可能,而於譯康德書則決不可能。故只有依概念語言以嚴格語
體文出之爲宜。中文行文大體爲流線型,而西方語言則爲結構型。
只有嚴格語體文方能曲盡概念語言之結構,乃至此十分複雜之結
構。信達雅是在這範圍內說,非泛言也。當初譯佛經而成爲佛經
體,此非可以普通文事論。今譯康德書,則爲概念語言之學術文,
亦非可以普通之文事論,猶若譯科學書必爲科學語言,非可以普通
之文事論。若於此而謂是中文之染汙,則爲不知類。

　　吾於英文並不精熟,亦少看文學書。然英文程度高雅精熟者亦
不必能譯此書。吾見有好多英文程度比我好者,於譯此類文字時,
無法措手。勉強譯出,亦不能達。翻譯本身即是一種工夫,習至熟
練太費時間,故吾常覺年輕人不宜作此工作。蓋憤發進取,所須涉
獵者多矣,無從容餘暇以爲此咬文嚼字之事也。吾黽勉勤力以赴,
從容以爲之。此種譯事,除哲學訓練外,完全是咬文嚼字的工夫。
巴通說他於翻譯之小地方曾煩擾許多朋友與學生,吾亦如此。文字
工夫之難全在行文之句法,上下文氣之關聯,整句中各部分之關
聯。此中有不明者,或一時看不清者,吾必就英文熟者而問之,決
不放過。是以譯事之難有虛有實。實者是學力,虛者是文字。概念
語言中之專詞實詞,吾自問尙能掌握得住。虛者則黽勉以期無誤。
中國於康德書亦有若干譯,屬於實者且不說,屬於虛者則錯誤百
出,故不可卒讀。吾初譯時,不能過此。後漸磨漸久,即能照察謬
誤,逐步改正。誤則不通,改之則通。有時行文雖通,而實有誤。
有時雖似看懂句法,而太複雜,表達爲難,結果仍不通而誤。世之

譯者未仔細看懂句法，亦未認眞對過，其不信不達亦宜矣。故吾斷言，若看準句法，無有不達者。譯既如此，讀時亦然。吾要求讀者按下心去逐句順文法結構仔細讀，不可當閒文一目十行也。當然亦假定讀者有能讀此書之能力與學力。若有了預備知識，則讀吾此譯當無難也，而於書中之內容亦不難理解。若精熟儒學，則理解更易。若完全無此類預備，則即使每段詳加疏解，亦不必能懂。此並非說疏解無必要。然此是另一種獨立之工作。先使此譯文爲可讀，先獨立讀此譯文可也。讀之既久，自作疏解亦可也。

就《實踐理性底批判》而言，英譯只有阿保特譯與拜克譯，無巴通譯。吾亦隨時附拜克譯以作參考。讀此書亦須先有《純粹理性之批判》之知識。吾於譯此書時，多隨時加案語，而於〈分析部〉第三章加案語尤多，以期與儒學相比照，使吾人對於雙方立言之分際可有眞切之理解。康德對於道德情感與良心等之看法是其不同於儒家正宗孟學系之重要關鍵，故吾將其《道德學底形上成素》之〈序論〉中關於道德情感、良心、愛人，以及尊敬之文譯出附於《實踐理性之批判》之後，以作比觀。

〔案：康德於《道德形上學之基本原則》外尚有《道德底形上學》一書，此書包括以下兩部：

Ⅰ、法律學之形上的始基（亦譯形上的成素）。

前言。

法律學之分類表。

道德底形上學之導言。（阿保特將此文譯出）

法律學之導言。

⋯⋯⋯⋯⋯

Ⅱ、道德學之形上的始基（或形上的成素）。

序論。（阿保特將此文譯出）。

…………

吾只將此〈序論〉中ⅩⅡ段關於道德情感、良心、愛人，以及尊敬者譯出以作附錄。與儒家相比，只此為有關鍵性的重要，其餘無甚重要，故不譯。〕

康德書行世至今已二百餘年，而中國迄今尚無一嚴整而較為可讀之譯文，是即等於康德學始終尚未吸收到中國來。吾人如不能依獨立之中文讀康德，吾人即不能言吸收康德，而中國人亦將始終無福分參與於康德學。進一步，吾人如不能由中文理解康德，將其與儒學相比觀，相會通，觀其不足者何在，觀其足以補充吾人者何在，最後依「判教」之方式處理之，吾人即不能言消化了康德。吾之所作者只是初步，期來者繼續發展，繼續直接由德文譯出，繼續依中文來理解，來消化。此後一工作必須先精熟於儒學，乃至真切於道家佛家之學，總之，必須先通徹於中國之傳統，而後始可能。

中華民國七十年八月 牟宗三 誌於九龍

一、康德：
道德底形上學之基本原則

道德底形上學之基本原則　目次

道德底形上學之基本原則

序

　　古代希臘哲學曾被分成三種學問：物理、倫理，與邏輯。這種　3
區分完全適合於「有關事物」之本性〔主題之本性──依拜克
譯〕；而於這區分所能作成的唯一改進便是去加上其所基依的原
則，這樣，我們便可確保其**完整性**，並亦能正確地去決定那必要的
隸屬區分。〔這種區分完全符合於主題之本性，而一個人或許只能
因著「提供區分之原則以便去保證此區分之**窮盡性**並正確地去規定
那必要的隸屬區分」而改進之。──依拜克譯。〕

　　一切理性的知識或是材質的，或是形式的：前者考論某種對
象，而後者則只涉及知性底形式以及理性底形式本身，並涉及思想
一般之普遍法則，而沒有區別它的對象〔而沒有論及對象間的區別
──依拜克譯〕。形式的哲學名曰邏輯。但是，材質的哲學，即那
有事於決定對象以及對象所服從的法則者，又得分為兩部；因為這
些法則或是自然底法則，或是自由底法則。前者底學問是物理學，
後者底學問是倫理學；它們亦得分別名曰自然哲學與道德哲學。

　　邏輯不能有任何經驗的部分──所謂經驗的部分就是「思想底
普遍而必然的法則必基於從經驗得來的根據上」的那一部分，邏輯
若有經驗的部分，則它必不能是邏輯，即必不能是知性或理性底法

4 規，對一切思想皆有效，並且是能夠證明的者。反之，自然哲學及道德哲學它們分別皆能有它們的經驗的部分，因爲前者要去決定「作爲經驗對象」的自然底法則，後者則決定人類意志底法則，當它〔意志〕爲自然所影響時：但是，前者是「每一東西依之以實然發生」的法則；而後者則是「每一東西依之以應當發生」的法則。但倫理學也必須論及那「在其下那應當發生者而常不發生」的條件。

一切哲學，當它是基於經驗底根據上，我們可以叫它是經驗的哲學；另一方面，那單從先驗原則而呈現它的理論的，我們可以叫它是純粹的哲學。當這後者只是形式的，它即是邏輯；如果它被限制於知性底特定對象上，則它便是形上學。

在此遂發生了一個雙重形上學底觀念——自然底形上學及道德底形上學。如是，物理學將有一經驗的部分，也有一理性的部分。倫理學也是如此；但在倫理學，那經驗的部分可有一特別的名稱，此即「實踐的〔實用的〕人類學」，而「道德學」一名則專屬於理性的部分。

一切商業、技藝、手工業皆因分工而有進步，即是說，不要一人作每一事，而是要把他自己限於一種不同於其他工作的工作上（就此工作所需要的治之之方不同而不同於其他工作），這樣，便能以較大的輕便與最大的完美來作成它。如若不同種類的工作並未這樣分開，而每一人皆是「事事通而實無一精通」（jack of all trades），則一切製造必尙停滯於最原始的狀態中。同理，純粹的哲學，在一切它的部門中，**是否不需要一人專致力於它**〔這是一問〕，而如果那些人，爲悅大衆趣味，他們習慣於去混合理性的成

素與經驗的成素於一起，依他們自己所不知的各種比例把這兩種成素混雜起來，並且他們稱他們自己是獨立的思想家，把「瑣碎的哲學家之名」〔好作無謂思慮者之名〕給與於那些只委身於理性的部分者──我說，如果我警告這些人不要把兩種十分不同的事業（就它們所要求的處理之方之不同而不同）混在一起進行，因為其中每一種或許需要一特殊的才能，而兩者之結合於一人則只能產生笨拙而低劣的工作者〔笨伯 bunglers〕：我這樣警告，對於全部的學問事業，這**是否不是較好一點**〔這又是一問〕，〔以上兩問〕，那是值得去考慮的。但在此，我只問是否學問底本性不需要這樣作，即：我們須時時謹慎地把經驗部分與理性部分分開，而對於物理學當身（或經驗物理學）先之以自然底形上學，對於實用的人類學先之以道德底形上學，而這兩種先在的學問必須謹慎地滌清一切經驗的東西，這樣，我們可以知道在這兩種學問中為純粹理性所能完成的有多少，純粹理性從什麼根源裡抽引出它的先驗的義旨（a priori teaching）來，而且亦可以知道對於這兩種學問的後一種學問〔即「道德底形上學」〕底研究是由一切道德學家（其名繁多）來從事，抑或只由那「對之有實感」（feel a calling thereto）者來從事：學問底本性是否不需要這樣作。

　　因為在這裡我所關心的是道德哲學，所以我把所要提示的問題限於此，即：去構造一純粹的道德哲學，把那「只是經驗的，並且是屬於人類學」的每一東西完全滌清，這是否不是極度的必要呢？我之所以把問題限於此，是因為「這樣一種哲學必須可能」，這是顯明的，即從普通的義務觀念以及道德法則底觀念即可見出其是顯明的。人人皆必承認：如果一個法則是真要有道德的力量，即：真

可成為一義務底基礎，則它必須具有絕對的必然性；人人亦必承認：例如，「你不可說謊」這箴言，並不是單對人類有效，好像其他理性的存有不須去遵守它似的，此例如此，一切其他真正所謂道德法則亦皆如此；因此，人人亦必須承認：義務底基礎必不可在**人之自然〔人性〕**中或在人所處的世界內的環境中去尋求，但只當**先**

6　**驗地**在**純粹理性底概念**中去尋求；而且最後人人亦必須承認：縱然任何其他基於純然經驗底原則上的箴言，在某些方面，或可是普遍的，但只要它基於一經驗的基礎上（其基於一經驗的基礎即使程度極微，或許只關於其中所含的動機），則這樣的箴言雖可為一實踐的規律，但卻決不能叫做是一道德法則。

　　這樣，不只是道德法則連同著它們的原則本質上不同於每一其他含有經驗成分的實踐知識，而且一切道德哲學皆必須完全基於它的純粹部分上。當應用於人，那並不是從對於人自己底知識（人類學）中借得些許什麼事，但只是把先驗法則給與於作為一理性存有的人。無疑，這些先驗法則需要一種能因經驗而銳利的判斷力，以便一方面好去分辨出在什麼情形下它們是可應用的，另一方面好為它們去獲得接近人底意志之道路〔機會〕，以及在行為上得到有效用的影響力；因為，人為如許多的**性好**所影響，所以他雖能有一實踐的純粹理性之理念，但他卻不是很容易地能使此理念在他的生活中能具體地有作用〔有效用〕。

　　因此，一個**道德底形上學**是不可少地必要的，其必要不只是為思辨的理由，以便去研究那些「在我們的理性中先驗地被發見」的實踐原則之根源，且亦因為道德自身易陷於種種的腐敗，當我們沒有〔或缺乏〕那種指導線索與最高規範，即「因之以正確地去評估

道德」的那種指導線索與最高規範時。因爲要想作到「一個行爲須
是道德地善的」，光是說「它**符合**於道德法則」這尙不足夠，而且
須是這樣的，即「它亦必須單**爲法則之故**而被作成」，如若不然，
那種符合只是很偶然而不確定的；蓋因一個「不是道德的」原則，
雖然它可有時〔偶爾〕產生「可符合於法則」的行爲，但亦時常產
生「相違於法則」的行爲。現在，那只有在一純粹哲學中，我們始　7
能找到純粹而眞正的道德法則（就實踐之事言，這是最關重要
者）：因此，我們必須以**純粹哲學（形上學）**開始〔爲先導〕，設
若無此，便決不能有任何道德哲學可言。那把這些純粹原則與經驗
原則混雜在一起者，它自不足以當哲學之名（因爲那彰顯哲學而使
之不同於普通理性知識者乃在這一點，即哲學乃是在各別學問中討
論那普通理性知識所只混雜地了解之者）；它更不足以當道德哲學
之名，因爲由於這種混雜，它甚至破壞了道德本身底純粹性，且違
背了它自己之目的。

　　但是切不要以爲：這裡所要求的實早已存在於有高名的窩爾夫
所置於他的道德哲學，即他的所謂《一般的實踐哲學》之前的導論
中，因此，我們並非忽然開始（to strike into＝begin suddenly）一
完全新的領域〔這裡並無一全新的領域讓我們打進去。——依康德
原文。〕正因爲它〔窩爾夫書〕要成爲一個一般的實踐哲學，所以
它不曾考慮任何特種的意志——例如說，一個「必須沒有任何經驗
動機而只完全依先驗原則而被決定，而且我們可以名之曰純粹意
志」的意志，它所考論的但只是決意一般，連同著屬於這種一般意
義的決意的一切行動與條件。由於這一點，它不同於一**道德底形上
學**，這恰如「討論一般思想底活動與規範」的一般邏輯之不同於

「討論純粹思想（即其認識完全是先驗的那種思想）之特種活動與
規範」的超越哲學一樣。〔何以是如此？這是〕因為道德底形上學
是要去考察「一可能的純粹意志」之理念與原則，而並不是要去考
察一般說的人類決意底諸活動與諸條件，此諸活動與諸條件大部分
實是從心理學抽引出者。

8　　　「在一般的實踐哲學中，道德法則與義務實亦被談及（實則所
談皆不恰當）」，這自是真的。但這〔對於我的論斷〕並不成為一
種反對，或異議，因為那門學問〔**案：即「一般的實踐哲學」這門**
學問〕底作者們在此方面仍然堅守〔忠於〕他們對於這門學問底觀
念〔想法〕；他們實並未把這種動力，即「完全先驗地單為理性所
規定，而且恰當地說來是道德的」這種動力，與那經驗的動力，即
「知性只依經驗底比較而把它升高到一般概念」的那種經驗的動
力，區別開來；但卻是由於沒有注意動力底根源之差異，並由於視
它們一切皆為同質的，所以他們只考量它們的較大量或較小量。
〔他們考量動力，沒有注意它們的根源方面的差異，但只涉及它們
的較大數或較小數（因為它們是被認為一切皆是同類者）。——依
拜克譯。〕即在此路數中，他們形成他們的義務底觀念，這種義務
底觀念，（它雖可有所是，但卻就不是道德的），就是在一個「對
於一切可能的實踐概念（不管**它們是先驗的抑或只是經驗的**）之根
源畢竟沒有作判斷」的哲學中所能被要求的一切了。〔這種義務底
概念實有所是，但卻不是道德的，但它卻也就在是在這樣一個哲學
中，即「實未裁決一切可能的實踐概念之**根源**究是**先驗的**抑或只是
經驗的」這樣一個哲學中所能被欲求的一切了。——依拜克譯。〕

　　在想此後要出版一《道德底形上學》之前，我先提出這些「基

本原則」來。〔意即：我先印發《道德底形上學之基本原則（基
礎）》這書。〕實在恰當地說來，除《純粹實踐理性之批判的考
察》以外，亦並無其他的基礎可言；此恰如形上學底基礎就是那早
已出版的《純粹思辨理性之批判的考察》。但是，第一點，前者並
不像後者那樣為絕對地必要，因為在道德之事中，人類理性很易達
至高度的正確性與完整性，甚至最普通的理解亦能如此，但反之，
在其理論的〔知解的〕但卻是純粹的使用中，它卻完全是辯證的；
第二點，如果「純粹的實踐理性之批判」要成為完整的，則「依一
公共原則去表示實踐理性與思辨理性之同一〔統一〕」這亦必須同
時是可能的，因為說到最後，實踐理性只能是這同一理性，即「只
在其應用上始須被分開」的那同一理性。但是，設若沒有先引進一
些全然不同的考論（此全然不同的考論對讀者而言自必是令人困惑
而麻煩的），則我在這裡便不能把這「純粹實踐理性之批判」達至
這樣的完整。因以上兩點緣故，我採用「道德底形上學之基本原則　9
〔基礎〕」這一題稱，而不採用「純粹的實踐理性之批判的考察」
這一題稱。

　　但是，第三點，因為**道德底形上學**，不管此**題稱之不動人**，總
尚可能以通俗方式出之，且亦可適宜於普通的理解，所以我覺得把
這部討論它的**基本原則**的「先導論文」與它〔**道德底形上學**〕分別
開，乃是有用的，因為這樣，我以後可不須引進這些必要地精微的
討論於一部較單純性的書中。

　　但是，本論著不過就是道德底最高原則之研究與建立，而單是
這一點即足構成一種「其自身即完整」的研究，並且是一個應當與
每一其他道德研究區別開的研究。無疑，我的關於這重要問題的結

論（這問題一直無令人滿意的考察），必可從這同一原則之**應用**於〔道德之〕**全部系統**而得到甚大的光明〔明朗〕，並且亦必因著它所到處顯示的足用性〔適當性〕而強固地被穩定；但我必須放棄〔不在乎〕這種利便（這種利便實在說來最後必只是較爲〔個人地〕滿足或快慰，而不是較爲〔公共地〕有用的），因爲一個原則之易於應用以及其表面的足用性〔適當性〕並不給出它的健全性〔正確性、極成性〕之十分確定的證明，但卻毋寧只引發某種偏陂，此偏陂足以阻礙我們嚴格地單就其自身而考察之與評估之而不必注意其後果。

在本書中，我採用了我所認爲最適當的方法，這方法乃是從通常的知識**分析地**進到此通常知識底最後原則之決定，復又從「這原則以及此原則之根源」之考察**綜和地**下降到〔回到〕通常的知識，在此通常的知識中，我們見到此原則之被應用。因此，節段之區分將如下：

10

　　1.第一節，從道德之**通常的理性知識**轉至**哲學的知識**。

　　2.第二節，從**通俗的道德哲學**轉至**道德之形上學**。

　　3.第三節，最後從**道德之形上學**轉至**純粹的實踐理性之批判**。

第一節　從道德之通常的理性知識轉至哲學的知識 11

〔1.論善的意志〕

　　在世界之內，或甚至其外，除一善的意志外，沒有什麼可能被思議的東西它能被稱爲善而無限制〔或無任何限制而即能被稱爲善〕。明智、機敏、判斷，以及心靈之其他才能，不管你如何名之，或者膽量、勇決、堅忍等等氣稟上的品質，在許多方面，無疑都是好的，而且是可欲的；但是如果「去使用這些天賦才能」的意志，因而亦即「構成那叫做品格」的意志，不是善的，則這些天賦才能也可變成極端地壞的或有害的。關於天賦幸運，也是如此。權力、富有、榮譽，甚至健康，以及一般的福利，與那得名曰「幸福」的一個人自己狀況底舒適滿意，「如果沒有一善的意志去糾正這些事物在心靈上底影響，且復隨此糾正亦去糾正行動底全部原則，而使這些東西底影響以及行動底全部原則皆成爲『普遍地合目的的』（allgemeinzweckmäßig 合善意之目的）」〔此依德文原文譯，阿譯有誤〕，則那些事物〔權力富有等〕俱可引發驕傲，且時常引發專橫武斷。〔……如果沒有一善的意志去糾正它們〔權力

等〕的在心靈上**以及**在善的意志底「行動底諸原則」上的影響力，以便去使權力等底影響力可普遍地符合於善的意志底目的，則它們〔權力等〕俱可至於〔造成〕驕傲，且甚至是妄自尊大。——依拜克譯。〕一個人他若不曾以一純粹而良善的意志之特徵來潤飾其自己但他卻享受無止境的榮華，這樣一個人底風貌決不能給一個公正而有理性的旁觀者（觀賞者）以愉快之感。這樣說來，一善的意志似是構成幸福之不可缺少的條件，甚至構成「吾人之值得有幸福」之不可缺少的條件。

12

甚至還有一些質性，它們可服務於這善的意志本身，而且可促進其活動，但它們卻無內在的、無條件的價值，它們總是要預設一善的意志，這善的意志限制著我們對它們所正當地有的尊崇，而且它亦並不容許我們去認它們為絕對地善的。〔例如〕在性情及情緒方面的溫和、自我節制，以及安靜的計慮，〔這些〕不但在許多方面都是好的，且甚至似可構成人格底**內在價值**之部分；然而它們卻仍遠不足以無限制地被稱為善，縱使它們曾無條件地被古人所讚美。因為若沒有一善的意志底諸原則，它們也可以變為極端地壞的。一個惡徒底冷靜沈著，在我們眼中，不只使他比他無此冷靜更為危險，而且也直接使他比他無此冷靜更為可憎。

一善的意志之為善，並不是因為它所作成的或所致生的而為善，亦不是由於它的適宜於達成某種擬議的目的而為善，而乃單是因著決意之故而為善，那就是說，它是其自身即是善的，而且以其自身而論，它是被估價為比它在偏愛任何性好中，不，甚至在偏愛一切性好之總集中所能做到的高過甚多。縱使有這樣情形發生，即：由於幸運之特別不眷顧〔由於特別不幸運的命運——依拜克

譯〕，或由於繼母般之虐待惡遇，這意志必完全無力去完成其目的，即使盡其最大的努力，它亦仍毫無所成，此時只剩下了一個善的意志（這善的意志確然並非只是一願望，但卻是能聚集我們的力量中的一切工具的意志），縱然如此，它也好似珠寶一樣，必仍以其自己之光而照耀，好似一在其自身即有全部價值者。其有用或無成果，既不能對這價值增加什麼事，亦不能從這價值中減損什麼事。其有用必好像只是一種鑲嵌物，這只足以能使我們在普通商業中更便利地去銷售它，或足以吸引那些尚非精於此道者〔外行人〕對它的注意，但卻不足以把它推薦於真正精於此道者〔內行人〕，亦不足以去決定它的價值。

　　但是，在這單只是意志本身底絕對價值（不論它的功用）這一觀念中有某種甚為奇怪之事，即：縱然甚至普通理性亦可完全同意於這個觀念，然而懷疑仍必發生，即它或許只是高度幻想底產品，而我們也許在指定**理性**以為我們的意志之**統治者**中誤解了**自然之目的**。所以我們將從這個觀點來考察這個觀念。

　　在一有機的存在之物理構造中，即，一個很合適地適應生命之目的的一個存有之物理構造中，我們預定以下所述者為根本原則，即：對任何目的沒有〔其他〕器官可被發見，除了那亦是最合適而且最能適應於那個目的之器官。〔對任何目的沒有那「不是最合適而且最能適應於那個目的」的器官可被發見。──依拜克譯。〕現在，在一個具有**理性**與**意志**的存有中，如果自然底恰當目的真只是它〔這存有〕的**保存**，它的**福利**，總之真只是它的**幸福**，則**自然**在選擇被造的存有底**理性**以達此目的中，可說是作了一個很壞的安排。因為，這個被造的存有為此目的所要去作成的一切活動，以及

13

它的行爲底全部規律，必能更確切地因著本能而規劃給它，而那個
目的也必藉著本能比藉著理性可更較確定地被達成。在〔這本能〕
以上，如果一定要將理性授與於這被眷顧的存有（this favoured
creature），則理性亦必只是服務於這存有可讓它去體會它的本性
14 底幸運構造，去讚歎這幸運的構造，去慶祝它自己在這幸運的構造
上面的成功，並去爲這幸運的構造而感謝那有恩惠的造物主（the
beneficient cause），但卻決不是說理性之被授與乃是爲的這存有
必可將它的欲望隸屬於那個軟弱而虛幻的指導〔理性底指導〕之
下，而且爲的這存有可亂動手腳地來干涉那自然之目的。總之，**自
然必自戒愼**，不讓**理性**橫加干預於「實踐的運作」，也不讓**理性**有
無根的臆想，以其**虛弱的洞見**擅自去爲其自己〔自然自己〕想出
〔設計〕幸福底方案，並想出達成幸福底手段之方案。自然在她自
身必定不只理會目的之選擇，且亦理會手段之選擇，而且以明智的
先見她必定將目的與手段這兩者皆委託於**本能**。

事實上，我們見出：一個有敎養的理性愈是以審愼周詳的意圖
致力於生活之享受與幸福，這人就愈不能有眞正的滿足。從這種情
境〔事實〕裡，遂在許多人身上（如果這許多人他們夠坦誠承認這
事實），發生有某種程度的「**理論厭惡**」〔misology：厭惡理論、
學問〕，即：**痛恨理性**，這特別在那些於使用理性最有經驗的人身
上是如此，因爲這些人在計算了他們甚至從科學而引生出的一切利
益之後（我不說從一切普通奢侈性的技藝之發明而引生出的利益，
但說甚至從科學而引生出的利益，因爲科學對於他們似乎畢竟也只
是一種知性底奢侈品）；他們見出：他們事實上只負荷了更多的苦
惱於他們的肩上，而並不是於幸福有所獲得；因此，他們遂終於嫉

妒（而不是輕視）一般人底較通常的行徑，這一般人乃是比較更緊
密地聽任純然本能底指導，而且不讓他們的理性多有影響於他們的
行為者。〔可是〕，我們亦必須承認這一點，即：那些「想把理性
在關於生活底幸福與滿足中所給與〔或提供給〕我們的利益底諸高
度讚頌極力降低，或甚至把這諸高度讚頌降至於零」的人們之判斷
並不是對於「世界所由以被統馭」的善（goodness）不高興
（morose）或不感恩（ungrateful），但卻是在這些判斷底深根處
藏有這觀念，即：我們的生存有一甚不同而遠較高貴的目的，理性
恰當地說來正是意向這**目的**，而並不是意向那**幸福**，因此，這較**高
貴的目的必須被認為是最高的條件**，而人們底各自的私人目的大部
分必須移諸其後。

　　〔但是如適所說〕〔此連接語依拜克譯改〕，理性在關於意志
底對象以及一切我們的欲求（在某範圍內意志甚至可以重疊而倍增
這些欲求）之滿足上，不足以以確定性〔即確定地〕去指導意志，
而若即此指導是一目的，則一植根很深的**本能**〔一內在而固有的本
能──依拜克譯〕卻能以較為更大的確定性來導至此目的；可是縱
然如此，而因為理性是當作一個實踐機能而賦給我們，即，當作一
個「在意志上有影響力」的實踐機能而賦給我們；所以，由於承認
大自然一般地說來，在她的能量之分配上，已能使手段適宜於目
的，是故理性底真正使命亦必須去產生一**意志**，此意志之為善不只
是當作達至某種別的東西的手段而為善，而且**其本身就是善**，而對
如此之意志，理性是絕對必要的。〔因為大自然在別處已能把那些
能量分配得很適宜於它們〔能量〕所要去作成的諸功能，所以理性
底**恰當功能**亦必須去產生一個其自身為善的意志，而不是一個只當

15

作工具而爲善的意志。——依拜克譯。〕如是，這個意志，雖實不是**唯一而完整**的善，卻必須是**究極的善**，而且必須是每一其餘的善之條件，甚至是幸福底欲求之條件。在這種情形之下，理性底培養（這是在第一而且是無條件的目的上所需要的），實是至少在今生多方干預了〔限制了〕那次等的而亦總是有條件的目的即幸福之達到，但在這事實中，並無與大自然之智慧不一致者在。不，理性底培養甚至把那次等目的〔幸福〕化歸於無，大自然亦不因此而不足於〔或不適合於〕她的目的。因爲理性認一個善的意志之建立爲其最高的實踐使命，而在達成這個目的〔使命〕中，理性只能得到它自己之同類者之滿足，即是說，這一種滿足乃是一個從一目的之達到而來的滿足，而此一目的復又只爲理性所決定者，是從這樣一個目的之達到而來的滿足，不管這種滿足可使性好底目的大爲失望〔落空〕。

16　　依是，我們是要把意志之概念發展成這樣一種意志，即它是單爲其自己〔或單在其自己〕即值得高度地被尊崇，而且其爲善並不因顧及任何別的東西而爲善，這樣一種意志之概念，這樣的意志之概念本早已存在於健全的自然理解之中，它毋寧只需要來弄清楚，而不需要被**教成**，而且它在估量我們的行動之價值中，總是居在首要的地位，而且構成一切其他價值底條件。要想作到這一點，我們將取用義務之概念，這個概念包含著一善的意志之概念，雖然它亦函蘊著一些主觀的限制和阻礙。但是這些〔限制與阻礙等〕決不足以蒙蔽這善的意志，或使它成爲不可認知的，毋寧因著對照，反而能把它表露出來，並且使它更光亮地發光。

〔2.論義務以及行動之道德價值〕

在此，我把那「早已被認為與義務不一致」的一切行動略而不論，雖然這一切行動對這個或那個目的或許有用，因為就這些行動說，「它們是否從〔由〕義務而作成」這一問題根本不會發生，因為它們甚至是與義務相衝突的。又，那些「實符合於義務，但人們對之並無直接的性好，人們之作成之是因為人們更為某種別的性好所逼迫而作成之」，這類的行動，我也把它們置諸不論。因為在這樣情形中，我們很易辨別出這符合於義務的行動是否是從義務而作成，抑或是從自私的目的而作成。但是當這行動符合於義務，而作此行動之人此外對之復有一直接的性好，則去作此種分辨卻很困難。例如，「一個商人決不可對一無經驗的買主高索售價」，這總是一義務之事；而凡商業盛行之地，謹慎的商人亦實不〔隨意〕高索售價，但只對每一人皆保持一固定的價格，這樣，一個兒童去買他的貨物亦與任何其他人一樣。如是，人們〔顧客〕實是誠實地被對待；但這還不足以使我們相信這商人這樣做是由義務而這樣做，並由誠實底原則而這樣做：他自己的利益需要他如此做；在這種情形，去設想「在他自己的利益以外，他可以有一種直接的性好以顧念買主，因而好似由於愛〔從愛底立場〕，他決不應厚此而薄彼」，這樣想乃是離題的。依此，這種行動既不是從義務而作成，亦不是從直接的性好而作成，但只是以自私的目的而作成。

另一方面，「去維持一個人的生命」是一義務；而此外，每個人亦有一直接的性好去維持其生命。但是為了這個理由，大多數人對此維持生命所有的那種過分的顧慮，卻並無內在的價值，而他們

17

的格準亦無道德的意義。他們保持其生命，無疑地是**如義務所需要的**（ as duty requires ），但決不是**因爲義務所需要的**（ because duty requires ）。〔他們**依照於義務**而保持其生命，但卻不是**從**〔由〕**義務**而保持其生命。——依拜克譯。〕另一方面，如果逆境與無希望的憂傷完全奪去對於生命的興趣；如果這不幸的人，即他是心意堅強，憤慨其命運，而卻並不沮喪或灰心喪膽，這樣一個不幸的人，他願望死，但卻猶保持他的生命，他之保持其生命，並不是因貪戀它，即並非從性好或恐懼而保持之，但只從義務而保持之，如是，則他的格準便有一道德價值。

「當我們能時，施惠及人」是一義務；而除此以外，更有許多人他們是如此富同情心地被構成〔是如此天生地富同情心〕，以至於：沒有任何其他「虛榮或自利」之動機，他們在環繞其四周而散布喜悅中找得一種快樂，而且他們能在別人底滿足中感到愉快，只要當這別人底滿足是由他們自己促成的。〔是他們所使之爲可能的。——依拜克譯。〕但是我認爲在這樣一種情形中，這類的行動，不管它是如何恰當〔如何合於義務〕，如何可愛，卻並無眞正的道德價值，但只是與〔由〕其他性好，例如好榮譽的性好〔而發起的行動〕，爲同一層次的，（這種好榮譽的性好，如果它幸而被導至或被指向於那事實上是屬於公衆福利的東西上，並且它是與義務相合的，因而結果亦是光榮的，則它自是值得讚美與鼓勵，但卻不值得崇敬。）因爲這〔行動底〕格準缺少了道德的意義，即是說，缺少了「這樣的行動須是從義務而作成，不應從性好而作成」這種道德的意義。設想那個慈善家底心靈已爲其自己之憂傷所籠罩，消失了一切對於別人命數之同情，並設想當他仍有力量去施惠

18

於在災難中的別人時，他卻並未爲別人的苦惱所感動，因爲他已專注於其自己之憂傷；現在設想：他強忍其自己脫離這麻木的無感（he tears himself out of this dead insensibility），而且他作成這〔施惠之〕行動，其作成之是並沒有對於這行動有任何性好而作成之，但只單純地從義務而作成之，這樣，則他的行動始開始有其眞正的道德價值。〔現在設想他，不爲**性好**所牽引（unsolicited by inclination），去強忍其自己脫離這麻木的無感，而且去作成這行動是只從義務而作成之，而並無任何性好而作成之，這樣，則他的行動開始有眞正的道德價值。——依拜克譯。〕復次，如果自然以很少的同情〔即不曾以多的同情〕置於這個或那個人底心腸中；又如果這個或那個人（設想其是一個正直的人），他氣稟上是冷淡的，而且他對別人之痛苦是漠不關心的，或許因爲在他自己方面，他是備有這種堅忍和剛毅底特別天稟，而他設想或甚至要求別人亦必有此同樣的天稟——這樣一個人確然不會是天生卑劣平庸之輩——但是，如果自然不曾特別地使他適合於一個慈善家，難道他終不會在他自己身上找得一個根源由之以給他自己一更高的價值，即比一天生好性情的氣質所能作成者之價值遠爲更高的價值嗎？這毫無問題是能的。恰正在這裏，品格底道德價值被現出，這種價值無可比地是一切價值中最高的價值，即是說，他並不是從性好而施惠，但只從義務而施惠。

「去保求一個人自己的幸福」是一義務，至少間接地是一義務；因爲對於一個人自己的情境，即「在許多憂慮底煎迫之下並且處於不得滿足的欲求之中」的情境不滿意，這不滿意很容易變成一大的誘惑，即「誘惑著去違犯義務」之誘惑。但是在這裏，一切人

對「幸福」原已具有最強烈而亦最切摯的性好，而並沒有注意及義
務，因為恰正是在此幸福之觀念處，一切性好被結合於一整體中。
但幸福底箴言亦常是這樣的一種箴言，即：它大大地干擾了〔阻撓
了〕某些性好，而同時一個人對於所名之曰幸福的那「一切性好底
滿足之總量」猶尚不能形成任何一定而確實的概念。因此，無怪
乎：一簡單的性好，即「在關於它所許諾的方面以及在關於它能在
其間被滿足的時間方面都是十分確定的」，這樣一個簡單的性好，
它往往能壓服那類流動浮泛的觀念，亦無怪乎：例如說，一個痛風
的病人，他能自行選擇去享受其現在所實喜歡者，而忍耐其未來所
或可喜歡者，因為依照他自己的估計，至少在這種機緣上〔即在他
這樣處境上〕，他不會把當前之享受犧牲於那一種「設想在健康中
始可被發見」的幸福之期待（之一可能被誤解的期待）。但即使在
這種情形，如果對於幸福的一般欲求不曾影響他的意志，又設想在
他的特殊情形中，健康在這估計中不是一必要的因素，則在這裏如
同在一切別的情形一樣，亦仍存有這個法則，即：他決不可從性好
增進其幸福，但只應從義務增進其幸福，而只因此，他的行為才獲
得〔具有〕真正的道德價值。

　　無疑地，我們亦須即依這路數去理解《聖經》中那些語句，即
在其中我們被命令著去愛我們的鄰人，甚至去愛我們的仇敵的那些
語句。因為當作一種情緒〔當作一種性好──依拜克譯〕看的愛是
不能被命令的，但只為義務之故而施仁愛則可以被命令；這種為義
務之故而施愛的愛，即使我們對之不為任何性好所驅迫，不，甚至
被一自然而不可克服的厭惡所排拒，而亦不能不為。這是一種**實踐
的愛**，不是感性情緒的愛（pathological love）──一種位置於意志

中，而非位置於感性〔情感──依拜克譯〕底性癖中的愛──位置
於行動底原則中的愛，而非**屬於**柔性的同情的愛〔位置於行動底原
則**中**而非位置於柔性的同情中的愛──依拜克譯，「屬於」當爲
「位置於」〕；而單只是這種愛才能被命令。

　　〔這樣，道德底第一命題乃是：**要想有道德價值，一個行動必
須是從義務而作成。**〕〔此爲下句中阿保特之注文，原文無，拜克
譯移於此作正文，茲從之。〕

　　第二命題〔譯注〕則是：一**由義務而作成的行動**並不是從那
「**爲它所要達到**」的**目的**而引生出它的道德價值，但只是從那「它
由之以被決定」的**格準**引生出**它的道德價值**，因此，它並不依靠於
這**行動底對象**〔**目的**〕之**實現**，但只依靠於那「行動所由之而發生
〔而作成〕」的「**決意之原則**」，而不顧及欲望底任何對象。〔因
此，**它的道德價值**並不依靠於這行動底對象之實現，但只依靠於那
「行動所由之以被作成」的「決意之原則」，而不顧及欲望機能之
對象。──依拜克譯。〕由以上所論，很清楚地，在我們的行動　20
中，我們心中所可有的目的，或行動底效果（當作目的看而且當作
意志底激發者看的效果），皆不能給與行動以任何無條件的或道德
的價值。然則，行動底價值，如果它不存於**意志**中並亦不存於涉及
於意志之所期待的效果中〔如果它不存於意志之「**關連於**其所希望
的效果」中──依拜克譯〕，它能處於什麼中呢？它並不能處於任
何別處，它只有處於**意志之原則**中，而不顧及爲行動所能達到的目
的。因爲意志正立於它的先驗原則（此是形式的）和它的經驗動力
（此是材質的）之間，有如植立於兩路之間者，而又因爲它必須爲
某物所決定，所以當一行動是從義務而作成時，這意志必須爲決意

底形式原則所決定，在此情形，每一材質原則皆已從它身上被抽去〔撤去或拉下〕。

〔譯者註〕：
阿保特注文已移上爲正文。

第三命題，即作爲前兩命題之一後果者，我願把它表示爲如此：義務是「從尊敬法則而行」的行動之必然性。我可以對一個對象，即「作爲我所設擬的行動之結果」的對象，有**性好**，但是我決不能對之有**尊敬**，所以如此之故正因爲這理由，即：這樣一個對象乃是意志底一個結果，而不是意志底一個**活動**。同樣，我亦不能對性好有尊敬，無論這性好是我自己的抑或是別人的。如果是我自己的，我至多能贊許它；如果是別人的，有時我甚至喜愛它，即是說，視它爲於我自己之利益上是可取的。單只是那「當作一原則，決不是當作一結果，而與我的意志相連結」者──單只是那「不諛從我的性好，但是駕御性好，或至少在選擇之情形中，把性好排除而不計算在內」者──換言之，單只是那法則本身，它才能算是一個尊敬底對象，因此，亦才能算是一個命令。現在，一個從義務而作成的行動必須完全排除性好底影響，以及與性好連同的「意志底每一對象」，這樣，已實沒有東西留存下來能決定意志，除客觀地說的**法則**，以及主觀地說的對這實踐法則的**純粹尊敬**，因而結果亦21 就是這格準〔註〕即：我必應遵循這法則，即使這法則阻礙了一切我的性好。〔現在，因爲一個從義務而來的行動完全排除了性好底影響以及與性好連同的「意志底每一對象」，所以除**法則**外，沒有

東西留存下來能**客觀地**決定意志，以及除對這實踐法則的**純粹尊敬**外，也沒有東西留存下來能**主觀地**決定意志。這個主觀的成素即是這格準即：我應當去遵循這樣一種法則，即使這法則阻礙了一切我的性好。──依拜克譯。〕

〔**註**〕：

> **格準**是決意底主觀原則。至於客觀原則（即，那「亦可對於一切理性的存有主觀地充當一實踐原則」的原則，如果理性有充分力量以控制欲望底機能時），乃是實踐的法則。〔案：此註可如此整理：「格準是決意底主觀原則。至於客觀原則乃是實踐的法則。」（這客觀原則，如果理性有全力以控制欲望底機能時，它亦可對於一切理性的存有主觀地充當一實踐原則。）〕

這樣，一個行動底道德價值並不處於從行動所期望的效果中，亦不處於那「需要從這所期望的效果以借得其動力」這樣的行動之任何原則中。因爲一切這些效果──一個人自己的情況底舒適，甚至別人幸福底增進──皆亦可因其他原因而達成，所以對此，自亦不必需要一理性存有底意志；可是就單在此理性存有之意志處，那最高的而且是無條件的善始能被發見。依此，「我們稱之爲道德的善」的那種卓越而出類拔萃的善只能存於法則自身之觀念中，此法則之觀念確然只在一個理性的存有中始爲可能，而決不能存於任何別的處，只要當這**法則之觀念決定意志**，而不是所期望的效果決定意志時。這個卓越的善本早已存在於依此觀念而行的人身上〔即此

人之心中〕，我們決不要去等待它開始出現於結果中。〔註〕

〔註〕：

或可反對說：我是想逃避於「尊敬」一詞後面的曖昧情感中，
卻不用一理性之概念來對這問題給一清楚的解答。但是，雖然
尊敬是一種感情，它卻決不是經由任何〔外部〕影響而接受得
的一種情感，乃是因一理性的概念而來的「自我作成」的情
感，因此，它特別與前一類涉及**性好**或**懼怕**的一切情感截然不
同。凡我所直接認爲對我自己爲一法則者，我即以尊敬之意視
之。這只指示這一種意識，即「我的意志隸屬於一法則，而並
無影響於我的感取〔影響於我的心靈——依拜克譯〕的其他諸
影響力之干與」這一種意識。這種因法則而成的對於意志之直
接決定，以及對此決定之意識，即名曰：「尊敬」，這樣，尊
敬是被視爲法則作用於主體上底一種結果，而不是被視爲法則
底原因。恰當地說，尊敬就是那「挫抑我的自我貪戀〔自
私〕」的一種價值之觀念。「依此，**尊敬之爲物**既不可被認爲
是性好底一個對象，亦不可被認爲是畏懼底一個對象，雖然它
有**某種東西**可類比於這兩者。」〔案：*此句不甚通。拜克亦如*
此譯。但巴通譯則如此：「因此，茲有某種東西它既不可被視
爲性好之對象，亦不可被視爲恐懼之對象，雖然它同時與此兩
者有某種類比。」此譯較通。不知原文究如何。〕尊敬底**對象**
只是**法則**，而這法則乃即是我們置定之於我們自己身上者，但
我們卻猶視之爲在其自身即是必然的者。由於是一法則，所以
我們須服從於它，而無須就教於自我貪戀〔自私〕；由於是被
我們所置定於我們自己身上者，所以它就是我們的意志之一成

22

果。就前一方面而言，尊敬可類比於恐懼，就後一方面而言，尊敬可類比於性好。尊敬一個人，恰當地說，只是尊敬法則（即誠實、正直等等之法則），所尊敬之人，他給我們那法則底一個範例。因為我們亦期望我們自己的才能之向上改進為一義務，所以我們料想在一個富有才能的人身上儼若看到**一個法則底範例**（所謂一個法則即：「依練習要變成與這人之在其才能方面相似」這樣一個法則），而這法則即構成我們的尊敬。一切所謂道德的**興趣**實只存於尊敬法則〔對法則的尊敬〕。

〔3.論行動格準之為普遍法則〕

但是何種法則能是這樣的，即：法則之觀念必須決定意志，即使沒有顧及由此法則所期望的效果，其觀念亦必須決定意志，決定之以便這意志可名曰絕對而無限制地善，何種法則能是如此呢？因為我已從意志之服從於任何法則中剔除了或剝奪了那所能發生於意志身上〔即影響於意志〕的每一衝動，所以除「意志之活動對於法則一般之普通的符合」而外，便一無所有了，而單只是這「意志之活動對於法則一般之普遍的符合」才足以作為一原則而服務於意志，此即是說，我不能不這樣去行，即，依「我亦能意願我的格準必應成為一普遍法則」這個樣式去行。〔案：**即由此原則透露出法則須是一普遍法則。**〕如果義務不是要成為一無效的妄想與一空幻的觀念，則只是這「對於法則一般之單純的符合」，而不預定那可應用於某些一定特殊行動上的任何特殊法則，才真足以作為意志底原則而服務於意志，而且必須這樣服務於意志。人們底通常理性，

22

在它的實踐判斷中,完全與此相合,並且總是有此處所提示的原則在心中。

　　例如,設問題是如此:當我在困難中,我可以存心不遵守諾言而作一諾言嗎?在這裡,我很容易分辨這問題所可有的兩個表意: ㈠「去作一假的諾言」這是否是精審的,㈡「去作一假的諾言」這是否是正當的〔這是否符合於我的義務——依拜克譯〕。前一表意,無疑地,或可時常是精審的。但實在說來,我很清楚地看出「去藉這種狡飾〔或權宜之計〕以使我自己脫離眼前的困難」這實不足夠,我必須好好考慮:從這說謊中,此後是否不會闖出比我現在所要解脫的不便較為更大的不便,而因為用盡了一切我所設想的狡計,這後果仍不能很容易地被預見,但信用一旦喪失,則對於我很可以有比我現在所想去避免的損害更大的損害出現,所以亦必須考慮到:「在此去依照一個普遍的格準而行,並且去使『除守約外不許諾任何事』成為一習慣」,這是否一定不算是更為精審。但是我又即時明白:這樣一個格準猶仍只是基於後果底恐懼。現在,從義務而來的真誠與那從有損害的後果之恐懼而來的真誠,這完全是不同的兩事。在前一種情形中,行動底概念本身即已函蘊一為我而立之法則;在後一種情形中,我卻必須先注意到別處,去看看有「什麼會影響到我自己」的結果可以與這行動相結合。因為「違背義務底原則」這無疑是邪惡;但是「不信實於我的審慎底格準」卻可時常對我十分有利,雖然堅守這格準確然更為安全。但是,對於「一撒謊的諾言是否與義務相一致」這問題,要想去發見一解答,那最簡捷而無誤的辦法便是問我自己:「我這格準(即:「藉一假的許諾以使我自己脫離困難」這格準)對我自己以及他人定可當作

一普遍法則而成立」，這眞會使我心安嗎？「每一個人當他見其自己處於一困難之境，他不能有別法以使其自己脫離此難境時，他便可作一欺騙的許諾」，我眞能對我自己去說這話嗎？這樣自問一下，我當下即會知道：固然我能意願撒謊，但我決不能意願：撒謊必應成爲一個普遍的法則。因爲，設若用這樣一種法則，最後必將無許諾可言，因爲在關於我未來的行動中，對那些不相信〔我〕這辯飾的人們去辯飾我的意向，那必完全無效，或者如果他們也很輕率地這樣作，則他們也必以我之矛攻我之盾。因此，我的格準，一旦它被作成一普遍法則時，它必然會毀壞它自己。

　　這樣說來，要想我的意志可以是道德地善的，我並不需要有任何深入的滲透以便去察辨「我所必須去作的是什麼」。由於在這世界行程方面之無閱歷，不能對世界行程中的一切偶然作準備，所以我只問我自己：你亦能意願「你的格準必應成爲一普遍法則」乎？如不能，這格準就必須被拒絕，而它之被拒絕不是因爲「由它而來而可以增加到我自己身上或增加到別人身上」的一種不利，乃是因爲它不能當作一原則而進入一可能的**普遍立法**中〔一可能的「**普遍法則之制立**」中——依巴通譯〕，而對這樣的立法，理性從我身上強索一直接的尊敬以尊敬之〔案：**意即理性硬要我或迫使我予以直接的尊敬**〕。我實尚未能辨明這種尊敬究竟基於甚麼（此點哲學家可探究之）；但至少我理解這一點，即：它是對於這樣一種價值，即「比性好所推獎的東西之一切價值高過多多」這樣的一種價值之推重〔尊崇〕，而且我亦理解：這從對於實踐法則的純粹尊敬而來的行動之必然性便是那構成義務者，對於這種義務，每一其他動力皆必須退讓一席，因爲它是一「其自身即是善」的意志之條件，而

24

這樣一種意志之價值是在每一東西之上的。

〔4.論從人底通常理性進至實踐哲學〕

　　這樣，不必離開通常人類理性底道德知識，我們即可達到道德知識底原則。無疑地，雖然普通的人們並沒有在這樣一種抽象而普遍的形式中思量道德知識底原則，可是他們也實在常常有這原則在其眼前，並且用之以爲他們的裁斷之標準。在這裡，以這羅盤針25　〔案：即原則〕在手中，人們去表明：在每一發生的事件上，如何很能辨別什麼是好，什麼是壞，何者符合於義務，何者與義務不一致，這必是很容易的，如果我們像蘇格拉底一樣，只須把人們的注意力指向於他們自己所使用的原則上，而絲毫不必教他們以任何新的東西；因而要想去知道「要成爲誠實的和善良的，甚至要成爲明智的和有德的，我們所定要去作的是什麼」，我們亦並不需要科學與哲學。實來說來，我們很可事先就揣想到：關於「每一個人所不得不去做，因而也就是所必須去知的」這一種知識實是在每一個人，甚至最普通的人，所能及的範圍之內的。在這裡，當我們見到，在人們底通常理解中，實踐判斷所有以勝過理論判斷〔知解判斷〕的利便是如何之大時，我們不禁起讚美之心。就知解判斷而言，如果通常理性敢冒險去離開經驗底法則以及感取底知覺，則它必陷入於純然的不可思議與自相矛盾中，至少亦必陷入於不確、晦昧、與不穩定之混沌中。但是在實踐的範圍內，則正當通常的理解將一切感觸性的激動從實踐法則中排除時，它的判斷力量纔開始表示它自己有大利便。依此，它甚至可成爲十分精察的，即在：是否它是故意迷混了它自己的良心，或迷混了其他關於應稱爲「對」的

那些要求，這一方面，以及是否為其自己之教訓，它亦想誠實地去
決定行為之價值這一方面，它都是十分精察的；而在此精察之情形
中，它甚至很能中肯，其中肯一如任何哲學家之所自許者。不，它
之作此，幾乎比哲學家更為確實，因為哲學家不能持有任何與通常
理性不同的原則，而同時他很容易因題外的複雜考慮而纏夾了他的
判斷，因而逐致迷失正途。所以在道德之事中，「去接受〔或贊
同〕通常理性底判斷，或不然，去有求於哲學至多是為的使道德系 26
統更為完整，更為可理解，並使其規律更為便於應用（尤其為論辯
之用），始有求於哲學，但是卻並非有求於哲學以便去撥轉通常的
理解使之離開其可喜的單純性，或藉著哲學去把通常的理解帶至一
新的研究途徑與新的教訓途徑」，這豈非更為明智？

　　天真確是一爛漫可喜之事，只是另一方面，它不能善自保持其
自己，而且它很容易被引誘，這是十分可惜的。以此之故，甚至智
慧（智慧原是比較更存於行為而不更存於知識）猶尚有需於科學
〔學問〕，其有需於科學〔學問〕，不是為的從科學〔學問〕裡去
學習，乃是為的去為其自己的規準得到認可及持久。對理性所表象
給人（由於其如此值得受尊敬而表象給人）的一切義務之命令，人
感覺到在他自己身上有一極強的敵對勢力來反抗這些命令，這極強
的敵對勢力就是他自己的欲望和性好中的勢力，而這些欲望和性好
底全部滿足，他總束之於幸福之名下。現在理性自無屈撓地發佈其
命令，對於性好不許諾任何事，而且對於那些要求，即「如此強
烈，而同時又如此可稱許，而又將不允許其自己為任何命令所壓
服」的那些要求，似是毫不顧及，而且予以輕蔑。因此，這裡就發
生出一種「自然的辯證」，即是說，發生出一種意向，以反抗這些

嚴格的義務之法則，並且去致疑它們的妥效性，或至少去致疑它們的純淨性和嚴格性；而且如果可能的話，去使它們更順從於我們的願望與性好，那就是說，從它們的根源上去腐化它們，而且完全去毀滅它們的價值──這一種事，甚至通常的實踐理性也畢竟無法稱其爲善。

這樣，人底通常理性便被迫走出它的範圍之外，而進入一實踐哲學之領域。其進入實踐哲學之領域並不是要想去滿足任何思辨的需要（其實只要當人之通常理性滿足於其爲純然的健全理性時，這種思辨的需要是不致發生於它身上的），而實是基於實踐的根據上。其基於實踐的根據而進入實踐哲學之領域乃爲的是要想在通常理性內去得到關於「通常理性底原則底來源」方面之報告與清楚的教導，並且要想去得到通常理性之原則之在其「對反於那基於欲望與性好的格準」方面之正確的決定，這樣，它便可以免除敵對方面的要求之攪擾，而且不致因它所常易陷入的曖昧歧義而蹈喪失一切眞正道德原則之危機。這樣，當實踐的理性修明其自己之時，即不覺在此理性中發生一種辯證，這辯證迫使它去求助於哲學，正如其在其理論的〔知解的〕使用中所發生於它者一樣；因此，在這情形裡，一如在其他情形裡〔在理論理性之情形裡〕，它將見除對於我們的理性作一徹底的批判考察外，它無處可以止息。

第二節　從通俗的道德哲學轉至 28
道德底形上學

〔1.論道德不依於經驗與範例〕

　　迄今我們雖已從我們的實踐理性底通常使用中抽引出我們的義務底概念，然決不應因此便推斷說我們已視義務之概念為一經驗的概念。相反地，如果我們注視著「人之行為」之經驗〔如果我們注視著我們的關於「人所依以行動的方式」之經驗──依拜克譯〕，我們會遇到屢次的而且如我們自己所承認亦是公平而合理的苦訴，苦訴說：一個人決不能找到一個這樣的例子，即「意向於從純粹義務而行動」這種例子。雖然有許多事是依照義務所規定的而作成，可是儘管如此，它們是否嚴格地從義務而作成，因而得有一道德價值，這仍總是可疑的。因此，歷代都有一些哲學家他們一起皆否認這種意向現實地存在於人類行為中，並且將每一東西皆歸之於一多或少精練化了的「自我貪戀」〔自私〕。這倒並不是為此之故，他們即懷疑道德概念之真確性；正相反，他們倒是衷心扼腕憾恨地道及了人性之軟弱與腐敗，這人性是這樣的，即它雖夠高貴，高貴至以一個如此值得崇敬的理念作為它的規律，但要去追隨這理念，它

29　卻太脆弱，而它之使用理性（理性是應當給人性以法則的），其目
　　的只是爲性好底利益〔或興趣〕作準備，性好無論是個別的，或至
　　多是彼此間有最大可能的諧和的。

　　　　事實上，那絕不可能因著經驗以完整的確定性去找出〔去發
　　見〕這樣一個事例，即在此事例中，一個行動底格準，無論其本身
　　如何正當〔如何符合於義務——依拜克譯〕，竟是單只基於道德的
　　根據上並單只基於義務底概念上。有時實可有以下之情形發生，
　　即，以最銳利的自我考察，我們亦不能在義務底道德原則之外，發
　　現出有什麼其他東西它很有力量足以把我們推移到這種或那種行動
　　上以及把我們推移到如此重大之犧牲上；可是我們仍不能由此便確
　　定地推斷說：那實不是某種秘密的自我貪戀之衝動在義務底僞裝之
　　下以爲意志之實際的決定原因。**由是**我們喜歡以虛僞地因一更高尙
　　的動機而取得信任〔而增光〕來諂媚我們自己〔**因爲**我們喜歡以虛
　　僞的更高尙的動機來諂媚我們自己——依拜克譯〕；而同時事實上
　　我們縱經由最嚴格的考察，亦從未能完全測透這行動底秘密動力；
　　因爲當這問題是道德價值底問題時，我們所關切的，不是**我們所見
　　得到的行動**，而是我們所**見不到**的那些**行動之內部原理**。

　　　　復次，我們不能更爲曲從或迎合那些人之願望，即嘲笑道德爲
　　人類想像（從空無中過分誇大其自己的那人類想像）之一純然虛幻
　　之物，這樣的一些人之願望，我們不能曲從這些人之願望比因著對
　　他們讓步而說「義務之概念必須只是從經驗中抽引出」（因爲從懶
　　惰中人們很容易去想一切其他概念亦同樣是如此）更爲曲從之
　　〔案：意即我們固不能對人們讓步說：義務之概念必須只是從經驗
　　中抽引出，但亦同樣不能更爲曲從或迎合他們嘲笑道德爲人類想像

（從空無中過分誇大其自己的那人類想像）之一純然虛幻之物〕；
因爲這樣的曲從乃是去爲他們預備一種確實的勝利〔案：意即使他
們終於肯定道德基於經驗〕。我以愛人類之心，深願承認我們的大
部分行動都是正確的〔符合於義務〕，但是如果我們較爲密切地檢
查或注視**這些行動**，我們到處見到這珍貴的「自我」它常是**最優越
的**，而**這些行動**也正是以這自我爲目的，而並不是以「義務之嚴格
命令」爲目的（義務之嚴格命令時常要求自我否定）。〔但是如果
我們較爲密切地注視我們的**思想與心願**，我們見到這珍貴的自我它
總是在**那裡存在著**，而也就是這自我它**支持我們的計劃**，而並不是
義務之嚴格命令**支持我們的計劃**（義務之嚴格命令常要求自我否
定）。──依拜克譯。〕不必說是一與德性爲敵者，即使是一個冷
靜的觀察者，即一個人他並未將「對善之欲」〔願望善〕──無論
怎樣生動──誤解爲「善之實在」，這樣一個冷靜的觀察者，他有
時亦可懷疑眞正的德性是否現實地見之於世界上任何處，而當年齡
漸長，而判斷能力亦一方因經驗而使之更爲明智，一方在觀察中更
爲敏銳時，尤其有此懷疑。既如此，沒有什麼東西能保障我們叫我
們完全不脫離義務之理念或能把那能對義務底法則之有根據的尊敬
永保持於靈魂之中，除以下之堅信，即：雖然從未有過眞從這樣純
淨的源泉中湧發出的行動，但是「這個或那個是否發生」，這並不
是問題之所在，而是「理性以其本身，獨立不依於一切經驗，來規
定那應當發生者」，這才是問題之所在，因而隨之，也就是說：
「這樣的行動，即關於這行動，這世界或許至今從未給與過一個範
例，甚至這行動底可行性亦可爲那些『將一切東西皆基於經驗上』
的人們所極度懷疑，這樣的行動，縱然如此，它們亦必不可移易地

30

爲理性所命令」，這才是問題之所在；例如，即使世間或可從未有
過眞誠的友人，然而每一人所需要的「友情中之純粹眞誠」並未絲
毫減少，因爲，先乎一切經驗，這種義務即已當作義務而包含於
「因先驗原則而決定意志」的理性之理念中。

　　當我們再進一步復說：除非我們否認道德底概念有任何眞理性
或有任何涉及，涉及於任何可能的對象，否則我們必須承認它的法
則必不只是對人妥當有效，且對一般地說的一切理性的存有亦妥當
有效，不只是在某種偶然的條件〔情況〕下妥當有效或有例外地妥
當有效，且也是具著絕對必然性而妥當有效：當我們進一步這樣說
時，那是很清楚的，即：沒有經驗能使我們甚至去推斷出這樣確然
31　性的法則之可能性。因爲我們有何權利能把那「或許只在人類底偶
然條件〔情況〕下成立」的事物，當作每一理性存有之一普遍的箴
言，帶進無局限的尊敬中呢？〔因爲有何權利我們能把某種只在偶
然的人類的情況下妥當有效的東西帶進無限制的尊敬中呢？——依
拜克譯。〕或如果我們的意志底決定之法則只是經驗的，而且不曾
完全先驗地從純粹而亦是實踐的理性中取得它們的根源，則那些法
則又如何能被看成是一般地說的一切理性存有底意志底決定之法
則，而且只當我們是理性的存有時，亦是爲我們而立的法則呢？
〔又如何能被執持爲是一般地說的一理性存有底意志底決定之法
則，以及當我們是理性的存有時，亦是我們自己底意志底決定之法
則呢？——依拜克譯。〕

　　又，再沒有任何事能比我們想從範例裏引申出道德，更是道德
之致命傷。因爲擺在我面前的每一道德範例其自身必須首先爲道德
底原理所測驗，看看它是否値得充作一原始的範例，即是說，充作

一範型，但它決不能有權供給那道德底概念。即使《四福音書》中的獨一聖子，在我們能承認祂是聖子以前，也必須先與我們的道德圓滿之理想作一比較；所以祂自己說：「為什麼你們稱〔你們所看見的〕我為善？除了〔你們所看不見的〕上帝而外，無有配稱為善〔善底模型〕者！」但是我們又從那裏得有上帝底概念以為最高善呢？這簡單地說來，只有從**道德圓滿**之**理念**而得有之，這道德圓滿之理念乃是理性所先驗地構成者，並且不可分地與一自由意志底概念相連繫。模倣，在道德中，畢竟毫無地位，而範例則只可供獎勵之用，就是說，它們可使「法則所命令的事之可行性」為無可疑，它們使「實踐規律所更一般地表示者」成為可見的，但它們決不能使我們有權把那存於理性中的**真正根源的東西**置諸不理，而只憑範例去指導我們自己。

〔2.論道德底形上學之必要：從通俗的實踐哲學進至道德底形上學〕

依是，如果除了那獨立不依於一切經驗而只基於純粹理性上的原則以外，便無真正的最高道德原則之可言，則我想連下列一問題也不是必要的，即：如果我們的知識要與流俗的知識區別開，而且可被名曰哲學的知識，則如「這些概念連同屬於這些概念的原則一起皆是先驗地被建立」那樣而一般地（即抽象地）去展示這些概念，這樣地去展示之，這是否為好，這問題也不是必要的。不過，在我們這個時代，實在說來，這個問題或許還是必要的；因為如果我們收集起選票看一看，是那與每一是經驗的東西區別開的純粹理性知識，即是說，道德底形上學，被贊成，抑或是那通俗的實踐哲

學被贊成，則那一邊佔優勢，這是很容易去猜測的。

如果「上昇到純粹理性底原則」這工作已先開始而且已經滿意地被完成，則這種下降即下降於通俗的概念之下降自是極可稱許的。這函著說我們首先把道德學建基於形上學上，當它已堅固地被建立起時，然後我們再因給它一通俗性而爲它取得一爲人傾聽或表白之機會（a hearing），好爲大家所接受。但在「原則底健全〔正確〕所依於其上」的初步研究中便去試想成爲通俗的，這乃是十分荒謬的〔背理的〕。〔但在那「每一東西皆依於基本原則底正確」的初步研究處即要求去得到通俗化，這乃是極端荒謬的（背理的）。——依拜克譯。〕不只是這種進行的辦法決不能要求一眞正哲學的大衆化〔哲學的通俗性〕之希有功績（因爲如果一個人拋棄那洞悟底透徹性或通透一切的洞悟，則在成爲可理解上亦並無巧妙之術可言）；〔不只是如此〕，而且這種進行的辦法亦必然產生一種令人生厭的混合品，以所搜集的觀察資料以及半生不熟的原則而湊成。淺嘗之輩喜歡這個，因爲它可用爲日常的閒談，但有識之士則於其中只見有混亂，而因其不能令人滿意，且不能有助於他們自己，他們遂掉頭不一顧，而同時那些很能看穿這種幻局的哲學家們，當他們叫世人暫時離開，不要看這種虛僞的大衆化〔通俗化〕，以便好使他們在得到一確定的洞悟之後，他們或可正當地成爲通俗的哲學家之時，則又很少有人肯聽信他們了。

我們只須一看道德學家們在那種被大衆所喜愛的樣式中之試
33 作，我們將在一奇異的混雜中一會兒是見到**人性底特殊構造**（但偶爾也包含有一般地說的**理性的人性**之觀念），一會兒又見到**圓滿**，一會兒又見到**幸福**，這裏見到**道德感**，那裏又見到**敬畏上帝**，見到

關於這個有一點，關於那個亦有一點，但他們卻終未問一問：道德底原則究竟是否可在**人性**底知識中去尋求（這**人性底知識**我們只能從**經驗**中得之）；而如果不是如此，如果這些原則一起皆只能脫離每一是經驗的東西而先驗地見之於純粹的理性概念中，此外更無他處可求，甚至一點也不要在他處求，如是，則毋寧應當去採取這方法，即：「使這工作當作純粹的實踐哲學，或當作道德底形上學（如果一個人可用如此易受反對的一名稱時）〔註〕，而成爲一各別的研究」這方法，去使它因其自己而達於完整，並且去要求那意願通俗討論的大衆〔世人〕去等候這工作底成果。〔但是，那些作者卻從未去問：道德底原則究竟是否可在人性底知識中之任何處去尋求（這人性底知識我們只能把它從經驗中引生出）。而如果不是如此，如果這些原則皆完全是先驗的，脫離每一是經驗的東西，而且只能見之於純粹的理性概念中，而決不能見之於任何其他處，如果是如此時，他們亦從未一問：他們是否必應把這研究當作一分別研究而從事，即，當作純粹的實踐哲學或當作道德底形上學（如果一個人可用這如此易受反對的一名稱時）而從事。他們從未想及單獨處理此研究工作，並即以此工作自己而把此工作帶至於完整，亦從未想及要求那意願通俗化的大衆（世人）去等候這研究工作底成果。——拜克譯。〕

　　〔註〕：

　　　　正如純粹數學可與應用數學區別開，純粹邏輯可與應用邏輯區別開，所以如果我們願意，我們亦可把純粹的道德哲學（即形而上學）與它的應用（即應用於人性）區別開。由於這種命

名，我們也立刻想到道德原則並非基於**人性底特質**之上，但必
須其自身即先驗地潛存〔自存〕；而同時從這樣的原則中，諸
實踐規律亦必須能爲每一理性的存有，因而亦爲人類，而被推
演出來。

這樣一種**道德底形上學**，即完全孤離起來，不與任何人類學、
神學、物理學或「上物理學」相混，更不與隱秘質素（此或可名爲
「下物理學的質素」）相混，這樣的一種道德底形上學，它不只是
義務底一切正確的理論知識之一不可缺少的基體，同時也是對於義
務底箴言之現實的實現〔充盡或完成〕有最高重要性的一個切要
者。因爲純粹的義務之觀念，即：「不混雜以任何經驗吸引之外來
34 添加物」的義務之觀念，以及，總之，即這道德法則底觀念，它只
憑理性即可運用一種影響力於人心上（理性因此首先知道**其自身**即
能是**實踐的**），其所運用於人心上的影響力比之任何從經驗領域內
所可引生出的其他激發力〔註〕是如此的更爲強有力，以至於在它
的**價值**之意識中，它鄙視那些其他激發力，並且能逐漸成爲它們的
主人〔因爲純粹的義務之觀念以及一般說的道德法則之觀念（不具
有經驗引誘之混雜），它於人心上有一影響力，此影響力比從經驗
領域內所可引生出的一切其他激發力是如此之更爲強有力，以至於
理性於其**尊嚴**之意識中，鄙視那些其他激發力，並且逐漸變成在那
些其他激發力之上的主人。純粹的義務以及道德法則之觀念其有此
種影響力是單**通過理性而有之，理性**即**因此**而首先知道它**以其自身**
即**能是實踐的**──依拜克譯〕；而那種混合性的倫理學，即由「從
情感與性好而抽引出的動機」與「理性底概念」這兩部分而組合成

的這種混合性的倫理學，它必致使吾人之心靈搖擺於諸種動機之間，此諸種動機不能被帶至於任何原則之下，而且它們只因純然的偶然而導至於善，而且時常亦可導至於惡。

〔註〕：

我有一信來自已故的卓越的蘇爾蔡（Sulzer），信中他問我：道德教訓，雖然它含有很多在理性上足以令人信服者，然而它成就的卻甚少，這是何故？我的答覆所以稽延，乃是爲的我或可使答覆〔較〕爲完整故。但這答覆也只如此，即：教師們自己不曾把他們自己的觀念弄清楚，而當他們因著到處收集那「道德的善」之動機而努力去補救其不清楚之缺陷，以便去使他們的醫藥眞強有力時，他們卻正破壞了其醫藥。因爲最普通的理解亦表示出這意思，即：如果一方面我們想像一種正直底行動，以堅定心靈而作成，毫不計及今世或來世的任何利益，甚至在迫切的需要或引誘底最大試探之下亦不在意，而另一方面，我們又想像一類似的行動，它爲一外來的動機所影響，儘管其程度甚低，如是，則兩者相較，前者遠超過了後者，而且使後者黯淡無光；它〔前者〕提升了靈魂，並引發了一個人能如此去行動的心願。甚至不太年輕的兒童亦有此印象，所以一個人決不可在任何別的路向中把義務表象給他們〔兒童〕。

由以上所說，那是很清楚的，即：一切道德的概念皆完全先驗地在理性中有其位據與根源，而且，抑又有進者，這一義其在最通常的理性中之爲眞亦恰如其在最高度的思辨理性中之爲眞；這些道德概念不能因著抽象從任何經驗的，因而亦只是偶然的知識中而被

得到；正是它們的根源底這種純粹性，才使它們堪充為我們的最高
35 的實踐原則，而且正當我們增加了任何是經驗的東西，亦遂比例地
便損壞了它們的真正影響力，並損壞了這行動底絕對價值；而「去
從純粹理性中引申出這些概念與法則，去把它們呈現為純粹而無
雜，而且甚至去決定這實踐的但卻是純粹的理性知識之界域〔範圍
compass〕，即是說，去決定純粹實踐理性底全部機能」，這不只
是依一純粹思辨觀點而言為屬於「最大的必要」者，而且也是屬於
「最大的實踐上的重要」者；而當如此去做時，我們必不要使純粹
實踐理性底諸原則依於**人類理性**底**特殊本性**上，雖然在思辨哲學中
這或可被容許，或甚至有時或可是必要的；但因為道德法則則應當
是對每一理性的被造物〔即每一理性的存有〕而有效，所以我們必
須從一理性存有底一般概念中把這些原則引申出來。這樣，雖然道
德在其應用於人，它有需於人類學，但我們卻必須首先把它當作**純
粹哲學**，即當作**形上學**，其自身即是**完整的**，而獨立地討論之（這
樣獨立地討論之，在如此顯著而殊異的一支學問中〔在此完全抽象
的一種知識中——依巴通譯〕乃是很容易作成的一件事）；蓋由於
我們深知：除非我們真握有這樣一個形上學，否則不但「為思辨的
評判之目的去決定正當行為中義務之道德要素」這事為無效，而且
「甚至為通常的實踐目的，尤其是道德教訓之目的，去把道德基於
其真純的原則上，以便由此去產生出純粹的道德習性〔道德意
向〕，而且去把這純粹的道德習性〔意向〕灌輸到人之心靈上以增
進世界中最大可能的善」，這事亦必不可能。

但是，要想在這種研究中，我們不只是因著自然的步驟從通常
的道德判斷（在此，此通常的道德判斷甚值得尊敬）進至哲學的道

德判斷，如所早已被作者，而且亦須從一通俗的哲學（這通俗的哲學不能比它因著以範例之助而暗中摸索所能至者走得更遠一步），進至形而上學（此形而上學決不允許它自己為任何經驗事物所牽掣或所阻止，而因為它必須衡量這種理性知識底全部範圍，所以它走得甚遠，遠至理想的概念〔理念〕處，在那裡甚至並無範例可尋），要想如此前進時，我們必須遵循而且清楚地表敘理性底實踐能力，即從理性底決定之一般規律起到義務底概念由理性而湧出這一點處為止，皆必須遵循理性底實踐能力並清楚地表敘或呈現理性底實踐能力。

36

〔3. 論法則對於意志之命令──假然律令與定然律令〕

自然中每一東西皆依照法則以動轉。惟有理性的存有獨有一種「依照對於法則之想法，即：依照原則，以行動」之機能，即是說，它有一個意志。因為「從原則推演或演生行動」這推演需要理性，所以意志即不外是實踐的理性。如果理性無誤地〔確實地〕決定意志，則這樣一個存有底諸行動，其被認為是**客觀地必然的**者，亦是**主觀地必然的**，即是說，意志是一種機能它單只去選擇那「理性獨立不依於性好而認之為是實踐地必然的」者，即認之為是「善的」者。但是，如果理性以其自身不足以決定意志，如果意志亦服從於那些「不常與客觀條件相一致」的主觀條件（即特種衝動），總之，如果意志其本身不是完全地依照於理性（世人現實上大都是如此），則那些「客觀地說來被認為是必然的」諸行動**主觀地說來**則是**偶然的**，而「對於這樣一個意志之依照客觀法則而決定之」之**決定**便是所謂**責成或強制**，那就是說，客觀法則對於一個「不完全

是善」的意志底關係可被思議爲是「對於一個理性存有底意志之由理性底原則而決定之」之**決定**，但是這些理性底原則，意志自其本性而言，並非必然地服從之。

　　一個客觀原則之表象，當其對一意志是責成性〔強制性〕的，即被名曰命令（理性底命令），而此命令之公式則被名曰律令。

　　一切律令皆爲「應當」這字所表示，而因此它們皆指表一個客
37　觀的理性法則對於這樣一個意志即「從其主觀構造而言，它不是必然地爲這法則所決定」，這樣一個意志之關係，這關係就是**強制底關係**。這些律令說「去作某事或不去作某事」這必是好的，但只它們說此義是對於這樣一個意志，即「它常不是作一事是因爲這事被認爲是好的，所以才去作它」，這樣一個意志說此義。但是，正是那實踐上是善的它決定這意志，其決定之是因著理性底概念而決定之，因而結果也就是說，它不是從主觀的原因而決定之，但只是客觀地來決定之，那就是說，依據「對於每一理性存有皆有效」的那些原則來決定之。這「實踐上是善的」它與「愉快」截然不同，愉快就像那只藉著感覺從純然地主觀的原因而影響意志者，這主觀的原因只是對於此人或彼人底感取而有效，並不如一理性之原則者然，理性之原則乃對每一人皆有效者。〔註〕

　　　〔註〕：

　　　　欲望之依於感覺名曰：「**性好**」，依此，性好常指示一種欲求。一個偶然地可決定的意志之依於理性底原則，則名曰**興趣**，所以**興趣**只見之於一個「其自身不常能符合於理性」的**依賴意志**底情形中；在神的意志中，我們決不能思議任何興趣。

但人類意志亦能感興趣於某事，而卻不因此即由興趣而行動。前者意謂行動中之實踐的興趣〔對行動有實踐的興趣〕，後者則意謂行動底對象中之感性的興趣〔對行動之對象有感性的興趣〕。前者只指示意志之依於理性底原則之本身，而後者則指示意志爲性好之故而依於理性底原則，此蓋由於理性只供給關於「性好底需要如何可被滿足」的實踐規律。在前者的情形中，行動使我有興趣；在後者的情形中，則是行動底對象使我有興趣（因爲它對於我是可喜的）。我們在第一節中已知在從義務而作成的行動中，我們必不要顧及**有興趣於對象**，但只應注意**感興趣於行動本身**，以及感興趣於行動底**理性原則**（即**法則**）。

所以一個完全地〔圓滿地〕善的意志亦必同樣服從客觀法則（善底法則），但它卻不能因此便被思議爲是被責成著〔被強制著〕去依法而動，因爲完全地善的意志本身，從其主觀的構造言，它只能爲善之表象所決定。所以在神意上，或一般地說來，在一聖意上，是沒有律令可言的；在這裡，「應當」是沒有地位的，因爲〔其意志之〕決意本身早已必然地與法則**混融而爲一了**。所以所謂律令，只是一種公式，它表示一切決意底客觀法則對於這個或那個理性存有底意志例如說人類意志之主觀的不圓滿性之關係。

現在一切律令，其發命令或是假然地或是定然地。前者是把一可能行動底實踐的必然性，表象爲〔去達到〕一人所意欲的（或至少是一人所可能意欲的）某種其他事物之手段。後者即定然律令則必是這樣一種律令，即「它把一個行動表象爲**其自身即是必然的**，而並沒有涉及任何其他目的，即是說，把它表象爲**客觀地必然的**」

38

這樣的一種律令。

因為每一實踐法則皆可把一可能行動表象為**善的**,並且因此,對於一個依理性而為實踐地可決定的主體而言,又可把它表象為**必然的**,所以一切律令都是公式,即「決定一行動」的那公式,這行動乃是依照一個「在某方面為善」的意志底原則而為必然的者。〔這行動乃是因著一個「無論如何(在任何方面)總是善」的意志底原則而為必然的者。——依拜克譯。〕現在,如果這行動之為善是只當作達到某種別的東西之手段而為善,則這律令便是假然的;「但是,如果這**行動**被表象為**其自身即是善**,而且因此,藉賴著意志之原則,亦被表象為**必然的**,即對於一『其自身即符合於理性』的意志而被表象為**必然的**,則這律令便是定然的。」〔案:**此句依巴通譯而譯,依阿保特譯是如此:「**如果這行動是被思議為**其自身即是善**,因而結果亦就是說被思議為**必然地是一個**『其自身即符合於理性』的意志之原則,則這律令便是定然的。」案:阿保特此譯於義不合,他把「必然」譯錯了。依拜克譯是如此:「但是,如果這行動被認為其自身即是善**,而且因此,亦被認為是在一『其自身即符合於理性』的意志中如**此意志之原則之為必然而為必然的**,則這律令便是定然的。」案:此譯與巴通譯相順,兩譯皆可,而此後譯為佳。〕

這樣,律令是宣布那為我所可能的〔或對於我而為可能的〕什麼樣的行動必是善的,它並且在關聯於一個意志中把那實踐的規律呈現出來,這所關聯的意志是這樣的,即它並不立即作一行動是單因為那行動是善的而作之,其所以如此,或由於這主體〔行動者〕並非時常知道那行動是善的,或由於縱使他知道它是善的,而其格

準或許可相反於實踐理性底客觀原則。

依此，假然律令只說某一行動之爲善是對某種目的，**可能的**或 **現實的**，而爲善。在第一種情形中〔即：對**可能的**目的而爲善一情 形〕，那律令是**或然性的**實踐原則，在第二種情形中，它是一**實然 性的**實踐原則。至於那定然的律令，即宣布一個行動其自身即是**客 觀地必然的**，而並沒有涉及任何意圖或旨趣，即並無任何其他目 的，這樣的定然律令，其妥當有效是當作一**必然性的**實踐原則而有 效。

〔4.論技巧、精審、與道德三者底律令〕

凡是只因某一理性存有底力量而可能的，亦可被視爲某一意志 底一個可能目的；因此，行動底諸原則，就那「在達到某種可能目 的上爲必要」的那些手段而言，它們事實上是無限衆多的。〔「因 此，事實上有無數的行動原則，只要當這**行動**被認爲是在想達到一 爲這**行動**所能達成的某一可能目的上爲必要的時」──依巴通譯。 「因此，行動底**諸原則**，只要當**它們**被認爲在達到一爲它們所能達 到的可能目的上是必要的時，它們事實上是無限衆多的」──依拜 克譯。〕一切科學皆有一實踐的部分，此實踐的部分是由一些問題 即表示「對於我們爲可能的某種目的」的一些問題而組成，並由一 些律令即指示「這可能目的如何可被達到」的一些律令而組成。因 此，這些律令，一般地說來，可名之曰「**技巧底律令**」。在這裏， 是沒有「這目的否爲合理以及是否爲善」的問題的，所有的只是 「要想去達到這目的，一個人所必須作的是什麼」。「醫生使病人 回復健康」之箴言，以及「毒害者擔保某種死亡」之箴言，凡此箴

言，在這方面，皆是等值的，即，每一箴言皆可用來去圓滿地達成其目的。因為人在幼年時，「在生命底途程中什麼目的會發生到我們身上來」，這是不能知道的，所以作父母的皆想讓他們的子女受教以許多事〔去學習許多事〕，並且在使用手段以達各種隨意的目的中，又把他們的技巧供給其子女，其實在那些隨意的目的中，他們不能決定其中任何一個是否此後或許不必是他們的徒弟〔子女〕之目的，不過那總是可能的事，即他或可以之為目的。〔在那些隨意的目的中，他們不能決定是否其中任何一個此後可成為他們的徒弟（子女）底一個現實的目的，雖然那是可能的，即：他或許有一天可以之為他的現實目的。──依拜克譯。〕此種操心慮患是如此其甚以至於他們大體皆忽略了依可選為目的的事物之價值去形成他們的判斷並去糾正他們的判斷。

40 　　但是，茲有一個目的，此目的，對一切理性的存有而言，可以被預定為現實上是目的者──可以被預定為現實的目的（所謂理性的存有是就律令可以應用於他們身上而言，即就他們是依待性的存有而言），因此，這一個目的，一切理性的存有不只是可以有之，而且我們可以確定地預定：他們依一自然的必然性皆現實上就有之，這個目的就是「幸福」。假然律令，即它把「一個行動底實踐的必然性」表示為推進幸福之手段，這樣的假然律令，它就是實然性的假然律令。我們並不是要去把這樣的假然律令呈現為對於一個「不確定而只是可能」的目的為必要的，而乃是要去把它呈現為對於一個「我們所可確定地而且先驗地預設之於每一個人身上」的目的為必要的，這樣的目的，我們所以能確定地而且先驗地預設之於每一個人身上，乃是因為它屬於這每一個人之存有〔本質〕的。現

在，一個人在選擇手段以達其自己之最大福利中的技巧，可名曰「精審」〔註〕（取其最狹義）。這樣，那「涉及選擇手段以達一個人自己之幸福」的律令，即是說**精審底箴言**，仍然總是**假然的**；行動不是絕對地被命令著的，但只是作為達到另一目的之手段而被命令著。

〔**註**〕：

「精審」（Klugheit/prudence）一詞可依兩個意義而被取用：依一個意義而言，它可堪受俗世底知識之名，依另一個意義而言，它可堪受個人自己的精審之名。〔「精審」一詞可依兩個意義而被取用，它可以涉及「世務」與「個人自己的精審」而受精審之名。——依拜克譯。〕前者是一個人之「影響他人」的**能力**，影響他人以便為其自己之諸目的而去利用他人。後者則是「為其自己永久利益而去結合其自己之一切目的」的一種**精明**（sagacity）。〔前者意謂一個人影響他人底**技巧**，影響他人以便為其自己的諸目的而去利用他人。後者則是「去把一切其自己之目的統一到他自己永久利益上」的**能力**。——依拜克譯。〕這後一種精審，恰當地說，甚至是前一種意義的精審之價值所要還原到的〔即前者底價值最後是要被還原到後者的〕，而當一個人其精審是前一種意義的精審，但卻不是後一種意義的精審，則我們如下那樣說他為較好，即：他是聰慧而狡猾的（clever and cunning），但整個說來，他卻是不精審的。

最後，茲復有一種律令，它是直接地命令著某種行為，而並無

任何為此行為所要達到的其他目的以為此行為之條件。這種律令便是「定然的」。此定然的律令並不關涉行動底**材質**〔**內容**〕，或行動所意向的**結果**，但只關涉行動底**形式**以及這原則，即「此行動自身即是其結果」的那原則；而那在此行動中本質上即是善者，乃是存於心靈的意向，不管**後果為如何**。這種律令，可名之曰：「**道德**」底**律令**。

依意志底責成性〔受強制性〕之不相似中的那三種原則可有三種決意，在這三種決意之間復亦存有一顯著的區別。〔依照三種原則而成的決意是因著這三種原則把意志所隸屬到的那強制性中之不相似性而顯明地被區別開。——依拜克譯。〕要想更清楚地去表明這強制性中的不相似性之差異，我想，如果我們說：這三種原則或是技巧底**規律**、或是精審底**勸告**、或是道德底**命令**（法則），則這三種原則依其次序必應是最適當地被命名了的。因為只有**法則**它才包含有一無條件而客觀的必然性之概念，因而結果也就是說，只有法則它才是普遍地有效的；而命令之為法則乃即是那必須被服從，即必須被遵循的法則，即使反於性好，亦必須被服從被**遵循**。**勸告**自亦包含有必然性，但這一必然性只能在一偶然的主觀條件下始成立，亦即是說：勸告是依靠於這人或那人是否計算這個或那個作為他的幸福之部分；然而相反地，定然的律令則不為任何條件所限制，而因為它是絕對地（雖也是實踐地）必然的，故它可十分恰當地被名曰「命令」。這樣，我們也可稱第一種律令為「**技術的律令**」（屬於技藝者），稱第二種為「**實用的律令**」〔註〕（屬於福利者），稱第三種為「**道德的律令**」（屬於一般地說的「自由行為」者，即屬於道德者）。

〔註〕：

　　我認爲這「實用的」一詞可以依此路數最精確地被界定。因爲「制裁」，即，恰當地說，它們不是來自那作爲「必然的法令」的國家之法律，而是來自一般福利上的預防，這樣意義的制裁，它們即被名曰實用的。一部歷史，當它敎人以精審，即是說，敎導今世如何能供給其利益較好於前人或至少等同於前人，則它便是實用地被編寫成。

〔5.分別說明技巧、精審、道德三類律令如何可能一問題之意義〕

　　現在，這問題便發生，即：一切這些律令是如何可能呢？這個問題並不是想去知道我們如何能思議律令所制定〔所命令〕的行爲之完成，但只想去知道我們如何能思議律令所表示的那意志之受強制〔被責成〕。技巧底律令如何可能，是並不需要特別說明的。凡意欲這目的的人（只要理性決定他的行爲），他亦必意欲他的力量內那些對此目的爲不可缺少地必要的手段。就決意而言，這命題是**分析的**；因爲，在意欲一對象作爲我的結果中，我自己之作爲一動作性的原因之因果性，那就是說，手段之使用，在那裡必早已被想到；而這律令亦從「一個目的底意欲〔意欲一個目的〕」之概念中引出「對這目的爲必要的」那行動之概念。在規定手段以達到某一擬議的目的中，綜和命題自必須被採用；但是此諸綜和命題卻並不關涉原則、意志之活動，但只關涉對象以及這對象之眞實化。舉一例說，要想依一無誤的原則將一直線作兩等分，我必須從此直線之

42

兩盡端繪出兩個交切等弧；這作法無疑地是只在綜和命題中而爲數學所教導；但是如果我知道：「只有藉這程序，這所意想的運作始能被作成」，則說：「如我完全意欲這項運作，我亦必意欲對這項運作爲必要的行動」，此句便是一個**分析命題**；因爲「去設想某事爲一『我依一定方式所能產生出』的結果」和「去設想我自己爲即依這方式而動作」，這兩者完全是一回事。

　　如果「去給出幸福之確定概念」眞只是同樣容易的，則諸**精審**底律令必準確地與**技巧**底律令相應合，而且它們亦必同樣地皆爲**分析的**。因爲在這情形一如在技巧處，我們同樣能說：凡意欲這目的〔這裡是指幸福〕的人，亦會（依照理性之裁斷必然地）意欲那「處於其力量內對此目的爲不可少」的手段。但是，不幸，幸福底概念是如此之不確定，以至於雖然每一人皆欲達到它，但他卻從不能確定地而且一貫地說出他實在所欲並所意的究竟是什麼。所以如此之故是在：凡「屬於幸福這概念」的一切成分一起皆是經驗的，即是說，它們必須從經驗借得來，可是縱然如此，幸福底理念在我現在及一切將來的情況中要求關於福利底一個絕對的整全，一個最大量。現在，即使最明敏而同時又是最強有力的存有（假定其爲一有限存有），想對於他在此幸福方面實在所意欲的東西給他自己形成一確定概念，這亦是不可能的。他意欲財富嗎？則將有多少憂心、忌妒，與輕蔑，他可不因此財富而引到他身上來！他意欲知識與明察嗎？那或許證明只是一種如此更銳利的眼光足以把那「現在雖暫時對他隱蔽〔潛伏〕，而他終不能避免」的如此更可怕的罪惡指示給他，或足以把那更多的欲求置於那「早已使他十分關心」的欲望上！他願有長壽嗎？有誰能保證他那不是長期的受苦？然則他

至少願有健康嗎？則試問身體底不舒服如何又時常禁制那「完全健康所易使一個人陷入於其中」的放縱無度？其他種種不可盡舉。總之，他不能依任何原則確定地去決定究竟什麼東西可使他真正有幸福；因為要想如此去決定，他必須是無所不知的。因此，我們決不能依任何確定的原則以活動，活動以取得幸福，但只能依經驗的勸告，例如：攝生、節儉、禮貌、謙遜等等之勸告，以活動，凡此等等皆為經驗所教示，平均說來，它們都算是最能增進福利的。因此，精審底律令，嚴格地言之，它們實非在命令著，即，它們不能客觀地把行動呈現為實踐地必然的；它們無寧須被視為**理性底勸告**（consilia），而不能被視為**理性底訓令**（praecepta），而「確定地而且普遍地去決定什麼行為可增進一個理性存有底幸福」這一問題也是完全無從解決的，結果，亦遂關於幸福沒有這樣的律令，即「它在嚴格意義上，命令我們去做那可致幸福之事」這樣的律令是可能的；因為幸福不是**理性底一個理想**，但只是**想像底一個理想**，它是只基於經驗的根據上，而去期望這些經驗的根據能規定一種行動由之一個人可以達到一串後果（實是無盡的串）之總體，那根本是作不到的。但是這種**精審底律令**必應是一**分析命題**，如果我們認定「達到幸福底手段能確定地被指定」時；因為精審底律令只因以下一點而與技巧底律令區別開，即：在後者，那目的只是可能的，而在前者則目的是所與。但是因為兩者皆只制定手段，即達到「那我們設想其被意欲為一目的的東西」之手段，所以這樣的律令，即「把意欲手段規定給那意欲目的的人」這樣的律令，在那兩種情形中，都是**分析的**。因此，在關於這兩類之任一類的律令之可能性中，茲並沒有什麼困難可言。

44

　　另一方面,「道德底律令如何可能」一問題無疑地是一個而且是唯一的一個要求解決的問題,因為這類律令畢竟不是假然的,而它所呈現的客觀必然性也不能基於任何假設上,如同假然律令那樣。只是在這裡,我們必不可忽略這一點,即:我們不能藉任何範例〔或事例〕,換言之,不能經驗地來辨明〔表明〕究竟是否有這樣一種律令;但是「一切那些表面看起來似乎是定然的律令而底子裡卻猶可是假然的」,這情形卻無寧真令人懼怕〔憂慮〕。例如當這律令是如此,即:「你不應欺騙地作諾言」;而且我們也認定這律令底必然性不是一種純然的勸告,以便去避免某種其他罪惡,蓋若這樣,則這律令必只意謂:「你不應作一說謊的謊言,蓋怕一旦為人所知,你必毀壞你的信用」,我們已認定這律令底必然性實不是如此,但卻是這樣的,即,這種說謊底行為必須被認為其本身即是罪惡,如此,這禁止底律令是定然的〔即絕對無條件的〕;當這律令是如上云云時,則我們便不能確定地在任何範例中表示說:「這意志只為法則所決定,而無任何其他行動之動力」,雖然它表面上可以顯現為是如此。因為那總是可能的,即:懼怕不名譽,或許還有不甚清楚的〔隱晦的〕對於其他危險之恐懼,皆可對於意志有一秘密的影響。當「凡經驗所告訴我們的不過是我們沒有知覺到它」,則此時有誰能因著經驗而證明一原因之不存在呢?但是在這樣一種情形中,所謂道德的律令,它表面上好像是定然的而且是無條件的,而實際上它必只應是一種「實用的律令」,它把我們的注意只牽引到我們自己的利益上,而且只教著我們去考慮這些自己的利益。

　　所以我們現在將要**先驗地**去研究一定然律令之可能性,因為在

這種情形，我們沒有「其被給與於經驗中的實在性」之便利，所以它的可能性〔之申明〕必只是爲這可能性之**說明**而需要，不是爲這可能性之**建立**而需要。同時，我們可預先辨明：惟有定然的律令始有實踐法則之意義（purport）：此外一切其他律令實在說來只可名曰意志底「原則」，但不可名曰意志底法則，因爲凡只爲達到某種隨意目的而爲必要的，皆可被認爲其自身即是偶然的，而如果我們一旦拋棄這目的，我們即能隨時擺脫這律令：反之，無條件的命令則絕不許意志有選擇反對面之自由；結果，只有它才具有我們在一法則中所需要的那必然性。

其次，在這種定然律令或道德底法則之情形中，「察識其可能性」之困難，是十分深奧的一種困難。它是一個**先驗地綜和的實踐命題**〔註〕；因爲在察知**思辨的**先驗綜和命題之可能性中有很大的困難，所以亦可很易設想這**實踐方面**的先驗綜和命題其困難亦並不亞於前者。

〔註〕：

我把行爲與意志連結於一起，不預設由任何性好而結成的任何條件，但只是先驗地連結之，因而也是必然地連結之（雖然只是客觀地連結之，即由於認定一個「握有降伏或克服一切主觀動機的充分力量」的理性之理念而連結之。）依此，這是一個實踐的命題，這命題不是只因**分析**便可把「一個行動底意欲」從另一個早已預設了的行動之意欲推演出來，（因爲我們並無這樣一個**圓滿**的意志），但只是把這個意欲直接地連結於一個理性存有底意志之概念上，即當作某種不包含於此意志之概念

中的東西而把它連結於此意志之概念上。

在這個問題上，我們將首先要研究：只這定然律令之純然概念是否或許不能亦以這律令之公式提供給我們，這公式是這樣的，即它包含著一個命題，單只這命題始能是一定然的律令。因為即使我們知道了這樣一種絕對命令之**大意**（tenor），但是它如何可能，仍需要進一步的特別而費力的研究，這步研究俟稍後在最後一節中來進行。〔因為即使我們知道了這**律令之公式**，而要想去知道這樣一種**絕對的法則**如何是可能的，這將仍需要困難而特別的勞力，此步工作我們將置於最後一節。——依拜克譯。〕

〔**6.標舉義務底律令（定然律令）之最普遍的形式**〕

當我思議或想一假然律令時，一般說來，非至我已給出這條件，我不能預先知道它將包含什麼東西。但當我思議一定然律令時，我能立時知道它所包含的是什麼。蓋由於這定然律令，除了這法則外，它只包含有「格準必應符合於法則」這必然性〔註〕，而同時法則又不包含有限制之條件，所以這所剩下的，除「行為底格準必應符合於一普遍法則」這一般的陳述外，便一無所有了，而且那亦單只是這符合性才是這律令所恰當地表象之為必然者。〔**阿保特註云**：「按照原文應是：『那就是這符合性它表象這律令為必然者』。」如是，律令為受格，符合性為施格。原文冠詞有誤，今改譯。〕

〔註〕：

> 一個**格準**是行動底一個主觀原則，而且必須與客觀原則，即實踐法則，區別開。格準含有這樣的實踐規律，即此規律乃是爲理性依照主體底種種情況（常是他的無知或他的性好）所設置者，因此，格準是「主體所依之以〔**實際**〕**行動**」的原則；但是法則是對每一理性存有皆妥當有效的客觀原則，而且是理性存有所依之以「**應當去行動**」的原則，即是說，它是一律令。

因此，這只有一個定然的律令，即：

你應當只依那種格準，即由之你能同時意願「它必應成爲一普遍法則」這樣的格準，而行動。

如果義務底一切律令皆能從這一個律令而被推演出，其從這一個律令而被推演出猶如從其原則而被推演出，那麼，雖則「那被名曰義務者究竟是否不只是一個無效的概念〔空概念〕」這尚存而未決，然而至少我們將能去展示出我們所能理解於義務者是什麼，以及這個概念所意謂者是什麼。

因爲「結果所依之而被產生」的那法則之普遍性即構成那恰當地被稱爲「自然」者（「自然」取其最一般的意義，即就**形式**而論者），即是說，構成「事物之存在」（只要當這存在爲一般法則所決定時），所以義務底律令又可如此被表示：

你應該這樣行動，即行動得好似你的行動之格準，依你的意志，眞要成爲一普遍的自然之法則。

〔7. 依對己對人的必然義務與對己對人的偶然義務說明那些不能成爲普遍法則的格準〕

我們現在要舉一些義務，採取通行的分法把它們分爲對己和對人的義務以及完全和不完全的義務〔註〕。

〔註〕：

48

讀者在此應注意：我要保留義務底分類在一將來的《道德底形上學》中去討論；因此，我這裡所給的分類只是一個隨便的分類（隨便分之以便去安排我所舉的例）。此外，一個完全的義務，我意是一個「不許在徇性好中有例外」的義務，如是，我不只有外在的完全義務，且亦有內在的完全義務。這與一般學者們所採用的此詞之用法相反；但在這裡，我不想去證成它，因爲它是否被承認，對我的目的而言，是不相干的。

〔完全義務經常被理解爲是那些「能爲外在法則所強制」的義務；不完全義務是那些「不能爲外在法則所強制」的義務。它們又可分別地名曰決定的義務與不決定的義務，法典的義務與德性的義務。英譯者阿保特註。〕

㈠一個「因一連串厄運而致絕望」的人，他感覺到對生命之厭倦，但至今他仍尙有其理性，他能問他自己：究竟「自殺」是否不相反於他的對自己的義務。現在他研究「他的行動之格準是否能成爲一個普遍的自然之法則」。他的格準乃是：「當生命的延長多分是帶來更多的罪惡，而並不帶來滿意時，以自我貪戀〔自私〕的立場，我即採用自殺作爲一原則以縮短我的生命。」如是，這所要問

的簡單說來只是這問題,即:這基於「自我貪戀」的原則是否能成為一個普遍的自然之法則?現在,我們立時見到:一個自然系統,如若「因著一種情感,即其特殊性乃是強欲改進生命這種情感,而去毀壞生命」,這竟是其中之一法則,則此自然系統必是自相矛盾的,因而它也就不能當作一自然系統而存在;因此,那個格準也不可能當作一個普遍的自然之法則而存在,而結果也必完全與一切義務底最高原則不一致〔相衝突〕。

㈡另一個人覺著他自己非去借錢不可。他知道他將無力去償還,但他也見到除非他堅決答應在一定時如數償還,他將一文借不到。他想去作這樣一種諾言〔即假諾言〕,但他尚甚有良心以問自己:依此路以解救急難,那豈不是不合法而亦與義務不一致〔違反於義務〕嗎?但是〔不管他的良心如何〕,假定他決心如此做,那麼,他的行動之格準一定是如此被表示:「當我想我自己需要錢用時,我將向人借錢,並答應決定償還,雖然我明知我決不能償還。」現在這種自我貪戀〔自私〕底原則或一個人自己利益底原則或許可與我全部未來的福利相一致;但是問題是在:「這是正當的嗎」?如是,我把自我貪戀之提示〔suggestion of self-love,**另兩譯為自我貪戀之要求**〕變成一普遍法則,而且我如此陳述這問題:「如果我的格準是一普遍法則,則將如何」?我必立時見到它決不能當作一普遍的自然之法則而成立,它必然是與其自身相矛盾。因為設想「每一人當他認為他自己有困難時,他便可隨其所欲亂作諾言,而又無意遵守其諾言」,這是一普遍的法則,那麼,諾言本身必成為不可能的,而一個人在此諾言中所可想有的目的,亦同樣是不可能的,因為再沒有人肯考慮那對他所許諾的任何事,但只嘲笑

49

一切這樣的陳述為空洞無效的虛偽而已。

　　㈢第三個人是：他於其自己身上見有一種材能，此材能如得適當教養之助，可使他在許多方面成為一有用之人。但他又見其自己處於很舒適的環境中，他寧甘自耽於逸樂，而不願辛勤刻苦以擴大並改進其幸運的天賦才能。但是〔設讓〕他問：他的忽視其天賦才能之格準，除合於他的性好於放縱之外，是否亦符合於那叫做義務者。如是，他見到一個自然底系統實能具著這樣一個普遍的法則而自存〔而存在〕，縱然世人（如南海島嶼底居民）定要讓其才能生銹而朽腐，並決心只致力其生命於懶惰，安逸，以及繁殖其種族──一句話，專致力其生命於享樂；〔他雖如此見到〕，但他決不可能意願此格準必應成為一普遍的自然之法則，或意願此格準必應因一自然的本能如一普遍的自然之法則那樣而為深植根於我們身上者。因為當作一理性的存有看，他必然意願他的機能〔材性官能〕定須被發展，因為這些機能是為一切可能的目的而服務於他並已賦給於他。

　　㈣第四個人，他很富有，而當他見到別人與困苦作掙扎奮鬥，
50 並見到他能幫助他們時，他卻想：「這於我有何關呢？讓每一人如上蒼之所欲，或如其各人之所能自造者，而有其幸福；我不欲從他身上取得什麼，甚至亦不嫉羨於他，只是對於他的福利或對於他的厄難中之求助，我亦不願去貢獻任何事！」現在，如果這種想法真是一普遍法則，無疑，人類也許很可照樣地存續下去，甚至無疑地也比「人人空談同情與善意，或甚至偶爾亦留心於付之於實行，但另一方面，當他能時，他亦欺騙，並陷害〔出賣〕他人底權益，不然或侵犯他人底權益」，這種情形為好。但是，縱然「一個普遍的

自然之法則可依照那格準而存在」這是可能的，可是「去意願這種原則一定有自然法則底普遍有效性」這卻是不可能的。因為，一個「決心如此」的意志，必與其自身相矛盾，蓋因世上可發生好多情形是如此，即：在此等情形中，一個人必有需於別人的愛和同情，而由於從他自己的意志所衝出的這樣一種自然之法則，在此等情形中他又必使他自己喪失一切他所欲求的幫助之希望。

　　以上所舉，是許多實際義務或至少為我們所認為是實際義務中的幾項，這幾項義務顯然依我們所已設置的一個原則而成為兩類。〔案：即對己對人之必然義務與對己對人之偶然（有功效的）義務之兩類，見下第十段。〕我們必須**能意願**：我們的行為之格準必應成為一普遍法則。這一義乃是一般說來的行為之道德品鑒之法規。世間有某些行為是屬於這樣一種性格的，即：它們的格準不要說我們**意欲**其必應成為一普遍的自然之法則為絕無可能，甚至想〔或思議〕其是如此，亦不能無矛盾。在另一些行為上，這種內在的不可能性是並沒有被發見，但是「要意欲它們的格準必應升至一自然法則之普遍性」，這仍還是不可能的，因為這樣一種意欲必與其自身相矛盾。我們很容易看出：前者是沖犯了嚴格性或剛性的（不可移易的）義務，而後者則只是沖犯了較鬆弛的（有功效的）義務。這樣，由上述幾個例子已完全表示出：一切義務，就責成或強制之本性（不就行為底對象）而言，如何都依靠於同一原則上。

51

〔8.論定然律令（道德原則、實踐法則）不能從人性底特殊屬性、性癖、性好，以及經驗而被推演出〕

　　如果我們在任何違犯義務底機緣上注意我們自己，則我們將

見：我們事實上實並不意欲「我們的〔違犯義務的〕格準必應成為一普遍法則」，因為那種格準之成為一普遍法則對於我們是不可能的；相反地，我們實意欲那種格準之反面必應仍成為一普遍法則，只是我們在我們自己的偏愛中，或（恰只在此時）在偏愛我們的性好中，預定有作一例外之自由而已。〔而我們只是為我們自己之故，或為我們的性好之故，以及單為此一事件之故，對此格準之反面有作一例外之自由。──依拜克譯。〕結果是，如果我們從同一觀點，即：從理性底觀點，來考量一切情形，我們必將發見在我們自己的意志中有一矛盾，即：某一原則當作一普遍法則看必須是客觀地必然的，可是，主觀地說來它又一定不是普遍的，而卻容許其有例外。但是，因為我們既在一時先從「意志完全符合於理性」底觀點來看我們的行動，然後又從「意志為性好所影響」底觀點來看這同一行動，所以這實在並沒有任何矛盾，但只有性好對於理性底規準的一種對抗，因此對抗，原則底普遍性變成了純然的一般性〔概括性〕，以至於理性底實踐原則在半途中和格準相遇，意即和格準相妥協。這種和格準相妥協雖然在我們自己的公正無私的判斷中，不能使之為有理，但它卻亦足以證明我們實在是承認定然律令底遍效性的，只是（儘管十分尊重那個定然律令）卻允許我們自己有少許例外，此少許例外我們思之為無關重要者，而且思之為強加於我們身上者〔被迫使然〕。

這樣，我們至少已建立了這一點，即：如果義務是一個「要有任何意義」的概念，並是一個「對我們的行動要有真實的立法權威」之概念，則它只能被表示於定然律令中，而決不能被表示於假然律令中。還有很重要的一點，即：我們復已很清楚而確定地對

〔義務底〕每一「實踐的應用」，展示了定然律令底內容，此定然律令必須含有一切義務底原則，如果眞有所謂義務這回事。但是我們尙未曾進至如此之遠以至於可先驗地去證明：實有這樣一種律令，實有一「其自身絕對地在發命令而毫無任何別的衝動在內」的實踐法則，以及凡屬遵依這法則而行者，便是義務。

　　爲欲達到這一點，最重要的是要記住：我們必不允許我們自己去想從**人性底特殊屬性**中推演出這原則底眞實性。因爲義務須是行動底一種實踐的，無條件的必然性；因此，它必須在一切理性存有上皆能成立皆有效（這一切理性存有是一律令所能應用於他們身上者），而亦只爲此故，它始亦能對一切人類意志而爲一法則。反之，凡是從人類之**特殊的自然的特徵**中繽繹出來的，從某種**情感**和**性癖**〔英譯註〕中繽繹出來的，不，如其可能，甚至從適當於人類理性的任何**特殊傾向**，而這特殊傾向不必然在每一理性存有底意志上皆有效〔皆成立，皆可執持〕，從此中繽繹出來的，這雖誠可供給我們以格準，但卻不能供給我們以法則；可供給我們以主觀原則，依此主觀原則，我們可以隨一性癖和性好以行〔我們只在我們有性癖與性好之條件下始可行動——依拜克譯〕，但卻不能供給我們以客觀原則，依此客觀原則，我們必須**奉命**〔被命令被吩咐〕以行，縱使一切我們的性癖、性好，以及自然的性向都相反於此原則，我們也必須依之以奉命以行。如實言之，這義務中的命令如主觀衝動愈少喜愛它，或愈多反對它，其莊美性以及內在尊嚴性就愈顯著，而並沒有絲毫能夠削弱這法則底責成性，或減少它的遍效性。

〔英譯註〕：

康德辨別「性癖」（Hang/propensio）和性好（Neigung/
inclination）如下：性癖是一種引至「嗜欲某種享受」的先在
性向或傾向；換言之，它是某種「先於其對象概念」的欲望之
激起底主觀可能性。當那種享受已被經驗過，它便產生一種對
於這享受的「性好」，因而性好即可被界定為「習慣性的感性
欲望」。讀者可參考康德的《人類學》（Anthropology，§§
72, 79）和他的《宗教論》（Religion，p. 31）——英譯者阿
保特註。

〔案〕：**性癖、性好，人性底特殊屬性，人類之特殊的
自然的特徵等詞語皆是告子所謂「生之謂性」以及宋明
儒所謂「氣質之性」，故不能由此建立道德。然則正宗
儒家所謂性善之性以及宋明儒所謂「義理之性」便不能
概括在此類詞語之下。**

53　　至此，我們見到〔道德〕哲學已被致至一危急的生死關頭之
境，因為它必須堅固地被穩定，縱然它在天上或地下沒有任何一物
來支持它。在此，它必須如其作為「它自己的法則之絕對指導者」
那樣而表明其純淨性，它是其自己的法則之絕對指導者，它不是那
樣的一些法則之傳聲筒，所謂那樣的一些法則即是那由一「**注入的
感覺**」（an implanted sense）〔案：**如一般人所假定的「道德感
覺」**（moral sense），**此為康德所不許**〕所私語給它的那些法則，
或由「誰知其是什麼保護人一類者」所私語給它的那些法則。雖然
這些所私語給它的法則容或比一無所有為較好，但它們決不能供給

那單由理性所斷制的原則。這些單由理性所斷制的原則必須有其完全先驗的根源〔必須完全先驗地發起的——依拜克譯〕，因而亦必有其發布命令的威權，它們期望每一東西皆從法則底優越性而來以及從對這法則的應有尊敬而來，無一是由人底性好而來，非然者，則它們必把這人判定至自我輕蔑以及衷心的自厭。

這樣，每一經驗的成分不只是對於道德底原則完全不能成為一幫助〔不只是在道德底原則中完全不值得成為一因素——依拜克譯〕，且甚至對於道德底純粹性是大有損害的〔且甚至對於道德實踐本身底純粹性是大有損害的——依拜克譯〕；因為一個絕對善意底恰當而無可估計的價值恰正在於這一點，即：行為底原則須擺脫偶然根據底一切影響，單只這偶然根據才是經驗所能供給者。我們重複我們的警告以反對「在經驗動機及經驗法則中尋求道德底原則」這種鬆懈而甚至是卑下的思想習慣，不能算是過多或過頻；因為人類理性在其疲倦之時，是樂於去止息於這枕頭上的，而在一種甜蜜的虛幻之夢中（在此夢中，人類理性所擁抱的不是尤諾——高貴的美人，而是一團雲霧），它以由各種來源的肢體補綴〔拼湊〕起來的假冒品〔混血兒〕來代替道德，這假冒品看起來可以隨人所欲見而現其形似；只是對那曾經在美德底真正形相中看美德的人看來卻決不像似美德〔註〕。

〔註〕：

　　所謂在「美德」底正當形相中看美德；不過就是去默識那「剝去一切感性事物底混雜並剝去酬報或自我貪戀底每一虛假的裝飾」的道德。如是，她〔這位小姐〕掩蓋過了那「現出對於感

性或性好有吸引力」的任何其他東西，掩蓋過如何之多，這是每一人稍盡力其理性即可很容易地覺察到，只要這理性對抽象思考而言，尚沒有完全被損壞。

54　　依是，問題乃是這樣：「一切理性的存有必總應以格準判斷其行為，而這格準乃是他們自己所能意欲其堪充為普遍法則者」，此義對一切理性的存有亦是一必然的法則嗎？如果它是，則它必須完全先驗地與一般地說的理性存有底意志之概念連繫於一起。但是，要發現這種連繫，我們必須（不管如何不情願）邁步踏入形上學，雖然這所踏入的形上學底領域不同於思辨哲學，即：這是道德底形上學。在這樣一個實踐哲學中，即：「在此中，我們所要確定的，不是那**實際發生**者之理由，乃是那**應當發生**者底法則（縱使這應當發生者從未發生過），即是說，我們所要確定的，乃是客觀的實踐法則」，在這樣一個實踐哲學中，「去研究以下諸問題之理由，即：為何某事某物中意或不中意，純然感覺底快樂如何不同於趣味，以及趣味是否又不同於理性底一般滿足；快樂或痛苦底情感依於什麼，慾望和性好又如何發生，而格準又如何因著理性合作從欲望與性好而發生：去研究這些問題之理由」，這並不是必要的。因為這一切皆屬於經驗的心理學，此經驗的心理學構成物理學底第二部，如果我們把物理學看成是自然底哲學，當其基於經驗的法則時。但是在這裏，我們所關心的乃是客觀的實踐法則，因而結果亦就是說是「意志對其自己」底關係，只要當這意志單為理性所決定時。在這種情形裏，凡是涉及任何經驗的事物者，皆必須被排除；

55　因為如果單獨理性以其自身決定行為（而就是這種決定底可能性才

是我們現在所正要研究的），則它必須必然地先驗地如此決定之。

〔9.論目的：從形式的、客觀的目的明定然律令之遍效性：一切理性存有其自身即是目的〕

意志被思議為是一種機能，即「決定一個人依照某種一定法則之觀念去行動」這種「決定之」之機能。〔句中「一個人」，拜克譯作「它自己」，即：「意志自己」。〕這樣一種機能只能見之於理性的存有。現在，那服務於意志而為意志底**自我決定**之客觀根據者，便是**目的**，而如果這目的單為理性所指定，則它必對一切理性存有皆成立〔皆有效〕。另一方面，那只含有這樣的行動即「以行動之結果為其目的」這樣的行動底可能性之根據者，那就叫做是**手段**〔工具〕。欲望底主觀根據是**衝力**，決意底客觀根據是**動力**；因此，遂有基於衝力上的主觀目的和依於動力上而對每一理性存有皆有效的客觀目的這兩者間之分別。實踐原則當它們抽去一切主觀目的時，是**形式的**；當它們預定主觀目的，因而亦預定行動底特殊衝力時，它們便是**材質的**。「一個理性的存有所隨興提給他自己以為他的行動之結果」的那些目的（材質目的）一切皆只是相對的，因為單只是它們的對於主體底特殊欲望之關係始把它們的價值給與於它們，因此，它們所有的這種價值總不能供給出這樣的原則，即對一切理性存有及每一決意皆為普遍的而且為必然的那種原則，那就是說，它不能供給出實踐的法則。因此，一切這些相對的目的只能引起假然的律令。〔一個理性的存有所**隨意**提給他自己以為他的行動之後果的那些目的皆是材質的目的，而且無例外皆只是相對的，因為單只是它們的對於主體中的**一特殊地構造起**的欲望機能之關係

始把它們的價值給與於它們。因此，這種價值不能對一切理性存有
供給任何**普遍的原則，或者說**不能對每一決意供給**有妥效而必然的
原則**。那就是說，**這些目的**不能**引起**任何實踐的法則。因此，一切
這些相對的目的皆只是假然律令之**根據**。——依拜克譯。〕

　　但是，設想：有某種事物其存在**在其自身**即有一絕對的價值，
有某種事物，由於**其自身即是一目的**，故它能是一些確定法則之根
源，如是，則在此某種事物裡而且單只是在此某種事物裡即存有
「一可能的定然律令即一實踐法則」之根源。

56　　現在我說：人以及一般說的任何理性存有其存在是當作「其自
身即是一目的」而存在，而不只是當作一「隨便地為這個或那個意
志所使用」的工具而存在，但須是這樣的，即在一切他的行動中，
不管這些行動是關乎他自己抑或是關乎其他理性的存有，他必須總
是同時須被認為是一個目的。性好底一切對象只有一種有條件的價
值；因為如果這種性好以及基於其上的欲求不存在時，則它們的對
象自亦必無價值可言。但是，諸性好，由於是欲求之根源，其本身
是如此之遠不足以有一絕對價值（為此絕對價值它們必可被意
欲），遂至於正相反，「完全擺脫這些性好」這乃必須是每一理性
存有底普遍願望。這樣，凡為我們的行動所要獲得的任何對象之價
值總是有條件的。可是縱然如此，這樣的存有，即「其存在不依於
我們的意志，而卻是依於自然」，這樣的存有，如果它們「不」是
理性的存有〔**原譯脫「不」字，另兩譯有**〕，則它們便只有一作為
工具的相對價值，因此，它們即被名曰「物」；反之，理性的存有
則名曰「人格」，因為他們的本性把他們表示為「其自身即是目
的」，即是說，把他們表示為這樣的某種東西，即此某種東西必不

只被用作工具,而言至此,因而此某種東西亦限制了「**行動底自由**」〔亦限制了**對於他們底隨意處置**——依巴通譯〕,而且亦是一尊敬底對象。〔如是,這樣的存有是一尊敬底對象,而言至此,它亦限制了一切**隨意的選派**。——依拜克譯。〕〔案:阿保特譯爲「行動底自由」,恐有誤會,當合參另兩譯以明其意。〕因此,這些存有〔即:理性的存有——人格〕不只是這樣的主觀的目的,即「其存在當作我們的行動之結果看對於我們有一價值」這樣的主觀目的,而乃是客觀的目的,即是說,是這樣的東西,即:「它的存在其自身即是一目的」這樣的東西:抑又有進者,「其自身即是一目的」,這樣一個目的乃是一個沒有其他目的能夠代之的目的,而這些其他目的皆必**只**作爲工具而服役於它,因爲否則,便沒有什麼東西能有**絕對價值**;但是,如果一切價值皆是有條件的,因而亦皆是偶然的,則必無理性之最高的實踐原則可言。

如是,如果有一最高實踐原則,或就人類意志而言,有一定然的律令,則此最高實踐原則必須是這樣的一個原則,即:「由於它是從那『因其自身即是一目的,故必然地對每一人爲一目的』的東西之概念中抽引出來」,所以它可構成意志底一個客觀原則,因而也就是說,它可用來充作一個普遍的實踐法則」這樣的一個原則。這個原則底基礎就是:**理性的自然**〔存有〕其存在是當作「其自身即是一目的」而存在。人必然地想其自己的存在爲是如此者;到此爲止,則這個原則是人類行動底一個**主觀原則**。但是,每一其他理性存有亦恰依那「對於我而有效」的同一理性原則同樣地看待其自己之存在〔註〕:這樣,則此原則同時又是一**客觀原則**,從這客觀原則作爲一個最高的實踐法則,意志底一切其他法則皆必能被推演

出來。依此，實踐的律令將如下：

你應當這樣行動，即在每一情形中，你總得把「人之爲人」之
人，不管是你自己人格中的人之爲人之人抑或是任何別人人格
中的人之爲人之人，當作一目的來看待，決不可只當作一工具
來看待。

〔註〕：

這個命題在這裏是當作一「**設準**」而被陳述。其根據將見於下
第三節。

現在，我們將研究這個律令是否能實踐地被作到。

〔10.就對己對人的必然義務與對己對人的偶然義務明那些違
反目的原則的行動〕

茲依前述四例而言之：

第一、在「對一個人自己的**必然義務**」一項下：一個默想要自
殺的人，他應當問間他自己，他的這種行動是否能與「其自身爲一
目的的『人之爲人』之人」底理念相一致。如果他爲著逃避苦境而
毀滅他自己，則他就是只把一個人格用作工具，用之以去維持一種
可忍受的生活情境，直至生命之完結而後止。但是一個人不是一
物，即是說，不是某種只當作工具而被使用的東西，他必須在一切
他的行動中總被認爲其自身即是一目的。所以我無論如何決不能處
58 分一個我自己人格中的人以至於去虐待他，去戕賊或殺害他。（要
想避免一切誤解，例如關於「斷肢體以保存我自己」〔斷指以全

身〕之誤解，或關於「要保存吾之生命故置吾之生命於險地」〔置之死地而後生，故危吾身以保吾身〕之誤解，以及關於其他等等類此之誤解，要想避免關於此等之誤解而更確定地去規定這個原則，這乃是屬於倫理學當身者。故此種問題這裡從略。）

　　第二、就「對別人的**必然的義務**或那些屬於**嚴格責成的義務**」說：一個人他想對別人作一假諾言，他將立即可以看出他是想利用別人只作為一工具，而沒有想到別人同時在其自身中即含有目的。因為，我因著這樣一種假諾言，為我自己的目的而想去利用之的那個人，他不可能同意我的對他這種行為方式，因而他自己亦不能含有「這種行動」之目的。這種違犯別人身上的「人之為人之人之原則」之違犯，如果我們取打掉別人底自由和財產以為例證，那就更顯然了。因為如若打掉別人底自由和財產，則以下所說是很清楚的，即：一個「侵犯別人底權利」的人，他是想去利用別人底人格只是當作工具而利用之，而並沒有考慮到：作為理性的存有，他們也總是應當作為目的而受尊重，此即是說，他是想去利用別人底人格只是當作這樣的存有，即「他們必須是能夠在其自身中含有此同樣利用別人之行動之目的」這樣的存有而利用之。〔註〕

　　〔**註**〕：

　　　　我們不應認「己所不欲勿施於人」（quod tibi non vis fieri）等成語可在這裡充當規律或原則。因為它只是從原則中推演出來的，雖然具著若干限制；它不能是一普遍法則，因為它並不含有對於一個人自己的義務之原則，亦不含有對於他人仁愛底義務之原則（因為有許多人必甚樂於同意他人不必施仁愛於他，

設他亦雅不欲施仁愛於別人時），最後，復亦不含有對於互相間嚴格責成底義務之原則，因為若依此原則，犯人便可對處罰他的法官施抗辯，以及其他等等。

第三、就「對一個人自己的偶然性的（有功效的）義務」說：〔我們的〕行動不違犯「我們自己人格中的人之為人之人其自身為一目的」，這並不足夠，它亦必須與「人之為人之人其自身為一目的」這一目的相諧和。現在，在「人之為人之人」中，有許多為較大圓滿而備的才能，這些才能是屬於大自然所存有的目的，即「大自然就我們自己中作為主體的人之為人之人〔就我們自己人格中的人之為人之人──依拜克譯〕所存有」的那目的。若忽略這些才能，則容或可與「人之為人之人其自身為一目的」這一目的之**保存**相一致，但是卻並不與這一目的之**促進**相一致。

第四、就「對別人的有功效的義務」說：一切人所有的天然目的即是他們自己的幸福。現在，縱然無人對於別人底幸福能貢獻任何什麼事，設他不曾有意地從別人底幸福上褫奪〔或損害〕任何什麼事，人之為人之人亦實仍可自存〔存在〕；但是，如果每一人皆不肯就其所能，努力去推進別人底目的，則「人之為人之人之自存」這層意思畢竟只是**消極地**與「人之為人之人其自身即是一目的」相諧和，而不是**積極地**與之相諧和。因為，任何「其自身即是一目的」的主體其目的也必盡可能應是我的目的，如果那個〔「其自身即是一目的」之〕觀念對於我要有其充分的效果時。〔〔〕號內「其自身即是一目的」一片語，依拜克譯加，阿保特譯無，語意晦。〕

〔11.論意志底原則之三程式：普遍性、目的性，以及自律性
　　（立法性）〕

「人之為人之人以及一般說的每一理性的自然〔理性的存有〕
其自身即是一目的」這個原則（此是每一人的「行動之自由」之最
高限制條件）並不是從經驗假借得來的，**第一**、因為這原則是普遍
的，蓋由於它可應用於一切理性的存有，不管是什麼樣的理性存
有，「而關於這一切理性的存有，經驗是不足以決定任何事的」
〔「但卻沒有經驗足以去決定普遍性」——依巴通譯〕；**第二**、因
為這原則並不把「人之為人之人」當作一目的（**主觀地**）呈現給
人，即是說，並不把「人之為人之人」當作這樣一個對象，即「人
們自己所**實際地**採取之以為一目的」這樣一個對象呈現給人，但卻
是把它當作一個**客觀目的**而呈現給人，這客觀的目的作為一法則必
須構成一切我們的主觀目的之最高限制條件，不管我們所意欲的這
些主觀目的可是什麼；因此二故，所以這個原則必須從純粹理性而
湧出。〔案：此第二點，巴通譯如下：「第二、因為**在此原則中**，
人之為人之人**被思議**並不是當作一個目的而（主觀地）被思議，即
是說……」拜克譯如下：「第二、因為**在經驗中**人之為人之人**並不
是**（主觀地）**被思為**人們之目的，即是說，並不是被思為這樣一個
對象，即……」。〕事實上，一切實踐的立法之客觀原則（依照**第
一原則**）是存於**規律**以及此規律底普遍性之形式中，這普遍性底形
式使此規律能成為一法則（例如說成為一自然底法則）；但是主觀
原則卻是存於**目的**中。現在，依**第二原則**，一切目的底主體是每一
理性的存有，因為此理性的存有其自身即是一目的。因此，遂有意　60

志底**第三實踐原則**,這原則是「意志與普遍的實踐理性相諧和」底最後〔終極〕條件〔最高條件〕,此即:「每一理性存有底意志為一**普遍地立法的意志**」這個理念。〔「每一理性存有底意志為一制訂**普遍法則**的意志」這個理念。——依另兩譯。〕

依據這個原則〔這第三原則〕,一切與「意志自身即是普遍的立法者」不一致的格準皆須被黜退。這樣,意志不只是簡單地服從於法則,而是其服從於法則是這樣地服從之,即:「它必須被認為其自身即是立法者」這樣地服從之,而亦只有依此根據,它始服從於法則(而它可被認為其自身即是其所服從的法則之制訂者)。

依上述想法的律令,即,依「行為之『普遍地類似於一種自然秩序』的合法則性」之想法而想的律令,或依「理性存有自身底普遍的目的之優先性」之想法而想的律令——這些律令將一切作為行動之動力的任何利害之夾雜摒諸它們的統治威權之外,這樣,它們方被思議為定然的。〔案:此一長句依德文原文譯出。三英譯俱有不諦與不豁順處。依德文如此譯甚豁順。〕但是,它們只是被預定為是定然的,因為這樣一種預定對於說明義務之概念乃是必要的。但是我們不能獨立地證明說:實有一些實踐的命題它們是定然地在發布命令,而這點在本節中亦不能被證明。但是有一點則能被作到〔或可被作到〕,即:「在這律令自身中,因著某種決定的表示〔因著此律令所含有的決定表示——依拜克譯〕,去指出:在從義務而來的決意中,一切興趣〔利害〕是被捨棄了的」,這一點能被作到,而此興趣〔利害〕之被捨棄乃是定然律令不同於假然律令之特殊標識。這能被作到的一點是在這原則底**現在的**〔第三〕程式中被作成〔這能被作到的這一點在**現在**則是在**這原則之第三程式**中被

作成——依拜克譯），即是說，是在「每一理性存有底意志爲一普遍立法的意志〔爲一制訂普遍法則的意志〕」之理念中被作成。〔案：此處所說原則之第三程式即上文所說「意志之第三實踐原則」。〕

　　因爲雖然一個服從法則的意志可以因著一種興趣而貼合於這法則，但是一個「其自身是最高立法者」的意志（只要當它實是如此時）卻不可能依靠於任何興趣上，因爲一個如此依靠的意志其自身必仍需要另一法則，因著「這意志底自我貪戀之興趣必妥當有效如普遍法則者」這條件，以限制這意志底自我貪戀之興趣。〔「因爲一個如此依靠的意志其自身必仍需要一進一步的法則以便去把自我貪戀之興趣限制到這條件上，即：這**興趣**其自身必應妥當有效如一普遍法則者」——依巴通譯。「因爲這樣一個依靠的意志其自身必仍需要另一法則，此另一法則把這意志底自我貪戀之興趣限制到這條件上，即：〔此**意志底格準**〕必妥當有效如普遍法則者」——依拜克譯。〕

　　這樣，「**每一個人的意志就是在一切它的格準中成立〔給與〕普遍法則的意志**」這原則〔註〕，設若它依別法仍可被證成爲有理時，它必是很適宜於成爲定然律令的，其適宜於成爲一定然律令是在這方面而適宜，即：正因爲「這普遍立法之理念」〔這制訂普遍法則之理念〕之故，它才不基於任何興趣，因而在一切可能的律令之中只有它才能算是無條件的。把這命題倒轉過來說，或許更好，即：如果有一定然律令（即是說有一對每一理性存有底意志而立的法則），則此定然律令只能命令任何事皆必須從一個人之「這樣的意志」之格準而作成，即一個人的意志須被認爲「它同時亦能意欲

61

它自身必應給與〔制訂〕普遍法則」者,是從這樣的一個意志之格準而作成。因為只有在此情形,那實踐的原則以及意志所服從的律令才是無條件的,因為**它們**不能基於任何興趣上。〔因為**這意志**不能有任何興趣以為其基礎。──依拜克譯。〕

〔**註**〕:

讀者當能原諒我不再另舉事例來說明這個原則,因為那些「早已被用來去說明定然律令以及其程式」的例子必在此皆可同樣適用。

現在試返觀一切以前「想去發見道德底原則」的嘗試,我們無須驚異為什麼它們一切皆失敗。大家都知道人是因著義務而受制於〔服從於〕法則,但卻沒有見到:他所服從的法則就只是那些他自己所訂立的法則,雖然這些其自己所訂立的法則同時也是普遍的,也沒有見到:他只是必須在與其自己的意志相符合中去行動〔意即他只是必須依照他自己的意志去行動〕,而其自己之意志卻是一個「天造地設地要去給與〔制訂〕普遍法則」的意志。因為當一個人想人為**只是**服從一法則者(不管這法則是什麼),則這法則便要求某種興趣,或者當做吸引,或者作為迫使〔要求有某種興趣吸引著或迫使著去服從法則〕,因為〔此時〕作為一法則它不曾從他自己的意志而發出,而是這意志依照一法則因著某種別的東西被強迫著依某種一定的樣式去行動。現在,因著這必然的歸結,一切耗費在去發見義務之最高原則中的勞力皆已是不可挽回地白費了的。因為這樣,人決引發不出〔或達不到〕義務,其所引出的〔所達到的〕

只是從某種興趣〔利害〕而來的行動之必然性。不管這興趣是個人自己的抑或是他人的，總之，那律令必是有條件的，並且決不可能成為一道德的命令。因此，我將名這原則〔即上述「每一個人的意志是成立普遍法則的意志」這原則〕曰：**意志底自律之原則**，以對反於每一其他我所視之為**他律之原則**者——因名我所陳之原則為自律之原則，**故逐將**此每一其他原則算作他律或歸類於他律之下之原則。

〔12.論目的王國〕

　　每一理性存有之為這樣一個存有，即：「它必須認其自己為在其意志之一切格準中訂立普遍法則者，如此認其自己已，它便可從這個觀點去判斷它自己以及它的行為」，為這樣一個存有的每一理性存有之概念——這一個概念可引至一個「依於其上而且是很有成果」的另一概念，即是說，引至「目的王國」之概念。

　　所謂「王國」，我意是：不同的理性存有因公共法則在一系統中之諧一。現在，因為那是因著法則，目的才被決定，即就著此目的之普遍妥效性而被決定，因為是如此，所以，如果我們把理性存有底個人差異都抽去，並且同樣亦把他們的私人目的之內容都抽去，則我們將能去思議一切目的為被結合於一個系統性的全體中者（這一有系統的全體包括「其本身即是目的」的理性存有以及每一理性存有所提置給他自己的特殊目的這兩者），那就是說，我們能思議一個「目的之王國」，此目的之王國，依前述的諸原則而言，乃是可能者。

　　因為一切理性的存有皆處在這法則下，即：「每一理性存有必　63

須把他自己以及一切別人不只看作**工具**，但須在任何情形中，同時亦看作**其自身即是目的**」，這法則下。因此，遂結成這結果，即「因著公共的客觀法則而來的一種理性存有之系統的諧一」這結果，即是說遂結成一「王國」這結果，此王國可名曰：目的底王國，因為這些客觀法則所意向的〔所目在的〕恰正是這些作為目的以及作為工具的存有之互相間之關係。目的王國確然只是一理想。

一個理性的存有，當他雖然在此王國中制立普遍法則，但其自己同時也服從這些法則時，他便是當作一分子而隸屬於這目的底王國。當他雖制立法則，然而卻不服從任何他人底意志時，他便是作為元首〔有主權者或最高統治者〕而隸屬於這王國。

一個理性的存有必須總是視他自己在一目的王國中為自給法則者〔為制立法則者〕，不管他在此目的王國中為一分子，抑或為一元首，其所屬之目的王國是因**意志底自由**而始被致使成為可能的。但是，他不能只因他的意志之格準而維持其為元首〔有主權者〕之地位，但只當他是一**完全地獨立的存有**而無**任何欲求**，而且具著「適當於其意志」的**無限制的權力**時，他始能維持其為一元首〔有主權者〕之地位。

依是，道德即存於一切行為之關聯於立法，單只這立法才能使目的王國為可能。這種立法必須是能存在於每一理性的存有中，而且必須是能從他的意志中而流出〔而發出〕，既如此，則此意志之原則乃是：決不應依任何這樣的格準，即「它不能如亦是一普遍法則而無矛盾」這樣的格準去行〔不要依那「與其成為一普遍法則不一致」的格準去行——依拜克譯〕，依此，總當這樣去行，即：這意志能同時視其自己在它的格準中為自給普遍法則者。現在，如果

理性存有底諸格準，以其自己之本性，並不與這客觀原則〔即上句所說之意志之原則〕相一致〔如果格準以其本性並不**早已必然地符合於**那作爲普遍地立法（那作爲普遍法則之制立者）的**理性存有底這客觀原則**——依拜克譯、巴通譯同〕，則依於此客觀原則上的行動底必然性便名曰「實踐的強制」（practical necessitation, practical constraint），即：「義務」。**義務不應用**於目的王國中的**元首**〔有主權者〕，但**應用於**其中的**每一分子**，並且依同等程度而應用於一切分子。 64

依據此原則而來的行動之實踐的必然性，即：義務，決不基於情感、衝動、或性好上，但只基於理性存有之互相間的關聯上，此一關聯是這樣的，即在這種關聯中，一理性存有底意志必須被視爲是立法的意志，因爲如若不然，它便不能被認爲「其自身即是一目的」。依是，理性把那〔我們〕視之爲**普遍地**立法的意志〔爲自立**普遍法則**的意志〕之每一格準關涉到每一其他意志上，而且也關涉到那對向或朝向於「一個人自己」的每一行動上〔而且也關涉到那對向於「此每一其他意志自己」的每一行動上——依拜克譯〕；而它之這樣作，並不是因爲任何其他實踐的動機或任何未來的利益之故而如此作，但只是由「一理性存有底尊嚴」之理念而如此作，這一理性存有除「他自己同時亦立法則」所立的法則外，他不服從任何其他法則。

〔13.論目的王國中的價格與尊嚴〕

在目的王國中，每一事物或有一「**價格**」，或有一「**尊嚴**」。凡是有一價格的，它即能爲某種其他與之等價的東西所代替；另一

方面，凡是超乎一切價格之上的，因此，亦無與之等價的，它便有
一尊嚴。

　　凡是涉及一般的性好以及人類底欲求的，皆有一種「市場的價
格」；凡是不預設一欲求，而只在我們的機能之純然無目的的遊戲
中，相應於某種一定的趣味，即相應於一種滿足的，皆有一種「情
趣的價格」〔或「適意的價格」（ fancy value/Affektionspreis =
affective price ）〕；但是，那構成這樣一種條件者，即構成「只有
在其下任何東西始能其自身即是目的」這樣一種條件者，它便不是
只有一「相對的價值」，即有一價格，而乃有一內在而固有的價
值，即**尊嚴**。

　　現在，道德就是那「單在其下一理性的存有始能其自身即是一
目的」的條件，因爲單因這條件，「他在目的底王國中成爲一立法
的分子」才是可能的。這樣，道德，以及那作爲能有道德者的
65 「人」〔人之爲人之人〕，便是那唯一有尊嚴者。技巧以及在勞作
中的勤奮有一市場的價格；機智、生動的想像，以及幽默，則有一
情趣的〔或適意的〕價格，但是另一方面，忠於諾言之「忠誠」，
從原則而來（不是從本能而來）的「仁愛」，則有一內在而固有的
價值。設它們〔忠誠與仁愛〕缺無時，自然與藝術皆不含有什麼可
以取得其地位而代之的東西〔意即既非自然所能代之，亦非藝術所
能代之〕，因爲它們的價值並不在於由它們而生出的結果，亦不在
於它們所得有〔或所擔保〕的功用與利益，但只在於**心靈底意向**，
即是說，只在於意志底諸格準，此諸格準是預備隨時可以在〔如忠
誠仁愛〕這樣的行動中去顯示它們自己的，縱使它們並沒有這所欲
的結果。這些行動亦不需要從任何主觀趣味或情緒而來的推薦以便

它們可以以直接的偏愛與滿意來被看待；它們不需要對它們有直接的性癖或情感〔不需要直接的性癖或情感以導向於它們——依拜克譯〕；它們顯示那「作成它們」的那意志為一種直接的尊敬底一個對象，而除理性以外，亦沒有什麼東西被要求來去把它們安置於意志上；也不要去諂媚意志使它去獻身於它們〔去作這樣的行動〕，因為這種諂媚，就義務說，乃是一種矛盾。因此，這種評估表示：這樣一種心靈意向底價值就是尊嚴，並且把這一種心靈意向底價值無限制地置於一切價格之上，因此，這樣一種心靈意向之**價值**不能一刻被置於與這一切其他**價格**相比較或相競爭中而沒有冒犯其神聖性。〔**案：意即如若把此心靈意向之價值置於與其他一切價格相比較或相競爭中，則即立刻冒犯其神聖性。**〕

　　然則那「使德性或道德地善的心靈意向在作這樣崇高的要求中為有理」的那個東西是什麼呢？這沒有別的，不實正是這特權，即：「德性或道德地善的心靈意向所擔保給理性的存有」的那「參與於訂立普遍法則」之特權，因著這種特權，這德性或道德地善的心靈意向遂使理性的存有有資格為一可能的目的王國中之一分子，這一特權，理性的存有依他自己的本性，即「在其自身他即是一目的」這本性，他是早已注定得有之的，而亦正因「在其自身他即是一目的」之故，他始在目的王國中是立法的；就一切物理的自然之法則而言，他是自由的〔不受制於一切物理自然之法則〕，他只服從那些他自己所立的法則，而因著這些法則，他的格準始能屬於一普遍法則之系統，而同時他也使他自己服從於這普遍法則之系統。因為沒有東西有任何價值，除法則所指定給它的價值外。那「派定 66 或決定每一東西底價值」的立法自身，必須正因其決定每一東西之

價值之故而得有尊嚴，即得有一無條件的與無可比擬的價值；而只
有「尊敬」一詞始足爲這崇奉，即「一理性存有對這立法自身所必
須有之」的崇奉，提供一**適當的表示**〔a becoming expression＝a
suitable expression〕。依此，**自律**乃是人類以及每一理性存有底尊
嚴之基礎。

〔14.綜結道德原則底三模式：形式、材質，以及意志底立法性〕

前面所已述明的那表現道德原則底三個模式，在根底上，實只
是那同一法則底三種程式，而其中底每一個程式包含其他兩個。但
是，在這三種程式中，亦存有一種差異，不過這差異毋寧是主觀地
說的實踐的，而不是客觀地說的實踐的，即是說，這差異是意在把
一理性底理念帶至更**接近於直覺**（因著一種**類比**），因而亦就是
說，把它帶至更**接近於情感**。事實上，一切格準皆有：

㈠一個**形式**〔法式〕，此形式存於〔格準之〕普遍性中；在此
觀點下，道德律令底程式〔公式〕可如此表示，即：格準必須這樣
被選用，即好似它們可用來充作普遍的自然之法則。

㈡一個**材質**〔質體〕，即是說，一個目的；在這裡，這程式如
此說：理性的存有，由於以其自己之本性，它〔他〕是一目的，因
而它在其自身即是一目的，所以在每一格準中，它〔他〕必須用來
充作這條件，即「限制一切只是相對的與隨意的目的」的條件。

㈢一切格準底一個**完整的性格描述**〔a complete
characterization，拜克譯作 complete determination，意即：完整的
決定〕，即藉賴著以下所說之程式，即：「一切格準，因它們自己

所有的**立法性**〔一切從自律的立法而生的格準——依拜克譯〕，皆
當與一可能的**目的王國**相諧和，一如其與一自然底王國〔註〕相諧
和」這程式，對於一切格準可作一完整的性格描述或完整的決定。

　　〔註〕：

　　　　目的論認**自然**爲一目的王國，倫理學則認一**可能的目的王國**爲
　　　　一**自然王國**。就前者而言，目的王國是一**理論的理念**，用以說
　　　　明那現實上所實是者。就後者而言，目的王國是一**實踐的理**
　　　　念，用以去完成那尚未眞實化，但可藉我們的行爲而能被眞實
　　　　化者，即是說，如果那尚未眞實化而可眞實化的東西符合於這
　　　　理念，則它即能通過我們的行爲而被眞實化。

　　這裡依意志底形式（意志之普遍性）之純一性（單一性）、意　67
志底材質（對象，即：目的）之衆多性，以及這些目的底系統之完
整性（綜體性），這種單一性、衆多性、綜體性底範疇之次序，有
一種進程。在形成我們的對於行爲之道德判斷中，依據嚴格的方法
前進，並從定然律令底一般程式作起點，那總是較好的，這所謂定
然律令底一般程式是如此，即：**你應當依照這樣一個格準，即它同
時能使它自己成爲一普遍法則，這樣一個格準而行**。但是，如果我
們對於道德法則想得到一個入門〔想得到一個表明的機會：to gain
a hearing——拜克譯，想獲得承認或被接受——依巴通譯〕，則把
那同一行爲置於「那三個詳明了的概念」下〔譯者註〕，並因而只
要是可能的，把那同一行爲帶至更**接近於直覺**，那總是十分有用
的。

〔譯者註〕：

「那三個詳明了的概念」即上列形式、材質、以及完整
的性格描述（完整的決定）是。拜克譯作「上述的三個
原則」。又，我們可以這樣喻解：形式（普遍性）是格
準底「性」，材質（質體、目的、內容）是格準底
「體」，完整的性格描述（完整的決定）是格準底
「相」。「性」通過「體」與「相」而更具體，即可更
接近於情感，即更易於被接受。說「更接近於直覺」是
類比知識處而說的，因爲這裡並無直覺。是故三者雖相
含，而亦有差異，而這差異是實踐的——主觀地說的實
踐的，而非客觀地說的實踐的。

〔15.依據道德原則底三模式而作綜述：絕對善意之證成〕

現在，我們能終止於我們在開始時所從出發的那個地點，即以
一個無條件地善的意志之概念爲開始的那個起點。那個意志是絕對
地善的，它不能成爲惡的，換言之，它所具有的格準，如果被弄成
爲一普遍法則時，決不會自己相矛盾。依是，以下這個原則是此意
志底最高法則，即：「你應該總是依這樣一個格準，即如你同時能
意欲其爲一普遍法則者，這樣一個格準而行」〔你應當總是依照那
種格準，即此格準之作爲一法則的普遍性你同時能意欲之，這樣的
格準而行。——依拜克譯。〕；這是「一意志在其下決不會與其自
己相矛盾」的那唯一的條件；而這樣的一個律令就是定然的律令。
因爲那「對可能的行爲而作爲一普遍法則」的「意志之妥效性」是

可與在一般法則〔普遍法則〕下事物底存在之普遍連繫（這是「自然一般」之形式的一面或想法）相類比的，所以定然律令亦可如此表示：「**你應該只依這樣一些格準，即此等格準同時能以『它們自己之作為普遍的自然法則』為它們的對象〔目標〕，這樣的一些格準去行。**」依是，這即是一個絕對地善的意志之程式。

理性的自然〔即理性的存有〕是因這一點而與其餘的自然區別開，即：它能置定一目的於其自己面前。這個目的必就是每一善的意志底材質〔質體、對象或內容〕。但是因為在一個「沒有為任何 68 條件（達到這個或那個目的這類的任何條件）所限制，而為絕對地善」的意志之理念中，我們必須把每一「要被達成」的目的〔end to be effected〕完全抽去（因為這種要被達成的特殊目的必使每一意志只為相對地善），所以，在此情形中，這目的〔即：作為善的意志之材質的那目的〕必須不是當作一個要被達成的目的而被思議，但是當作一個**獨立自存**的目的而被思議。結果，它只是**消極地被思議**，即只是被思議為是這樣的，即它是我們所決不能行動以違反之者，因此，它也決不可被視為〔被估價為〕只是工具，但必須在每一決意中亦同樣被估價〔被尊崇〕為一個目的。現在，這個目的不能是任何別的東西，它不過就是一切**可能目的底主體**，因為這目的同時也是一可能的絕對善的意志之主體；因為這樣一個意志不能被置於任何其他對象之後而無矛盾〔**案：意即若把它置於任何其他對象之後，它決不能無矛盾。**〕依此，「在涉及每一理性存有中（無論是你自己或他人），你應當這樣去行，即：他在你的格準中總是有『在其自身作為一目的』這地位的」，這原則本質上是與以下另一原則為同一的，即：「你應當依這樣一個格準，即『此格準

同時亦含有它自己的普遍妥效性即對每一理性存有皆有效的普遍妥
效性』這樣一個格準去行」。因爲說：在對每一目的而使用工具
中，我必須以「我的格準作爲一法則對於每一主體皆同樣成立有
效」這條件來限制我的格準〔我必須把我的格準限制到「它的對每
一主體而爲一法則的普遍妥效性」這條件上──依拜克譯〕，這等
於說：一切行動底格準之基本原則必須是這樣，即：一切目的底主
體，即理性存有自己，決不可只當作工具而被使用，但須當作「限
制一切工具之使用」的最高條件而被使用，那就是說，在每一情形
中，亦須同樣當作一目的而被使用。

　　依此，那無可爭辯地隨之而來者便是：任何理性的存有，不管
他所服從的法則是什麼，由於他在其自身即是一目的，他必須在關
於這些同樣的法則上能去認他自己亦爲普遍地立法的〔爲制立普遍
法則者〕，因爲那彰顯他爲「在其自身即是一目的」者正恰是「他
的格準之適合於普遍的立法〔適合於訂立普遍法則〕」這適合性；
復又隨之而來者是如此，即：上說之立法之義函蘊著他的尊嚴（特
權）爲超越乎一切純然物理存有以上者，以及他必須總是從以下之
觀點，即「認他自己以及同樣認每一其他理性存有皆爲立法的存
有」這觀點來取用他的格準（因此之故他們得名曰：人格）。依此
路數，一個「理性存有底世界」（一智思世界 mundus
intelligibilis）其爲可能一如一目的王國之可能而可能，其爲可能是
因著立法作用，即：「適當於〔屬於〕一切作爲〔此目的王國中
之〕分子的人格」的那立法作用而可能。因此，每一理性的存有皆
必須這樣去行，即：行動得好似他在每一情形中，因著他的格準，
是這普遍的目的王國中之一立法的分子。這些格準底形式原則是如

69

此：你應當這樣去行，即行動得好似你的格準眞要同時可用來充作
（一切理性存有底）普遍法則者。如是，一個目的王國只有依一自
然王國之類比才是可能的，但是，前者只因格準而可能，即只因自
定的規律而可能，而後者則只因「在外力迫使下」活動著的有效因
之因果法則而可能。此兩者縱然有如此之不同，然而自然之系統雖
被視爲一機械，可是只要當它以涉及理性的存有爲它的目的，則它
即可因此之故而得名曰：「自然王國」。現在，這樣一個目的王國
必應可因著這類格準，即符合於「定然律令所定給一切理性存有」
的準繩〔法規〕的那類格準，而現實地被眞實化，如果**這些格準**是
普遍地被依從時。但是，**雖然**一個理性存有，縱使他個人自己準確
地〔嚴格地 punctually〕依從這格準，他**不能因此便預計**一切其他
理性存有亦必同樣如此依從之，他也**不能期望**自然王國以及它的有
秩序的安排可與他之爲〔一目的王國中〕的一適宜分子之身分相諧
和（由於其爲一適宜的分子，遂形成一目的王國，此目的王國即是
他自己所對之有貢獻者），那就是說，他不能期望它〔自然王國〕
將有助於他的幸福之希冀〔雖然他不能如此云云〕，可是，「應當
依照一只是可能的目的王國中一個普遍地立法的分子〔一制訂普遍
法則的分子〕之格準去行」這個法則仍然自具其充分的力量，因爲
此法則之命令著是定然地命令著的。可是恰正在這裡，即存有以下
之奇詭（paradox），即：只這作爲一理性的被造物〔即：理性的
自然〕的人〔人之爲人之人〕之尊嚴而沒有任何爲它〔他〕所要達 70
到的其他目的或好處，因而或換言之，只這對於一純然理念的尊
敬，只這種尊嚴與尊敬卻猶必用來充作意志底一個不可移易的準繩
〔箴言〕〔這即是一種奇詭〕；復又有以下之奇詭，即：確然即在

這種格準底獨立性（即獨立不依於一切行動底激動之獨立性）中即存有格準底莊嚴之美，而且亦就是這獨立性，才使每一理性的主體值得為目的王國中一立法的分子〔這又是一種奇詭〕：〔以上奇詭是必然的〕，因為若非然者，人或理性的主體必應只被思議為是服從於他的欲求之物理法則的。又，雖然我們設想自然王國與目的王國可在一個最高統治者之下而協合於一起，這樣，這目的王國可因而不再是一純然的理念〔只是理念〕，而可獲得其真正的實在性，依是，無疑，它又可得到其「強大的動力之提升〔增益〕」，但是，無論如何，這卻於它的固有價值決不能有任何增益。因為，儘管如此〔如得其實在性及強大的動力等〕，這唯一的絕對立法者必須總是被思議為是只以理性存有底「不為興趣利害所牽引」的行為，如單從〔人底尊嚴〕這理念所規定給他們自己〔理性存有〕者，來評估〔判斷〕他們的價值。事物之本質並不因它們的外在關係而有改變，而由於抽去這一切外在關係之故，所以單就是那構成人之絕對價值者同時亦就是他所必因之而被判斷者，不管這判斷者是誰，甚至他為最高的存有〔上帝〕所判斷。依是，**道德**就是行為之關聯於**意志底自律**，即是說，關聯於藉意志之格準而來的可能的普遍立法〔可能的普遍法則之制訂〕。一個與意志底自律相一致的行為，便是**被許可**的行為；一個不與意志底自律相一致的行為，便是**被禁止**的行為。「其格準**必然地**與自律底法則相一致」的那意志便是一**神聖的意志**，是一**絕對地善的意志**。一個不是絕對地善的意志之依靠於自律底原則上之依靠性（道德的迫使、強制）便是「**責成**」（obligation）。依是，責成不能應用於一**神聖的存有**〔神聖的意志〕。從責成而來的行為之**客觀的必然性**曰：「**義務**」。

　　如適所說，很容易看出：「雖然義務底概念函蘊著對於法則的　71
服從，可是我們還是把某種一定的**尊嚴**與**莊美**歸給那個能盡其一切
義務的人」，這事是如何發生的。實在說來，當他是服從於道德法
則時，在他身上實無任何**莊美**可言；但是當在論及那法則中，他復
同時亦是一**立法者**，而亦唯因此故，他始服從此法則，當其是如此
時，他便有其**莊美**。在上面，我們也曾指出：旣不是懼怕，亦不是
性好，但只是對於法則的**尊敬**才是那「能給行爲以道德價值」的動
力。我們自己的意志，當我們設想它只在「其格準是可能地普遍的
法則」這條件下去活動時〔設若它只在「因著其格準而能去制訂普
遍法則」這條件下去活動時——依巴通譯，當它只在「一普遍的立
法即因著其格準而被致使成爲可能的那普通的立法」這條件下而活
動時——依拜克譯〕，它便是理想的意志，此**理想的意志**（這對於
我們是可能的）便是尊敬底恰當對象；而人之爲人之人底尊嚴亦正
恰好即存於〔他的〕這種「能成爲普遍地立法者」〔能去制訂普遍
法則〕之能力中，雖然須附著這個條件，即：他自身就是服從其立
法所立之法則者。

〔16〕意志底自律爲道德底最高原則

　　意志底自律就是意志底那種特性，即因著這種特性，**意志對於
其自己就是一法則**（獨立不依於決意底對象之任何特性而對於其自
己就是一法則）。〔案：這個意思簡單言之是如此，即：意志之有
這特性，即其自身對於其自己就是一法則，這特性，即是意志底自
律性。此恰如陸、王所謂「心即理」。〕依是，自律底原則乃是：
你應當總是如此作選擇以至於**同一決意將包含我們的選擇底諸格準**

皆爲一**普遍法則**。〔「除依此路,即『選擇底諸格準皆當作一普遍
法則而**包具於同一決意中**』之路作選擇外,你就決不要作選
擇。」——依拜克譯。「除依此路,即『在**同一決意**中你的選擇底
諸格準皆**亦當作普遍法則而呈現**』之路作選擇外,你就決不要作選
擇。」——依巴通譯。〕我們不能只因著出現於這個實踐規律中的
概念之分析即可證明說:這個實踐的規律是一**律令**,即證明說:每
一理性存有底意志皆必然地受制於此實踐規律而以之爲條件,因爲
72 它是一個**綜和命題**。要想去證明這一點,我們必須超出對象底認識
之外而進至對於主體,即,對於純粹實踐理性,作一批判的考察,
因爲這必然地發命令的綜和命題必須能夠是完全先驗地被認識的。
但這一點不屬於本節底範圍。但是「現在所說的自律原則是道德底
唯一原則」這一點卻能夠很容易地只因著**道德概念之分析**而被表
示。因爲因著這種分析,我們見出道德底原則必須是一定然律令,
而且見出這定然律令所命令者,既不多於這自律亦不少於這自律。
〔而且見出這定然律令之發命令,其發命令既不是多於這自律而
發,亦不是少於這自律而發。——依拜克譯。〕

〔17〕意志底他律爲一切假的〔歧出的〕道德原則之源泉

如果意志尋求決定意志之法則不在「它的格準之合宜於成爲它
自己的決斷〔裁定〕底普遍法則」中尋求,而卻在**任何別處尋求**,
因而結果也就是說,如果它走出其自己之外而在它的任何對象之特
性中尋求這法則,則結果其所成者總只是〔意志之〕他律。在這種
情形中,意志〔自身〕並不給它自己以法則,而是這法則乃爲對象
通過其對於意志之關係所給與。〔而是對象通過其對於意志之關係

把這法則給與於意志。——依拜克譯。〕這種關係，不管它基於**性好**，抑或基於**理性底概念**，總只許有**假然的律令**：我應當去作某事是因為我願望某種別的事。反之，那道德的，因為也就是定然的律令則說：我應當如此如此作，縱使我並不願望任何別的事。舉例來說，前者說：我不應當說謊，如果我想要保存我的信譽；後者說：我不應當說謊，縱使說謊並未絲毫使我陷於聲名狼藉而不為人所信。因此，這後者必須抽離一切**對象**，抽離至使它們將無任何影響於意志之程度，這樣抽離之，以便**實踐理性**（意志）可不受制於或限於去計較〔或侍奉〕一個「不屬於它自己」的那利害問題，而卻只表示**屬於它自己**的那作為最高立法的「**發布命令的威權**」。如是，舉例來說，我應當努力去促進他人底幸福，這並非因為別人底幸福底實現好像與我的幸福有什麼關係似的（這有關不管是因著直接的性好而有關，抑或是因著通過理性而間接得到的任何滿足而有關），但只因為一個「排除別人底幸福」的格準不能當作一個普遍法則而被含具於〔或被呈現於〕同一決意中。

〔18〕基於他律概念上的一切可能的「道德原則」之分類

在這裡，亦如在其他處，人類理性在其純粹的使用中，當其未被批判地考察時，在其終於發見一條真正的道路以前，曾先試過一切可能的錯誤路數。

從此〔他律底〕觀點所能取用的一切原則或是**經驗的**，或是**理性的**。前者，即從**幸福原則**而引出者，或是基於自然的情感上或是基於道德的情感上；後者，即從**圓滿原則**而引出者，則或是基於當作一個可能的結果看的那**理性的圓滿**之概念上，或是基於作為我們

的意志之決定因的一個**獨立的圓滿**（上帝底意志）**之概念**上。

　　經驗的原則皆完全不能用來充當道德法則之基礎。因爲當道德法則底基礎是從**人性底特殊構造**中而取得，或從它〔人性〕所處的偶然環境中而取得時，則它們〔這些道德法則〕所因以在一切理性存有上一律皆成立或皆有效的那普遍性，那即因此普遍性而被安置於它們身上的那無條件的實踐的必然性，自必喪失而無餘。〔因爲如果「道德法則所因以對一切理性存有一律皆有效」的那**普遍性**（那「即因此普遍性而被安置於此諸道德法則上」的那無條件的實踐的必然性）**之基礎**是從人性之特殊趨勢〔傾向〕而引申出或從此人性所於其中被見到的那偶然環境而引申出，則那**普遍性**便喪失而無餘。——依拜克譯。〕但是，**私人幸福**底原則是最可反對的，這不只是因爲它是假的，而經驗亦與這假設，即：「榮華富貴常正比於善行」這假設相衝突，又亦不只是因爲它對於道德底建立一無所貢獻（因爲作成一有福祿之人與作成一善良之人，或使一人謹愼而精察於其自己之利益與使他爲有德，這完全是兩回事），而且亦因爲它所供給於道德的動力〔興發之力〕毋寧正是暗中敗壞了道德，而且破壞了道德底莊嚴性，因爲這些動力置「存心於德」與「存心於惡」於同類，而只教我們去作較好的計算，而德與不德之間的特殊差別完全被掃滅了。另一方面，關於**道德情感**，這種**設想的特別感覺**〔註〕，當那些不能思考的人相信那種**情感**將有助於他們，甚至在那有關於一般〔普遍〕法則者中亦有助於他們時，「去訴諸這種情感」這實在是非常浮淺的：此外，情感，即「天然在程度上無限地有差別」的那情感，它對於善與惡不能供給一統一的標準，而任何人也不能有權利以其自己之情感去爲他人形成一判斷：不過縱

74

然如此，這種道德情感就以下一方面說，亦是比較更接近於道德以及道德之尊嚴的，即：它把「以我們對於美德所有的滿足與崇敬直接地歸給美德」這種光榮交付於美德，而且它如其所是似亦並不當面告訴她〔美德〕說：我們不是因著她的美但卻是因著利益而親近她。

〔註〕：

　　我把**道德情感**一原則，劃歸於**幸福原則**之下，是因為每一經驗的興趣〔利益〕皆憑藉一事物所供給的舒適而承允效貢獻於我們的福利，不管這舒適是直接地被供給而未顧及〔未來的〕利益，抑或是因顧及〔未來的〕利益而被供給。同樣，我們必須也如胡企孫〔Francis Hutcheson〕一樣，把「同情別人的幸福」一原則劃歸於他所假定的「**道德感**」〔moral sense〕之下。

　　〔案〕：康德此處把「**道德情感**」說為「設想的**特別感覺**」，與「**道德感**」合在一起說。康德反對假定「**道德感覺**」以為說明道德之基礎，而對於**道德情感**則另有解說，似又不必視為「特別感覺」。又「道德情感」與其所反對的「道德感覺」不可視為與孟子四端之心為同類。此須徹底了解孟學之發展，到最後可與康德學相比觀。

　　在理性的道德原則之中，存有論的「圓滿」之概念儘管有缺點，亦比神學的概念為較好，此神學的概念乃是從一個神的、絕對　　75

圓滿的意志中引申出道德者。前一概念無疑是空洞而不確定的，因而對於我們在這**可能的實在**之無邊廣野中去尋求那適合於我們的**最大綜量**〔最高實在〕亦是無用的；復次，在想特別去分淸我們現在所要說及者之實在與每一其他實在之不同上，它亦不可免地要落於兜圈子中，它不能避免默默預設它所要去說明的那道德；縱然如此，它還是比神學的觀點較爲可取，首先，因爲我們對於**神的圓滿**並無**直覺**，我們只能從我們自己的概念中（其中最重要的就是道德之概念），把神的圓滿推演出來，這樣，我們的說明必陷於一惡劣的循環中；其次，如果我們想要避免這惡劣的循環，則所剩留下給我們的那唯一神的意志之概念便是一個「以欲求榮耀與統治這種欲望之屬性而造成」的概念，並且是一個「與可怕的威力和報復之觀念相結合」的概念，而凡建築在這基礎上的任何道德系統必直接相反於道德。

但是，如果我要在「道德感」底概念與一般說來的「圓滿」底概念之間（這兩個系統至少皆不削弱道德，雖然它們皆不能充當它的基礎），作一選擇，則我必決定擇取後者，因爲它至少把這問題底決斷〔裁決〕從**感性**上撤回，而把它帶至**純粹理性**底法庭上；縱然在這裡它亦並未**決定什麼**，可是它畢竟保存了這不**確定的理念**（一個「其自身爲善」的意志之不確定的理念），使它免於腐蝕，直至其將更**準確地被界定**爲止。

至於其餘諸說，請恕我，在此不必一一詳細去反駁；那種一一詳細反駁必只是多餘的，因爲那是很容易作的，而且或許甚至亦爲那些人們，即「其職務需要其在這些學說中去決定一個學說（因爲76 他們的聽衆不能容忍懸而不決）」的那些人們所很易見到的。但是

在這裡，那使我們更感興趣的便是去知道：被一切這些原則所設置的道德之首要基礎不過就是意志之他律，而因此故，它們必然地皆迷失其目的。

　　在任何情形中，如若在那裡，意志底一個對象須被假定，假定之以便「決定意志」的那個規律可被規劃出來，則這規律在那裡簡單地說來就只是他律；此中之律令是有條件的，即：「**如果**」或「**因為**」一個人願望這個對象，「**則**」或「**所以**」他必須如此如此行：因此，它決不能道德地命令著，即是說，它決不能定然地命令著。對象決定意志，不管是因著性好而決定之，如在私人幸福底原則中，或是因著理性，即指向於「我們的一般說的可能決意之對象」的那理性，而決定之，如在圓滿底原則中，不管是那種情形，總之這時的意志總不是因著「行動本身之想法」（conception of the action itself, thought of an action itself）直接地決定其自己，但只是因著行動底預見結果在意志上所有的影響而決定其自己；這樣，「**我應當去作某事，因為我願望某種別的事**」；而在此有條件之「應當」所示之律令裡，猶且必須在我有另一被假定的法則以為其主體〔以為此律令之基礎──依拜克譯。〕，因著這另一法則，我必然地意欲這「別的事」，而這個法則復又需要一律令去限制這個格準。〔案：我作某事是因為願望某種別的事而作之，此是一層。我何以願望此某種別的事？此又須有另一法則以決定之，決定我必然願望之，此是另一層。我何以有此「必然願望之」之格準？此又須有另一律令以限制之，此是第三層。如此後退，將無已時。〕因為在我們的諸般機能之所及的範圍內的一個對象之概念，由於主體底諸自然特性之故，其所能運用於主體底意志上的那**影響**

力是依靠於主體底自然〔或本性〕的，此主體之自然〔或本性〕或
是感性（性好與趣味），或是知性與理性，此諸般主體之自然〔即
主體之諸自然機能或主體之諸自然特性〕之**使用**依它們的本性之特
殊構造皆可附隨之以滿足。〔因為**相應**於我們的**能力**的一個對象之
概念依照我們個人之自然特性在意志中引起一種**衝動**，此衝動是**屬
於**主體之自然〔或本性〕的。（其屬於主體之自然或是屬於感性即
性好與趣味，或是屬於知性與理性，這些機能依照它們的本性之特
殊構造在**運用它們自己於一主體**上感有**快樂**。）──依拜克譯。〕
由此，隨之而來者便是：那法則〔即上文所說決定我們的行為或意
志的那法則〕恰當言之，必是為自然所供給，既如此，則它必須因
著經驗而被知與被證明，結果亦必是偶然的，因而亦不能夠成為一
確然的〔必然的〕實踐規律，如道德規律之所必是者，不僅如此，
77　而且它不可避免地亦只是他律；意志自身不能給它自己以法則，這
法則但只是為一種外來的〔外於意志的〕衝動所給與，既憑藉著
「適宜於接受這法則的那主體之特殊的自然構造」而為外來的衝動
所給與。如是，一個絕對善的意志，其原則必須是一定然律令者，
在關涉於一切對象中，它應是**不決定的**〔漠然的〕，而且它應只包
含著「**一般說的決意**」之**形式**，而這「決意一般之形式」之作為**自
律**，那就是說，「每一善的意志之諸格準之能夠或適合於去使它們
自己成為一普遍法則」，這個意思其自身就是「每一理性存有底意
志所安置於其自己身上」的那唯一法則，而不須去預定任何衝力
〔興發之力〕或興趣作為一個基礎。〔案：「格準為一普遍法則」
是一層意思，而「格準之能夠或適合於使其自己為一普遍法則」所
示之自律性是一法則，是意志所安置於其自己身上的那唯一法則，

這又是一層意思。〕

　　這樣的一個。**先驗的實踐的綜和命題**如何可能，而它為什麼又是必然的，這問題底解答，不屬於**道德底形上學**之範圍；而我們在這裏亦沒有肯定它的真理性，更沒有自認說在我們的力量內能證明它。我們只是因著那普遍被接受的道德之概念之發展而展示出：**意志之自律**是不可免地與道德概念相連繫，甚或毋寧說是它的基礎。依是，不管是誰，只要他認道德是任何真實的東西，而不是一無任何真理性的虛幻觀念，則他亦必同樣承認我們這裏所論定的道德之原則。依是，本節也像第一節一樣，純然是**分析的**。現在，「去證明道德不是腦筋底製造物」——如果定然律令以及與此定然律令相連的意志之自律是真的，而且作為一先驗原則又是絕對必然的，則道德便不能是腦筋底製造物——這步證明之工作即假定了「**純粹實踐理性底綜和使用之可能性**」，但是若不對於此理性能力或機能先給一批判的考察，我們亦不能冒險從事於此綜和使用。在下面最後一節中，我們將對這種批判的考察，給以大體的綱要，對我們的目的足夠為限。

第三節　從道德底形上學轉至純 78 粹實踐理性底批判

〔1〕自由概念是說明意志自律底秘鑰

意志是「屬於有生命的存有之當其是理性的存有時」的一種因果性，而**自由**則必即是這種因果性底這種特性，即：「此因果性能夠獨立不依於『決定之』之外來的原因而即為有效的」這種特性；這恰如物理的必然性是一切非理性的存有底因果性所有的那種「因著外來原因底影響而被決定至活動」之特性。

以上自由底界說是**消極的**，因此它在自由底本質之發見上亦是無結果的；但是它可引至一**積極的概念**，這卻是十分豐富而有成果的。因為因果性底概念含有**法則**底概念，依照這法則，因著某種我們叫做原因的東西，某種別的東西，即：結果，必須被生產〔被置定，被確立，或依法被決定〕；因此，雖然自由不是那依於物理法則的意志之特性，但亦並不因此而即為**無法則**；反之，它必須是一種「依照不移的但卻又是特種的法則而活動」的因果性；非然者，自由意志必是一個荒謬背理的概念。物理的必然性是有效因之他 79 律，因為每一結果是只有依照以下之法則而始為可能，即：某種別

的東西決定這有效因去發出它的因果性。依是，所謂意志自由，除
自律外，即除「**意志對其自己即是一法則**」這特性外，它還能是什
麼別的東西呢？但是，「在每一行動中意志對其自己是一法則」這
命題只表示這原則，即：只應依照這樣的格準，即「它同時亦能以
『作爲一普遍法則的它自己』作爲一對象」這樣的格準而行動，除
依照這樣的格準而行動外，不能再有別樣的格準可依。現在，這個
原則確然即是定然律令之公式，並且亦即是道德底原則，因此，一
個自由的意志和一個服從道德法則的意志正是同一個東西。

依是，依據**意志自由之假設**，道德連同著道德底原則，單只因
著概念之分析，即可從那假設處推演出來。但是，道德底原則是一
綜和命題，即：一個**絕對地善的意志**是一個「其格準總能包含此格
準自己被認爲是一普遍法則」的意志；這原則之所以是綜和的是因
爲意志底格準底這種特性決不能因著**分析**「一個**絕對善的意志之概
念**」而被發見。現在，這樣的綜和命題只有依以下之路數始可能，
即：兩個認識〔絕對善意與格準之可爲普遍法則〕因其與一第三項
認識相聯合而被連結於一起，在這第三項中，它們兩者皆能被發
見。自由底**積極概念**即供給這第三項認識，這第三項認識不能像物
理原因那樣具有感觸界之性質（在感觸界之概念中，我們見到在關
係中作爲原因的某物之概念被聯接到作爲結果的某種別的東西
上）。我們對於「自由指引我們所至的而且我們對之也有一先驗理
念」的那第三項，我們並不能立即表明它**究竟是什麼**，我們也不能
使以下一點爲**可理解**，即：「自由之概念如何可從『**純粹實踐理性**
以及隨同此**理性**一定然律令之可能』來表示之爲合法」〔案：
『……』此括號中之片語依另兩譯改，阿保特譯是如此：『純粹理

性底諸原則（多數）以及隨同此理性（單數）一定然律令之可能』，上句有「底原則」三字，而下句又不是「隨同此原則」，而是「隨同此理性」，不甚通順〕；某種進一步的準備是需要的。

〔譯者案〕：

此段，康德表示的不甚妥當。㈠既說「絕對善的意志」，又說不能單因分析此絕對善意之概念而發見其格準之可爲普遍法則，此殊可疑。㈡因自由之積極概念供給一第三項而綜和那兩項，因而說明那綜和命題之可能，此說明與下第四段說明「一定然律令如何可能」處之說明不一致，此亦可疑。由於有此兩疑，須另有分疏，以使之較爲妥當。

〔2〕自由必須被預設爲一切理性存有底意志之特性　　80

如果我們沒有「謂述一切理性存有底意志之自由」之充分根據〔「把自由歸屬於一切理性的存有」之充分根據——依拜克譯〕，則無論依什麼理由，也是不足以「去謂述我們自己的意志之自由」〔「也是不足以去把自由歸給我們的意志」——依拜克譯〕。何以故如此，這是因爲以下的緣故而然，即：由於道德對我們堪充爲一法則是只因爲我們是理性的存有始如此，所以道德亦必須對一切理性的存有皆有效；又由於道德必須單只從自由之特性而被推演出，所以「自由亦是一切理性存有底一種特性」這也必須被表明〔被證明〕。依是，從某種設想的人性之經驗去證明自由，這是不夠的

（實在說來，這是完全不可能的，自由只能先驗地被表明），但
是，我們必須表明：自由是屬於稟具有一意志的一切理性存有底活
動的。現在，我說：每一存有，即「除**在自由之理念下**活動外不能
有活動」，這樣的每一存有，就一實踐的觀點說，亦正單因此故，
即：只能在自由之理念下活動之故，他才眞正是自由的，那就是
說：一切與自由不可分地相連繫的法則，對於他皆有同樣的力量，
好似他的意志已因著一種「**理論地**〔知解地〕有結論的**證明**」〔因
著一種「理論的（知解的）哲學——依拜克譯〕而被表明爲**其自身
即是自由的**〔註〕。現在，我肯定：我們必須把「理性存有亦有**自
由之理念**而且完全**在此理念下活動**」歸給那有一意志的每一理性存
有。〔現在，我肯定：我們必須必然地承認：每一有一意志的理性
存有亦有**自由之理念**，而且亦必須承認：他只**在此理念下活
動**。——依拜克譯。〕因爲，在這樣一個存有中，我們能思議一種
理性它是**實踐的**，即是說，一種理性它在涉及它的對象中，有一種
因果性。現在，我們不能思議一種**理性**，在關於它的判斷方面，它
自覺地願接受一種從任何其他地區而來的**偏曲**，〔它自覺地願呼應
一種從外來的**吩咐**——依拜克譯；它自覺地願從外面受指導——依
巴通譯〕，因爲，如果如此，這主體必是把它〔他〕的判斷能力之
決定不歸給它〔他〕自己的理性，但歸給一種衝動。**理性**必須獨立
不依於外來的影響而即認它自己爲它的原則之製作者〔訂立者〕。
因此，**理性**，當作實踐的理性看，或當作一理性存有底**意志**看，它
必須認它自己是自由的，那就是說，這樣一個存有底意志除在**自由
之理念**下，它不能是它〔他〕自己底一個意志。因此，這個理念，
就一實踐的觀點說，必須被歸給每一理性的存有。

81

〔註〕：

我採取這種方法，即「認定自由只爲一理念」（理性存有在他
們的活動中所設定的一個理念）之方法，是在想去避免「在自
由之理論方面〔知解方面〕亦必須去證明之」之必然性。這種
認定底方法，就我的目的說，是足夠的；因爲，縱使思辨的證
明不能被作出，然而一個「除在自由之理念下活動外不能有活
動」的存有他亦必爲這同樣法則所支配，即如那「責成或強制
一個現實上是自由的存有不能不如此」的那同樣法則所支配。
〔我之所以依從這方法，即：「認定『理性的存有只以自由之
理念爲其行動之基礎』此在我們的目的上是足夠的」這方法，
乃是爲的想去避免在自由之理論方面（知解方面）亦須去證明
之。因爲縱使自由任其不被證明，那「責成一實際上是自由的
存有而使之不能不如此」的那些法則亦必對這樣一個存有，即
「除在他自己的自由之理念下活動外不能有活動」這樣一個存
有，爲有效。——依拜克譯。〕這樣，我們在此可以避免那種
壓在理論上的擔負〔即必須去證明之之擔負〕。

〔3〕附隨於道德底理念上的興趣問題

我們最後終於把確定的道德概念還原到**自由之理念**。但是，這
自由之理念，我們不能證明它現實地爲**我們自己之一特性或人性之
一特性**；只是我們看到了這一點，即：如果我們思議一存有爲一理
性的存有，並且在關於它〔他〕的行動中爲能意識到它〔他〕的因
果性的存有，即是說，思議一存有爲稟具著一個意志者，則**自由之
理念**必須被預設；這樣，我們亦見到：即依這同一根據，我們必須

把「在它〔他〕的自由之理念下決定它〔他〕自己去行動」這種屬
性歸給稟具有**理性**與**意志**的每一存有。

從這個〔自由之〕理念之預設，亦有這結果隨之而來，即我們
能覺識一個行為之法則，此法則是如此，即：行為底主觀原則，即
格準，亦必須如下那樣被認定〔被選用〕，即：它們亦能當作客觀
的，即普遍的原則而有效，「因為它們亦能充作我們自己的裁決之
普遍法則。」〔「因而它們亦能為我們所立的普遍法則充作原
82 則。」——依拜克譯。「因為它們亦能為我們自己的普遍法則之制
定而服務。」——依巴通譯。〕但是既如此，為什麼我一定要把我
自己隸屬於此種原則〔隸屬於此法則——依拜克譯〕，而我之要把
我自己如此隸屬是只由於我自己是一理性的存有，這樣，我遂亦把
一切其他稟具有理性的存有亦隸屬於此種原則〔亦隸屬於此法則
——依拜克譯〕，我為什麼一定要如此作呢？我將承認：這並無任
何**興趣**〔**利害**〕促使我去如此作，因為如其如此，那必不能產生一
定然的律令，但是縱然如此，我卻必須對此「定然律令」感有興
趣，而且要辨識其如何發生；因為設若只是理性決定此存有底行為
而無任何阻礙〔設若理性對此存有是實踐的而無阻礙（即是說，理
性專決定其行為）——依拜克譯〕，則這個「**我應當**」恰當言之即
是一個「**我必願**」，一個在一切理性存有上皆有效的「**我必願**」。
但是，若有一些存有，他們在理性以外復為一不同類的激動力，
即：感性，所影響，就像我們人類即如此，而在這些存有之情形
中，那單只是理性所必會去作者並不常是被作成〔而他們亦並不總
是作那理性單只獨自地所已作者——依拜克譯〕，如是，對這些存
有而言，那**必然性**只被表示為一「**應當**」，而**主觀的必然性**亦不同

於那**客觀的必然性**。

依是，情形似乎是如此，即：好像道德法則，即意志自律之原則，恰當地說來，只是在**自由之理念**中被預設，而且好似我們不能「**獨立地**」〔「只因它自己」——依拜克譯〕證明它的**實在性**與**客觀的必然性**。但即使是如此，我們仍然已得到某種可觀的事，即至少因著「比以前所已作者更準確地決定眞正的原則」而得到了某種可觀的事〔我們仍然已得到某種事，因爲至少我們已比以前所已作者更準確地規定了那眞正的原則——依拜克譯〕；但當涉及此原則之**妥實性**以及「把一個人隸屬於此原則」這種**實踐的必然性**時，我們卻未曾前進一步。因爲，如果一人要問：爲什麼我們的作爲一法則的格準之普遍妥效性必須是「限制我們的行動」的條件，並問：我們所歸給這種行動的價值——一個「如此之大以至於不能再有任何更高的興趣〔利益〕」之價值，是依據在什麼根據上；而且如果一人再進而復問：「單只因這一點，一個人便相信他感覺到他自己的人格價值，與此人格價值相比，那些悅意或不悅意的情況底價值是被視若無物」這事是如何發生的：對於**這些問題**，我們實不能有任何**滿意的答覆**。

實在說來，我們有時實可見到：我們能對那「並不含有任何外 83 在情況之興趣」的人格品質感有興趣，設一旦理性眞要作成這安排〔對於〔所欲的〕情況之安排〕，這人格品質使我們能夠參與於這〔所欲的〕情況時；那就是說，「這純然的值得有幸福」其自身即能使我們有興趣，甚至並沒有「參與於這幸福」之動機。〔案：意即不要說境遇不好，即使一旦理性安排好一可欲的境遇，人格品質使我們能夠參與於這可欲的境遇，我們也不因其能參與這境遇而對

之感興趣，而單是對這人格品質本身感興趣；那就是說，「這純然的值得有幸福」的人格品質本身即能使我們有興趣，即使並沒有「參與於這幸福」之動機。〕但是，事實上，這個判斷只是我們以前所預設的道德法則底重要性之結果（當依自由之理念，我們把我們自己從一切經驗的興趣中撤離時）；但是，「我們應當去把我們自己從這些經驗興趣中撤離，即：去視我們自己爲在行爲上是自由的，而復猶是服從某種法則的，這樣以便只在我們自己的人格中去發見一價值，這價值足能補償那些『能對我們的情境給與一價值』〔能使我們的情況爲可欲──依拜克譯〕的每一東西之損失」這一點，我們尚不能依道德法則之重要去辨識之，我們也不能見出：這樣去行動如何是可能的，換言之，不能見出：道德法則從什麼地方引生出它的責成性〔強制性〕。〔這一點**如何是可能的**，因而依據什麼根據道德法則責成〔強制〕我們必如此，我們依道德法則之重要**尚不能見得到。──依拜克譯。**〕

我們必須坦白承認：在此，有一種循環，似乎無可逃避。在有效因底層序中，我們認定我們自己是自由的，這樣，在目的底層序中，我們便可思議我們自己爲服從道德法則者：而此後，我們思議我們自己爲服從這些法則者，是因爲我們已把意志之自由歸屬給我們自己：因爲「自由」與「意志底自我立法」這兩者皆是自律的，因而它們倆亦是相互爲用的概念，爲此之故，所以這一個決不可用來去解析另一個或用來去給另一個以理由，至多只爲邏輯的目的，用來去把同一對象底表面不同的觀念還原到一個簡單的概念，此恰如我們把同值底不同分數還原到最低的共同項目。

但是，有一種求助或轉機留給我們，此求助或轉機即是去究

問：當我們因著自由，思考我們自己為先驗地有效的原因之時，以　84
及當我們從我們眼前所見的作為結果的行動來形成關於我們自己底
觀念時，我們是否不是用了**不同的觀點**。

　　一切非由己地〔意即被動地或接受地〕來到我們處〔或來到心
中〕的「觀念」〔覺象、表象〕，例如感取上的那些觀念，其能使
我們去知道對象，皆不外是如對象影響於我們那樣使我們去知道對
象，除此以外，它們不能有別法使我們去知道對象；這樣，**對象自
身可是什麼**，則是永不為我們所知的，結果，就這類「觀念」說，
即使以知性所能應用於它們〔觀念〕上的最密切的注意與最清晰的
分辨，我們也只能因著它們達到**現象底知識**，卻永不能達到**物自身
底知識**：這一層解說是不需要細緻的反省去作的，而我們可以認定
即使最普通的理解也能作到之，雖然它之作此是隨其自己之樣式，
因著一種它所叫做「情感」的那種判斷力之模糊的辨識而然。只要
當這種區別〔即：現象與物自身之區別〕一旦被作成（這區別之作
成或許只是由於這差異，即見之於「從外面所給與於我們的觀念，
在此我們是被動的，以及那些單從我們自己所產生的觀念，在此，
我們表示我們自己的活動性」，這兩者之間的差異之故而被作
成），則由此區別而來者便是：我們必須承認而且認定某種不是現
象的別的東西，即：物自身，在現象背後；我們雖然這樣認定，然
而我們亦必須承認：因為它們〔物自身〕除如其影響於我們那樣外
永不能為我們所知，所以我們也不能更接近於它們，更也不能知道
它們自身是什麼。這一點必須能供給出一**感觸界**〔感取界〕與一**智
思界**〔知性界〕之間的一種區別，不管這區別如何粗略。在這區別
中，前者可依各種觀察者中感性印象之差異而差異，而後者則是前

者底基礎，它總是**保持其同一**。就人而言，甚至對於他自己，一個
85　人也決不能從他因內部感覺所有的知識假裝知道他自身是什麼。何
以故如此，這是因爲以下的緣故而然，即：由於他實並不**創造其自
己**如普通之所謂，而且他亦不是先驗地得有他自己底概念，但只是
經驗地得有他自己底概念，所以很自然地隨之而來者便是：他只能
因內部感取而得到關於他自己底知識，因而結果，他亦只能通過他
的本性之現象以及「他的意識所依以被影響」的那路數〔那方式〕
來得到關於他自己底知識。同時，在他自己的主體（只以現象而造
成）底這些徵象以外，他必須必然地設定某種別的東西以爲這些徵
象底基礎，即：他必須設定他的「自我」，不管這自我之在其自己
之徵象是什麼。〔即：他必須預定他的自我作爲在其自身而存在
著。──依拜克譯。〕這樣，就純然的知覺以及「感覺底接受」
〔接受感覺之能〕而言，他必須視他自己爲**屬於感取界者**；但是，
就不管怎樣，在他身上或可有一純粹活動（即那不通過影響於感性
而直接地達到意識者）而言，他必須視**他自己爲屬於智思界者**，但
是，關於這智思界，他卻並無進一步的知識。

　　對於這樣一個結論，能作反省的人必能就著一切能被呈現於他
眼前的東西而達到之：這樣的結論甚至在具有最普通的理解的人們
中或許也能被遇到，這些人，如所周知，常是最易傾向於去假定某
種別的不可見而即以其自身而活動著的東西在感取底對象背後。但
是，他們又因復把這不可見的東西立刻予以**感性化**而破壞了這結
論；即是說，他們要求去使它成爲**直覺底一個對象**，這樣，他們也
就並沒有變成較爲更明智一點。

　　現在，人在其自身中實可發見一種機能，藉此機能，他自己可

與任何別的東西區別開，甚至亦與他自己區別開，只要當他自己為對象所影響時，此機能便是**理性**。理性由於是純粹的自動，它甚至亦升舉在「**知性**」之上。因為，雖然知性亦是一種自發的活動，且並不如感性〔感取〕那樣，只含有直覺，這直覺是當吾人為事物所影響（因而是被動的）時才生起，但知性從其自己之活動所產生者只不過是那些概念，即：「只足以用來去把感取底諸直覺置諸規律之下，因而去把它們統一於一整一意識中」這類的概念，除此種概念外，它不能從其活動中產生出任何別的概念，而且若無這種感性之使用，知性亦畢竟不能運其思想。可是，相反地，理性在我所叫做「理念」的東西之情形中，表示出如此純粹的一種自動性，以至於它因之而可遠超乎感性所能給與於「**它**」〔遠超乎感性所能給與於「**意識**」——依拜克譯〕的每一東西之上，而且它在區別感取界與知性界之不同中，以及因而亦在規定知性本身之限制中，顯示出其最重要的功能。

〔**譯者案**〕：

在「遠超乎感性所能給與於它的每一東西之上」語中之「它」德文原文有問題。拜克註明 Adickes 提議讀為「它」，指理性言，阿保特即據此讀譯。但拜克以為感性並不給理性以材料，至少不直接地給，因此，Vorländer 以及 Cassirer 版另有讀法，拜克譯為「感性所能給與於意識的每一東西」即據此讀法而譯。但譯為「它」亦不見得一定不通，蓋理性順感性知性向前進而越過之以提供理念，說是「它遠超乎感性所能給與於它

86

的每一東西」亦無不可──理性運行於感性知性範圍內
亦獨行於其外。巴通只譯爲「遠超乎感性所能供給的每
一東西之外」，並不說給與於誰，這樣鬆譯倒好。
又譯 sensibility 爲感性，譯 sense 爲感取，譯 sensation
爲感覺。譯《純粹理性之批判》時，一律如此譯。但在
此處說兩界時，康德似乎又以爲此三詞可互用。

爲此之故，一個理性的存有必須當作一睿智體（因而並非從他
的較低機能一面）認其自己爲屬於知性界〔智思界〕而不屬於感觸
界〔感取界〕者；因此，他有兩個觀點由之以看其自己，並由之以
認知其機能底運用之法則，因而結果也就是由之以認知一切他的活
動之法則：第一觀點，就他屬於感取界而言，他見其自己服從自然
法則（他律）；第二觀點，由於屬於智思界，他又見其自己受制於
這樣一些法則，即這些法則由於獨立不依於自然，故並非於經驗中
有其基礎，但只是於理性中有其基礎。

由於是一理性的存有，因而結果亦就是說，由於屬智思界，人
不能不依自由底理念之條件思議其自己的意志之因果性〔意即除依
自由底理念之條件思議其自己的意志之因果性外決不能依別法思議
之〕，因爲「獨立不依於感觸界底決定因」這獨立性便是自由（這
一獨立性乃是理性所必須總是歸給其自己者）。現在，自由底理念
是不可分地與自律之概念連繫於一起，而自律之概念復又不可分地
與道德底普遍原則連繫於一起，這普遍原則理想地說來是理性存有
底一切活動之基礎，恰如自然之法則是一切現象之基礎。

現在，我們上文所提起的那個疑難可被消除，這疑難即是：有

一隱伏的循環包含於我們的「從自由到自律，又從自律到道德法則」之推理中，此即：我們設置自由之理念是因為道德法則之故而設置之，而所以如此設置之，那只是為的此後我們便可轉而又從自由推道德法則，而這樣，則結果我們對於此道德法則畢竟不能指派 **87** 任何理由，但只能把它〔呈現〕為一種乞求論點〔丐題〕者，此種乞求論點所求之原則，有好意的人必樂於把它允許給我們，但我們卻決不能提出之為一可證明的命題。〔此種循環之疑難，我們現在可以消除之。〕因為現在我們見到：當我們思議我們自己是自由的時，我們是把我們自己轉移於知性界而為其中之一分子，而且認知了意志之自律連同著其結果即道德；而另一方面，如果我們思議我們自己為受強制者，則我們是認我們自己為屬於感取界者，而同時亦為屬於知性界者。

〔4〕一個定然律令如何可能？

每一理性的存有當作一睿智體皆視其自己為屬於知性界者，而且那亦正是只由於其作為一有效因而屬於此知性界，她始名其因果性曰意志。另一方面，他又意識到他自己為感取界之一部分，他的諸活動，即：「只是那因果性底純然現象」的諸活動即在此感取界中被展現；但是，我們不能察知「這些活動如何依我們所不知的這種因果性而為可能」〔但是這些活動底可能性不能因著這樣的因果性而使之為可理解，因為對於這種因果性，我們並沒有直接的親知——依巴通譯〕；反之，毋寧是這樣的，即：這些活動由於屬於感觸界，它們必須被看成是為其他現象，即：欲望與性好這些現象，所決定者。因此，如果我真**只是**知性界底一分子，則一切我的活動

必完全符合於純粹意志底自律原則；如果我眞只是感取界底一部
分，則一切我的活動自必被認定爲完全符合於欲望與性好底自然法
則，換言之，符合於自然之他律。（前者的諸活動必基於道德之爲
最高原則，而後者的諸活動則必基於幸福之爲最高原則。）但是，
因爲知性界〔智思界〕含有感取界之基礎，因而結果也就是說含有
感取界底諸法則之基礎，隨而且直接地把法則給與於我的意志（此
88 意志完全屬於知性界），且必須被思議爲給法則與我的意志，所以
隨之而來者便是：雖然一方面我必須視我自己爲一屬於感取界的存
有，然而另一方面我卻又必須認我自己當作一睿智體爲服從知性界
之法則者，即是說，爲服從理性者（此理性在自由之理念中含有此
知性界之法則），因而也就是說爲服從意志之自律者：結果，我必
須視這知性界之法則爲律令，爲對於而我而有的律令，而視「符合
於這律令」的行動爲義務。

這樣，那「使定然律令可能」者即是此義，即：自由之理念使
我成爲智思界之一分子，由於是如此，是故如果我只是此而無他
〔意即：只是此智思界之一分子而無他〕，則一切我的活動「必
自」總是符合於意志底自律；但是因爲我同時又直覺到我自己爲感
取界之一分子，故一切我的活動又「應當」符合於意志底自律，而
這個定然的「應當」即涵蘊一先驗綜和命題，因爲在我的爲感性欲
望所影響的意志以外，進一步還增加有這同一意志底理念〔案：即
自由意志之理念〕，但由於此一意志是屬於智思界的，其自身即是
純粹而實踐的，是故此一意志依照理性它含有前一種意志底最高條
件；此恰似有知性底概念〔範疇〕加之於感取底直覺（這些知性底
概念其自身所指示的不過就是一般說的規則性的形式），而即依此

路數,諸先驗綜和命題始成爲可能的,一切物理自然底知識皆基於此等先驗綜和命題上。

〔譯者案〕:

此段說定然律令(先驗綜和命題)如何可能是就兩界掛搭著說,是就「應當」說。如果我只是智思界一分子,「我應當」即是「我必自」(我自會),此就意志說,即是一個絕對善的意志,或完全善的意志。如果我只是感取界一分子,在此亦無道德的「應當」可言。正因爲我同時屬於兩界,所以才有「應當」可言。「應當」是就爲感性所影響的意志而言,定然律令之所以爲綜和命題亦是就此意志而言。因此,在完全善的意志上,因爲「應當」即是「必自」,故道德原則當是**分析命題**。因此,本節前第一段就絕對善的意志說道德原則是**一綜和命題**乃是不恰當的,自由對於此道德原則之關係必不在其足以說明之爲一綜和命題。此段須回看本節第一段與第三段以及前第二節第三段。

普通的人類理性之實踐的使用堅定了這推證〔之正確〕。世上沒有一人,甚至是極惡之人(設他依別路習於理性之使用),當我們在他面前舉出**心志正直**底範例,**緊守良善格準**底範例,**同情**以及一般**仁愛**(甚至連帶著利益與舒適方面底重大犧牲)底範例時,他竟不願他也有這些**品質**。只因他的性好與衝動之故,他始不能在他自己身上達到這種品質〔不能有之於其自身〕,但同時他亦**願望**從　89

那些對於其自己為重累的性好與衝動中解脫出來。因著這樣一種願望，他證明：以其從感性底衝動中解脫出來的意志，他在思想中把他自己轉移至一個「與他的感性領域內的欲望底秩序完全不同」的事物之秩序中；因為他不能因著那種**願望**期望去得到他的欲望之任何滿足，亦不能期望去得到那「必會滿足其任何現實的或設想的性好」的任何地位〔處境〕（因為這樣的期望必毀壞了這理念，即「在他身上**艱苦建立**起那個願望」〔wrests that wish from him〕的理念之卓絕性），〔因為如果他有任何這樣的期望，則那「從他身上**引發**這願望」（elicits this wish from him）的那理念其本身必至喪失其卓絕性。——依拜克譯〕，所以他只能期望他**自己人格底**一個較大的**內在價值**。但是，當他把他自己轉移到智思界一分子底觀點上時，他始想像他自己可成為這較好的人格，他是非自願地為**自由之理念**，即為「獨立不依於感取界底決定因」這獨立性之理念**所驅迫**而轉至此觀點；從此觀點，他意識到一個**善的意志**，而因著他自己的誓願，這**善的意志**為這壞的意志，即他所有之以為感取界一分子的那**壞的意志**構成一法則——這法則，當冒犯它時，他便認識了它的威權。依是，當他為智思界一分子時，他所道德地「**應當**」者即是他所必然地「**自願**」〔自會〕者，而只要當他同時亦認他自己為感取界一分子時，他所道德地「**應當**」者即被他思議為只是一「**應當**」。〔依是，對那為智思界一分子的人而言，道德的「**我應當**」即是一個「**我意願**」；而當他同時亦認其自己為感觸界一分子時，那道德的「**我應當**」即被他思議為**只是一個**「**我應當**」。——依巴通譯。〕

〔5〕一切實踐哲學底極限

　　一切人皆把意志之自由歸屬給他們自己。因此，遂發生了這類判斷，即：某某行動實是應當被作成者，雖然它們未曾被作成。但是，這自由並不是一個經驗底概念，它亦不能是一個經驗底概念。因為，縱使經驗表示出與那「依自由之假定被認為是自由之必然結果」的東西相反，自由仍然存在。另一方面，這同樣亦是必然的，即：凡發生的每一事件，皆必確然不移地依照自然法則而被決定。這種**自然**底**必然性**，亦同樣不是一經驗概念，其所以不是一經驗概念乃因此故，即：它含有**必然性**之概念，因而亦含有**先驗**知識之概念。但是這個自然系統之概念是為經驗所穩固；如果經驗本身，即，基於一般法則上的感取對象之相聯貫的知識，要是可能的，那自然系統之概念甚至必須是不可免地被預定。因此，**自由**只是「**理性**」底**一個**「**理念**」，其**客觀實在性**自身是**可疑的**；而**自然**則卻是「**知性**」底一個**概念**，此知性在經驗的實例中證明而且必然地證明它的實在性。

　　從這裏便發生了一種理性底辯證，因為那「歸屬給意志」的自由，顯得與「自然之必然性」相衝突，而在這兩條路之間，理性在**思辨的目的**上，見出物理必然性之路較之自由之路似更為慣行之大路而且更為適合而恰當；可是在**實踐的目的**上，自由之狹窄的小徑卻正是「在我們的行為中使用理性為可能」所依據的**唯一的一條路**；因此，最精察的哲學一如普通人之最通常的理性，一樣不可能把自由辯駁沒有了。如是，哲學必須認定：在同一人類行為底「自由與物理必然」之間並無真實的矛盾可見，因為它既不能放棄自然

90

之概念，也不能放棄自由之概念。

　　不過，縱使我們決不能領悟「**自由如何可能**」，至少我們必須依一令人可信服的樣子移除這表面的矛盾。因為如果這自由底思想，或是與其自身相矛盾，或是與自然相矛盾，而這自然亦同樣是91　必要的，則在與「物理的必然」相爭衡中，這自由之思想必須完全被放棄。

　　但是，如果那「自視為是自由的」思維主體，當它叫它自己是自由的時候，與當在這同一行為中，它又認定它自己是服從自然之法則的時候，它以**同一意思或同一關係**來思議它自己，那便不可能避免這矛盾。因此，「去展示：思辨哲學中以矛盾故而生的假象是基於以下之情形而發生，即：『當我們叫一人是自由的時，與當我們視他為服從自然之法則而為自然之一部分時，我們〔**並未**〕以**不同**之意義與關係來想他』，去把這種情形展示出來，」這乃是思辨哲學中一不可缺少的問題〔一不可避免的工作——依另兩譯〕。〔案：句中「**並未**」兩字須補。拜克譯，依某人之提示，補此兩字，否則語意不順。巴通譯，則譯為「以同一意義與關係來思議他」，如是，便不須補「並未」二字。〕因此，思辨哲學必須展示出這兩者不只是很可並存，而且也必須被認為是必然地統一於同一主體中，因為，非然者，則我們為什麼一定要以這樣的一個理念〔即：自由之理念〕來煩累理性，這是毫無理由可說的，所謂這樣的一個理念乃是如此者，即：這理念，它雖可與另一個已充分建立起來的理念〔即：自然之概念〕相協調而無矛盾，然它仍是在一複雜糾結之情形中困擾我們，這複雜糾結之情形是在理性之**理論使用**〔知解使用〕中極端困擾理性的，我們為什麼要以如此之理念〔自

由之理念〕來煩累理性，這是毫無理由可給的。但是，這〔「展示
兩者可並存」這展示之〕責任只屬於**思辨哲學**，這樣，**思辨哲學**可
爲**實踐哲學**掃淸道路。依是，哲學家，對於「他是否要解除這表面
的矛盾抑或聽任之而不接觸它」這兩者間是沒有選擇之自由的。因
爲在後一情形中〔即：不接觸這矛盾之情形中〕，關於這矛盾問題
的理論必付缺如，成一眞空地帶（無主的財產 bonum vacans），
命定主義者必有權進入而佔據之，而且將整個道德從其設想領域中
〔設想的財產中〕驅逐出去，因其徒佔有之而並無名號故也〔**意即
因其無權佔有其設想的領域——設想的財產之故**〕。

　　但至此，我們尙不能說「我們是接觸了實踐哲學底界域」〔我
們已達到了實踐哲學底**開端**——依拜克譯〕。因爲上述爭端底解決
並不屬於**實踐哲學**；實踐哲學只是從思辨理性方面要求：**思辨理性**
必須對於那種爭論，即「它於其中在理論問題〔知解問題〕上纏繞
其自己」的那種爭論要有個終局〔結束〕，這樣，**實踐理性**便可有
止息處與安全地，以免外來的攻擊，這外來的攻擊很可使「它所欲　92
在其上有所建築」的基地成爲可爭辯的。

　　甚至亦爲普遍理性所作的對於意志自由之要求〔爲普通理性所
要求的意志自由上之合法的權利〕是基於這意識與這已被承認的假
設上，即：理性是獨立不依於那些純然主觀的決定原因的，這些決
定原因合起來構成那只是屬於感覺的東西，並因而亦皆被綜攝於感
性這通稱下。依此路認其自己爲一睿智體的人是即因此把其自己置
於一不同的事物秩序中，並把其自己置於一對於一完全不同類的決
定根據之關係中，其如此置其自己是當他一方面思其自己爲一具有
一意志的睿智體，因而亦爲具有因果性的睿智體的時候，並且是當

他另一方面又覺知他自己為感取界中之一現象（因為他亦實是如此），且肯定他的因果性是依照自然法則而服從外在的決定的時候。〔另兩譯大體是如此：依此路認其自己為一睿智體的人，當他思其自己為一具有意志因而具有因果性的睿智體時，他把他自己置於一不同的事物秩序中……，即**與**當他覺知其自己為感取界之一現象……時所處的另一秩序……**相比**，他把他自己置於一不同的事物秩序中……。〕現在他立即知道這兩者皆可成立，不，這兩者必須同時成立。因為說一個現象中的東西（屬於感取界）是服從於某種法則，而這同一東西當作「一物或一存有之在其自己」看又是獨立不依於這法則，這是絲毫沒有矛盾的；而「他必須在這雙重路數中認他自己與想他自己」這層意思，就第一方面說，是基於意識他自己為一通過感取而被影響的對象，而就第二方面說，則是基於意識他自己為一睿智體，即是說，在其理性底使用中，為獨立不依於感觸印象者（換言之，為屬於智思界者）。

因此，這便要發生：人要求有一個「無關於欲望與性好名下的任何東西」之**意志**，而「另一方面」〔此依巴通譯〕，他設想這樣的行為，即：那「只能因著不顧一切欲望與感觸的性好而被作成者」這樣的行為對於他是可能的，不，甚至對於他是必然的。這種行為底因果性是處於他之為一睿智體中，並亦處於那「依照一智思界之原則」而來的結果與行為之法則中，對那智思界，實在說來，他所知的，不過就是在其中單單是純粹理性（獨立不依於感性）供給這法則；復次，因為只有在那智思界中，作為一睿智體，他才是他的真正的自我（當作現實的人看的人類存有，那只是他自己底現象），所以那些法則才直接地而且定然地應用在他身上，這樣，性

好與嗜欲底激動（換言之，感取界底全部本性），便不能損害他的作爲一睿智體的決意之法則。不，他甚至亦不認他自己可對那些性好與嗜欲〔欲向〕負責，或把那些性好與嗜欲歸給他的眞正的自我，即歸給他的意志：如果他允許它們〔性好與嗜欲〕去影響他的格準而至損害了意志底理性法則，則他也只是把「他所縱容之於它們」的任何放縱歸給他的意志〔或歸咎於他的意志——歸咎於他自己〕。

當實踐理性**思想**它自己進入智思界時，它並不因此就超越了它自己的限制〔範圍〕，但是如果它試想因著**直覺**或**感覺**而進入智思界，則它必越過它自己的限制〔範圍〕。在關涉於感取界中，這智思只是一**消極的思想**，它不能給理性以任何法則以決定意志，而只有在以下一點上它才是**積極的**，即：這作爲一消極性質的自由同時即與一個積極機能，甚至與理性底因果性（此因果性我們命名曰：意志），連繫於一起，即是說，與如此活動著的一個機能，即活動得行爲底原則將符合於一理性動力之本質的特性，即：符合於「格準當作一法則有普遍妥效性」這條件，如此活動著的一個機能連繫於一起。但是如果實踐理性想要從智思界去借得一個**意志底對象**（即一**動力**），則它必會越過它的界限，而且假裝著熟知於其對之一無所知的某種東西。如是，智思界底概念只是一個**觀點**，這觀點乃是「理性要想去思議它自己爲實踐的，便見其自己被迫著去採取之以越過現象之外」的那觀點，而如果感性底影響對於人有一**決定的力量**，則「理性之思議其自己爲實踐的」必不是**可能的**，但是除 94 非任何人他被否認他意識他自己爲一睿智體，因而亦爲一理性的原因，因理性而有力〔爲一理性地主動的原因〕，即爲一自由地運作

著的一個原因，否則理性之如此思議其自己乃**是必然的**。「理性之思議其自己爲實踐的」這一種思想確然包含有「一個秩序與一個法則系統」之理念，此秩序與法則系統乃是不同於那「屬於感觸界」的自然之機械性秩序與法則系統者；此種思想使一個**智思界之概念**成爲**必然的**（即是說，它使「當作**物自身**看的**理性存有**」之全部系**統成爲必然的**）。但是它絲毫不能使我們有權去思這**智思界**比以下所思者爲更進一步地去思之，即比「只是關涉著或依照著**它的形式**條件，即依照著作爲法則的**意志格準之普遍性**，結果也就是說依照著意志底**自律性**，去思它」爲更進一步地去思之。（適說「依照意志底自律性去思它」，須知單只這自律性始與意志之自由相一致；反之，那涉及一特定對象的一切法則皆只給我們以**他律**，這**他律**只屬於自然底法則，而且只能應用於感觸界。）

　　但是，理性如果它要從事於去**說明**「純粹理性**如何能是實踐的**」（此問題完全同於去**說明**「**自由如何是可能的**」），它必越過一切它的界限。

　　因爲除那種東西，即「我們能把它**還原到法則**，而此法則之對象能在某種可能經驗中被給與」這種東西外，我們不能**說明**任何東西〔沒有東西可說明〕。但是，自由卻是一個純然的理念，此理念底客觀實在性決不能依照自然之法則而被表示，因而結果也就是說決不能在任何可能經驗中被表示；因此之故，它亦決不能**被領悟**或**被理解**，因爲我們不能藉任何**實例**或**類比**來支持它。它只能在如下這樣一個存有中當作理性底一個**必然的假設**而有效，即：此存有他相信他自己能意識到一個意志，即意識到一個「不同於純然欲望」的機能，即是說，他意識到一個機能，此機能決定其自己如一睿智

體那樣去活動，換言之，決定其自己依照理性底法則獨立不依於自然的本能去活動，自由之理念只能在這樣一個存有中當作理性底一個**必然假設**而有效。現在，「凡依自然之法則而來的決定」這**決定停止**之處，亦即是**一切說明停止之處**，結果，除消極防禦外，便一無所有，即是說，除對那些「自以爲已深入事物之本性，並依此事物之本性很勇敢地宣稱自由爲不可能」的人所作的反對，予以移除〔撥去〕外，便不能再作甚麼。對這些人，我們只能指出他們在自由中所已發見出的那**設想的矛盾**只從這情形而發生，即：要想能把自然之法則應用於人類行爲上，他們必須必然地認人爲一現象：如是，當我們要求他們也須就人爲一睿智體之身分思想其爲一**物自身**時，他們仍然堅持認其在這方面亦爲一**現象**。在這種觀點中，去設想這同一主體（即人的意志）之因果性可自感觸界底一切自然法則中撤離，那無疑是一矛盾。但是，如果只要他們自己想想，而且如理承認：在現象背後，也必於其深根處（雖然是隱藏的），存有物之在其自己〔物自身〕，而且我們不能期望這些物之在其自己〔物自身〕之法則同於那些管轄物自身底現象之法則，則這矛盾便自然消失。

　　「**解明意志自由**」這解明之**主觀的不可能**正同於「**發見**及**解明**這一**興趣**即人所能有之於道德法則的**興趣**〔註〕」這種**發見**及**解明**之**不可能**。可是縱然如此，人卻實是感興趣於道德法則，這興趣底在我們心中之基礎，我們叫做是**道德情感**，這道德情感有些人曾錯誤地把它指定爲道德判斷之標準，其實它毋寧須被視爲法則運用於意志上所有的**主觀效果**，而意志底**客觀原則**，則單爲**理性所供給**。

〔註〕：

> **興趣**是理性所由之以**成爲實踐者**，即是說，它是「決定意志」
> 的一個原因。因此我們說只有理性的存有才對一件事物發生興
> 趣；而「非理性的存有」則只覺到感性的嗜欲。依是，理性只
> 當行爲的格準之普效性單獨足以決定意志時，它才對於行爲感
> 有一**直接的興趣**。單只是這樣一種興趣才是**純粹的**。但是如果
> 理性只因著某種欲望底對象，或只依主體底特殊情感底暗示，
> 它才能決定意志，則理性對於行爲只有一**間接的興趣**；而因爲
> 「理性」以其自己若無經驗，便旣不能發見意志底對象，亦不
> 能發見激動意志的一種特殊情感，所以那**間接的興趣**必只是**經**
> **驗的**，而不是一**純粹的理性興趣**。又「理性」之邏輯的興趣
> 〔意即：去擴展它的洞察〕亦決不會是直接的，但總預定了理
> 性爲之而被使用的各種目的。

實在說來，要想一個理性的存有，即「亦通過感取〔感性〕而
被影響」的理性存有，它一定要意欲「那單是理性所指引給〔或所
規定給〕這樣的存有者即是這樣的存有所應當去意欲者」，那無疑
地亦需要：理性必有一種力量去把一種**快樂之情**或一種**滿足**注入於
義務之充盡中，那就是說，它必有一種因果性，因著這種因果性它
依照它自己的原則去決定感性。但是一純然的思想，即其本身並不
包含有任何感觸的東西，這樣純然的思想，其自身如何能產生一種
苦或樂底感覺，這是完全不可能去辨識的，即是說，不可能使這成
爲先驗地可理解的；因爲這是一種**特別的因果性**，對這特種因果性
一如對每一其他因果性一樣，我們不能先驗地決定出任何什麼東
西；對於它，要決定出什麼事，我們必須只有商之於經驗。但是因

為這經驗，除在兩個經驗對象間的因與果之關係外，不能供給我們以任何因與果之關係，而同時在這特種因果性之情形中，雖然這被產生出的結果確實存於經驗範圍內，可是那原因則是被設想為純粹理性通過那些「不能把對象提供給經驗」的純然理念而活動，所以要想去**說明**「作為一法則的格準之普遍性，即是說，道德，**如何並為何**能使我們**感有興趣**」，這對於我們人類說──那是**完全不可能的**。只有這一點是確定的，即：那並不是因為作為法則的格準之普遍性〔道德〕使我們感興趣，所以它才對於我們有妥實性（因為若如此，這必是**他律**，而且這必使實踐理性依於感性上，即依於一種情感以為它的原則，在這情形，實踐理性決不能給我們以道德法則），乃是作為法則的格準之普遍性〔道德〕所以使我們感興趣，是因為它對於作為人的我們是妥實而然，蓋因為它在我們的作為睿智體的意志中，換言之，在我們的真正的自我中，有其根源，而**凡屬於純然現象者**，則必**因著理性**而**必然地隸屬於物自身**之本性。　　97

　　如是，「一個定然律令如何可能」這問題，只能被解答到這個程度，即：我們能指定出它所依以可能的那唯一假設，即：「自由之理念」這假設；我們亦能辨識這假設底**必然性**，而這一點，就理性底實踐運用而言，即就對這定然律令底妥當性之信服，因而亦就是就對於道德法則底妥當性之信服而言，是很足夠的；但是，這**假設本身**又**如何而可能**，則**不能因任何人類理性**而**被辨識**。但依據「一睿智體底意志是自由的」這假設，意志底**自律性**，作為意志底決定之本質的形式條件者，乃是一必然的結果。復次，這**意志之自由**不只是作為一個**假設**它完全是**可能的**（因為它並不含有任何這樣的矛盾，即與感觸界底現象之相連繫中的物理必然性之原則相矛盾

之矛盾），如思辨哲學之所示；並且進一步，一個理性的存有，即他意識到一種經由理性而成的因果性，即：意識到一種意志（不同於欲望），這樣的理性的存有，他必須**必然地**使意志自由實踐地，即在理念中，成爲一切他的自願行爲之條件。〔「去**預設意志之自由**」，**這不只是完全可能的**，如思辨哲學自身之所證明，因爲它並不把它自身含於與「感取界中的現象之相連繫中自然的必然性之原則」相矛盾中。抑且「一理性的存有，即意識到其經由理性而成的因果性，因而亦即意識到一『不同於欲望』的意志，這樣的理性的存有，他必應實踐地預設意志之自由，即是說，在理念中預設意志之自由，以爲一切他的自願行爲之基本條件」，**這亦是無條件地必然的。**——依拜克譯。〕但是要想去**解明：純粹理性**，沒有任何「從其他根源引生出來」的行動之衝力〔興發力〕之助，**如何以其**

98　**自身即能是實踐的**，即是說，沒有「一個人先對之感興趣」的意志之對象（材料），而單只是「純粹理性底一切作爲法則的格準之普遍妥效性」這**原則**（這原則必確然是純粹實踐理性之形式）**如何其自身即能供給一興發力；以及它如何能產生一種被叫做是純粹地道德的興趣**者；或換言之，「**純粹理性如何能是實踐的**」——**去解明**這一切，實已**超出人類理性底力量之外**，一切尋求關於這一切的說明這尋求上之艱苦與辛勞，皆屬白費。

　　這個問題，正恰似想去發見出「**自由本身**作爲一**意志之因果性如何是可能的**」。因爲要想作那樣的發見，我即離開了哲學說明之根據，我更無其他可據以前進之根據。我誠然可以宴樂於或沈迷於那仍留存給我的那智思界中，但是雖然我有一智思界之理念，此理念是很有根據的，然而我卻對之無一些**知識**，我亦不能以我的自然

的理性機能之一切努力來達到此智思界之知識。這智思界只指表一某種仍然留存下來的東西，即，當我從我的意志之有發動力的原則中把屬於感取界的每一東西全數消除以後，而仍然留存下來的東西，它只足以用來把那取自感性領域的動力之原則保存於其界限內，不使之氾濫；它固定感性領域之範圍，並表明此感性領域在其自身內並不包含著一切的一切，乃是有更多一點的東西越乎其外，但對此更多一點的某種東西我卻不能再進一步地有所知。〔此智思界只指表一某種仍然留存下來的東西，即當我從我的意志之**決定根據**中把那屬於感取界的每一東西皆予以排除，排除之**以便去制止**來自感性領域的動力之原則，當這樣排除之以後，而仍然留存下來的東西。我之去制止來自感性領域的動力之原則是因著「限制感性領域」而制止之，並因著「表明感性領域在其自身內並不能絕對地包含有每一東西，而是在感性領域以外仍有更多一點的東西」，而制止之；但所謂在感性領域以外仍有更多一點的東西，對此所謂更多一點的東西我卻並不能再進一步地有所知。——依拜克譯。〕關於構成此理想的那純粹理性，在抽除一切材料，即對象之知識，以後，所存留下來的不過是**形式**，即不過是**格準底遍效性**之**實踐法則**，以及在與這法則之相一致中，**理性**之義用〔意即：**理性本身**〕在涉及一純粹的智思界中之**作為一可能的有效原因**，即作為**決定意志**的一個**原因**。在這裡，一切外在的衝力必須全部不存在；必得只這智思界底理念其本身即是衝力〔興發之力〕，或其本身即是理性根本上對之感有興趣者；但是，「要使這**成為可理解的**」，這正是我們所**不能解答的問題**。

　　這裡便是一切道德研究底極限，而甚至即因此故，要想使理性　　99

不至犯以下所說之病，去決定這極限，這乃是十分重要的事，即要想使理性一方面不在感取界中去尋求最高的動機以及尋求一可理解的但卻是經驗的興趣，以致損害於道德，並且要想使理性在另一方面亦不至於在我們所稱爲智思界的那超絕概念之空的空間中（爲它而備的空的空間中）無力地拍擊其雙翼，而卻不能運轉，遂致喪失其自己於空想之中，要想使理性不至犯此兩病，則去決定這極限，這乃是十分重要的事。此外，當作一切睿智體底一個系統看的這純智思界之理念（我們自己作爲理性的存有亦屬於這智思界，雖然我們在另一方面亦同樣是感觸界底分子），在合理信仰底目的上它常是一有用的而且是一合法的理念，雖然一切知識皆停止於其戶限之前。所謂它是有用的，**意即是說**，它憑藉「理性存有在其自身即是目的」這一普遍的目的王國之高貴理想，足以在我們身上去產生一對於道德法則之鮮明的興趣。如是，只要當我們謹愼地依照「自由之諸格準好似它們眞是自然之法則一樣」去持身行世，則我們即能隸屬於那目的王國而爲其中之一分子。

〔6〕結語

理性在關於自然方面之思辨的使用，引至世界底某種最高原因之絕對的必然性：理性之在自由方面之實踐的使用，亦引至一種絕對的必然性，但這只是一個理性存有底行爲法則之絕對必然性。不管理性如何使用，把它的知識推到其必然性之意識，這乃是理性之一本質的原理。（無此必然性，那必不能是理性的知識）。但是「理性既不能辨識『那存在者』或『那發生者』之必然性，亦不能辨識『那應當發生者』之必然性，除非一個條件被假定，依據此條

件，它始存在或發生，或應當發生」這一情形亦是這同一理性之一同樣地本質的限制。但是，在這路數中，因著對於條件之恆常不斷的追究，理性底滿足只是延後而又延後的。因此，它不停止地尋求那無條件地必然的東西，並見它自己被迫著不得不去假定這無條件地必然的東西，雖然它無任何方法足以使這無條件必然的東西成為可理解的，但只要它能發見一個概念，此概念契合於這假定，它亦就很夠愉快的了。因此，在我們的道德底最高原則之推演中，那是並無什麼錯誤的，但只有一種非難〔或譏議〕，此非難必應是對人類理性一般而作成，此即譏議說：人類理性不能夠使我們**去思議**一個無條件的實踐法則（如定然律令者）之絕對的必然性〔人類理性不能使一個無條件的實踐法則（如定然律令者）之絕對必然性成為**可理解的──依他兩譯**〕。理性不能以其「拒絕或不願意藉賴一條件，即：藉賴某種興趣，預定之以為基礎，去解明這種必然性」而受責，因為若是以此而受責，則法則便不再是一道德的法則，即是說，便不再是一最高的自由之法則。如是，當我們不能理解道德律令之實踐的無條件的必然性時，我們猶可理解其「**不可理解性**」，而這亦就是我們所能恰好地或公平地要求於一個「竭力將其原則帶至人類理性底極限」的哲學之一切了。

二、康德：
實踐理性底批判

實踐理性底批判　目次

實踐理性底批判
序　言

　　此書名曰：《實踐理性之批判》，不名曰：《純粹實踐理性之批判》，雖然就其與思辨理性底批判相平行而言，它似乎需要這後一題名。然而所以不如此題名者，其理由可從本論自身充分地顯現出來。此書之工作是要去展示實有純粹的實踐理性，而爲此目的，它批判了理性之全部的實踐機能。如果它在此工作上作得成功，則它便無需去批判純粹機能本身以便去看一看理性在作這樣的一種要求中是否不亦專擅地越過其自己（就像思辨理性那樣）。因爲，如果，作爲純粹理性，它實是實踐的，則它便即「因著事實」〔在行動中——依拜克譯〕而證明了其自己之實在性以及其概念之實在性，而一切那些反對「其爲眞實者之可能性」之爭辯皆是徒然的〔而一切那些「意在去證明其不可能」的爭辯皆將是徒然的——依拜克譯〕。

　　隨同此純粹實踐的理性機能，超越的自由亦被建立起，所謂超越的自由，即是說，是那絕對意義的自由，此絕對意義即是「思辨理性在其使用因果性之概念中所依之以需要自由」的那絕對意義，需要此種意義的自由以便去避免那「它所不可免地陷入於其中」的背反，當在原因與結果底鍊索中它試想去思考那無條件者時。思辨

理性只能或然地顯示此自由之概念爲對於思想並非是不可能的，但卻並沒有保證之以任何客觀的實在性；而它之所以顯示自由爲可思議的〔爲並非不可能〕，蓋只是恐怕這設想的不可能，即「思辨理性必須至少允許其爲可思議的」那東西之設想的不可能，必危及理性本身之存有，而且必把理性投入於懷疑主義之深淵。

只要當自由之概念之實在性因著實踐理性底一個必然的法則而被證明時，則它即是純粹理性底全部系統之拱心石，甚至亦是思辨理性底全部系統之拱心石，而一切其他概念（如上帝之概念以及不朽之概念），由於是純然的理念，它們在思辨理性中是無物以支持之的，然而現在它們把它們自己附隨於〔或連屬於〕這自由之概念，並因此自由之概念而得到其穩固性與客觀的實在性；那就是說，它們的可能性是因著「自由實際地存在著」〔實有自由〕這事實而被證明，因爲自由這個理念是爲道德法則所顯露。

但是，自由是思辨理性底一切理念中唯一的一個「我們先驗地知其可能性（但卻沒有理解它）」的理念，因爲它是我們所知的道德法則之條件〔註〕。但是，上帝與不朽之理念卻並不是道德法則之條件，但只是「爲此法則所決定」的一個意志底必然對象〔最高善〕之條件，即是說，是「我們的純粹理性」之實踐的使用之條件。因此，關於這兩個理念，我們不能肯定說：我們知道了並理解了它們的可能性，我不要說我們知道了並理解了它們的現實性，甚至它們的可能性，我們亦不能肯定說我們知道了並理解了。但是，它們是「這道德地決定了的意志」之應用於其對象之條件，此對象是先驗地給與於意志的，此即最高善〔圓善〕是。結果，在實踐的觀點中，它們的可能性必須被認定，雖然我們並不能理論地〔知解

地〕知之而且理解之。要想去證成這種認定，則「它們不含有內在的不可能（矛盾）」這一點，在一實踐的觀點中，便是足夠的。在這裡，我們有一誠信之原則（Grund des Fürwahrhaltens），此原則就思辨理性而論純然是主觀的，但是對一同樣是純粹的但卻是實踐的理性而言，它卻是客觀地妥實的，而此原則，因著自由之概念，保證給上帝與不朽之理念以客觀實在性與合法性。不，在去認定它們上，實有一主觀的必然性（純粹理性底一種需要）。縱然如此，理性底知解知識並未因此而擴大，但只是一可能性被給與，這可能性以前只是一「問題」，而現在卻變成一「肯斷」，而這樣，理性底實踐使用即與知解理性〔理論理性〕底成素相連繫。而這個需要不是思辨底隨意目的上的一個純粹假設性的需要（即如如果我們想在思辨上去把理性帶至其最高限，我們必須認定某種東西，這種認定便是思辨底隨意目的上的一個純然假設性的需要），但卻是這樣一種需要，即，這需要它去認定某物是有法則底力量去認定之的，這所認定的某物，如若沒有了，則「我們所必須不可免地〔不可更變地〕要置之於我們面前以為我們的行動之目的」的那個東西〔最高善〕便不能達成其所是。

　　〔註〕：康德於該處有底註云：

　　　我在此說自由是道德法則底條件，此後在正文中我又主張道德法則是「我們在其下能首先意識到自由」的條件。當我有如此之兩說時，我怕有人想像說他見到了不一致，所以我只簡單地如此注解：自由是道德法則底成立〔或存在〕之根據（ratio essendi of the moral law），而道德法則是自由底認知之根據

（ *ratio cognoscendi* of freedom ）。因爲設道德法則不曾早已顯明地在我們的理性中被思想，我們決不能認爲我們自己在認定「自由」這樣一個東西中爲有理，雖然它並不是矛盾的。可是設無自由，那必不可能去在我們自己內追尋道德法則。

如果思辨理性能夠單獨地解決這些問題而用不著這種紆迴，而且它把這解決當作一被參照的事爲實踐的使用而保留之，則這對於我們的思辨理性固確然是較爲滿意的，但是事實上，我們的思辨之機能卻並不是如此好地被供給的。〔如果**那些問題**能恰**因著它們自己**而被解決而用不著這樣一種紆迴，又如果「**洞見到這些問題**」之**洞見**能爲實踐的使用而被提薦，則這對於我們的思辨理性固確然是更爲令人滿意的；但是我們的思辨的機能卻並不是如此**便利地被安排的**。——依拜克譯。〕那些自誇有這樣高的知識的人們不應把這種知識隱藏起來，但應公開地把它展示出來，以便它可以被證驗以及被稱賞。他們要去證明，很好，就讓他們去證明；而批判哲學則將把它的武器放在他們的腳前，以他們爲勝利者。「爲何還站在這裡？他們一定拒絕你。成爲有幸福，那是在他們的力量中。」〔" Quid statis？Nolint．Atqui licet esse beatis．" " Why standing still？They would refuse．And yet it is in their power to be happy．"。拉丁語見於 Horace《諷刺集》（ *Satire* ）i.i. 19，H. Rushton Fairclough 譯爲英文，見於 *Loeb Classical Library*（ 1936 ）。〕由於事實上他們並未想去作證明，此或因爲他們根本不能證明，所以我們必須再拿起這些武器來，以便在理性之道德的使用中，去尋求「上帝、自由與靈魂不滅」之概念，並把這些概念基於

理性之道德的使用上。這些概念之可能性，思辨是不能適當地〔足夠地〕證明之的。

批判哲學之謎，即：「如何我們在思辨中否決範疇之超感觸的使用之客觀實在性，而在關涉於純粹實踐理性底對象中我們又承認這種實在性」，這個謎，在這裡，是首先被解明了的。只要當這實踐的使用只是空名地被知道，則這個謎必初看似乎是不一致的。但是，當一個人因著對於此謎語之徹底分析而知道了這所說及的「實在性」並不函著「諸範疇之任何理論的〔知解的〕決定」，亦不函著「我們的知識之擴及於超感觸者」，但只是其所意謂者是如此，即：在此方面，一個對象可歸屬於這些範疇，其所以可歸屬之，或是因為這些範疇先驗地含在意志底必然決定中，或是因為這些範疇不可分離地與此意志底對象〔最高善〕相連繫，當一個人如此知道時，則這不一致便消滅而不見，因為我們對於這些概念所作的使用是不同於思辨理性所需要者。另一方面，在這裡，對於思辨的批判哲學〔思辨理性之批判〕底一致性現在倒顯現出一料想不到的而且是一十分令人滿意的證明。因為當思辨理性之批判已堅持經驗底對象，包括我們自己的主體，皆不過只有現象之價值〔皆被說明為只是現象〕時，而同時物自身復又必須被設想為是這些現象之基礎，是故並非每一超感觸的東西皆須被視為是一虛構，其概念亦皆必須被視為是空洞的；既如此，現在實踐理性自身，用不著與思辨理性協力合作，即可保證給因果範疇之一超感觸的對象（即自由）一實在性，雖然（由於此因果範疇此時已變成一實踐的概念故）只是為實踐的使用而給其超感觸的對象一實在性；而這種保證依一事實之明據把那在思辨理性中只能被思議的東西建立起來。依乎此，「思 109

辨的批判哲學」之奇怪的然而卻是確定的一種主義，即：「思維主
體在內部直覺中對於其自己只是一現象」，這一主張，在實踐理性
之批判的考察中，得到其充分的穩固性，而且其所得之穩固性是如
此之通貫徹底〔這主張之建立在此是如此之強有力——依拜克譯〕
以至於我們被迫著不得不去採用此主張，縱使前一批判未曾早已證
明之〔註〕。

〔註〕：康德在此有底註云：

當作自由看的因果性與當作合理的機械性看的因果性，前者為
道德法則所建立，後者為同一主體（人）中的自然之法則所建
立，此兩者之諧一是不可能的，除非我們就前者思議此人為一
「存有之在其自身」，而就後者思議其為一現象——前者是在
純粹的意識中，後者是在經驗的意識中。若非然者，理性不可
避免地要自相矛盾。

依乎此，我亦能了解我所仍碰見的對於第一《批判》的最可重
視的〔最有分量的〕反對為何復轉而為對於以下兩點的反對，即：
一方面，**應用於智思物的範疇之客觀實在性**，此在知解的〔理論
的〕知識中是被否決了的，而在實踐的知識中卻是被肯定了的；另
一方面，**一種奇詭的要求**，即要求去把一個人自己就其為「自由底
主體」之身分視作一智思物，而同時又從物理自然底觀點把他視為
一感觸物〔一個人之自己的經驗意識中的現象〕，這一種奇詭的要
求：即轉而為對此兩點之反對。因為只要當一個人對於道德與自由
不能形成一確定的概念，則一方面，他即不能猜想那要意想為智思

物，作爲「確實的現象」之基礎者，是什麼，而另一方面，由於看到我們以前曾把純粹知性之在其理論的〔知解的〕使用中底一切概念專指派給現象，所以甚至對於這智思物去形成任何概念，這畢竟是否可能，這似乎亦是可疑的。除對於實踐理性作一詳細的批判外，沒有什麼東西能移除這一切誤解，並能把那「構成此批判底最大〔主要〕功績」的一致性置於一清晰的面目中。

　　「早已經過其各別的批判考察」的純粹思辨性底概念與原則，現在，在本書中隨時又要重新受考察，對於這種作法之證成〔使之爲有理〕之路實不必再有多說。這種作法在其他情形中，即在依照「一門科學所因以被建立」的那系統性的程序之情形中，是不允許的，因爲凡是早已被決定了的事只應被引及，而不應重新被討論。可是在本書底情形中，這不只是可允許的，而且是必要的，因爲在這裏，理性是在「從以前對於這些概念所已作成的使用過轉到一不同的使用」這過轉中被考慮。這樣的一種過轉致使對於以前的使用與〔現在〕新的使用間的比較爲必然，比較之以便把這新的途徑從那以前的途徑中很明顯地區別出來，而且同時亦讓它們間的連繫得以被注意。依此，這一類的考慮，包括那些「一再指向於純粹理性底實踐使用中的自由之概念」的考慮，必不可被視爲一插曲，只是用來去塡滿思辨理性底批判系統中的間隙或裂縫（因爲此批判系統在其自己的設計上是完整的），亦不可把它們視爲好像是一些支柱與扶壁一樣，這些支柱與扶壁在一急促造起的建築中時常是在以後加上去的；但只應把它們視爲一些眞正的成分，此眞正的成分足使系統底連繫成爲坦然明白的，並可把那些「在彼處只能或然地被呈現而在這裏卻當作眞實者而被呈現」的概念展示給我們。此一解說

110

特別應用於自由之概念，就以下「一個人不能不以驚異視之」的一
點而特別應用於自由之概念，此令人以驚異視之的一點即是：有好
多人當他們只是心理學地視此自由之概念時，他們卻自誇能夠很好
地去了解此自由之概念而且能夠去解明其可能性，可是，如果他們
已依一超越的觀點而研究之，則他們必須要承認此自由之概念不只
是在思辨理性底完整使用中當作一或然的概念而爲不可缺少的，而
111 且亦是完全不可理解的；而如果他們此後已進至考慮其實踐的使
用，則他們必須即要歸到這模式，即：「決定此概念底原則」這
「決定之」之模式，對此「決定之」之模式，他們現在卻正是很不
願意去贊同之的。自由之概念，對一切經驗主義者而言，是一絆腳
石，但同時對批判的道德學家而言，它又是最崇高的實踐原則之鑰
匙，批判的道德學家藉賴著此概念覺察到他們必須必然地依一理性
的方法而進行。爲此之故，我請求讀者不要輕輕地越過了本書〈分
析部〉末尾關於此概念所說者〔案：即〈批判的考察〉一段中關於
自由問題之所說〕。

至於「這樣一個系統，就像實踐理性之系統，在這裡，由對實
踐理性作批判的考察而發展成者，是否不曾費了多或少的艱苦，尤
其在求不要迷失正當的觀點（由此正當的觀點，全部系統可正當地
被描寫出）這一方面，是否不曾費了多或少的艱苦」，我必須把這
一點留給熟習於這類作品的人去判斷。實在說來，這樣一個系統實
預設了《道德底形上學之基本原則》一書的，但只當該書對於義務
之原則給了一初步的熟習，並對於此義務之原則指派給一確定之程
式而且證成一確定之程式時〔註〕，始能預設之；在其他方面，本
書之系統是獨立的。「一切實踐科學底完整分類並沒有加上去，就

像思辨理性底批判中所作的那樣」，這是由此實踐機能本身之本性 而然。因為「為要義務之分類，把義務當作人類的義務而各別地界 112 定之」，這並不是可能的，除非直至此種界定底主體（人）是依照 其現實的本性而被知了的，或至少也是當其被知之知就義務而言是 必要的時，那才可能；但是，這步工作並不屬於實踐理性之批判的 考察，批判考察之事業只是依一完整的方式去指派「義務底可能、 範圍與限度」之原則，而用不著對於人性有特殊的涉及。依是，分 類之工作是屬於科學之系統，而不屬於批判之系統。

〔註〕：對該處康德有底註云：

一位想向該書挑剔或非難的評論家，當他說在該書中並沒有新 的道德原則被陳示出來，但只是一新的程式被陳示出來，當他 如此說時，其所說實比其所意想或許更為中肯。但是，有誰想 去引出一新的道德原則，使其自己好像是此道德原則底第一發 見者，儼若在他面前，一切世人皆不曾有知於「義務是什 麼」，或皆已是徹頭徹尾完全錯了呢？但是，不管是誰，只要 他知道一個程式，即「在解決一個問題中準確地規定那須要被 作成的是什麼」之程式，對於一位數學家有什麼重要，他將不 會認為一個「對於一切義務亦如此規定」的程式是無意義的而 又無用的。

在本書〈分析部〉底第二章，如我所確信，我已對於那對於 《道德底形上學之基本原則》作批評的一位愛好真理而又敏銳的評 論家（一位總是值得尊敬的評論家）之反對給與了一充分的答覆，

其反對是這樣的，即：「善底概念未曾在道德原則以前被建立」，
113 因爲他想這是應當先被建立的〔註〕。我亦曾注意好多來自那些表
示「他們衷心期望有眞理之發見」的人們的反對，而且我將繼續去
注意。（因爲那樣的一些人，即「他們心目中只有他們的老系統，
而且他們早已解決了那應被贊成者是什麼或不應被贊成者是什麼」
這樣的一些人們，他們不願有任何「可以妨礙其自己之私見」的說
明或討論。）

112
〔註〕：康德由該處之問題之已被答覆復進而加底註云：
我不曾首先規定「意欲機能」之概念，或「快樂之感」之概
念，這亦可以引起反對，雖然這反對〔譴責〕是不公平的，因
爲這些概念之界定可以很有理由地當作給與於心理學中者而被
預設了的。可是給與於心理學中的定義可以是這樣形成的，即
如去把意欲機能之決定基於快樂之感上（如一般人所作的）那
樣形成的，而這樣，則實踐哲學之最高原則必被弄成是經驗
的，但是這一點〔即成爲經驗的〕是有待於證明的，而在本批
判中，這是全然被拒絕了的。因此，在這裡，我將給與一定義
是依「如其應當被給與」的樣式而給予之，這樣給與之，以便
使這爭辯點公之於開始，如其所必應是者。「生命」是一存有
所有的機能，即：「依照意欲機能之法則而活動」這活動之機
能。「意欲機能」是存有所有的「因著其觀念而成爲這些觀念
底對象之現實存在之原因」這種「成爲……原因」底機能。
〔意欲機能是存有所有的「通過其觀念而因致這些觀念底對象
之實在性」這種「因致之」之機能。——依拜克譯。〕「快
樂」是一對象或一行動與生命之主觀條件相契合，即是說，與

「一觀念之在關涉於其對象之現實性〔實在性〕中」之因果性之機能相契合（或者說與主體底能力之決定──決定至那「產生這對象」的行動，這種主體能力之決定相契合），這種契合之觀念。為此批判之目的，我不需要再有假借自心理學的其他概念；此批判本身即可供給其餘者。「是否意欲底機能總是基於快樂」，或，「是否在某些條件下快樂只是隨著意欲底決定而來」，這種問題，依以上的定義，是存而不決的，這是很容易看出的，因為那種定義是只由那些「屬於純粹知性」的名詞，即只由範疇而組成，而範疇是並不含有什麼經驗的東西的。像以下所說的那一種警戒在一切哲學中是十分可欲的，然而卻時常被忽略；這警戒是如此說，即：在概念完全被分析以前（此時常是十分遲到的），不要因著冒險於定義而去預先判斷問題。通過理論理性以及實踐理性底批判之全部經過，我們可以觀察出：屢屢有機會以備補充哲學之老的獨斷的方法中之不足並備糾正其錯誤，這種不足與錯誤是不能被觀察出的，除非直至我們對於這些概念即視之為一整體的這些概念作這樣理性的使用〔依照理性而使用之〕。〔這些不足與錯誤只有當依照理性而被使用的諸概念皆使之涉及其整體時，始能被檢查出。──依拜克譯。〕

當我們要去研究人類心靈底特殊機能之根源、內容與限度時，則就人類知識底本性而言，我們必須起始於知識之部分，對於這些部分作一準確而完整的解釋；所謂完整者即是只要當這完整在我們對於知識底成素之知識之現有狀態中是可能的者。但是復有另一種事須要被顧及，此另一種事是更為具有一哲學的性格與建構的性

格，此即是正確地去把握「整全之理念」，並進而由此把握，復以
純粹理性之助，以及因著「部分之從『整全之概念』而引生出」這
114　種引生，去觀看那一切部分為相互地關聯者。此只有通過對於系統
之最親切的熟習才是可能的；而那些人，即：「他們覺得那第一步
研究太為麻煩〔艱苦〕，並且他們並不認為要去達到這樣一種熟習
值得他們之如此之費力」，這樣的人們是不能達到第二階段的，即
是說，是不能達到通觀的，此通觀是一綜和的轉回，即：「轉回到
那事前已分析地被給予的東西」之綜和的轉回。因此，如果他們覺
得到處不一致，這是無足驚異的，雖然這些不一致所指示的間隙
〔罅縫〕並不在系統本身，但只在他們自己的不通貫的思想線索。

　　就本批判而言，我無懼於這譴責，即譴責說：「我想去引出一
新的語言，因為在這裡所討論的一種知識其自身多或少有點通常
性。」甚至在前一批判之情形中，這樣的譴責亦不能「出之於任何
已通盤思考過它而不只是徒翻書頁」的人之口〔或：任何「已通盤
思考過它而不只是徒翻書頁」的人亦不會發出這樣的譴責〕。當語
言不缺乏詞語時，「去為所與的概念〔已被接受的概念〕製造新
詞」，這只是一種幼稚的努力，努力於彰顯一個人自己以有別於群
眾，不因著新的而且真正的思想以彰顯其自己，但只因著破舊衣服
上的新補綴而彰顯其自己。因此，如果第一《批判》底讀者能知有
任何較為熟習的詞語，其適合於思想一如那些在我看起來似乎是適
合的詞語之適合，或如果他們想他們能指示出那些思想之無益，因
而亦指示出那些詞語之無益，則在第一種情形中〔即：「能知有較
熟習的詞語」一情形〕，他們必非常使我感激，因為我只願望被了
解；而在第二種情形中〔即：「能指出那些思想以及詞語之無益」

一情形〕，他們必大有功於哲學。但是，只要一旦那些思想能站得住，我非常懷疑表達那些思想的適當而又較爲通常的詞語能被發見出來〔註〕。

　　〔註〕：康德在此有底註云：

　　在本《批判》中，我比較更怕關於那「我極審愼選擇之以便其 　115
　所意指之概念不被迷失」的若干詞語或有誤解。在實踐理性底
　範疇表中，程態項下「許可」與「禁止」（依一實踐的客觀觀
　點而言，即「可能的」與「不可能的」），在普通語言中，幾
　乎有與下一範疇「義務與相反於義務」相同的意義。但是，在
　這裡，「許可與禁止」是意謂那「與一只是可能的實踐規準
　（例如一切幾何問題與力學問題之解答中的規律）相一致或相
　矛盾」者；而「義務與相反於義務」則是意謂那「同樣地〔即
　一致地或不一致地〕關聯於『現實地處於理性中』的法則」
　者；而此種區別亦甚至並不完全外於普通的語言，雖然有點不
　尋常。舉例言之，對於一個演說家，就其爲演說家之身分而言
　之，去製造新的詞語或新的造句法，那是被禁止的；可是在某
　種程度中，對於一詩人而言，這又是可允許的；但是無論在演
　說家或在詩人，皆無任何義務之問題。因爲如果任何人他願意
　去喪失其作爲一演說家的聲譽，亦無人能阻止他。我們在這裡
　只有事於命令之區分爲或然的、實然的，與必然的。〔在這
　裡，這只是那些「相應於或然的、實然的，必然的決定之根
　據」的命令之差異之問題。——依拜克譯。〕
　同樣，在如此之一註中，即，「在其中我曾把各種哲學派別中
　的實踐的圓滿底道德理念拿來相比較」這樣一個註中〔見〈辯

證部〉第二章 V 中關於基督教之主張之註〕，我曾區別「智
慧」之理念不同於「神聖性」之理念，雖然我曾說：本質地而
且客觀地言之，它們兩者是相同的。但是，在那個地方，我理
解「智慧」之理念只是人（例如斯多喀）所要求的智慧；因
此，我是主觀地視之爲一如此之屬性，即「被斷定爲屬於人」
的一種屬性。（或許「德行」一詞更能標識出斯多喀派之特
徵，斯多喀對於「德行」說的亦甚多。）

純粹實踐理性底設準，這「設準」一詞，倘若讀者把它與純粹
數學中的設準之意義相混時，則它很可引起誤會。在純粹數學
中，設準是有「必然的確定性」的。它們設定一種活動之可
能，此活動之對象是早已在理論上〔理論地或知解他〕先驗地
被承認爲是可能的，而且它具有圓滿的〔完整的〕確定性。但
是，實踐理性底設準卻是依必然的實踐法則而設定一對象自身
之可能性（即上帝與靈魂不滅之可能性），因而也就是說，只
爲一實踐理性之目的而設定之。因此，「此被設定的可能性」
之確定性總不是理論的〔知解的〕，因而亦就是說，總不是必
然的〔案：意即不是客觀地決定了的必然的〕，那就是說，它
不是就「對象」而說的一種已被知的必然性，但只是就「主
體」而說的一種必然的設定，即對此主體之服從〔或遵守〕其
客觀而實踐的法則而爲一必然的設定。因此，它只是一必然的
假設。我對於這種「既是主觀的但卻又是眞正的而且是無條件
的」合理的必然性，找不到比「設準」一詞爲更好的詞語以表
達之。〔案：此註語非常重要，須眞透徹了解其思路。〕

如是，依以上所交待，則心靈底兩種機能（認知機能與意欲機

能）之先驗原則將會被發見，而關於這些先驗原則底使用之條件、　　116
範圍，與限度亦將會被決定。這樣，一種穩固的基礎便可為一科學
性的〔學問性的〕哲學系統，即：理論的〔知解的〕系統與實踐的
系統這兩者，而置下。

　　所能發生到這些勞苦人身上的，沒有什麼比一個人作此料不到
的發見說「畢竟實無任何先驗的知識亦不能有任何先驗的知識」為
更壞者。但是在這一點上並無危險，此必同於一個人欲以理性去證
明無理性。因為只當我們意識到「縱使某物不曾在經驗中給與於我
們，我們亦能知之」時，我們始能說我們因著理性而知某物；因
此，理性的知識〔通過理性而有的知識〕與先驗的知識是同一的。
要想從一「經驗底原則」抽出必然性來（猶如 " ex pumice
aquam " = " water from a pumice stone "：從輕石磨出水來，此拉
丁語類乎英語 " blood from a turnip "：從蕪菁裡榨出血來〕），
而且要想因著此種辦法去把真正的普遍性給與於一判斷〔命題〕，
這分明是一矛盾。（所謂「真正的普遍性」即是若無此種普遍性，
決不會有理性的推理，甚至也不能有依類比而來的推理，因為依類
比而來的推理至少亦有一預定的普遍性與客觀的必然性，因此，亦
必預設那真正的普遍性。）「要想以主觀的必然性，即：以習慣，
去代替客觀的必然性（此客觀的必然性只存在於先驗的判斷
中）」，這便是想對於理性去否決其判斷對象之能力，即，否決其
認知對象以及認知那屬於對象者之能力。舉例言之，「以主觀必然
性代客觀必然性」便函著這意思，即：我們對於那「時常或總是從
一先行狀態而來」的某種東西必不可說「我們能從此先行者推斷至
那繼來的某種東西」（因為這樣說必應函著客觀的必然性以及一先

驗的連繫之概念），但只能說，我們可期望這類的情形（恰如動物之所期望），此即是說，我們全然拒絕原因之概念，即把它當是假的而且是一純然的虛幻而全然拒絕之。至於試想因著這樣的辯說，

117　即「我們能見出沒有根據足以**去把**〔譯註〕任何其他種知識〔任何另一種不同的知識〕歸屬給其他理性的存有」這樣的辯說，來醫治〔或補救〕這種客觀的妥效性之缺無，因而也就是說，來醫治這普遍的妥效性之缺無，那麼如果這種推辯〔辯說〕真是有效的〔妥實的〕，則我們的無知必在我們的知識之擴大上作了更多的事，即比一切我們的沈思默想作了更多的事。因為，若那樣，則我們即在此根據上，即「我們對於人以外的任何其他理性的存有無有知識」之根據上，我們有一權利去設想他們是這同樣的本性，即如「我們知道我們自己所是的」那同樣的本性，而此亦即等於說我們實在是知道了他們。我不須說普遍的同意並不能證明一判斷之客觀的妥效性（即其作為一知識的妥效性），而縱使這種**普遍的同意**定可**偶然**也**發生出來**，它亦不能供給出「與對象相契合」之證明；正相反，唯是這客觀的妥效性才構成一必然的**普遍同意**之基礎。〔我不須說這事實，即：同意底普遍性並不能證明一判斷之客觀的妥效性，即其作為知識之妥效性，但只**須注意於這事實**，即：縱使有時**那普遍地被同意及的東西**亦是**正確的**，這亦不足以證明**其與對象相契合**；勿寧是如此，即：只有客觀的妥效性才供給「一必然的**普遍契合**」之根據。——依拜克譯。案：**此譯為佳**。〕

　　〔**譯註**〕：**案該處，拜克譯如下：**
　　　　至於試想因著這樣的辯說，即「沒有理由**不把**一不同型的思想

歸給其他理性的存有」這樣的辯說，來醫治或補救這種客觀的
因而結果也就是普遍的妥效性之缺無——那好了，如果這種辯
說足以給出一妥當的推斷，則我們的無知在擴大我們的知識中
必將交給我們以更大的職務，即比一切我們的沈默思想爲更大
的職務。只因爲我們不知人以外的任何其他理性的存有，所以
我們必應有權利只去認定他們是這同樣的本性，即如「我們知
道我們自己所是的」那同樣的本性，因而也就是說，我們必應
實在是知道了他們。

〔案〕：據此譯，則是「沒有理由不把一不同型的思想
歸給其他理性的存有」云云，此即等於說「可把一不同
型的思想歸給其他理性的存有」。此似多一「不」字。
若如此。何足以醫治客觀的妥效性以及普遍的妥效性之
缺無？蓋既可以把「一不同型的思想」歸給其他理性的
存有，則我們這樣想，而他們卻是另樣想，此正缺乏客
觀性與普遍性。而且與下文「只因對於他們無所知」，
故有權認定他們爲與我們爲同一本性」相剌謬。故當以
阿保特譯爲準，「不」字當刪。

　　休謨自必十分滿意於這種普遍的經驗主義之系統，因爲如所周
知，他所願望的不過就是不把任何客觀的意義歸給原因概念中的必
然性，而只是一純然地主觀的必然性，即：習慣，被認定，以此認
定代那客觀意義的必然性，如此，便可去否決：理性可對於上帝、
自由，以及靈魂不滅作判斷；而如果他的原則一旦被承認，則他確
然很能夠以邏輯的一貫性從其原則推出他的結論。但甚至休謨亦未

曾使其經驗主義如此之普遍以至於去包括著數學。他主張數學底原則是分析的；而如果此主張是正確的，則數學原則必確然亦是必然的；但是我們卻不能從「數學原則之為必然的」推斷說：理性在哲學中亦有「形成必然判斷——即，那些是綜和判斷的判斷，例如因果性之判斷」之能力。但是，如果我們採取一普遍的經驗論，則數學亦將被包括在內。

現在，如果數學是與那「只承認經驗原則」的一種理性相衝突118（此如在背反中便不可免地是如此，在背反中，數學證明空間之無限的可分性，而經驗主義則不能承認之），則證明之最大可能的證據〔最高可能的有證明性的證據——依拜克譯〕顯然與那從經驗而來的確實結論相衝突，而我們亦被迫著，就像 Cheselden〔譯註〕醫生處的盲眼病人一樣，去問：「誰欺騙了我，視覺抑或觸覺？」（因為經驗主義是基於一個被觸覺所接觸的必然性上，而理性主義則是基於一個被視覺所看見的必然性上。）這樣，普遍的經驗主義便顯露其自己為絕對的〔真正的〕懷疑主義。去把這種無限制意義的普遍的經驗主義歸給休謨，這是錯誤的〔註〕，因為他至少尚留下經驗底一種確定的試金石，此即是數學；可是徹底的懷疑主義卻不承認有這樣的試金石（此只能在先驗原則中被發現），雖然經驗不只是由感情而組成，且亦由判斷而組成。

〔**譯註**〕：拜克譯有補註云：

威廉吉賽頓（William Cheselden, 1688-1752）是一英國醫生，以虹膜切除手術（operation of iridectomy 青光眼手術之一種）著名，此種手術治好了某些形態的盲眼。他曾看護過晚年患病

的牛頓。

〔註〕：康德有底註云：

指示某人屬於某派的那些名稱常伴之以很大的不公平；此恰如
一個人說 N 是一觀念論者。因爲雖然他不只承認，且甚至亦堅
持我們的關於外物之觀念有外物方面的現實對象與之相應，然
而他猶仍主張直覺底形式並不依靠於外物，但只依靠於人心。
〔N 顯然是康德自己。〕

但是，無論如何，由於在此哲學的而且是批判的時代中，這樣
的經驗主義很少有人能是認眞的，而又因爲它或可能〔大概〕只可
當作是一理智的訓練而被提倡，而且是爲「把理性的先驗原則之必
然性，因著對照，而置於一較淸晰的面目中」之目的而被提倡，所
以我們對於那些辛勞其自己於「此種如不如此看便是無益的工作」
的人們只能深爲感謝。

引　言

「實踐理性底批判」之理念

理性底理論的〔知解的〕使用只與認知機能之對象有關，而就這種使用而說的「理性之一批判的考察」，恰當地言之，只適用於純粹的認知機能；因爲此純粹的認知機能引起了這種這種疑慮，即：它可很容易地越過它的限制，並且很容易被迷失於不可達到的對象之間，或甚至被迷失於矛盾的概念之間，而此種疑慮後來是被證實了的〔案：意即證實確有此情形〕。理性之知解的使用完全不同於理性之實踐的使用。在理性之實踐的使用中，理性與意志底決定之根據有關，此所謂「意志」是這樣一種機能，即：「或是去產生那相應於理念的對象，或是去決定我們自己去實現這樣的對象（不管我們的物理力量足夠不足夠），那就是說，去決定我們的因果性」這樣的一種機能。因爲在這裏，理性至少可達至於「去決定意志」之度，而當只論及決意時，理性亦總是有客觀的實在性。依是，在這裏，首出的問題便是：是否單只是純粹理性自己即足夠去決定意志，抑或：是否它之能是一決定底根據是只由於依待於經驗

120　的條件始可爲決定底根據。現在，在此問題上，顯現出一個因果性底概念，此概念已爲《純粹理性底批判》所證成，雖然尚不能夠經驗地被呈現，此概念即是「自由」之概念；而如果我們能發見這辦法，即「足以證明此特性〔即：自由這一特性〕事實上實屬於人類的意志（因而亦即屬於一切理性的存有之意志）」之辦法，則將不只是「純粹理性能是實踐的」可被展示，而且「單只是純粹理性自己，而並非是經驗地限制了的理性，是不可爭辯地實踐的」，這一點亦可被展示；結果，我們將只對於「一般地說的實踐理性」須去作一批判的考察，而不是對於「純粹的實踐理性」去作一批判的考察。因爲當純粹的〔實踐〕理性〔譯註1〕一旦被展示爲是存在著的，它即無需有批判的考察。因爲理性自己就含有理性底每一使用底批判的考察之標準。依是，一般地說的實踐理性底批判被迫著不得不去阻止經驗地制約的理性之要求於專一地去供給意志底決定之根據。如果「實有一純粹的〔實踐〕理性」〔譯註2〕這一點已被證明，則單是它的使用才是「內在的」；那經驗地制約的使用（此使用擅自要求成爲最高無上者）卻正相反，反成「超絕的」，而且它在那些「完全越過它自己的範圍」的「要求與規準」中表示它自己。此恰正是關於「純粹理性之在其思辨的使用中」之所可說者之反對面。〔案：純粹思辨理性本是經驗地制約的。如守此限制，則它是「內在的」。如越此限制，擅自有過分的要求，則成「超絕的」，因而亦成《純粹理性之批判》中關於思辨理性所可說者之反對面。思辨理性如守分是「內在的」，此就知識說；實踐理性是「內在的」，則就思辨理性所要求者之爲超絕的（無客觀實在性）而今變爲實踐地內在的（非認知地內在的），即有實踐上的客觀實

在性，而說。〕

〔譯註1〕：

原缺「實踐」一詞，阿保特譯未補，拜克譯則補之。

〔譯註2〕：

此亦缺「實踐」一詞，亦當補。阿保特譯於此加註云：「原文爲『純粹』，此顯然是一錯誤」。如是，他改「純粹」爲「實踐」：原文爲「純粹理性」，他改爲「實踐理性」。其實只當補一「實踐」字即可。如此處之「純粹」爲錯，則〔1〕處者亦當爲錯，何以不改？

　　但是，由於實踐的理性仍然是純粹的理性，關於此純粹的理性之知識在此即是其實踐的使用之基礎，所以《實踐理性底批判》中之區分之大綱必須依照《思辨理性底批判》中之區分而安排。因此，我們必須也有它的〈成素論〉與〈方法論〉；在〈成素論〉中，有一〈分析部〉以爲眞理之規律，並有一〈辯證部〉以爲實踐理性底判斷中的幻象之解釋與解決。但是〈分析部〉底副屬區分之　121次序將是逆反於純粹思辨理性底批判中〈分析部〉底副屬區分之次序。因爲在本《批判》中，我們將以「原則」開始，由此進到「概念」，只這樣，如果可能，然後始可進到「感取」〔案：感取即是感性底感取作用，在此是指情感以及道德情感而言，籠統地只說「感性」亦可〕；可是在思辨理性底批判中，我們卻是以「感取」〔案：即内部感取與外部感取〕開始，而結束於「原則」。又，所以如此逆反，其理由乃在此，即：在這裡，我們要有事於意志，並

且要去考論理性，不是在其關聯於對象中考論之，但只在其關聯於意志以及此意志之因果性中考論之。因此，我們必須以一種非經驗地制約的「因果性之原則」來開始，在此以後，我們始可試想去建立我們的關於這樣的一種意志底決定根據方面之概念，進而去建立此等概念之應用於對象，以及最後去建立此等概念之應用於「主體」以及此主體之「感取機能」。我們必然地須以從自由而來的「因果性之法則」開始，即是說，以「一純粹的實踐原則」開始，而此純粹的實踐原則即決定「它所能單應用其上」的那些對象〔案：即善惡諸對象〕。

第一部　純粹實踐理性底成素論

卷一　純粹實踐理性底分析

第一章　純粹實踐理性底原則

§Ⅰ界說

實踐原則是這樣的一些命題，即：此等命題含有意志底一般決定，並且在此一般決定下具有若干實踐的規律。當這情形〔意即決定〕被主體視為只對他自己的意志有效，則這些實踐原則是主觀的，或只是一些格言；當這情形〔決定〕被視為是客觀的，即是說，被視為對每一理性存有底意志皆有效，則它們便是客觀的，或說為即是實踐的法則。

注說

設想純粹理性在其自身中即含有一實踐的動力〔根據〕，即是　126
說，含有一個「適宜於去決定意志」的動力，則這裏便有實踐的法則；若不如此，則一切實踐原則皆將只是一些格言。當理性存有底

意志是感性地被影響時，這便可發生這情形，即「格言與那爲此存有自己所確認的實踐法則相衝突」之情形。舉例來說，一個人或可使「不容忍有不被報復的損害」〔無仇不報〕成爲他的格言，但他卻可看出：這不是一個實踐法則，這但只是他自己個人的格言；而且他亦可看出：這不但不是一實踐法則，而且正相反，即，設若「無仇不報」之格言被視爲每一理性存有底意志之一規律〔由於每一理性存有皆依此同一格言〕，則此「無仇不報」之格言必與其自己相衝突。

在自然哲學裏，「那發生的事件」之原則（例如在運動底交互中與動與反動底等量之原則）同時即是自然底法則；因爲在那裏，理性底使用是理論的〔知解的〕，而且爲對象底本性所決定。在實踐哲學裏，即是說，在那「只有事於意志底決定之根據」的哲學裏，一個人爲其自己所作成的諸原則並不即是那些「一個人所必不可免地爲其所約束」的法則；因爲在實踐之事中，理性有事於主體，即，有事於意欲之機能，而此意欲機能之特殊性格可以在規律方面引起種種變化。實踐規律總是理性底一種成果〔產品〕，因爲它規定行動爲達到結果〔目的〕的一種工具〔手段〕。但是在那種「在其身上理性並不是單以其自己即可決定意志」的存有上〔對一個「其理性不是意志底唯一決定者」之存有而言——依拜克譯〕，這種規律是一律令，即是說，是一個爲「將要」〔應當〕所標識〔所特徵化〕的規律，它表示行動底客觀強制性，並指表：如果理性已完全決定了這意志，則這行動自不可避免地依照這規律而發生。

因此，律令是客觀地有效的，而且是完全不同於格言，格言是

主觀原則。諸律令，它們或者決定作為一有效因的理性存有底因果性之條件，即：只涉及結果以及「達此結果」之工具〔或手段〕而決定其因果性之條件；或者它們只決定意志，不管這意志是否適當於這結果。前者必是假然的律令，而且只含有技藝底規準；後者則127反之，它必是定然的律令，而且單只是這定然的律令才是實踐的法則。這樣，格言實可以是原則，但卻不是律令。但是律令本身，當它們是有條件的時（即是說，當它們決定意志不是單純地只如其為意志而決定之，但只在關涉於一可欲的結果中而決定之，即是說，當它們是假然的律令時），它們是實踐的規準，但卻不是法則。法則必須是足以決定意志是如其為意志而決定之，甚至在我問：我是否有「對於一所欲的結果為足夠」的力量，或我是否有「對於去產生這結果為必要」的工具或手段，這些問題之前，它亦足以決定意志是如其為意志而決定之；因此，法則是定然的律令；非然者，它們就不是法則，因為這必然性是缺無的，這必然性，如果它要成為實踐的必然性，它必須是獨立不依於這樣的諸條件，即那些「是感性的，因而也就是說，只是偶然地與意志相連繫」的諸條件。

　　例如，設教告一人說：你要想老年不匱乏，你必須在青年時要勤奮與節省；這是意志底一個正確而重要的實踐規準。但是很容易去看出：在此情形，這意志是指向於某種別的東西上，此某種別的東西乃是被預設為是意志所意欲的，而關於這個意欲，他是否預見了屬於他自己之獲得物的那些資源以外的其他資源，或他是否不必期望達到老年，或他是否想到在未來的必須物之情形中他很少有辦法，這些問題，我們必須把它們留給行動者自己。理性（單從這理性始能引發出一包含有必然性的規律）實是將一必然性給與於這個

規準（否則此規準必不能是一律令），但是這必然性乃是依靠於主觀條件的一種必然性，它並不能被設想爲在一切主體上皆有相同的強度〔程度〕。但是說到理性可以立法，「理性只應需要去預設它自己」這乃是必然的，因爲規律之爲客觀地而且普遍地有效是只當「它們沒有任何偶然的主觀條件就有效」時始是如此，此主觀條件乃是使此一理性存有與另一理性存有足以區別開者。

現在，設教告一人說：你決不應作一欺騙的諾言，這個規律是只有關於他的意志的一個規律，不管他所可有的目的是否能因此規律而被達到；那要先驗地爲這規律所決定者就只是這意志。現在，如果見到這個規律是實踐地正當的，則它即是一法則，因爲它是一定然的律令。這樣，實踐法則只涉及意志，而並沒有考慮及那因著意志底因果性而被達到者，而要想使這實踐法則爲完全純粹的，我們可不理那因著意志之因果性而被達到者（因爲這是屬於感取界的）。

§Ⅱ 定理一

一切「預設欲望機能底一個對象（材料）以爲意志底決定之根據」的實踐原則皆是經驗的，它們亦不能供給實踐法則。

所謂「欲望機能底材料」，我意是一個對象，此對象之眞實化是所欲的。現在，如果此對象之欲望是先於實踐規律，而且是「我們之使此實踐規律爲一原則」底條件，則第一點，我說此原則在此情形中完全是經驗的，因爲旣是那樣，則那「決定選擇」的東西是一對象之觀念以及此觀念對於主體之關係，因著此種關係，此主體之欲望機能被決定至去尋求此對象之眞實化。這樣一種對於主體的

關係是叫做一對象之眞實化中的**快樂**。這樣，快樂必須被預設爲意志底決定底可能性之條件。但是，對於任何「一對象之觀念」，不管這觀念之性質爲如何，要想先驗地去知道它是否將與快樂或痛苦相連繫，抑或只是不相干的，這乃是不可能的。因此，在這樣的情形中，選擇底「決定原則」必須是經驗的，因而那「預設對象之觀念以爲條件」的實踐的材質原則亦必同樣是經驗的。

第二點，因爲對於一種快樂或痛苦的感受只能經驗地被知道，　129
而且它亦不能以同樣的程度對一切理性的存有皆有效，所以那「基於這種主觀的感受狀況上」的原則實可用來充作那「有此感受性」的主體之一格言，但是卻不能用來充作一法則，甚至對於有此感受性的主體亦不能充作一法則（因爲它缺乏客觀的必然性，此客觀的必然性必須先驗地被認知）；因此，隨之可說：這樣的一個原則決不能供給一實踐的法則。

§Ⅲ 定理二

一切材質的實踐原則，即如其爲材質的而觀之，皆是同類者，而且它們皆處在自私或私人幸福底一般原則之下。

從一事物底存在之觀念而引起的快樂，只要當它要去決定「對於這事物之欲望」時，它是基於主體之感受性的，因爲它依靠於一對象之現存；因此，它屬於感取（情感），而不屬於知性，知性是依照**概念**表示這觀念對於一個**對象**之關係，不是依照**情感**〔感受〕表示這觀念對於**主體**之關係。依是，快樂之爲實踐的是只當欲望機能因著「適意愉快之感覺」而被決定時，它才是實踐的，此所謂「適意愉快之感覺」即是主體從對象之現實存在所期望者——期望

有此適意愉快之感覺。現在，一個理性的存有所有的那「不間斷地伴同著他的全部存在」的生命底愉悅〔適意愉快〕之意識便是幸福；而「使這幸福作爲意志底決定之最高根據」的那原則便是自私之原則。依是，一切材質原則（此等材質原則把意志底決定根據置於從任何對象之存在而接受到的快樂或痛苦中）皆是屬於同一類 130 的，因爲它們一切皆屬於自私或私人幸福之原則。

系理

一切材質的實踐規律皆把意志底決定原則置於**較低級的欲望**機能中，而如果眞沒有意志之**純粹地形式的法則**適合於去決定意志，則我們決不能承認有任何**較高級的欲望**機能。

注說 I

人們，不管在其他方面如何精明，可是他們若覺得「比照著那『與快樂之情相連繫』的諸觀念有其起源於感取〔感性〕或有其起源於知性而去區別較高欲望與較低欲望機能間之不同」爲可能，這卻是很令人驚異的事；因爲當我們研究欲望底諸決定根據是什麼，並把此等決定根據置於某種被期望的愉悅中時，則問這令人愉悅的對象之觀念是從什麼地方引生出來，這是沒有什麼重要關係的，但只這令人愉悅的對象它愉悅得有多少，這才是有重要關係者。不管一個觀念是否在知性中有其地位與根源，如果它決定這選擇是只因著預設主體中的一種快樂之情始能決定之，則隨之而來者便是：它之能夠決定這選擇是完全依靠於內部感取之本性的，即是說，這內部感取能夠順適愉快地爲這觀念所影響。不管對象之觀念可如何不

相似，即使它們是知性之觀念，或甚至是理性之觀念，以相反於感取之觀念，有如此之不相似，可是快樂之情，即：「那些對象之觀念所藉之以構成意志底決定原則」的那快樂之情（「迫使活動去產生對象」的那所期望的滿足），則總是同一類的，其為同一類不只是因為這快樂之情只能經驗地被知，且亦因為它影響那同一生命力，即：「顯現其自己於欲望機能中」的那同一生命力，而在這一方面，「此一決定根據」只能在程度上不同於每一其他決定根據。〔案：「此一決定根據」一主語依拜克譯補改，阿譯承上文言快樂之情，以快樂之情為主語，文意不通。〕非然者，我們如何能就量度比較兩個決定原則，即：「其觀念依靠於不同的機能」的兩個決定原則，比較之，以便偏取那依最高度影響欲望機能者？一個人他可以將一本「他不能再得到」的有益的書贈送給未讀書的人〔目不識丁的人〕，以免耽誤打獵；他也可以在一美好的演說當中半途退出，以便赴宴不至遲到；他為的在賭台上佔有座位，他可以離開他本高度估價的一個學術性的會談；他甚至可以拒絕一個「他在別時樂於去布施之」的可憐人，因為在他的口袋裡只有僅夠進戲院的票錢。如果他的意志底決定是基於那「他從任何原因而期望之」的適意或不適意之情上，則「他經由何種觀念而被影響」，這對於他皆是一樣的。要想去決定他的選擇，他所關心的唯一事情便是這種適意愉快有多大，能持續多久，是如何樣地被得到，以及如何樣地可以時常重複而不失。恰如對於一個需要錢用的人，不管金子是從山裡掘出來，抑或是從沙裡淘出來，這皆是一樣的，假定到處皆承認金子有同樣的價值；和這一樣，一個人他若只關心生活底享受，他決不問這些觀念是知性底觀念，抑或是感性底觀念，但只問它們在

131

長時期中所給的快樂有多少，以及有多大。

只有那些「樂於否決或拒絕去把『沒有任何情感之預設而決定意志』這決定之之力量賦予於純粹理性」的人，他們始能違背他們自己原有的解釋，違背得如此之遠，即如想去把那「他們自己以前曾置之於同一原則之下」的東西描寫爲完全異質的，那樣遠。這樣，舉例來說，我們能在純然的「權力之運用」中找得快樂，在我們的心力之克服那「對反於我們的計畫」的障礙這種心之強力之意識中找得快樂，在我們的心智才能之訓練中找得快樂，以及其他等等，這是可以觀察出的。而我們也可以很正確地叫這些快樂是更爲精緻的快樂，更爲精緻的享受，這是因爲它們比其他東西更爲在我們的力量之中故；它們並未耗盡，但無寧是爲「對於它們之更進一步的享受」而增加了能力，而當它們使人愉悅時，它們同時即使人有訓練。但是若因此便說：它們是依一另樣不同的路數決定意志，而不是經由感取〔感性〕而決定意志，雖不經由感取決定意志，而這快樂之可能性卻**爲此快樂**預設一種「植根於我們心中」的情感以爲**這種滿足**之首要條件，若如此說，這恰如當一些「想涉足於形上學」的無學之人想像物質爲如此微妙，如此超級微妙，以至於他們幾乎以此物質把他們自己弄成眼花撩亂時，如是，他們便認爲依此路數他們已把物質思議爲一種「精神的而卻又是有廣延的」存有。〔但是，這卻沒有理由去把這樣的一些快樂**冒充**爲一種「不同於感取模式」的決定意志之模式。**因爲**這些快樂之可能性亦預設一**相應的情感**之存在（存在於我們心中）以爲**我們的愉悅**之首要條件。所以若如此**去認定這差別**，這恰像是如下所說的無學之人之**錯誤**，即這些無學之人想涉足形上學，並想像物質爲如此之微妙，如此之超

級微妙，以至於他們幾乎由於**考慮物質**而弄成眼花撩亂〔頭暈眼花〕，如是，他們便相信他們已思議了一種「精神的但卻猶仍是有廣延的」存有，恰像是這類無學之人之錯誤。——依拜克譯。〕

如果隨著伊壁鳩魯，我們之使德性決定意志是只因著德性所承諾的快樂始如此，則我們此後便不能以其主張這種快樂是與那些最粗俗的感取之快樂為同類而責備他。因為我們沒有任何理由以其主張「這情感所因以被引起」的那些觀念只是屬於身體的感取的而去怪責或控訴他。正如人們所能猜想的，他已在較高級的認知機能之使用中尋求這許多觀念之來源；但是這一點不曾而且也不能阻止他依據上述的原則而主張：這快樂，即：「那些理智觀念所給與於我們」的那快樂，而且「單因著這快樂，這些理智觀念始能決定意志」的那快樂，其本身恰是屬於同類者〔恰是與**那來自感取者**為同類者——依拜克譯〕。

「一致」是一個哲學家底最高義務，但卻也是最罕見的。古代的希臘學派給我們較多的「一致之例證」，即比在我們的混合主義的時代所見到的為較多。在我們的混和主義的時代裡，一種浮淺而不誠實的調和系統，即關於諸相矛盾的原則之調和之系統，被設計出來，因為這種調和系統較容易把它自己推薦給大眾（大眾是以「對於每一事知道一點而又沒有東西能透徹地知之」為滿足的），「以便使每一方面皆喜悅」〔英譯註〕。

〔英譯註〕：阿保特在此註云：
此語是意譯。直譯當該是「以便在任何鞍座中有一固定的座位」。須知康德的父親是一鞍匠。

133

私人幸福之原則，不管其中有如何多之知性與理性被使用，它總不能含有那些「屬於較低級欲望機能」的決定原則以外的任何其他決定原則〔意即：它只能含有「屬於較低級欲望機能」的決定原則，此外，它不能含有任何其他決定原則〕；依是，或者總沒有〔較高級的〕欲望機能可言〔「較高級的」一詞德文原文脫〕，或者純粹理性必須單只以其自身即是實踐的：此即是說，純粹理性必須只因著實踐規律之純然的形式而沒有預設任何情感，因而結果也就是說，沒有任何愉快或不愉快之觀念，而即能夠去決定意志（愉快或不愉快之觀念是欲望機能之材料，而且它總是諸原則底一種經驗的條件）。因此，**只當**理性以其自己即決定意志（不是性好之僕人）時，**理性**才眞實是一較高級的欲望機能（那感性地被決定的欲望機能是隸屬於此較高級的欲望機能者），而且理性才眞實地，甚至特異地（在種類上）爲不同於那感性地被決定的欲望機能者，這樣，即使滲雜了一點點感性地被決定的欲望機能之動力，這一點點滲雜亦足以損害了理性底強力以及其優越性；此恰如在數學的證明中，些少的經驗條件亦必減損了或毀壞了數學證明底力量與價值。理性以其實踐法則直接地決定意志，它不是因著一種插入的苦樂之情而決定意志，甚至亦不是因著法則本身中的快樂而決定意志，而「理性成爲立法的」之爲可能亦只因爲「它作爲純粹理性即能是實踐的」之故。

注說 II

「成爲有幸福」必然地是每一有限理性存有之願望，因而亦不可避免地是此理性存有底欲望機能之一決定原則。因爲我們並不是

「原即有或生而即有『滿足於我們的全部存在』之滿足」，此「生而即有『滿足於我們的全部存在』之滿足」是一種**天福**，此天福必應函蘊著「我們自己的獨立自足」之意識。「滿足於我們的全部存在」乃實是一個問題，即：「因著我們自己的有限本性而被安置於我們身上」的一個問題，因爲我們有需求，而這些需求是和我們的欲望機能之材料〔對象〕有關的，即是說，是和某種「關聯於一種 134 主觀的苦樂之情」的東西有關的，此某種東西〔欲望機能之材料〕決定我們所需要的，決定之以便可滿足於我們的情況。但是恰恰因爲這個材質的決定原則只能經驗地爲主體所知，所以去視「這個問題」〔去視「這種要求於幸福」——依拜克譯〕爲一法則，這乃是不可能的；因爲一個法則，由於它是客觀的，它必須在一切情形中以及對一切理性存有皆含有這同一的「意志之決定原則」。因爲，雖然幸福之觀念在每一情形中是「對象對於欲望機能底實踐關係」之基礎，可是它只是「主觀的決定原則」之通名，它不能特殊地決定什麼〔它不能決定一點特殊性的東西即「有關於一特定的實踐問題中那須被作成者」之特殊性的東西——依拜克譯〕；可是這「特殊地決定什麼」之特殊性的決定卻是那唯一我們在此實踐問題中所要關心的東西，設無這樣的特殊性的決定，這個實踐問題畢竟不能被解決。因爲那裁決一個人他要把他的幸福放在什麼地方者乃是每一人自己的特殊的苦樂之情，而且甚至即在同一主體中，「一個人他要把他的幸福放在什麼地方」這亦將隨著他的需求之差異而有更變（需求之差異是比照著這情感起變化而然），這樣，一個主觀地必然的法則（作爲一個自然之法則）客觀地說是一個十分偶然的實踐原則，這種實踐原則在不同的主體中能夠而且必須是十分不同

的，因此，它亦決不能供給一〔實踐的〕法則；因爲在「欲望幸
福」之欲望中，那有決定作用者並不是形式（符合於法則這符合性
之形式），但只是材料才是有決定作用的，即是說，但只是「我是
否要遵循法則以去期望快樂，並期望有多少快樂」這才是有決定作
用的。諸自私之原則實可以含有普遍的「技藝規準」（如何去尋找
工具以完成一個人之目的），但是，在那種情形中，它們只是一些
135 知解的原則〔註〕；此如一個人他若想吃麵包，他必須如何設法製
造一個磨粉機；但是基於這些知解原則上的實踐規準決不能是普遍
的，因爲欲望機能底決定原則是基於苦樂之情的，這種苦樂之情決
不能被認定爲可以普遍地導向於一些同樣的對象上去者。

> 〔註〕：康德在此有底註云：
>> 那些在數學或物理中被叫做「實踐的」命題恰當地說應該被叫
>> 做「技術的」。因爲它們無所事事於意志之決定；它們只指出
>> 某種一定的結果如何被產生〔它們只指示那「適合於去產生某
>> 一結果」的各樣可能的動作——依拜克譯〕，因此，它們之爲
>> **知解**的恰如那些「表示一原因與一結果之連繫」的命題之爲**知
>> 解**的。現在，不管是誰，選擇了這結果者亦必須選擇這原因。

但是，即使設想一切有限的理性存有在關於「什麼是他們的苦
樂之情底對象」方面，以及在關於「他們所必須用之以去達到這一
個對象而去避免另一個對象之工具」方面，皆完全相契合，即使是
如此，他們仍無法以自私原則作爲一實踐的法則，因爲這種無異議
〔全體一致〕本身必只是偶然的。這決定之原則必仍然只是主觀地

有效的，而且必只是經驗的，而且亦必無那種「在每一法則中而被思議」的必然性，即是說，必無「從先驗根據而生起」的一種客觀的必然性，除非我們主張這種必然性總不會是實踐的必然性，但只是物理的必然性，即是說，主張我們的行動其為不可免地因著我們的性好而被決定就像當我們看到別人打哈息時而亦打哈息這打哈息為不可免地被決定那樣〔主張我們的行動其為不可免地因著我們的性好而**被強制於我們**就像打哈息為不可免地**因著見到別人打哈息而被強制於我們**那樣。——依拜克譯。〕「去主張畢竟沒有實踐法則可言，但只有『服務於我們的欲望』的勸告〔審慎之勸告〕」這自比「去把純然地主觀的原則提升為實踐法則」為較好（這所說的實踐法則有客觀的必然性，此非純然地主觀的必然性，而且它們也必須先驗地因著理性而被知，而不是因著經驗而被知，不管這經驗是如何地經驗地普遍的。）即使是「互相對應的現象〔齊一的現象〕」底諸規律，也只當我們或者實是先驗地知之，或者（如在化學法則之情形中）設想它們必能依一客觀的根據而先驗地被知，如果我們的洞見更深入時，只當是如此云云時，它們始可叫做自然底法則（例如機械的法則）。但是，在純然地主觀的實踐原則之情形中，那顯明地被造成為一條件〔為一制約之的狀況〕者乃是這一點，即：「它們〔主觀的實踐原則〕並不基於選擇底客觀條件上，而是基於選擇底主觀條件上，因此，它們必須總是被表象為純然的格言，而決不會被表象為實踐的法則。」〔案：意即純然地主觀的實踐原則須以如此所云為一條件，為一制約之的狀況。〕

　　此第二注說初看似乎只是辭句上的精緻〔剖析毫髮〕，但是它界定了〔英譯註〕那些「有最重要的區別」的詞語，此種重要的區

136

別即是那在實踐的研究中可引起考慮者。

〔**英譯註**〕：阿保特註云：

　　原句是有殘缺的。哈頓斯坦補之以「界定」。

§IV 定理三

　　一個理性的存有不能視他的諸格言爲實踐的普遍法則，除非他認它們爲這樣的一些原則，即：這些原則決定意志不是因著它們的材料而決定之，但只因著它們的形式而決定之。

　　一實踐原則之材料，我意謂它是意志之對象。此對象，它或是意志底決定根據，或不是意志底決定根據。在前一情形中，意志底規律是隸屬於一經驗的條件（即：有決定作用的觀念之關聯於苦樂之情）；因而結果也就是說，它不能是一實踐的法則。現在，當我們從一法則中抽掉一切材料，即：抽掉意志底每一對象（作爲一決定原則的對象），則除一「普遍立法」〔立普遍法則〕之純然形式外，便沒有什麼東西被遺留下來。依此，或者一理性的存有不能把他的主觀的實踐原則，即：他的格言，思議爲同時即是普遍的法則，或者他必須設想：單只是他的這些格言底純然形式（因著這純然的形式，這些格言適合於普遍的立法〔適合於成爲普遍的法則〕），才是那「使這些格言成爲實踐的法則」者。

137　**注說**

　　最普通的理解亦能沒有教導而即可區別什麼樣的格言適合於普

遍的立法〔適合於立普遍法則〕，什麼樣的格言不適合於普遍的立法〔不適合於立普遍法則〕。舉例來說，設想我已把以下所說作成我的格言，即：「要以任何安全的手段來增加我的財產」。現在，我有一筆存款在我手中，此存款底原主已死，而且關於此存款，原主亦無筆迹〔書寫文件〕遺留下來。這情形恰是我的格言之合用處。如是，我想去知道那個格言是否也能當作一普遍的實踐法則而有效。因此，我把這格言應用於現在的情形上，而問：它是否能有一法則之形式，因而也就是說，我是否能同時因著我的格言立出這樣一個法則如：每一人可以否決一筆「沒有人能證明之」的存款。〔每一人可去否決一筆存款曾被作成當無人能證明反面時。——依拜克譯。〕我立即覺察到：這樣一個原則，若視之爲一法則，它必消滅它自己，因爲這結果必是這樣的，即：最後必終無存款可言。一個「我即如其爲一實踐法則而承認之」的實踐法則必須有資格合於「普遍的立法」〔合於成爲普遍法則〕；這是一個自同的〔分析的〕命題，因而也就是說，是一個自明的命題。現在，如果我說我的意志是隸屬〔或服從〕於一實踐法則，則我便不能引用我的性好（例如在現在情形中我的貪心）以爲一「適合於成爲一普遍的實踐法則」的決定原則；因爲這是如此之遠不適合於一普遍的立法〔遠不適合於成爲一普遍法則〕以至於如果把它置於一普遍法則之形式，它必毀滅它自己。

　　因此，有智思的人們能有這思想，即：「在『欲望是普遍的』這個根據上把『幸福之欲望』稱爲一**普遍的實踐法則**，並因而亦稱之爲一如此之**格言**，即因著此格言，每一個人使這欲望來決定他的意志」這思想，這是很令人驚異的。〔因此，有智思的人們如何有

這思想，即：「宣稱『幸福之欲望』為一普遍的實踐法則，並因而
同時只因為『這欲望是普遍的』之故乃去使這欲望成為意志之決定
根據」這思想，這是很令人驚異的。──依拜克譯。〕因為雖然在
別的情形處，一個普遍的自然法則使每一東西皆是諧和的，可是在
這裡，則正相反，即：如果我們把一法則之普遍性歸給這格言，則
隨之而來的必是諧和底極端反面，最大的相反〔極端的衝突〕，而
138 且是格言自身以及它的目的之完全的破壞〔消滅〕。因為在那種情
形中，個個人底意志並無同一的對象，而是每一人皆有他自己的對
象（他的私人幸福），這各自己的對象〔私人幸福〕亦可偶然地與
那些「同樣是自私的」其他人之目的相一致，但這相一致對於一法
則是很不足夠的，因為「一個人所被允許去作之」的那些偶然的例
外是無底止的，而且它們亦不能確定地被綜攝於一普遍的規律中。
依是，在此路數中，一種如下所說之諧和自可結成，即：這諧和就
像那「某諷刺詩所描寫之為存於『決心想歸於毀滅〔自殺〕』的兩
夫婦間」的諧和一樣：「噢！奇異的諧和！他所願的，她亦願
之」；或像所說的法蘭西斯一世對於查理士五世所立的誓言一樣：
「我兄弟查理士所願的（願望米蘭），我亦願之。」經驗的決定原
則固不適宜於任何普遍的外部的立法，但亦正很少能適宜於內部的
立法；因為每一個人皆使他自己的主體成為他的性好之基礎，而在
同一主體中，時而這一性好有優勢，時而另一性好有優勢。要想去
發見這樣一個法則，即：「此法則必可在這條件下，即把一切性好
置於諧和中這條件下，來統馭一切性好」，這樣一個法則，這是完
全不可能的。

§Ⅴ問題一

設想單只格言之純然的立法形式是意志底充足決定原則，試找出那「單因著此純然的立法形式而可被決定」的意志之本性。

因為法則底純然形式只能因著理性而被思議，因而它不是感取底一個對象，因而結果也就是說，它並不屬於現象之一類，是故隨之而來者便是：那「決定意志」的純然形式之觀念是與那「依照因果性之法則決定自然中之事件」的一切原則不同的，因為在自然事件之情形中，這些決定原則必須其自身就是現象。現在，如果除那普遍的立法形式外，沒有其他的決定原則能為意志充當一法則，則這樣的一種意志必須被思議為完全獨立不依於「現象相互關係間之自然法則即因果性法則」的；這樣的一種獨立性被名曰：最嚴格意義的自由，即：超越意義的自由；因此，一個如此之意志，即：「它除在格言之純然的立法形式中有其法則外，它不能在任何其他東西中有其法則」，這樣的一個意志，即是一自由的意志。

139

§Ⅵ問題二

設想意志是自由的，試找出那「唯一有資格去必然地決定意志」的那法則。

因為實踐法則底材料，即：格言底對象，決不能於經驗地被給與外以別法被給與，而自由的意志又是獨立不依於經驗的條件（即：那些屬於感取界的條件），但卻又是可決定的，是故一自由的意志必須於法則中，但卻又獨立不依於這法則之材料而於法則中，來找得其「決定底原則」。但是，在法則之材料以外，除立法

的形式再沒有什麼東西含於法則中。依是,那「獨能構成自由意志
底一個決定原則」者乃就是那「含於格言中」的立法形式。

140 **注說**

　　這樣,「自由」與「一無條件的實踐法則」是互相函蘊的。現
在,在這裡,我不問:是否它們兩者事實上是不同的,抑或是否一
個無條件的法則不寧只是一純粹實踐理性之意識,而此純粹實踐理
性之意識又是與積極的自由之概念為同一的;我只問:我們的關於
「無條件地實踐的東西」之知識從何處開始,是否它是從自由開
始,抑或是從實踐的法則開始。

　　現在,它不能從**自由**開始,因為關於自由我們**不能直接地意識
及之**,蓋因關於自由之首次概念是消極的故;我們也不能從經驗而
推斷之,因為經驗只給我們以現象底法則之知識,因而亦即只給我
們以「**自然之機械性,自由**之直接的**反面**」之知識。因此,就是這
道德法則,即:對之我們能**直接意識及之**(正當我們為我們自己追
溯意志之格言時我們能直接意識及之)的這道德法則,它**首先**把
「**它自己**」呈現給我們,而且它直接地引至**自由之概念**,因為理性
呈現道德法則為一決定底原則,此原則乃是「不為任何感觸條件所
勝過」的決定原則,不,乃是「完全獨立不依於感觸條件」的決定
原則。

　　但是那**道德法則之意識**如何可能?我們能意識及純粹的實踐法
則恰如我們能意識及純粹的理論原則〔知解原則〕,我們之如此意
識及之是因著注意於「理性所用以規定純粹實踐法則」的那必然性
〔是因著注意於「理性所用以把純粹實踐法則規定給我們」的那必

然性——依拜克譯〕，以及注意於〔從純粹實踐法則身上〕消除理性所指導〔所管理〕的一切經驗條件，而意識及之。「一純粹意志」之概念是從純粹的實踐法則而生出，此恰如「一純粹知性」之概念是從純粹的理論原則〔知解原則〕而生出。「此義即是我們的概念之真正的歸屬〔正確的組織——依拜克譯〕」這一點，以及「正是這道德它始首先把自由之概念顯露給我們」這一點，因而也就是說「正是這**實踐理性**它始首先以此自由之概念把那最不可解決的問題提置給思辨的理性，而即因此遂把思辨理性置於最大的糾結困窘之中」這一點，以上三點從以下之考慮而言是顯明的，即：因為在現象中沒有東西能為自由之概念所解明，但只是自然之機械性必須構成這唯一的線索；又因為，當純粹理性試想在原因之串系中上升到無條件者時，它即陷於一背反中，此背反「把理性纏捲於」雙方之不可理解中〔「……」依拜克譯改，原譯誤〕，而機械性卻至少在現象底說明中是有用的，是故沒有人會如此之鹵莽以至於去把自由引介於科學中，假使道德法則以及同著道德法則的實踐理性不曾參加進來並不曾把這自由之概念強逼給我們時：依這種考慮，以上所說三點是明顯的。

　　但是經驗亦穩固了我們的概念底這種次序。設想某人肯斷他的色欲說：當這可欲的對象以及機會現在時，他的色欲是完全不可抗拒的。〔試問他：〕如果一個絞架豎在他得有這機會的住所之前，這樣，在他的色欲滿足之後，他定須直接被吊在這絞架之上，此時試問他是否他不能控制他的情欲；我們不須遲疑他要答覆什麼。但是，試問他：如果他的統治者以同樣直接施絞刑之痛苦來命令他〔威嚇他〕去作假見證以反對一個正直可敬的人，此正直可敬的人

141

是這君主在一像煞有理的口實之下所想去毀滅之者，此時試問他在那種情形中是否他認為去克服他的生命之愛戀乃是可能的，不管這生命是如何之重要。他或許不願冒險〔不敢〕去肯定是否他必如此或不如此作，但是他必須毫無遲疑地承認去如此作乃是可能的。因此，他斷定：他能作某種事因為他意識到他應當作某種事，而且他承認：他是自由的——這一事實，倘無道德法則，他必應不會知之。

§VII 純粹實踐理性底基本法則

你應當這樣行動，即：你的意志之格言總能同時當作一普遍立法底原則〔當作一個「建立普遍法則」的原則〕而有效。

142 **注說**

純粹幾何學有這樣的諸設準，即：此等設準是一些實踐的命題，但是它們所含有的不過是這預設，即：我們能作某事，如果需要我們必須作此某事時〔一個人能作某事，並且當某結果是需要的時，一個人必須作此某事——依拜克譯〕，而這些命題即是那些「有關於現實存在」〔可以應用於一存在著的事物上〕的唯一的純粹幾何學的命題。依是，它們是在意志底一或然的情況下的一些實踐規律；但是，在這裡，這規律卻這樣說，即：我們絕對必須依一定樣式而進行。〔一個人絕對應當依一定樣式去行動。——依拜克譯。〕因此，這實踐規律是無條件的，而因此，它先驗地被思議為是一定然地實踐的命題，因著這種定然地實踐的命題，意志是絕對而直接地客觀地被決定了的（即：因著這實踐規律本身而為絕對而

直接地客觀地被決定了的，這樣，這實踐規律在此情形中即是一法則）；因為「以其自身即是實踐的」那純粹理性，在這裡，乃是直接地立法的。意志是被思為獨立不依於經驗的條件的，因此，也就是被思為是「為這法則底純然形式所決定」的純粹意志，而這個決定底原則是被認為一切格言底最高條件。這事是夠奇怪的，而且在一切我們的其餘實踐知識中無有可與之平行者。因為一可能的普遍立法（因而此亦只是一或然的普遍立法）之先驗思想乃是無條件地被命令著作為一法則，作為一個「沒有從經驗或從任何外在意志而假借得任何事」的法則。但是，這樣的法則不是一種箴言〔規準〕，依之以作如此之某事，即「因著此某事，某種可欲的結果能被得到」，這樣的某事（因為若是這樣一種箴言，則意志必依靠於物理的條件），但卻是一種規律，即：「只就意志底格言之形式而先驗地決定意志」這樣的規律；因此，「去思議這樣一個法則，即：『它只應用於原則底主觀形式，但它卻又因著法則一般底客觀形式而可以充作一決定底原則』這樣一個法則」，這至少並非是不可能的。〔但是，這樣的法則不是如此之一種規準，即：「依此規準，一個行動必應出現以便去使一所欲的結果為可能」，這樣的一種規準，因為這樣一種規律總是物理地有條件的〔被制約的〕；正相反，它卻是這樣一種規律，即：「它只就意志底格言之形式而先驗地決定意志」這樣的一種規律。因此，去思議這樣一個法則，即：「它只適合於原則底主觀形式之目的但卻又因著法則一般底客觀形式而為一決定底根據」這樣一個法則，這至少並非是不可能的。——依拜克譯。〕

我們可以把這**基本法則**之**意識**叫做是一**理性底事實**，因為我們

不能從先行的理性之故實〔與料〕,例如**自由**之意識,把它推演出來(因為**自由之意識**並不是**先行地被給與者**),但它把它自己當作

143 一**先驗的綜和命題**而強加於我們,此先驗綜和命題並不基於任何**直覺**上,不管是純粹的直覺,抑或是經驗的直覺。如果**意志之自由**眞已被預設,它自必是一**分析的命題**,但是要去預設自由為一**積極的概念**,則必需要一**智的直覺**,而此智的直覺在這裡是不能被認定的;但是,當我們視這法則為**所與**,要想不陷於任何誤解,則必須知這法則不是一經驗的事實,但是**純粹理性**底**獨有事實**,這純粹理性因著這法則宣稱它自己為「根源上是立法的」。〔為「創制法則者」。——依拜克譯〕。〔譯註〕

> 〔**譯註**〕:
>   案:「根源上是立法的」,原附有拉丁語" sic volo, sic iubeo"。拜克譯註云:這是暗指猶文納(Juvenal)《諷刺集》Ⅵ:「這是我的意志與我的命令:讓我的意志為行事之擔保者」之語而說的一個暗指語。G. G. Ramsay 譯,見 *Loeb Classical Library*(1918)。

系理

純粹理性單以其自身即是實踐的,而且它給(人)一普遍的法則,此普遍的法則我們名之曰:道德法則。

注說

剛才所提到的那事實是不可否認的。要想見出:「不管性好如

何相反，理性，只要它是不腐敗的，而且是自制的，它總是在任何
行動中使意志底格言與純粹意志相對質，即是說，與它自己相對
質，把它自己視為是先驗地實踐的」，要想見出這層意思，那只須
去分析這判斷即「人們對於他們的行動之合法性所作的」那判斷即
可。現在，這個道德原則，恰因為其立法底普遍性之故（此立法底
普遍性使它成為意志底形式的最高決定原則，而並不須顧及任何主
觀的差異──人們間的主觀的差異），它被理性宣布為對一切理性
存有而為一法則，只要當這些理性的存有皆有一意志，即是說，皆
有一「因著規律之概念去決定他們的因果性」之力量，因而也就是
說，只要當他們能夠依照原則而行，因而結果也就是說，依照實踐
的先驗原則而行（因為單只是這些實踐的先驗原則始有「理性在一
原則中所要求之」的那必然性）。因此，它不只限於人，且亦應用
於一切「有理性與意志」的有限存有；不，它甚至包括作為最高睿　144
智體的無限存有。但是，在前一情形中〔即：在有限存有上〕，這
法則有一律令之形式，因為在他們身上，由於他們是理性的存有
故，我們能設想一**純粹的意志**，但是由於他們是「被欲求及物理的
〔感性的〕動機所影響」的被造物之故，我們不能在他們身上設想
一**神聖的意志**，即是說，不能設想一個「不可能有與道德法則相衝
突的任何格言」的意志。因此，在他們的情形中，道德法則是一律
令，此律令定然地命令著，因為這法則是不被制約的；這樣一個意
志對於這法則底關係是「責成」名下的一種依待關係，此「責成」
一詞函蘊著一種對於一行動的強制，雖然這強制只是因著理性以及
理性底客觀法則而然；而這種行動則被名曰：「義務」，因為一個
有選擇權而同時亦常受制於感性的影響的意志（雖然不是為這些影

響所決定，因此它仍然是自由的），它函蘊著一種「從主觀原因而
生起」的願望，因此，它可時常相反於純粹客觀的決定原則；因
此，它需要實踐理性底一種抵抗上之道德的強制，此種道德的強制
可以叫做是一種內在的但卻是理智的強迫。

在最高的睿智體這方面，有選擇權的意志是正當地被思議為
「不可能有任何『不能同時客觀地是一法則』的格言」的意志，而
亦正因此故，神聖之概念可屬於這意志；此神聖之概念實不把這意
志置於〔升舉在〕一切實踐法則之上，但只置於〔升舉在〕一切實
踐地有限制性的法則之上，因而結果亦就是說，置於〔升舉在〕責
成與義務之上。但是，意志底這種神聖性是一實踐的理念，它必須
必然地用來充作一種模型，對於這個模型，諸有限的理性存有只能
無限定地接近之，而道德法則（其自身亦因此故被名曰：神聖的）
則經常地並正當地把這模型執持之於諸有限的理性存有之眼前。有
限的實踐理性所能作成的至多不過是去使一個人的諸格言底這種無
限定的進程（朝向著這模型而趨的無限定的進程）成為確實的，並
去使諸有限的理性存有之「穩固的傾向於前進」成為確實的。這即
是德性，而德性，至少當作一自然地被獲得的能力看，它從不能是
圓滿的，因為在這樣一種情形中，「保證」從未能成為必然的確
定，而當保證只等於勸導〔確信或信念〕時，它是十分危險的。

145 §Ⅷ 定理四

意志底自律是一切道德法則底唯一原則，而且也是「符合於道
德法則」的一切義務底唯一原則；另一方面，有選擇權的意志之他
律不只是不能是任何責成底基礎，且反而相反於責成之原則，並相

反於意志底道德性。

事實上，道德底唯一原則實存於獨立不依於「法則底一切材料（一所欲的對象）」，並且亦即存於那「依傍著純然普遍的立法形式〔純然「立普遍法則」底形式〕」的有選擇權的意志之決定，而那純然的普遍立法形式〔純然的「立普遍法則」底形式〕乃即是意志底格言所必須能夠有之者。現在，這種獨立不依性就是消極意義的自由，而這純粹的，因而亦即實踐的理性底這種自我立法就是積極意義的自由。這樣，道德法則所表示的沒有別的，不過就是純粹實踐理性底自律，即是說：不過就是自由；而這自律或自由其本身就是一切格言底形式條件，而只有依據這形式條件，這一切格言始能與最高的實踐法則相契合。因此，如果決意底材料（此不過就是與法則相連繫的一個慾望底對象）進入於實踐法則中，以之作為此法則底可能性之條件，則結果便是有選擇權的意志之他律，即是說，便是這依待，即：「依待於『我們定須遵從某種衝動或性好』這物理法則」之依待。〔即是說，便是這依待，即在遵從某種衝動或性好中依待於自然之法則之依待。——依拜克譯。〕在此種情形中，意志不能給它自己以法則，但只給它自己以箴言，即：「如何合理地去遵循感性法則」之箴言；而格言，即：「在這樣情形中從不能包含有普遍地立法的形式〔「立普遍法則」之形式〕的那格言，它不只不能產生責成，亦且其自身即相反於一純粹實踐理性底原則，因而亦就是說，亦相反於道德的意向，縱使由之而作成的行動可符合於法則。

146　注說 I

　　因此，一個包含有材質條件（因而亦即經驗條件）的實踐箴言必不可算爲一實踐法則。因爲自由的純粹意志底法則是把意志帶入一「完全不同於經驗領域」的領域；而由於包含於這法則中的必然性不是一物理的必然性，是故此必然性只能存於「法則一般」底可能性之形式條件中。一切實踐規律底材料皆基於諸主觀條件上，此等主觀條件只給實踐規律一有條件的普遍性（此如在我意欲此或彼之情形中，要想得到此或彼，我必須作某事），而它們一切又轉向私人幸福之原則〔繞私人幸福之原則而轉〕。現在，每一決意必有一對象，因而必有一材料，此實不可否認；但並不能隨之即可說：此材料或對象是格言底決定原則，並且是格言底條件；因爲如果是如此，則此格言不能被顯示於「一普遍地立法的形式」中〔不能被呈現爲「立普遍法則」者——依拜克譯〕，因爲在那種情形中，對象底存在之期望必應是選擇底決定因，而決意亦必須預設欲望機能之依待於某物之存在；但是這種「依待」只能在經驗條件中被見到，因而它決不能爲一必然而普遍的規律供給一基礎。這樣說來，他人底幸福或可是一理性存有底意志之對象。但如果它眞是格言底決定原則，則我們必須認定：我們不只在他人底福利中見到一合理的〔自然的〕滿足，且亦見到一種欲求，此如同情的意向在某人身上所引起的欲求。但是，我不能在每一理性的存有中（自亦不能在上帝中）認定這種欲求之存在。依是，格言底材料自可保留，但它決不能是格言底條件，非然者，這格言必不能適合於一法則。因此，限制材料的那法則底純然形式亦必須是「把這材料加到意志

上」的一個理由〔條件〕，但卻不是「預設這材料」的理由。〔限
制一個法則之材料的那法則底純然形式必須是「把這材料加到意志　147
上」的一個條件，但**它**卻並**不預設**這材料**以爲意志之條件**。——依
拜克譯。〕舉例言之，設這材料是我自己的幸福。這幸福，如果我
把它歸給每一個人（此如事實上在每一有限存有之情形中，我可以
把它歸給每一有限存有），它之能成爲一個客觀的實踐法則是只當
我把「他人底幸福」亦包括在內時，它始能如此。因此，「我們必
須促進他人底幸福」這個法則並不是從以下之假設而發生出，即：
「這法則〔譯註〕是每一個人的選擇意志之一對象」，但只是從這
事實而發生出，即：這普遍性底形式，即「理性所需要之以爲『給
一自私之格言一法則之客觀妥效性』之條件」的那普遍性之形式，
乃是那「決定意志」的原則。因此，那決定純粹意志者並不是這對
象（他人底幸福），乃只是這法則之形式，因著這法則之形式，我
限制了我的「基於性好上」的格言，我這樣限制之，以便去給它一
法則之普遍性，這樣，便可以去使它適合於純粹的實踐的理性；而
單只是這種限制（而並不是一外在動力之增益），始能引發這**責成**
之概念去把「我的自私」底格言擴張到他人底幸福上。

〔譯註〕：

　　案：阿保特譯只是一指示代詞「這」，而拜克譯則明標
　　爲「這個法則」。茲查德文原文，「這」實指「法則」
　　言。康德是如此説。此義似彆扭，但亦通。此是説此法
　　則並不是由假定「此法則是每人的選擇意志之對象」而
　　來，意即並不是由每人皆以「促進他人幸福」爲其作意

之對象之假定，而有「必須促進他人之幸福」之法則。

注說 II

道德原則底直接反面便是當私人幸福底原則被作成意志底決定原則之時，〔案：意即：當如此之時，這便形成道德原則底直接反面〕，而如我上文所示，凡是「把那『要充作一法則』的決定原則置於別的任何處，但只不置於格言底立法形式中」者皆要歸於道德原則底直接反面。〔當一個人自己的幸福被作成意志底決定根據時，則結果便是道德原則底直接反面；而我前已表明：只要當那「要充作一法則」的決定根據是定位於別處，而不定位於格言底立法形式中，則我們即要達此結果。——依拜克譯。〕但是，這種矛盾並非只是邏輯的，就像那「必會發生於經驗地被制約的規律間」的那種矛盾一樣〔即：如果這些經驗地被制約的規律被提升到認知或知識底必然原則之等級時，它們之間必會發生那種邏輯的矛盾，而這裡所說的這種矛盾則並非只是這種邏輯的矛盾〕，且亦是實踐的，而且假定理性底聲音在關涉於意志中不是如此的清晰，如此的不可禦，如此的彰彰可聞，甚至對於最普遍的庸衆亦是如此，則那矛盾必致使道德完全崩潰。實在說來，這種矛盾只能被維持於諸學者底令人困惑的思辨中，此等學者爲的要想去支持一種不費力的學說，他們很夠勇敢，勇敢於閉其雙耳以抗天聲。

設想：一個熟習的人，此人如不是如以下之所說，你必喜歡他，他想在你面前爲其曾作假見證而證明他自己爲有理，其證明也，首先是因著陳說他所認爲的神聖的義務，即：「顧念其自己的

幸福」這神聖的義務，而證明其自己爲有理，然後再因著列舉「他由作假見證而已得到之」的那些利益，並指出他在逃避檢查中，甚至在逃避由你自己所作的檢查中，所已表示的精審，而證明他自己爲有理（他在逃避檢查甚至你自己所作的檢查中已表示出精審，現在他獨對你揭露這秘密，只是爲的他也可以能夠隨時去否認這秘密）；再設想：他繼以上的證明，進而以十分嚴肅的態度去肯定說：他已盡了一眞正的人類的義務。對於這樣一個熟習的人，你必或者當其面而譏笑之，或者以厭惡而鄙棄之〔不敢惹之〕；但是，如果一個人只爲他自己的利益而規劃他的行動之原則，你必無有什麼足以去反對這樣的行動〔這樣的手段〕者。又或設想某人推薦一個人給你爲管事員，爲一個「你對之可以盲目地把你的一切事務都信託給他」的人；並且爲的要想鼓舞你信任，此推薦人頌揚他爲這樣一個精審的人，即「他完全了解他自己的利益〔對於他自己的利益有巧妙的理解〕，而且他是如此之不屈不撓地活動以至於他不讓任何可以促進利益之機會錯過」，這樣一個精審的人；最後，此推薦人惟恐你懼怕在他身上見有粗鄙的自私，他稱讚「他所由以生活」的那高尙趣味：他不在賺錢中或在低級的荒唐中尋求他的快樂，但只在擴大他的知識中，在與上流社會團體作有益的交往中，甚至在救濟窮人中，尋求他的快樂；可是同時他又補充說：關於手段方面（這手段自然是從目的中引生其價值），他不是嚴格講究的，並且他預備爲目的去使用他人的錢，好像這錢眞是他自己的一樣，設只有他知道他能安全地如此作而且沒有洩露地如此作。對於這樣一個推薦人，你必或者認爲他是在嘲弄你，或者認爲他已喪失其感覺〔失心的人〕。

道德與自私間的界限是如此顯明地而又清楚地被標識出，以至
149 於即使是最普通的眼光亦能區別一物是否屬於此一面抑或屬於另一
面。下面隨來的幾段注說在眞理如此坦然明白處可顯得是多餘的，
但是至少它們可以用來把稍微多一點的顯著性給與於常識底判斷。

幸福原則實可以供給格言，但決不能供給這樣的格言，就如
「有資格成爲意志底法則」這樣的格言，縱使普遍性的幸福眞被作
成對象。蓋因爲關於這幸福底知識是基於純然的經驗與料上的（此
因每一人的關於這幸福的判斷大都是依靠於他的特殊的觀點，而此
特殊的觀點本身又是十分變化多端的），是故這幸福只能供給一般
性的規律，而不能供給普遍性的規律；即是說，它能給出那些「依
據平均率將時常最合宜」的規律，但不能給出那些「必須總是而且
必然地有效」的規律；因此，沒有實踐法則能夠基於這幸福原則
上。正因爲在這種情形中，選擇底對象是規律底基礎，因而也就是
說，對象必須先於規律，是故這規律所涉及的除那被感覺到的〔一
個人所贊許的〕外，它不能涉及任何事，因而也就是說，它涉及經
驗，而且亦基於經驗，因此，判斷底變化必須是無底止的。因此，
這種原則不能把同樣的諸實踐規律規定給一切理性的存有，雖然此
等規律盡皆包括在一公共名稱之下，即幸福名稱之下。但是，道德
法則被思議爲客觀地必然的，只因爲它對每一有理性與意志的存有
皆有效。

自私底格言（精審）只是勸告著；道德底法則則是命令著。現
在，在「那我們被勸告去作之者」與「那我們所被強制到者〔那我
們被強制去作之者〕」之間有一很大的差異。

最普通的智思亦能很容易而無遲疑地看出：依據意志自律之原

則，什麼需要被作成；但是依據意志他律之假設，要想去看出什麼須被作成，這卻是很難的，而且需要有世界底知識。此即是說，義務是什麼，這對於每一個人其自身就是坦然明白的；但是什麼東西要去帶出眞正持久的利益，此如「將要擴展到一個人的生存之全部」的那種利益，這卻總是被蒙蔽於不可滲透的隱晦中；而且很多 150 的精審是需要的，需要之以便去使基於利益上的實踐規律適合於生命底各方面（各種目的），甚至因著作適當的例外而容忍地去使之適合於生命底各方面。但是道德法則命令著每一人須有最嚴格的遵守；因此，去判斷「道德法則要求什麼須被作成」，這必不是如此之困難以至於最普通而無訓練的理解，甚至沒有世俗的精審，便一定不能正當地去應用這道德法則。〔因此，關於「依照法則什麼須被作成」之決斷必不是如此之困難，以至於甚至最普通而且最無訓練的理解沒有任何世俗的精審便一定**在作這決斷中會出錯**。──依拜克譯。〕

〔案〕：此段所說倒眞能表明了象山之所以言簡易，朱子之所以要重視「道問學」之故。

去滿足定然的道德命令，這總是在每一個人的力量之中的；但是要去滿足經驗地制約的「幸福之箴言」，甚至只就一簡單的目的說，那卻是很少可能的，而且亦無法對於每一人皆可能。其理由是如此，即：在前一情形中，只有格言之問題，即：此格言必須是眞正而純粹的；但在後一情形中，卻亦有「一個人之去實現一所欲的對象的能力以及物質的力量」之問題。一個這樣的命令，即：「每

一個人必須試想去使他自己成為有幸福的」這樣的一個命令必是一個無謂的命令，因為一個人從不能命令任何人去作那「他自己所早已不可移易地願意去作之」的。我們必須命令或勿寧說只供給手段或工具給他，因為他不能作「他所願望」的每一事。但是，「在義務之名下去命令道德〔意即去命令有道德〕」，這是完全合理的；因為，首先，並不是每一個人皆甘心情願去服從道德底箴言，如果這些箴言對反他的性好〔與他的性好相衝突〕時；而就「服從這法則」底手段〔方法〕說，在這情形中，這些手段並不需要被報導，因為在這方面，不管是什麼，凡他所願意去作的，他亦能夠作。

〔案〕：服從道德底箴言（命令），即服從道德法則，這是沒有巧法可言的。故關於這方面的手段或方法是不需要被教導的。命令你服從，你就應該服從。如果你願意作，你就能作。你若不願，亦無巧法使之你願。是即孔子所謂「我欲仁斯仁至矣」，亦孟子所謂「求之在我」。「滿足道德命令是在每一個人的力量之中」，這是孟子所謂「求則得之，捨則失之，是求有益於得也，是求之在我者也。」但去滿足幸福底箴言，這很少可能，這是孟子所謂「求之在外」。然則為什麼不可以就「本心即性」這個性或本心說願說悅？在此，自律就是自願。

一個「在博戲中賭輸了」的人他可以氣憤他自己以及他的愚蠢〔不精審〕；但是如果他意識到在博戲中曾經欺騙（雖然他因此欺騙而有所獲），他必輕視他自己，只要當他把他自己與道德法則相

比較時。因此，這種自己輕視必是某種「不同於私人幸福原則」的事。因為一個人當他被迫著對他自己說：「我是一個無價值的人，雖然我已填滿我的荷包」，他必有一不同的標準；而當他贊許他自己而說：「我是一個精審的人，因為我已使我的庫藏富有」，他亦必有另一不同的標準。 151

最後，在我們的實踐理性之理念中更有另一種事，此事件隨著道德法則之違犯，此即違犯道德法則之該受責罰。現在，責罰之概念，如其為責罰而觀之，它不能與「成為一幸福之分得者」之概念聯合於一起；因為雖然那施責罰的人他可以同時有仁慈的意向，即：「把這懲罰引至此目的〔使之成為有幸福之目的〕」這種仁慈的意向，可是懲罰必須首先即以其自身當作懲罰，即當作純然的損害，而被證成為有理，這樣，雖即懲罰已施過而停止了，而那受懲罰的人又不能瞥見隱藏在這嚴責後面的仁慈，他猶仍必須承認公正已臨於他，並且必須承認他之受得此懲罰乃是完全適合於其行為的。在每一懲罰中，如其為懲罰而觀之，茲必須首先存有正義，而此即足構成懲罰概念之本質。仁慈實可與懲罰相聯合，但是那受罰的人並沒有絲毫理由去依恃這一點。依是，懲罰是一種身體的惡〔身體的損害〕，這身體的惡雖然不能當作一自然的後果，而與道德的惡相連繫，可是它應當因著道德立法之原則，當作一種後果而與道德的惡相連繫。現在，如果每一罪惡（即使沒有就犯罪者顧及身體方面的後果），其自身就是可懲罰的，即是說，它必包含著幸福之喪失（至少部分地），則說「罪惡恰即在此事實，即他已引起懲罰於其自身了，而因此懲罰他已損害了他的私人的幸福，這一事實」這顯然是悖理的（依據自私之原則，如此說必須是一切罪惡之

恰當概念）。依此想法，懲罰必即是「叫任何事爲一罪惡」之理
由，而正義則恰相反，即存於「取消一切懲罰」，甚至即存於「阻
止那自然隨之而來的懲罰」；因爲，如果這想法眞已被作成，則行
動中必不再有任何罪惡可言，此蓋因這樣的損害，即：「非然者，
損害必隨懲罰而來，而且亦單因此損害故，這行動始叫做罪惡」，
這樣的損害，現在必自會被阻止故。但是，視一切酬報與懲罰皆只
152 是一較高權力手中的機器，這機器只用來去使理性的被造物追求他
們的最後目標（幸福），這顯是把意志化歸到一種「毀壞自由」的
機械性；此義是如此之顯明，它不需要稽留我們多費解說。

　　較爲精緻的，雖然同樣仍是假的，便是那些「設想一種特殊的
道德感取」的人之學說。這些人設想此種感取決定道德法則，而非
是理性決定道德法則。而由於此種感取之故，德行底意識遂被設想
爲直接地和自足與快樂相連繫，而不德〔惡行〕之意識，則被設想
爲和心理的不滿足以及痛苦相連繫。他們設想這樣一種特殊的道德
感取，如是，他們遂把一切皆化歸於私人幸福之欲望。由於用不著
重複我上面所已說的，在這裡，我將只解說他們所陷入的謬誤。要
想去想像行惡的人因著其犯罪之意識爲苦惱之以心理的不滿者，他
們必須首先表象此行惡的人在其性格之主要基礎上〔核心上〕，至
少在某種程度上，爲道德地善的；這恰如一個「以正當行爲之意識
而愉悅」的人他必須被思議爲早已是有品的人。因此，道德與義務
之理念必須先於任何關涉於這種滿足者，而不能從這種滿足而被引
生出。一個人要想在他的符合於道德法則之意識中感到滿足並且感
到那「伴著道德法則底違犯之意識」的痛苦的悔恨自責，他必須首
先賞識我們所叫做義務者之重要，賞識道德法則之威權〔賞識對於

道德法則之尊敬——依拜克譯〕，賞識「依從道德法則」所給與於
一個人在其自己眼中的直接尊嚴〔賞識一個人在其自己眼中通過服
從於這道德法則所得到的直接價值。——依拜克譯。〕因此，去感
到這種滿足或不滿足為先於義務〔責成〕之知識者，或去使這種滿
足或不滿足成為義務知識之基礎，這乃是不可能的。〔因此，這種
滿足或精神的不安不能先於義務之知識而被感到，它亦不能成為義
務知識之基礎。——依拜克譯。〕一個人甚至要想能夠去形成這些
情感〔滿足以及不滿足之情感〕之概念，他亦必須至少是一半的或
不完全的正直的〔意即：須有一點正直〕。我並不否認這一點，
即：由於人的意志因著自由能夠直接地為道德法則所接定，所以依
照這決定原則而來的時常的實踐最後終能主觀地產生一種滿足之
情；可是，恰相反，那正是義務始能去建立並去培養這種情感，而 153
單是這種情感始足恰當地被名曰道德的情感。但是，義務之概念不
能從這情感而被引生出，不然，我們一定要為這法則本身去預設一
種情感，而這樣，則必把那「只能因著理性而被思」的東西弄成感
覺底一個對象；而這一點，如果它不是成為一個單調的矛盾，它必
毀壞了一切義務底概念，而以時或與低級性好相鬥爭的精緻的性好
之一純然的機械遊戲代替義務概念之地位。

　　現在，如果我們把我們的純粹實踐理性底**形式的最高原則**
（即：意志底自律之形式的最高原則）與一切以前的材質的**道德原
則**相比較，則我們便能把它們〔材質原則〕一切陳列於一個圖表
中，在此圖表中，一切可能的情形皆已窮盡，唯除**形式的原則**這一
個；這樣，我們能一目瞭然地表示出：要想在現在所提出的這一個
形式的原則以外去尋求任何其他原則，那必是徒然白費的。事實

上，意志底決定之一切可能的〔材質〕原則或者只是**主觀的**，因而亦只是**經驗的**，或者也是**客觀的**與**理性的**；這兩種材質原則任一種復或是**外在的**或是**內在的**。

154　　取以爲道德之基礎的〔意志底〕決定之實踐的材質原則如下：

$$
\begin{array}{l}
\text{主觀的}
\left\{
\begin{array}{l}
\text{外在的}
\left\{
\begin{array}{l}
\text{教育（孟太夠）}\\
\text{城市法（曼德威利）}
\end{array}
\right.\\
\text{內在的}
\left\{
\begin{array}{l}
\text{感性的情感（伊壁鳩魯）}\\
\text{道德的情感（胡企孫）}
\end{array}
\right.
\end{array}
\right.
\\[2em]
\text{客觀的}
\left\{
\begin{array}{l}
\text{內在的——圓滿（吳爾佛與斯多噶）}\\
\text{外在的——上帝底意志（克魯秀斯以及其他神學的道德學家）}
\end{array}
\right.
\end{array}
$$

155　　列在主觀項下的那些原則一切皆是經驗的，而且它們顯然不能供給道德底普遍原則〔不適宜於成爲道德底最高原則——依拜克譯〕；但是那些列在客觀項下的原則皆基於理性，因爲當作事物之性質看的那圓滿，以及被思議爲**實體**的那最高圓滿，即：上帝，只能因著理性的概念而被思。但是，前者，即：圓滿之概念，可依一理論的〔觀解的、知解的〕意義而取用之，如是，則或者它所意謂的沒有別的，不過就是每一物在其自己種類中之**完整性（超越的圓滿）**，或者它所意謂的乃是「一物只當作一物而觀之」之**完整性（形而上的圓滿）**；在這裡，我們不討論這些。但是實踐意義的圓滿概念則是一物在一切種類的目的上之適宜性或足夠性。這種圓滿，當作人底一個性質看，因而也就是說當作「內在的圓滿」看，不過就是才能，以及那加強或完成此才能者，即技巧。被思議爲實體的那最高圓滿，即：上帝，因而也就是說那「外在的圓滿」（實踐地考慮之的外在圓滿），它就是這個實有對於一切目的底充足

性。依是，目的必須首先被給與，只關聯於這種首先被給與的目的，圓滿之概念（不管是在我們身上的那內在的圓滿或是在上帝方面的那外在的圓滿）始能成爲意志底決定原則。但是，一個目的——作爲一個對象的目的（這對象是這樣的，即：它必須因著一個實踐的規律而先於意志底決定，而且它必須含有這決定底可能性底根據，因而也就是說它必須亦含有意志底材料），取之以爲意志底決定原則的目的——這樣一個目的總是經驗的，因而它可以用來爲伊壁鳩魯式的幸福說之原則服務，但是決不能用來爲道德與義務底純粹而理性的原則服務。〔但是，一個目的，當作一個對象看，此對象因著實踐的規律，它先於意志底決定而存在，而且含有意志底決定之根據——即是說，一個目的，當作意志之材料看——這一個目的，如果它被用爲意志底決定根據，它便只是經驗的；這樣，它可以用來爲幸福說中伊壁鳩魯式的原則服務，但決不能充作道德與義務底純粹而理性的原則。——拜克譯。〕這樣，才能以及才能底改進（因爲它們有貢獻於人生底利益），或上帝底意志（如果「與之相契合」被視作意志底對象，而沒有任何先行的獨立不依的實踐原則），這兩者只有因著從它們那裡所期望的幸福之故，它們始能是〔行動底〕動力。

　　因此，隨著而來的，第一點、便是：這裡所陳述的一切原則皆是**材質**的；第二點、則是：它們包含有一切可能的材質原則；最後，結論是：因爲材質原則完全不能供給最高的道德法則（如所已示），所以純粹理性底**形式的實踐原則**（依照此形式的實踐原則，一普遍立法底純然形式，通過我們的格言而可能者，必須構成意志底最高而直接的決定原則），乃是這唯一是可能的一個原則，它適

156

合於去供給定然的律令,即是說,適合於去供給實踐的法則(此實踐法則使行動爲一義務);而且一般地言之,它適合於去充作道德底原則,在批評或評判行爲方面以及在其應用於人的意志而決定之這方面皆可充作道德底原則。〔此最後一點,拜克譯如下:最後,因爲已表明一切材質原則完全不適宜於成爲最高的道德法則,所以隨之便是:純粹理性底形式的實踐原則——依照此形式的實踐原則,一普遍立法底純然形式,即通過我們的格言而可能者,必須構成意志底最高而直接的決定根據——乃是那唯一可能供給定然律令即實踐法則的一個原則,此所供給的實踐法則乃是使行動成爲義務性的行動者。只有如此規定的一個原則始能充作一道德底原則,不管在判斷行爲方面,抑或在其決定意志中而應用於人的意志這方面。〕

　　〔譯者案〕:本章以上所述乃是《道德底形上學之基本原則》一書第二節之簡括,除其中論目的王國者。讀者須隨時覆看該書,否則不易透徹明白。

Ｉ 關於純粹實踐理性底基本原則之推證

　　此〈分析部〉展示「純粹理性能是實踐的，即是說，純粹理性以其自身獨立不依於任何經驗的東西，即能決定意志」；此分析部因著一種**事實**來證明這一點，在此事實處，純粹理性證明其自身實是實踐的，此**事實**即是所已展示於道德底基本原則中之**自律性**，藉著此自律性，理性決定意志，決定之遂致有行動。

　　同時，此〈分析部〉亦展示：此**事實**是不可分離地與**意志自由**之意識相**連繫**；不，它是與意志自由之意識爲**同一**；而因著此自由之意識，一理性存在底意志，雖然由於屬於感取之世界，它承認它自己爲必然地服從因果性之法則者，就像一切其他動力因一樣，可是，同時，在另一方面，即是說，作爲一「存有之在其自己」，它亦意識到它存在於一**智思的**「事物之秩序」中，而且爲一智思的「事物之秩序」所決定；所謂「意識到」並不是因著其自身底一種**特別的直覺**而意識到，但是因著某種一定的力學法則而意識到，此某種一定的力學法則乃決定它的感觸世界中的因果性者；因爲如果自由可歸屬於我們，則它即把我們轉運於一智思的「事物之秩序」中，此則在別處已被證明者。

　　現在，如果我們把《純粹思辨理性底批判》中之分析部分與這一部分析相比較，我們將見一可注意的對反。在那一部分析中，那「使先驗知識（雖只是關於感取底對象之先驗知識）爲可能」的那第一與料〔那首出者〕並不是基本原則，而乃是純粹的、感觸的直覺（空間與時間）。諸綜和原則不能沒有直覺只從純然的概念中而

157

被引生出；正相反，它們只能在涉及感觸直覺中存在著，因而也就是說，只能在涉及可能經驗底對象中存在著，因為那只是知性之概念，與這種直覺相聯合者，才使「我們所名之曰經驗」的那種知識為可能。超出經驗底對象以外，因而也就是說，就事物之為智思物而言，一切積極的知識在思辨理性上是正當地被否決了的。但是，實踐理性可以走得如此之遠，就像去確定地建立智思物之概念那樣遠；即是說，它可以去確定地建立「思考這些智思物」之可能性，不，乃實是去建立「思考這些智思物」之必然性。舉例來說，它對抗一切反對，它表示：自由之設定，消極地思量之者，是與純粹知解理性底那些原則與限制完全相一致的。但是，它卻並不能關涉著智思物這樣的諸對象而給我們以任何確定的擴大，即：擴大我們的知識之擴大，但正相反，它割截了關於這樣的**諸對象之**一切觀想。〔但是它卻並不能給我們以任何確定性的東西去擴大我們的關於智思物這樣的對象之知識，但勿寧是它全然割截了任何**這樣的展望**。——依拜克譯。案：拜克譯為佳。「展望」是指擴大我們的知識說。「割截了任何這樣的展望」，並不是「割截了關於這樣的對象之一切觀想。」〕

另一方面，道德法則，雖然它不能給出「**觀想**」〔關於這樣的對象之觀想，依拜克譯，為「不能給出這樣的展望」，不能給出「擴大我們的關於這樣的對象之知識」之展望〕，但猶可給予我們這樣一種事實，即「絕對不是可以由感觸世界底任何與料以及由我們的理性之知解的使用之全部領域來解釋的」這樣一種事實，這一事實它指點到一個純粹的知性世界，不，它甚至積極地規定一個純粹的知性世界，並且它能使我們去知道這純粹知性世界〔智思世

158

界〕底某種東西，即：一法則。

這法則（當理性的存有被論及時），它把一知性世界〔智思世界〕之形式，即：一超感觸的自然系統之形式，給與於感取世界（此感取世界是一感觸的自然系統），而亦並沒有干擾及其機械性。現在，一個自然之系統，自其最一般的意義而言之，即是法則下的事物之存在。「理性存有一般」之感觸的自然就是此諸存有之存在是處於經驗地制約的法則之下的存在，此種存在，從理性底觀點觀之，就是**他律**。另一方面，理性存有之超感觸的自然就是此諸存有之存在是依照那「獨立不依於任何經驗制約，因而也就是屬於純粹理性之**自律**」的法則而有的存在。而因爲這些法則是實踐的（因著這些法則，事物底存在依靠於認知），是故超感觸的自然，當我們能對之形成任何概念時，它不過就是處於**純粹實踐理性底自律下的自然之系統**。現在，這種自律之法則就是道德法則，因此，此道德法則就是一「超感觸的自然」之基本法則，並且是一純粹的知性世界〔智思世界〕之基本法則，其所有的對方必須存在於感取世界，但卻並沒有干擾及此感取世界之法則。我們可以叫前者曰：基型世界〔archetypal world, natura archetypa〕，我們知此基型世界只在理性中知之；而後者則可名曰：**副本世界**〔ectypal world, natura ectypa〕，因爲它含有前者底理念之「可能的結果」，前者底理念即是意志之決定原則。事實上，道德法則是理想地把我們轉運於一系統中，在此系統中，純粹理性，如果它眞伴之以適當的物質力量，它必產生**最高善**〔**圓善**〕，它並決定我們的意志去把一個理性存有底系統之形式賦與於感觸世界。

一稍留意於個人自己，即可證明：此理念實可充當我們的意志

底決定之模型。

159　　當這格言,即:「我想遵循之以給出證據〔即作證〕」的那格言,為實踐理性所檢驗時,我總是考慮:如果它真是當作一普遍的自然法則而有效,它須是怎樣的呢?顯然,在此展望中,它必應迫使每一人要說真話。因為一個陳述〔證言〕須有證據力而卻又故意地使之不真〔說假話〕,這並不能當作一普遍的自然法則而有效。同樣,「我採用之以想自由地去處置我的生命」的那格言亦可立刻被決定,即:當我問我自己:「要想一個〔自然之〕系統(此格言是此系統之法則)能維持住其自己,這格言須是怎樣的呢?」當我如此問時,那格言亦可立刻被決定。顯然,在這樣一個〔自然之〕系統中,沒有人可隨意地結束其自己之生命,因為這樣一種安排決不能構成一持久的事物之秩序。一切其他類似的情形皆然。

　　現在,在自然中,自由意志,由於其現實上是一經驗底對象,是故它並不是以其自身即能被決定至去遵循這樣的格言,即:「此格言以其自身即能是普遍法則底自然系統之基礎,〔即能建立一基於普遍法則的自然——依拜克譯〕,或甚至即能適宜於一個這樣構成的自然之系統」,那樣的格言;恰相反,勿寧是這樣的,即:此自由意志底諸格言常是一些私人的性好,此等性好實可依照感性的〔物理的〕法則而構成一自然的全體,但卻不能構成這樣的一個自然系統之部分,即:那「必只應通過我們的意志之依照純粹的實踐法則而活動始可能」,那樣的自然系統之部分。但是,通過理性,我們意識到一個法則,一切我們的格言皆隸屬於此法則,恰像是一個自然的秩序必須從我們的意志而發起。因此,這個法則必須是這樣一個自然系統,即:「不被給與於經驗,但卻通過自由而可能」

這樣一個自然系統之理念；因此，這一個系統是這樣的，即：「它是超感觸的，而且至少在一實踐的觀點中，我們可給與一客觀的實在性」這樣一個系統，蓋因我們視此系統為我們的作為純粹理性存有的意志之一對象。

因此，**意志所隸屬**的「自然系統之法則」與**隸屬於意志**的「自然系統之法則」間的區別（當論及意志對於其自由活動之關係時）是基於這一點，即：在前者，對象必須是那「決定意志」的諸觀念之原因；而在後者，則意志是對象之原因，因此，其因果性只在純粹的「理性機能」中有其決定的原則，此純粹的「理性機能」因而可被名曰：純粹的實踐理性。 160

因此，茲有兩個十分不同的問題，即：一方面，純粹理性如何能**先驗地認知**對象，另一方面，純粹理性如何能是**意志底一個直接的決定原則**，即是說，如何能就對象底實在性（只通過一理性存有自己的作為法則的格言之普遍妥效性這一純然的思想）而即能是此理性存有底**因果性**之一直接的決定原則。

此兩問題之前者，即：第一問題，屬於純粹思辨理性之批判者，需要先有一說明，即說明：直覺，如無之，沒有對象能被給與，因而亦沒有東西能綜合地被知，這樣的直覺如何是先驗地可能的；而此問題之解答最後弄清楚了，只是如此，即：這些直覺一切皆只是感觸的，因而亦不能使任何思辨知識，即越過可能經驗所達到者的思辨知識，為可能；因而一切純粹思辨理性底原則皆只有裨於使經驗為可能──經驗或是所與的對象之經驗，或是那些可以在無限後退中被給與但從不能完整地被給與的對象之經驗。

而第二問題，即：屬於實踐理性之批判者，則不需要有一**說明**

來說明欲望機能底對象如何是可能的，因為這個問題，由於是自然
之知解知識之問題，是被留給思辨理性之批判的〔所以它不需要來
說明這一問題〕，但只需要說明理性如何能決定意志之格言，以及
是否這格言之發生是只因著以經驗觀念為決定之原則而發生，抑或
是否純粹理性能是實踐的，而且能是一可能的自然秩序之法則（此
161　可能的自然秩序之法則，不是經驗地可知的）。這樣一個超感觸的
自然系統之可能（此系統之概念亦能通過我們自己的自由意志而為
其實在性之根據）並不需要任何**先驗的直覺**（關於一智思世界底**先
驗直覺**）〔即：**智的直覺**〕，此先驗的直覺，在此情形中，由於是
超感觸的，對我們〔人類而言〕必應是不可能的。因為這個問題只
是關於「決意活動在其格言中之決定原則」之問題，即是說，此決
定原則是否是經驗的，抑還是一純粹理性之概念（一個一般說來有
法則性屬之之純粹理性之概念），而又如何能是此後者。「去決定
意志之因果性是否對於對象之真實化為足夠」，這是被留給理性之
知解原則的，蓋由於此種決定是一種關於決意活動底諸對象之可能
性之研究。因此，關於這些**對象**之直覺對實踐問題而言是沒有重要
性的。我們在此只關心意志之決定以及作為一自由意志的意志之格
言之決定原則，而並不關心其結果。因為設若意志只須符合於純粹
理性之法則，則即可讓其執行中之力量是其所可是〔意即其執行中
之力量不管其可是什麼皆無所謂〕，而依照著一可能的自然系統底
立法之格言，任何這樣的系統是否真實地可以出現〔發生或結
成〕，這是無關於這個批判的。此批判只探究純粹理性是否以及依
何路數能是**實踐的**，即是說，是否以及依何路數能直接地決定意
志。

在此部研究中，**批判**可以而且必須起始於**純粹實踐法則**以及**其實在性**。但是此批判不以**直覺**為**這些實踐法則**之基礎，而是以「這些實踐法則之在智思世界中的存在」之概想，即是說，以**自由之概念**，作為**這些實踐法則之基礎**。〔但是此批判不以直覺為其基礎，而是以「這些實踐法則之在智思世界中的存在」之概念，即是說，以自由，為其基礎——依拜克譯。〕因為自由之概念沒有其他的意義，而這些法則是只在關聯於意志之自由中才是可能的；但是由於自由被設定，所以這些法則是必然的；或反之，自由所以是必然的是因為那些法則是必然的，由於這些法則是實踐的設準故。〔案：**設準用於法則不甚妥當，這表示法不很好。參看前文§VI問題二下之註說。**〕「這**道德法則之意識**，或與此為同一事者，即**自由之意識，如何可能**」，這不能進一步被說明；但「它是可允許的」，這已在**知解的批判**中建立好。〔案：**此段以及前段須分疏。**〕

現在，實踐理性底最高原則之**解釋**已被完成；那就是說，首 162 先，此最高原則已被表示出它所含有的是什麼，並已被表示出它是完全先驗地而且獨立不依於經驗原則而單以其自身而自存；其次，它已被表示出在什麼東西中它與一切其他實踐的原則區別開。至於關於它的客觀而普遍的妥效性之**推證**，即**證成**，以及這樣一種先驗綜和命題底可能性之鑒別，我們不能期望很好地去作成，就像在純粹知解理性底原則之情形中那樣很好地去作成。因為知解理性底原則涉及可能經驗底對象，即是說，涉及現象；而我們亦能證明：這些現象其能當作經驗底對象而被知是只因著其依照這些法則而被置於範疇之下始能當作經驗底對象而被知；因而結果，一切可能經驗皆必須符合於這些法則。但是，我不能依此路來進行**道德法則之推**

證。因爲此一推證並不有關於**對象底特性之知識**，對象底特性之知識可以從某種其他源泉而被給與於理性；此一推證但只有關於這樣**一種知識**，即：「此知識其自身即能是對象底存在之根據，而亦因著此知識，理性在一理性的存有中有其因果性」這樣的一種知識，即是說，此一推證只有關於**純粹理性**，即能被視爲一「直接地決定意志」的機能的那純粹理性。

現在，正當我們已達到諸**基本的力量**或**能力**時，一切我們**人類的洞見**便告終結；因爲這些**能力底可能性**不能以任何方法**來理解**，此亦恰如其可能性不能隨意地被發明或被認定。因此，在理性之知解使用中，單是經驗才能使我們之認定這些能力爲合法。但是這種「引用經驗的證明以代替從先驗的知識源泉而來的一個推證」之便利，在關於理性之純粹實踐的能力中，是被否決了的。因爲不管什麼東西，凡需要從經驗中抽引出其實在性之證明者，它即必須爲其可能性之根據而依靠於經驗底原則；但是，純粹而卻又是實踐的理性，即以其概念而觀之，它不能被視爲是依待於經驗底原則的。復次，**道德法則**是當作一種「**純粹理性之事實**」而被給與的，關於此純粹理性之事實，我們是先驗意識及之的，而它又是必是定是地確定的，縱然承認在經驗中無「其準確的充盡」之事例可被發見，它亦是確定的。因此，道德法則底客觀實在性不能以任何知解理性底努力（不管是思辨的知解理性，抑或是經驗地支持的知解理性）因著任何推證而被證明，因此，縱然我們拒絕它的必是定是的確定性，它亦不能後天地因著經驗而被證明，然而它卻是即以其自身而穩固地被建立了的。

但是，尋求道德原則底推證雖**徒然而無益**，然而某種別的事以

前不曾被期望者現在卻被發見出來，此即：此道德原則**倒轉過來**卻足以充作一**不可解**的**機能**之**推證**之原則，此不可解的機能無經驗可證明之，但是思辨理性卻被迫著至少可去認定其可能性（思辨理性要想在其宇宙論的理念之間去找出因果性底鍊索中之無條件者，而認定此一不可解的機能之可能性，而如此認定之亦並不引致與其自身相矛盾）。此一不可測的機能，我意即**自由之機能**。道德法則（其自身不需要有推證之證成）它不只證明自由之可能性，且亦證明自由實是屬於那樣的諸存有，即：「此諸存有確認此法則爲拘束於它們自身者」那樣的諸存有。事實上，道德法則即是一自由行動者底因果性〔通過自由而來的因果性〕之法則，因而亦就是超感觸的自然系統底可能性之法則，此恰如感取世界中的事件間的形而上的法則就是感觸的自然系統之法則；因此，道德法則足以決定那思辨哲學被迫著去聽任其爲不決定者，即是說，它足以爲一種因果性決定其法則，此一種因果性是這樣的，即其概念在思辨哲學中原只是消極的，即爲這樣一種因果性決定其法則；因此，道德法則首給此一種因果性之概念以客觀實在性。

　　「此種對於道德法則之信任」，即：「道德法則自身被明示爲　164自由底推證之原則（自由是純粹理性底一種因果性）」，這一點即足以代替一切先驗的證成〔即關於自由之超越的證成〕，因爲知解理性爲的去滿足其自己之需要，它已被迫著至少可去認定自由之可能性。〔所以言「對於道德法則之信任」云云者〕，蓋因道德法則足以證明**自由之實在性**，因而甚至足以去滿足思辨理性之批判〔甚至對思辨理性之批判亦足證明自由之實在性──依拜克譯〕，其所以能至此，是因著以下之事實而然，即：道德法則把一積極的定義

增加到一種前此只是消極地思之之因果性上，此以前消極地被思議的因果性之可能性對於思辨理性為不可理解，但思辨理性卻又被迫著去設定其可能性。所以言道德法則因著如此之事實而足以證明自由之實在性者，蓋因道德法則把那「直接地決定意志」這樣的一種理性之概念增加到那消極的概念上之故（所謂理性「直接地決定意志」是因著把一普遍的立法形式之條件置定於意志之格言上而直接地決定意志）。這樣，道德法則能夠首先把一種**客觀的**雖然只是**實踐的實在性**給與於理性，此理性當它想思辨地去進行其理念時，它總是變成**超絕的**。這樣，道德法則把理性之**超絕的使用**變成**內在的使用**，這樣一轉變，理性遂在經驗領域中，因著理念，其自身就是一個動力因。

感取世界中的存有底因果性之決定，即如此而觀之，從不能是無條件的；但就每一條件系列而言，這又必須有某種東西是無條件的，因而也就是說必須有一因果性完全由其自身而被決定。因此，當作一「絕對的自動性底機能」看的**自由之理念**並非被見為是一需要物〔一切要者〕，但只，**當論及其可能性**時，被見為是純粹思辨理性底一個**分析原則**。但是，由於在經驗中絕不可能去發現任何事例以符合於這個理念，因為在當作現象看的事物之原因間，絕不可能去遇見任何絕對無條件的因果性之決定，所以我們之能**維護我們的設定**，即：「一自由地活動的原因可以是感取世界中的一個存有」這一設定，是只當這存有依**另一觀點**而被視為一**智思物〔本自物〕**時始能維護之，如此維護之，是由於展示以下之事實而然，即：在視這存有底一切活動當它們是現象時為服從物理條件者，而當這活動的存有屬於知性世界〔智思世界〕時，而又視其因果性為

並非物理地被制約者，這兩觀點之間，並無矛盾可言，而在這樣展示以維護之中，遂又使**自由之概念成為理性**之**軌約原則**。依此原則，我實不能得知那種因果性所附屬之的**對象**是**什麼**；但我卻移除了此中的困難；因為一方面，在世界中的事件之說明中，因而亦就是在理性的存有底活動之說明中，我把「從有條件者無限定地上升到其條件這上升之權利」留給物理的必然性〔自然的必然性〕之機械主義，而另一方面，我又為思辨理性保留一餘地，此餘地對思辨理性而言，是空洞的，即是說，是智思的，我之所以保留這空地乃在想去把這無條件者移置於其中。但是，我並不能證實這個**設定**；即是說，我並不能把這**設定**變成對於一如此活動的存有之**知識**，甚至亦並不能把它變成對於這樣一個存有底可能性之知識。這塊空地現在是由純粹實踐理性拿著一智思世界中的一確定的因果性（通過自由而成的因果性）之法則，即是說，拿著一道德法則，來填滿之。思辨理性並不能因此得到關於其**洞見**的任何事，但只能得到關於其**或然的自由之概念**底**確定性**之事，此或然的自由之概念在此實踐理性處得到**客觀的實在性**，此客觀的實在性雖然只是**實踐的**，卻亦是無疑的。甚至因果性之概念——其應用因而亦就是說其表意恰當地說只在關聯於現象中始有效，這樣它便可把現象連結之於經驗中，（此如《純粹理性底批判》所展示），——它亦不能如此之被擴大，就如去擴展其使用以越過這些限制〔如關聯於現象之限制〕那樣被擴大。因為如果理性要想去越過這些限制，它必須要去表示：原則與歸結間的**邏輯關係**如何能在一不同於感觸直覺的另**一種直覺**中**綜合**地被使用；即是說，它須表示：一個「當作智思物〔本自物〕看的原因」〔causa noumenon〕如何是可能的。它決不能作 166

到這一點，而當作實踐理性看，它甚至亦並不關心這一點，因為它只把「當作一感觸的被造物看的人之因果性（此是所與者）之**決定原則**」置於純粹理性中（此純粹理性因此被名曰實踐的）；因此，它使用原因之概念，不是為的想去**知道對象**，但只是為的想在關聯於對象一般中去決定因果性。它能把「此概念之應用於對象」，即意在知解知識的「原因概念之應用於對象」，全然抽掉，（因為這個概念總是先驗地被見之於知性中，甚至獨立不依於任何直覺而先驗地被見之於知性中。）依是，理性之使用此概念只是為一**實踐的目的**而使用之，因此，我們能把意志底決定原則轉移於智思的事物秩序中，同時，我們亦能承認我們不能了解原因之概念如何能**決定**關於這些事物底知識〔如何能是這些事物底知識之條件──依拜克譯〕。但是，理性必須依一定的樣式就感觸世界中的意志底諸活動認知因果性；非然者，實踐理性實不能產生任何活動。但是，關於這概念，即：「理性對於其自己之因果性即作為智思物〔本自物〕的因果性所形成」的概念，理性並不需要為「其超感觸的存在之認知」之目的來**知解地**決定之，決定之以便依認知之路給它以意義。因為它之獲得其意義是離開了認知之路而獲得的，雖然只是為實踐的使用而獲得，即是說，它是通過道德法則而獲得其意義。**知解地**觀之，它總仍自是知性底一個純粹先驗的概念，此先驗概念能被應用於對象，不管這些對象是否已感觸地被給與，然而在不是感觸地被給與之情形中，它卻沒有確定的**知解意義**或**應用**，但只是「關聯於對象一般」的知性底一個形式的然而卻是本質的概想〔思想〕。理性通過道德法則所給它的意義只是**實踐的**，因為（意志底）因果性底法則之**理念**其自身就有因果性，或者說，它就是這因果性底決

定原則。

Ⅱ 關於這權利，即：「純粹理性在其實踐使用中所有 之以至於一擴張」之權利，此種擴張之權利對於純 粹理性之在其思辨使用中乃不是可能者

167

在道德原則中，我們已展示一因果性之法則，此因果性之決定原則被置於感觸世界底一切條件之上；我們已使「意志，由於屬於智思世界，如何是可決定的」這一點爲可被思議的，而且因此，我們已使此意志底主體（人）**不只是爲可被思議的**，即如其屬於一純粹知性之世界而爲可被思議的，而在此方面，他是不被知的（此點，思辨理性之批判已能使我們作到之），**且亦使其就其因果性**因著一種「不能被還原於感觸世界中底任何物理法則」的法則而爲**可被界定**的；因此，我們的知識已被擴張而越過了感觸世界之範圍——這是那「《純粹理性底批判》已宣布其在一切思辨中爲徒然無益的」一個虛僞要求。然則，在這裏，純粹理性底實踐使用如何可與其知解使用相和解，就理性底能力之範圍之決定而相和解？

〔案〕：此段文，拜克譯如下：

在如我們所已呈列的道德原則中，有一因果性之法則，此**法則**把因果之決定根據置於感取世界底一切條件之上。我們已思及意志爲可決定者，因爲它屬於一智思的世界，並且已思及此意志之主體（人）爲屬於一純粹的智思世界者，雖然在此關係中，人是不被知於我們的。（此種關係如何能被思及而卻又是不可知，這已被展示於純粹思辨理性之批判中。）我說，我們已依此路而思及

人以及其意志，但是，進一步，我們又就**意志之因果性**，因著一種「不能被計算於感取世界底自然法則中」的法則，而已**規定了意志**；最後，我們已因此而擴張了我們的知識而越過了感取世界底範圍。但是，這是那「《純粹理性底批判》所已宣布其在一切思辨中為空洞無益」的一個推定〔臆斷〕。然則，純粹理性底實踐使用如何可與其知解使用相和解，在關涉於決定此兩種使用底能力之界限中而相和解？

我們可說休謨開始了對於純粹理性底諸要求之攻擊，這一攻擊使得對於純粹理性底通盤研究成為必然的。〔這一攻擊使得對於此**諸要求**之通盤**考察**成為必然的。——依拜克譯。〕對於純粹理性底諸要求開始作攻擊的休謨，他這樣辯說：原因之概念是一個「含有不同事物底存在底連繫之必然性」的概念，因此，只要當這些存在著的事物是不同的，則設已有了 A，我即知某種完全不同於 A 的東西，即 B，必須必然地也存在著。現在，必然性之能被歸屬於一連繫，是只當這必然性是先驗地被知時，它始可被歸屬於一連繫；因為經驗只能使我們知道這樣一種連繫，即「這連繫存在著」這樣的連繫，而不是「這連繫必然地存在著」這樣的連繫。如是，他說，當事物不曾給與於經驗中時，要想先驗地去知這一事物與另一事物（或這一屬性與另一完全不同的屬性）間的連繫，而且把這連繫當作必然的連繫而知之，這乃是不可能的。因此，原因之概念是虛構的，而且是有欺騙性的，而且即以最溫和的言辭言之，它亦是一幻象，只因為「覺知某種事物或其屬性為常常在一起存在中或在相續中而被聯合」這一種「覺知之」之習慣（一主觀的必然性）於

不知不覺間被誤認爲一客觀的必然性，即「在對象自身中設想這樣一種連繫」〔置這樣一種連繫於對象自身中——依拜克譯〕這種客觀的必然性，只因爲是如此時，它始成爲可諒解的。這樣，原因之概念是偷轉地被獲得的，不是合法地被獲得的——不，它決不能合法地被獲得或合法地使之成爲確實的，因爲它要求這樣一種連繫，即：「其自身是徒然無益的〔空洞的〕、虛幻的，而且是在理性面前維持不住的，而且是沒有對象可與之相應的」這樣一種連繫。依此思路，當一切事物底存在之知識被論及時（因而數學自是除外），經驗主義首先被引介出來以爲原則底唯一來源；而且甚至就全部的自然之學問（當作哲學看）而言，隨同此經驗主義，遂有最徹底的〔最頑強的〕懷疑論被引介出來。因爲基於這樣的原則上，我們決不能從存在著的事物之所與的屬性推斷到一個結果，因爲這種推斷必應需要那「含有這樣一種連繫之必然性」的原因之概念；我們只能爲想像所指導〔因著想像之規律——依拜克譯〕，期望這類似的情形〔即：類乎「從原因推結果」之類似的情形〕——這是一種「從未是確定的」的期望，不管它是如何時常地被滿足。沒有一種事件，我們對之能說：某種一定的事物必須已先於它，而它亦必然地隨此先行之事物而來，即是說，它必須有一原因；因此，不管我們所已知的諸事例是如何地常常是如此，即在此諸事例上，總時常曾有這樣一個先行事件存在，因而我們可從此諸事例上引生出一個規律，然而我們仍然決不能設想這先行的事件**總是**而且**必然地**如此出現；因此，我們不得不被迫著去把它的份得留給盲目的機遇，以此盲目的機遇，理性底一切使用遂告終止；而這一點遂於涉及「從結果升到原因」的論證中堅固地建立起懷疑論，並且使此懷

169

疑論爲不可動搖者。

言至此，數學很容易逃脫了，因爲休謨想：數學底命題是分析的；即是說，它們是因著同一性，因而結果也就是說，依照矛盾原則，從此一特性進行到另一特性。但是這並不對，因爲正相反，它們一切皆是綜和的。舉例言之，雖然幾何無關於事物之存在，但只在一可能直覺中有關於事物之先驗特性，然而恰如因果概念之情形，它亦是從這一特性（Ａ）進行到另一完全不同的特性（Ｂ），此另一完全不同的特性 Ｂ 乃必然地與前一特性 Ａ 相連繫者。可是縱然如此，數學，如此高度地爲其必然的確定性而被鼓吹〔被尊崇〕的數學，最後亦必然以同一理由屈服於這種經驗論，所謂同一理由即休謨以習慣代替「原因概念中的客觀必然性」這同一理由。而且，數學，不管其如何驕傲，它亦必須同意去降低其勇敢的要求，即：「要求乎先驗的贊同」之要求，而且爲贊同其命題之普遍性之故，它亦必須依靠於〔或有待於〕觀察者之和善，這些觀察者，當其被請來作證時，他們亦必決無遲疑去承認：凡幾何學家所提議爲一定理者，他們總是已覺知之爲一事實，因而結果也就是說，雖然這定理不是必然地眞的，然而他們亦必應允許我們去期望它在將來亦可是眞的。〔而且，數學，不管其如何驕傲，它亦將須**默認這懷疑論**，即因著「降低其勇敢的要求——要求乎先驗的贊同之要求」，而**默認這懷疑論**，並因著「只因爲觀察者底和善之故而始期望其定理底普遍妥效性之被贊同」——因著如此之期望而**默認這懷疑論**（所謂觀察者底和善，意即這些觀察者，作爲證人，他們必應無遲疑去承認：凡幾何學家所提議爲公理者總是早已被覺知爲事實，因而結果也就是說，這些公理總可被期望在將來亦是眞的，

縱使在它們之中，並無必然性）。——依拜克譯。〕依此而言，休
謨的經驗論不可避免地引至懷疑論，甚至就數學而言，因而結果亦 170
就是說，在理性之每一學問性的知解使用中（因為此種使用或是屬
於哲學或是屬於數學），亦不可避免地引至懷疑論。就這樣一種對
於主要的各門知識之可怖的瓦解〔傾覆〕而言，通常大眾的理性是
否將較可避免，而且是否將不寧變成不可挽救地糾纏於這種對於一
切知識之毀壞中，糾纏於其中因而從同樣的原則遂結成一普遍的懷
疑論（實在說來，這懷疑論只影響有學問的人），這點，我將聽任
每一人去為其自己判斷之。

　　至於說到《純粹理性底批判》中我自己的勞作（這些勞作是為
休謨的懷疑主張所引起，但是這些勞作進行得很遠，而且它們包括
純粹知解理性在其綜合使用中之全部領域，因而結果也就是說，包
括被名曰「形上學一般」者之領域），我是就著那些「為蘇格蘭哲
學家所挑起而有關於因果概念」的懷疑，依如下所說的路數而進行
著的。如果休謨以經驗底對象為物自身（通常幾乎皆如此），則在
「宣布原因之概念是一欺騙並且是一虛假的幻象」中，他是完全對
的；因為就「物自身」以及「物自身之屬性之即如其為物自身之屬
性」而論，要想去看出「為什麼因為 A 被給與，那不同於 A 的 B
也必須必然地被給與」，這乃是不可能的事，因此，他決無法承認
這樣一種對於物自身底先驗知識。這個精察的哲學家亦不能對於
「原因」這個概念允許其一經驗的起源，因為這是與那「構成因果
性底概念之本質」的那「連繫之必然性」直接地相矛盾的；因此，
這個概念是被剝奪了的，而且在觀察知覺底行程中它是被代之以習
慣的。

　　但是，依我的研究，所得的結果是如此，即：我們在經驗中所要去處理的對象決不是物自身，但只是現象；又，雖然在物自身處，不可能去看出「如果 A 已被設定，則完全不同於 A 的 B 不也被設定，這如何必是矛盾的」（即是說，不可能去看出作爲原因的 A 與作爲結果的 B 間的連繫之必然性）；然而「A 與 B 作爲現象，它們依一定路數（例如就時間關係）可必然地被連繫於一個**整一經驗中**」，這卻是很容易被思議的；這樣，它們不能各別被分離了而又與那種連繫不相矛盾，所謂那種連繫即是「藉賴此連繫經驗才是可能的」那種連繫，而此中所謂經驗即是「在此經驗中 A 與 B 它們才是對象，而且**單只在此經驗**中，它們始是爲我們所可知的」那經驗。事實上情形確實被見爲是如此；這樣，我不只是能夠就經驗底對象去證明原因概念底客觀實在性，且亦能夠由於它所函的連繫之必然性之故，去把它當作一先驗概念而推演出來；那就是說，我們能夠從純粹的知性而用不著任何經驗的根源即可去展示它的起源之可能性〔去展示它的可能性──依拜克譯〕；這樣，在移除經驗論底根源後〔這樣，在從其根源上驅逐經驗論後──依拜克譯〕，我也能夠去推翻這經驗論底不可免的後果，即懷疑論。我之推翻這不可免的後果──懷疑論，首先是就物理科學而推翻之，然後再就數學而推翻之（在數學中經驗主義有與在物理科學中相同的根據）。物理科學與數學這兩者皆是這樣的科學，即它們皆有涉及於可能經驗底對象。在此兩種科學中推翻懷疑論後，因此，隨之，也推翻了那徹底的懷疑，即對於「凡知解理性所聲言要去辨識者」皆予以懷疑，這種徹底的懷疑。

　　但是，於論及此因果範疇之應用於這樣的事物，即那些「不是

可能經驗底對象而是處於可能經驗底範圍以外」這樣的事物，這又 171
如何呢？其實不只因果範疇云然，一切其他範疇亦同樣如此，因為
若無此等範疇，這必不能有關於任何存在著的東西之知識。那麼，
我們同樣亦可問：於論及一切其他範疇之應用於那些「不是可能經
驗底對象而是處於可能經驗底範圍以外」的事物，這又如何呢？因
爲我已能夠只就可能經驗底對象去推演出這些概念底客觀實在性。
但是，即使是這一事實，即「我已拯救了這些概念」這一事實，亦 172
只在「我已證明了對象可以因著這些概念而被思，雖然並未因著它
們而先驗地被決定」這一情形下始足拯救之；而正是這一情形卻即
給這些概念一地位於純粹知性中，因著這純粹的知性，這些概念涉
及對象一般（感觸的或非感觸的）。〔但是，「我只在這情形中
（即：上句所說「就可能經驗之對象推演出範疇之客觀實在性」之
情形）已拯救了這些概念」這一事實以及「我已展示了因著這些概
念對象可以被思而卻沒有先驗地被決定」這一事實——正是這種事
實它給這些概念一地位於純粹知性中，依這純粹的知性，這些概念
涉及對象一般，不管是感觸的抑或不是感觸的。——依拜克譯。〕
如果仍然還缺少任何什麼事，則所缺少者就是那「實爲這些範疇，
特別是因果範疇，之應用於對象這應用之條件」者，即是說：那所
缺少者即是直覺；因爲凡直覺不被給與的地方，則應用這些範疇以
期達至作爲一智思物的對象底知解知識，這種應用便是不可能的；
因此，如果任何人他要冒險於去作此應用，此是絕對被禁止的（此
如《純粹理性底批判》中之所說）。又，此（因果）概念底客觀實
在性仍然可保留下來，甚至關於〔或涉及〕智思物，它亦可被使
用，但卻並沒有我們之絲毫能夠知解地去規定這個概念，規定之以

便去產生知識。〔又，此概念之客觀實在性仍然可保留下來，甚至
涉及智思物它亦可被使用，雖然它絲毫不是知解地被規定了的，而
且亦無知識可以之而被產生。——依拜克譯。〕因為，「這個概
念，甚至在涉及一個〔超感觸的〕對象中，亦並不含有什麼不可能
的東西」這一點已為以下之事實所展示〔或證明〕，即：縱使當其
被應用於感取底對象，它的地位也是確定地被固定於純粹知性中；
而當它涉及物自身時（物自身不能是經驗底對象），雖然它不能夠
被決定，決定之以便為知解知識之目的去表象一確定的對象，然而
為另一目的（例如為一實踐的目的），它猶可能夠被決定，決定之
以便去有這樣的應用〔即：為實踐的目的而應用之應用〕。如果此
因果概念含有某種「絕對不可能被思想」的東西，如休謨所執持，
則便不能有為另一目的而應用之應用。

現在要想去發見「這所說的因果概念之應用於智思物」之條
件，我們只須回想「為什麼我們不以其應用於經驗底對象為滿足，
173 且亦願望去把它應用於物自身」之故即可。一經回想，將見那「使
其應用於物自身為一必然」者並不是一知解的目的，但只是一實踐
的目的。依思辨而言，縱然我們在此新的應用中真是成功的，我們
亦實不能在自然之知識中，或一般地言之，就著像被給與者那樣的
對象，得到任何東西，我們定須從感觸地被制約的東西（在此被制
約的東西中，我們早已盡量去忍持我們自己並盡量謹慎地去追隨原
因底鍊子〔我們早已盡量**去維持**並勤勉地去**追隨**這原因底鍊子——
依拜克譯〕）跨一大步到那超感觸的東西上，以便去完整起我們的
原則之知識並去固定這知識之界限。但是在「這界限」與「我們所
知者」之間總留有一無限的分裂未被填滿，而〔在這跨一大步

中〕，我們亦定須要側耳傾聽一徒然無益的好奇，而不是傾聽一堅實的知識之願望。〔而不是依「對於知識之清醒的願望」以行事——依拜克譯。〕

　　但是，在「知性於知解知識中對於對象所有的關係」之外，知性復亦有其對於欲望機能之關係，此欲望機能名曰意志，而當純粹知性（在此情形**純粹知性**即名曰**理性**）通過一法則之純然概念而為實踐的時，此欲望機能亦得名曰純粹意志。一純粹意志底客觀實在性，或與純粹意志為同一物者，一純粹實踐理性底客觀實在性，好像是因著一種事實而先驗地被給與於道德法則中，因為這樣，我們可以說出意志之決定〔因為此道德法則一詞可被應用於意志之決定——依拜克譯〕，此決定是不可避免的，雖然它並不基於經驗的原則上。現在，在意志底概念中，因果概念是早已被含在內的，因此，一純粹意志之概念含有一「伴同之以自由」的因果性之概念，即是說，含有這樣一個因果概念，即此因果概念不是依物理法則而為可決定的，因而結果也就是說，它在其實在性之證明中，不是能夠有任何經驗直覺的，但縱然如此，它卻在純粹實踐法則中完全先驗地證成其客觀實在性——實在說來，很易見出其如此證成其客觀實在性不是為理性底知解使用之目的而如此證成之，但只為埋性底實踐使用之目的而如此證成之。現在，一個「有自由意志」的存有之概念就是一個作為智思物的原因之概念；而「此概念不含有矛盾」這一點，我們早已因以下之事實而確保之，即：「因為一原因之概念完全從純粹知性中而生起，而且有其為『推證』所確保的客觀實在性，又由於在其起源上它是獨立不依於任何感觸條件的，是故它並不被限制於現象（除非我們對之要作一確實的知解使用），

174

且亦可同樣被應用於那些『是純粹知性底對象』的事物」，即因著如此云云之事實，我們得確保那作為智思物的原因之概念不含有矛盾。但是，因為這種應用〔即上句「應用於那些是純粹知性底對象的事物」之應用〕不能基於任何直覺上（因為直覺只能是感觸的），所以作為智思物的原因，就理性之知解使用而言，雖然它是一可能的而且是可思的概念，然而它卻是一空洞的概念。現在，我不是因著此作為智思物的原因之概念渴望去知解地了解一存有之本性（只要當此存有有一純粹意志時）；「因著此概念去如分地指示此有一純粹意志的存有，因而去把因果之概念結合之於自由之概念（並且結合之於那與自由之概念為不可分離者，即結合之於道德法則，作為自由意志之決定原則的道德法則）」，這在我已足夠。現在，這個權利，我是因著原因概念之純粹而非經驗的起源而確然有之，因為〔在此〕我不認為我自己對於原因概念有資格去作任何使用，除在涉及那「決定其實在性」的道德法則中去使用之外，那就是說，除只是一實踐的使用外。

如果，隨同休謨，對於因果概念，我已否決其「知解使用」中的一切客觀實在性〔「知解使用」康德原文為「實踐的使用」，誤〕，不只是就物自身否決其知解使用中的客觀實在性，且亦就著感取底對象否決其知解使用中的客觀實在性，則此概念必喪失一切意義，而既由於其是一知解地不可能的概念，則它必被宣布為是完全無用的；而因為凡是一無所有者，它便不能被作成任何使用，是故一「知解地虛無的」概念之實踐的使用必是悖理的。但是，一個不受經驗條件制約的因果性之概念，如其所是，雖然是空的，即是175 說，沒有任何適當的直覺，然而知解地說來，它猶是可能的，而且

可涉及一不決定的對象;而依補償而言,意義之可給與於此概念是
在道德法則中給與之,因而結果亦就是說,是在實踐的關係中給與
之。實在說來,我實沒有那「必可決定此概念底客觀的知解的實在
性」的直覺,但縱然如此,此概念亦有一眞實的應用,此眞實的應
用是具體地〔現實地〕被顯示於意向或格準中;那就是說,此概念
有一可詳被陳明的實踐的實在性,而此即足以證成它,甚至展望於
〔或涉及於〕智思物亦足以證成它。

現在,知性底一個純粹概念在超感觸者之領域中底這種客觀實
在性,若一旦被引進來,它即同時亦把一客觀實在性給與於一切其
他範疇,雖然只當這一切其他範疇與意志之決定原則(即:道德法
則)處於一必然的連繫中時始如此。這一切其他範疇之客觀實在性
只是一實踐的應用之客觀實在性,它在擴大我們的對於這些對象之
知解的知識或擴大那因著純粹理性而來的對於這些對象底本性之辨
識中並無絲毫結果。〔但是,這種客觀實在性只是實踐的應用之客
觀實在性,**因為**它在擴大這些對象之知解知識**以為洞悟**,即因著純
粹理性而**洞悟入**這些對象之本性之洞悟這方面並無絲毫結果。──
依拜克譯。〕既如此,我們隨後亦將見到這些範疇只涉及那些作為
睿智體的存有,而在這些存有中,這些範疇亦只涉及理性對於意志
之關係,結果也就是說,總是只涉及實踐的事,而越過這實踐的
事,它們不能要求或奢望關於這些存有底任何知識;而凡「屬於這
些超感觸的存有之知解的表象」的那一切其他特性或可被引入於與
這些範疇相連繫中,但這種與範疇相連繫不能被算作知識,但只能
被算作一權利,即:「去承認並去認定這樣的存有」之權利(其被
算作一權利是依一實踐的觀點而然,但這權利卻是一必然)。〔而

凡那些「屬於這樣超感觸的存有之知解的表象**而且**在與這些範疇相連繫中**被引出**」的一切**其他特性**不能被算作知識,但只能被算作一權利,即「去認定並去預設這樣超感觸的存有」之權利(其被算作一權利是為實踐的目的而然,但這權利卻是一必然)。——依拜克譯。〕甚至在「我們依類比,即是說,依一純粹地理性的關係(對此理性的關係,我們就那是感觸的東西者把它作一實踐的使用),而〔思議〕一超感觸的存有(例如上帝)」這種情形處,上說的一切其他特性之與這些範疇相連繫亦只能被算作一權利。〔阿保特註云:「思議」一動詞不可少,康德原文無。〕這樣,這些範疇之只在一實踐的觀點中應用於超感觸者,這種應用並不給純粹知解理性以絲毫的鼓勵,鼓勵之去闖入那超絕者。

第二章　純粹實踐理性底一個對象之概念　

　　所謂實踐理性底〔一個對象之〕〔譯註〕概念，我理解之爲這樣一個對象之觀念，即此對象，作爲一個結果，是通過自由而被產生而爲可能者〔是通過自由而爲可能者——依拜克譯。〕因此，「成爲實踐知識底一個對象」，此語，即如其爲如此而觀之，它只指表意志對於行動之關係，因著此行動，對象或此對象之反面可被眞實化；而「去決定某物是否是純粹實踐理性底一個對象」，這只是去辨識「意欲一行動」這「意欲之」之可能或不可能，因著此所意欲的行動，如果我們有所需要的力量時（此力量經驗必能決定之），某種一定的對象必可被眞實化。如果對象被取來以爲我們的意欲之決定原則，則在「我們裁決它是否是實踐理性底一個對象」以前，「它是否因著我們的力量底自由使用而爲物理地可能的」這須首先被知道。可是另一方面，如果法則能先驗地被視爲行動底決定原則，而因此，這行動亦被視爲爲純粹實踐理性所決定，則「一物是否是純粹實踐理性底一個對象」這判斷並不依待於與我們的物理力量相比較；這問題只是：是否我們一定意欲一「指向於一對象底存在」之行動，如果這對象眞是在我們的力量之內時。因此，上說之問題〔即：一物是否是純粹實踐理性底一個對象這一問題〕只是關於「行動底道德的可能性」之問題〔因此，行動底道德的可能性是佔先的——依拜克譯〕，因爲在此情形中，那作爲行動之決定原則者並不是對象，而乃是意志之法則。因此，實踐理性底唯一對象就是那些屬於善者與屬於惡者之對象。屬於善者之對象意謂依照

一「理性底原則」而必然地被意欲的一個對象；屬於惡者之對象意謂亦依照一理性底原則而必然地要被避開的一個對象。〔屬於善者之對象，一個人理解之爲一個必然的意欲之對象，而屬於惡者之對象，則是一個人理解之爲一個必然的厭惡之對象，兩者皆依一理性底原則而然。——依拜克譯。〕

〔譯註〕：

案：康德原文直說爲「實踐理性底概念」，「底」字下無「一個對象之」字樣。阿保特譯照原文直譯，拜克譯則依 Vorländer 補入。若了解康德之意，不補亦可。蓋此分析部第一章底標題是「純粹實踐理性底原則」，第三章底標題是「純粹實踐理性底動力」，則此第二章底標題當該是純粹實踐理性底概念，此「概念」即是「對象」之概念，非純粹實踐理性本身之概念也。故康德於此第二章之題稱即標爲「純粹實踐理性底一個對象之概念」。但行文時，首句的開始解釋只說「所謂實踐理性底概念」云云，而未說「所謂實踐理性底一個對象之概念」云云。其所以如此，蓋一因其在此所謂「概念」即指「對象之概念」而言，二因其心目中是如此想，即：首章講實踐理性底原則，可類比《純粹理性底批判》中〈原則之分析〉，三章講實踐理性底動力，可類比《純粹理性底批判》中的〈感性論〉，而此第二章講實踐理性底概念，可類比《純粹理性底批判》中〈概念之分析〉（講範疇——知性底概念），惟在思辨理性處，知解知識是始於感性，經過概

念，而終於原則，但在此實踐理性處，則逆反其序，即始
於原則，經過概念，而終於感性，如本書〈引論〉之所
說。以此二故，遂直說爲「實踐理性底概念」矣。但如此
說，人可於字面上誤解爲「實踐理性本身之概念」（即指
實踐理性本身之爲一概念說），故不如隨標題而說爲「實
踐理性底〔一個對象之〕概念」爲清楚而顯明，補上「對
象」是也。

　　如果善之概念不是從一先行的實踐法則而引生出，但反之，卻
是用之以充當實踐法則之基礎，則此善之概念只能是這樣的某種東
西之概念，即：「其存在足以許諾快樂因而並足以決定主體之因果
性去產生此快樂，那就是說，其存在足以決定意欲之機能」這樣的
某種東西之概念。現在，因爲「要想先驗地去辨識什麼觀念將被伴
以快樂，什麼觀念將被伴以痛苦」，這是不可能的，所以「要去找
出那根本上或直接地是善或惡的東西」，這將只有依靠於經驗。主
體底特性（單只涉及此特性，此經驗始能被作成）是苦與樂底情
感，此情感是一「屬於內部感取」的接受性；這樣，只「快樂底感
覺直接地與之相連繫」的那東西必即基本上是善者，而那「直接地
引起痛苦」的東西必簡單地即是惡者。但是，**因爲**這一說法甚至相
反於語言之使用，語言之使用將快樂與善區別開，並將苦與惡區別
開，而且要求善與惡將總是爲理性所判斷，因而也就是說，爲那
「共通於每一人」的概念所判斷，而不是爲那「限於個人主體以及
個人主體之感受性」的純然感覺所判斷；又**因爲**縱然如此，快樂與
痛苦也不能與任何先驗對象之觀念相連繫，**所以**那「認其自己被迫

178

著必須以快樂之情感爲其實踐判斷之基礎」的哲學家必將叫那「爲快樂之工具」的東西曰善，而叫那「是不樂或痛苦之原因」的東西曰惡，因爲「基於工具〔手段〕與目的之關係」的判斷確然是屬於理性的。但是，雖然單只是理性能夠辨別工具〔手段〕與目的之連繫（這樣，意志甚至亦可被規定爲目的之機能，因爲目的總是意欲之決定原則），然而那從上面所說的「善只是一工具」之原則而來的實踐格言必不能含有任何「其自身爲善」的東西以爲意志之對象，但只含有某種「對某物爲善」的東西以爲意志之對象；善必總只是有用的，而「善對之爲有用」的那個東西必總是處於意志之外，那就是說，處於感覺中。現在，如果這作爲快樂感覺的感覺眞要與善之概念區別開，則在此情形下，必無什麼「根本上或直接地是善的」東西，善只能在對某種別的東西即某種快樂爲工具中被尋求。

「除因爲善外，我無所欲；除因爲惡外，我無所惡。」〔Nihil appetimus nisi sub ratione boni; Nihil aversamur nisi sub ratione mali.〕這是學者們底一個老的客套語，而且它常是正確地被使用，但在某種樣式中，其被使用亦時常有害於哲學，因爲善與惡，由於語言底貧乏，是有歧義的，結果，它們可有雙重意義，因而它們不可避免地亦使實踐法則成爲有歧義的；而哲學，當在使用這兩個字時，它覺察到了同一字中的不同意義，但卻又找不到特殊的詞語以表示之，此時之哲學即被迫著從事於微細的區別，而關於179 此微細的區別，卻並無一致的同意以隨之，因爲這區別不能直接地爲任何適當的詞語所標識〔註〕。

〔註〕：康德此處有底註云：

除善惡有歧義外，「因為善」（sub ratione boni）一語亦有歧義。因為它可意謂：我們把某種東西當作善的東西表象給我們自己是只當而且因為我們意欲它時始如此；或意謂：我們意欲某種東西是因為我們把它當作善的東西而表象給我們自己。這樣，或是意欲決定「作為善的東西」的對象之概念，或是善的東西之概念決定意欲（意志）。如是，在第一種情形中，「因為善」必是意謂：我們是在善之理念下意欲某物；而在第二情形中，則意謂：我們是在「善之理念底後果」中意欲某物，而這善之理念之後果，由於它決定意志，所以它必須先於意志。〔由於它是意志底決定根據，所以它必須先於意志。——依拜克譯。〕

〔案〕：儒者說「好善惡惡」，光從此語本身來看，亦不能確定知道究是善之概念決定意志，抑或是意志決定善之概念。但孟子由「民之秉彝好是懿德」來證明性善，是故不從所好之善來建立實踐原則以決定意志，而卻是從好惡上引歸於能發好惡之性能以言性善，即由此性善之性建立實踐原則以決定意志，是則毫無歧義地是「意志決定善的東西之概念」，而不是「善的東西之概念決定意志」。孟子主本心即性，此性發道德法則以「決定意志」即是決定性體自己，說意志即是超越意義的意志，而不是經驗意義的作意或意念，此則不必言，實則即是發道德法則以決定吾人之行為，並依之以判吾人之行為是否合道德法則，合則為善，不合為惡，因而亦即決定一切善惡對象之概念。後來王陽明即以良知之知體來代替性體，良知知善知惡即

是良知之天理決定善惡，而非善的對象之概念決定良知
也。劉蕺山言「好善惡惡意之靜」，此「意之靜」之意即
是超越意義的「意體」，並非是「有善有惡意之動」（陽
明語）之「意念」。此「意體」即相當於康德所謂「純粹
意志」或「自由意志」。儒者於此甚爲分明，非如拉丁語
之有歧義也。只伊川、朱子未能合此義，以心、性爲二
故，性只成存有論的「存有」義，只是理故，喪失性體之
自律義故。儒者主流大脈如此，若詳細與康德對校，讀者
當自隨文仔細體會。

德文幸而有一些詞語，這些詞語不允許這差別被忽略。它有兩
個十分不同的概念，特別是兩個十分不同的詞語，對此不同的詞
語，拉丁文卻只以「善」（bonum）一字表示之。對「善」而言，
德文有「善」（das Gute〔good〕）與「好」（das Wohl〔well,
weal〕）兩字；對「惡」（malum）而言，德文有「惡」（das
Böse〔evil〕）與「壞」（das Übel〔ill, bad〕）或「禍」（das
Weh〔woe〕）兩字。這樣，當我們在一行動中考慮這行動底善與
惡或考慮我們的禍與福〔woe and weal〕時，我們便表示了兩個完
全不同的判斷。因此，那早已隨此而來者便是這結果，即：上所引
述的那個心理學的命題，如果它被譯爲「除先考慮我們的禍或福
外，我們便不能意欲什麼」時，它至少是十分可疑的。可是另一方
面，如果我們這樣譯它，即：「在理性底指導下，只當我們估計某
物爲善或惡時，我們始能有所欲，除此以外，我們便不能意欲什
麼」，那麼，它便是不可爭辯地確定的，而且同時它也是十分清楚

地被表示了的〔註〕。

〔**註**〕：阿保特於此附加一註云：

英文亦能標識出所討論的差別，雖然不能完全地標識出。「惡」（evil）不是絕對地限於道德的惡；我們亦說生理的惡（身體的惡 physical evils）；但是當不如此限制時，它確然常是當作一形容詞而用於道德的惡，或許專用於道德的惡。「壞」較為一般；但是，當它連同著一個「意指道德品質」的字而被使用時，它即表示道德的惡，例如一個「壞人」，一個「壞的學者」。這些字（即 bad and evil）語源上相關對地同於德文的「壞」Übel = ill, bad）與「惡」（Böse = evil）。「善」一詞，由於其既相反於壞，亦相反於惡，是故它是有歧義的，但是相對應的那個德文字亦同樣是有歧義的。

好或壞常是只函著「**涉及我們的情況**」，這所涉及的情況是當作愉悅的情況或不愉悅的情況看，即作為快樂之情況或痛苦之情況；而如果我們依據這理由而意欲一個對象或避免一個對象，則這只當這對象涉及我們的感性或涉及這感性所產生的苦樂之情時始如此。但是善與惡則總是函著「**涉及意志**」，當這意志為理性底法則所決定，決定之以使某物為其對象時；因為意志從不會直接地為對象以及對象之觀念所決定，它乃是一種「取理性之規律以為一行動之動力」之機能，因著這種機能，一個對象可被真實化。因此，善與惡，恰當地說，是涉及行動的，並不是涉及個人底感覺的，而如果任何東西要成為絕對地善或惡的（即是說在每一方面而且無任何

進一步的條件為善或惡），或被估計為絕對地善或惡的，則那可稱為絕對地善或惡者只能是行動之樣式，意志之格言，結果也就是說，只能是這作為一善人或惡人的行動著的個人自己，而決不能是一物。

依是，當斯多噶在痛風之劇烈的發作中叫嚷著說：「痛苦，不管你怎樣使我苦惱，我將決不會認為你是一罪惡」，不管人們如何笑他，他卻是對的。痛苦確然一壞事，他的喊叫即已洩露了它是一壞事；但是若說有任何罪惡可因而所屬於他，這點他卻沒有任何理由去承認之，因為痛苦實不曾絲毫減低其人格之價值，但只減低了他的身體狀況之價值。如果他曾意識到一句謊話，則這一句謊話必要降低他的驕傲；但是痛苦卻只便於去提升他的驕傲，當他意識到他不曾因著「任何不正當的行動（因此不正當的行動，他使其自己該受責罰）」而應受痛苦時。

我們所名之曰善者，在每一有理性的人底判斷中，它必須是一意欲底對象，而我們所名之曰惡者，在每一人底眼中，它必須是一厭憎底對象；因此，這種判斷，在感取〔感性〕以外，需要理性。在作為相反於說謊的誠實方面亦如此；在作為相反於暴戾的公正方面，以及其他等等，皆然。但是我們可叫一事是一壞事，然而每一人卻必須同時承認它是一好事，其承認之有時是直接地承認之，有時是間接地承認之。一個交給外科手術的人無疑地感覺到這手術是一壞事，然而依照理性，他本人以及每一人又皆承認它是一好事。如果一個「以煩擾良民〔愛好和平的人民〕為樂」的人最後終於挨了一頓好打，這挨打無疑是一壞事；但是每一人皆稱許這事而且視之為一好事〔認這事為在其自身即是善者──依拜克譯〕，縱

然沒有什麼別的〔好〕事〔進一步的（好）事〕由此事而結成；不，甚至挨打的這個人，在其理性中，亦必須承認他遇見了公正，因爲他見到了善行與善遇間的比例，這種比例，理性不可免地把它置於其眼前，而在此事中，則置之於實際。

在估計我們的實踐理性中，我們的福與禍無疑是十分重要的，而當我們的「作爲感性的存有」的本性被論及時，我們的幸福是唯一重要之事，設此幸福，如理性所特別需要的，不是爲流轉的感覺所估計，但只是爲此流轉的感覺〔偶然物〕所有的影響——影響於我們的全部存在以及影響於與此全部存在相連屬的滿足，這種影響所估計；但這樣估計的幸福卻並非絕對地是唯一重要之事。〔但仍然不是每一事皆依待於這幸福。——依拜克譯。〕人是這樣的一種存有，即，由於他屬於感取世界，他是一有需求的存有，而至此爲止，他的理性從他的感性的本性邊有一種「它〔理性〕不能拒絕之」的職責，即：「去參與他的感性的本性之興趣，並甚至爲此生之幸福，如可能時，甚至爲來生之幸福，去形成實踐的格言」這種職責。但是，他亦不是完全是這樣的一種動物就像「對於『理性依其自己之理由所說的一切』皆完全不相干〔完全漠視〕，而只去使用理性爲一種工具，即對於其作爲一感性的存有所有的欲望（或需求）之滿足而爲工具」，這樣的一種動物。因爲如果理性之服務於人只爲那「與本能之在野獸中所服務者相同」之目的而服務於人，則人之有理性必不能提高其價值於野獸之上；在此種情形中，理性必只是一特殊的方法，大自然用之以裝備人，其裝備之之目的同於「其使野獸有資格適合之」之目的，而並沒有使他有資格適合於任何較高的目的。無疑，一旦大自然底這種安排已爲人而作成時，人

182

需要有理性以便去考慮他的福與禍；但是，除考慮禍福外，他亦爲一較高的目的而有之，即是說，**不只是**去考慮那在其自身是善或惡者（關此，只有純粹理性，不爲任何感性興趣所影響者，始能判斷之），且亦把此種估計徹底地從**考慮禍福**中區別出來，而使它成爲**禍福考慮**底**最高條件**。〔但是，他猶爲一較高的目的而有理性，即是說，**他亦去**考慮那在其自身是善或惡者（此只有純粹而非感性地關心的理性始能判斷之），並且進一步，去把這種估計從一感性的估計中區別出來，而且使這種估計成爲**善與惡之最高條件**。——依拜克譯。案：拜克註云：「成爲善與惡之最高條件」，那託普讀爲「成爲感性估計之最高條件」。加西勒版依康德此讀文的兩個版本給出以下的釋義：「善與惡底判斷之純粹形式是**現實的善與惡**（good and evil materialiter）之最高條件」。案：阿保特譯同於那託普讀，蓋「禍福考慮」即是「感性估計」也，不過稍變其文而已。〕

在「估計那在其自身是善或惡，估計之爲不同於那只是相對地被稱爲善或惡者」中，以下兩論點須要被考慮。〔在「『善與惡自身』與『那只關涉於禍或福而始可被稱爲善或惡者』這兩者間的差異」之估計中，這差異只是以下兩論點之問題。——依拜克譯。〕或是這樣的，即：一個理性的原則早已被思議爲其自身就是意志底決定原則，而並沒有顧及意欲底可能對象，（因而也就是說，只因著格言底純然立法形式而被思議爲其自身就是意志底決定原則），而在此情形中，那個原則是一實踐的先驗法則，而純粹理性是被設想爲以其自身就是實踐的。在此情形中，法則直接地決定意志；「符順於法則」的行動其自身就是善的；一個「其格言總是符合於

此法則」的意志就是絕對地是善的，在每一方面皆是善的，而且是一切善之最高條件。要不然，則或是這樣的，即：意志底格言是依據欲望底決定原則而來的後果〔欲望機能底決定根據先於意志之格言──依拜克譯〕，此欲望底決定原則預設一個苦或樂底對象，因而亦即是說，預設某種東西它可以愉悅我們或不愉悅我們；而理性底格言，即：「我們定須追求快樂而避免痛苦」這個格言，它決定我們的行動之為善是只決定之為相對地對於我們的性好而為善，那就是說，決定之為間接地善的（即：決定之為相對地對於一個另樣的目的而為善的，對此另樣的目的，我們的行動是工具），而在此情形中，這些格言決不能被稱為是法則，但只可被稱為合理的實踐箴言。在此後一情形中，目的自身，即我們所尋求的快樂，並不是一善，但只是一幸福；並不是一理性底概念，但只是一感覺底對象之一經驗的概念；但是，「達此目的」的手段之使用，即行動，縱然如此，亦仍可叫做是善的（因為合理的慎審考慮對於行動是需要的），可是，並不是絕對地善的，但只是相對地對於我們的感性的本性，關涉於此感性的本性之苦樂之情，而為善；但是，這意志，即「其格言為此感性的本性所影響」的意志，並不是一純粹的意志；純粹的意志只指向於那「純粹理性所因以以其自身就能是實踐的」者。

183

言至此，「去說明實踐理性底批判中方法之奇詭（paradox）」這是適得其時者〔這是適當的地方〕，此奇詭是這樣的，即：善與惡之概念必不可在道德法則之先而被決定（好像它必須是道德法則之基礎似的），但只能在道德法則之後而且因著道德法則而被決定。事實上，縱使我們不曾知道道德底原則是那「決

定意志」的一個純粹先驗法則〔是「先驗地決定意志」的一個純粹
法則──依拜克譯〕，然而我們要想作到我們不可毫無理由地去認
定一些原則，則我們必須至少在開始時讓以下之問題為未被裁決
者，即：「是否意志只有經驗的決定原則，抑或是否它不亦有純粹
先驗原則」這問題為未被裁決者；因為去認定那有問題的論點為已
決定者，這是違反於哲學方法底一切規律的。假定我們想開始於善
之概念以便由之去推演出意志之法則，這樣，則一個對象之概念
（由於對象是一善的對象）必同時即把此對象當作意志底唯一決定
原則而指派給我們。現在，因為這個概念既不曾有任何實踐的先驗
法則以為其標準，則善或惡之標準不能不置於「對象與我們的苦樂
之情之契合」中；而理性之使用只能首先存於「決定這快樂或痛苦
即『與我的存在之一切感覺相連繫』的那快樂或痛苦」中，其次，
它存於「決定這手段即『以快樂底對象擔保給我自己』之手段」
184 中。現在，由於只有經驗始能裁決什麼東西符合於快樂之情，而依
〔上述以善之概念為首出之〕假設，實踐的法則須基於這快樂之
情，以此情為一條件，因此，先驗的實踐法則之可能性必即刻被排
除了的，因為「去找出這樣一個對象，即由於它是一善的對象，是
故其概念定須構成意志之普遍的然而卻是經驗的決定原則，這樣一
個對象」，這是首先被想像為是必然的。但是，那首先必要去研究
的乃是「是否沒有意志之先驗的決定原則」（此原則除在一純粹的
實踐法則中被發見外無處可以發見之，所謂在純粹的實踐法則中被
發見即是只當這法則只把格言之形式規劃給格言而無須涉及一對
象，只當如此時，始能說在一純粹的實踐法則中發見意志之一先驗
的決定原則。）可是，因為我們把一切實踐法則之基礎置於一「為

我們的善惡之概念所決定」的對象中，而又因爲那對象由於無一先在的法則之故，所以它只能依一經驗的概念而被思，因爲以上兩原故，所以我們早已事先剝奪了一純粹實踐法則之可能性，甚至剝奪了思議一純粹實踐法則之可能性。另一方面，如果我們首先已分析地研究了這純粹的實踐法則，我們必會見出那「決定道德法則並使之爲可能」者決不是作爲一對象的善之概念〔那決不是作爲道德法則底一個對象的善之概念決定道德法則並使之爲可能——依拜克譯〕，而是正相反，那「首先決定善之概念並使之爲可能」者乃是道德法則，只要當此善之概念絕對地值得受此善之名時。〔而是正相反，即：道德法則是那「首先規定善之概念者」（只要當此善之概念絕對地值得受此名時），並「使善之概念爲可能」者。——依拜克譯。〕

這個解說，即：「只有關於『終極的道德研究』之方法」的這個解說，是很重要的。它立刻解明了「關心於最高的道德原則」的諸哲學家底一切錯誤之緣由。因爲他們想尋求意志底一個對象，此對象他們可使之成爲一法則之材料與原則（結果此法則不能直接地決定意志，但只因著那個「涉及苦樂之情」的對象而間接地決定意志）；其實他們不應如此，他們實應當首先去尋求一個「先驗地而且直接地決定意志」的法則，如此尋求已，然後再依照意志而決定對象。〔然後再尋求那「適合於意志」的對象。—依拜克譯。〕現在，不管他們把這快樂底對象（此快樂底對象要去提供最高的「善之概念」）置於幸福中、圓滿中、道德的「情感」中〔「情感」康德原文爲「法則」，誤，哈頓斯坦改之〕，抑或置於上帝底意志中，他們的原則無論如何總是函著他律，而且他們不可避免地必須

185

要仰給於「**道德法則底經驗條件**」〔而且他們不可避免地要**爲一道德法則**而**歸到**經驗的條件——依拜克譯〕，因爲他們的對象（此對象是要成爲意志底直接原則的）除依其直接的關聯於情感（此情感總是經驗的），它不能被稱爲是好的對象或壞的對象。說實了，那只有形式的法則它才能先驗地是實踐理性底一個決定原則（所謂形式的法則意即是這樣的一個法則，即：它所規劃給理性的沒有別的，不過就是作爲理性底格言之最高條件的那「理性之普遍立法」〔理性之立普遍法則〕之形式。）古人因著把他們的一切道德研究皆指向於「最高善」底概念之決定（此後，他們又想去使最高善之概念在道德法則中成爲意志之決定原則），而毫無隱蔽地供認了那錯誤〔即：「以對象之概念決定意志」之錯誤〕。然而實則，那只是好久以後，當道德法則首先以其自身單獨被建立起，並被表示爲是意志底直接決定原則之時，這個對象〔即：最高善之概念〕始能被呈現給意志，此意志底形式現在是先驗地被決定了的。關於此一問題〔即：最高善之問題〕，我們將在〈純粹實踐理性之辯證〉中處理之。至於近人（在他們，最高善之問題已過時了，或至少似乎己變成一第二義之事），他們是以模糊的詞語來隱藏此同一錯誤（在好多其他問題上他們亦如此）。縱然如此，那錯誤仍然展示其自己於他們的系統中，因爲它總是產生了實踐理性之他律；而從此他律，一個能給出普遍命令的道德法則決不能被引生出。〔但是，縱然如此，一個人仍可通過他們的系統而看出那錯誤在閃耀著，因爲那錯誤總是顯露出實踐理性之他律，而從此他律，一個先驗的、普遍地命令著（指揮著）的道德法則決不能發生出來。——依拜克譯。〕

現在，因為善與惡之概念，作為意志底先驗決定之後果者，它　186
們亦函蘊著〔預設著〕一純粹的實踐原則，因而亦就是說，函蘊著
〔預設著〕一種純粹理性底因果性，所以它們根源上並不涉及對象
（例如涉及之以便成為一整一意識中所與的直覺之雜多底綜和統一
之諸特殊模式或諸決定）就像知性底純粹概念或理性之在其知解使
用中之範疇那樣涉及對象；正相反，它們預設：對象是給與了的；
但是它們一切皆是一獨個範疇之諸模式，即是說，是因果性範疇之
諸模式，此因果性之決定原則是存於一法則之理性的想法中〔當此
因果性底決定根據存於理性之對于一因果性法則之想法中時——依
拜克譯〕，此法則〔因果之法則〕，當作一自由之法則看，理性把
它給與於其自己，亦因著此法則，理性遂先驗地證明其自己為實踐
的。但是，由於行動一方面處於一「不是一物理法則但是一自由之
法則」的法則之下，因而結果也就是說，是屬於智思世界中的存有
之行為，而另一方面，當作感取世界中的事件看，它們又屬於現
象，所以一實踐理性底諸決定是只有在涉及此後者中，因而亦就是
說，在依照知性之範疇中，才是可能的；所謂依照知性之範疇而可
能，其可能實在說來，不是意在於知性之任何知解的使用，即：使
用之以便去把感觸直覺底雜多先驗地置於一整一意識下；但只意在
於去把欲望底雜多先驗地隸屬於一實踐理性（即在道德法則中給此
雜多以命令的實踐理性）底意識之統一，即是說，隸屬於一純粹的
意志。〔案：此一長句，「所以」下，拜克如此譯：「所以一實踐
理性底**諸規律**是只在關涉於此後者中，因而亦就是說，在依照知性
之範疇中，才是可能的。但是，**這些規律**無貢獻於知性之知解的使
用，即在『把感觸直覺底雜多先驗地置於一整一意識下』之中的

知性知解的使用，但只有貢獻於把意欲底雜多先驗地隸屬於一『在道德法則中指揮著』的實踐理性之意識之統一，即是說，一純粹意志底意識之統一。」〕

這些「自由底範疇」——因為我們是依與那些「是物理自然底範疇」的知解範疇相對照而如此去名之——有一顯明的好處，即「越過知解範疇」的好處，蓋因為知解範疇只是思想之形式，這些思想之形式因著普遍的概念依一不定的樣式為那「對於我們為可能」的每一直覺指表「對象一般」；反之，自由底範疇則涉及「一自由的選擇意志」之決定（對於此自由的選擇意志，實無準確地相應的直覺可被指派給它，但是它有一純粹實踐的先驗法則為其基礎，此則在任何「屬於我們的認知機能底知解使用」的概念方面乃決非如此者）；因此，自由底範疇不以直覺底形式即空間與時間為它們的基礎（空間與時間不處於理性自身，但須從另一根源即感性而被抽引出），而是由於它們是一些基本的實踐概念，是故它們有「一純粹意志之形式」為其基礎，此純粹意志之形式乃是給與於理性中者，因而也就是說，乃是給與於思維機能自身中者。從此一義，遂有以下之情形，即：由於純粹實踐理性底一切箴言只有事於意志之決定，而並無關於「一個人的目的之達成」之（實踐才能）之物理條件，所以諸先驗的實踐原則在關聯於自由之最高原則中立刻即變成一些認知，而並不需要等待直覺以便去獲得意義，而此點之所以成立則是因著這個可注意的理由而然，即：因為這些先驗的實踐原則其自身就能產生它們所涉及的東西之實在性（意志底意向之實在性），此不是知解概念所能有的，即因此故而然也。惟是我們必須小心去觀察：這些範疇只應用於實踐理性；因此，它們是依

著次序從那些「猶是隸屬於感觸的條件而且又是道德地不決定的」的原則進到那些「是不依待於感觸的條件而且又只是為道德法則所決定」的原則。

關涉於善與惡之概念而列的自由底範疇表

188

I 屬於量者：

　　(1)主觀的，依照格言（個人底實踐的意見〔個人意志底意向〕）。

　　(2)客觀的，依照原則（箴言）。

　　(3)自由之先驗的，既主觀而又客觀的原則（法則）。

II 屬於質者：

　　(1)「行動」底實踐規律（訓令）。

　　(2)「不應為」底實踐規律（禁令）。

　　(3)「例外」底實踐規律（權許）。

III 屬於關係者：

　　(1)關聯於人格。

　　(2)關聯於個人底情況。

　　(3)交互的關係，此一人之關聯於「另一人之情況」之關係。

IV 屬於程態者：

　　(1)許可與禁止。

　　(2)義務與相反於義務。

　　(3)圓滿的義務與不圓滿的義務。

我們將立刻可以看出：在此表列中，自由是被視為一種「不隸　189

屬於經驗的決定原則」的因果性，其如此被視是就著那些「因著它而爲可能」的行動而如此被視，而這些行動是感取世界中的現象；因而結果也就是說，自由〔特種因果性〕是涉及那些「有關於行動之物理的可能性」的範疇的〔是涉及「行動之在自然中的可能性」之範疇的──依拜克譯〕，然而同時每一範疇卻又是如此其普遍地被取用以至於該因果性底決定原則可出離感取世界以外而被安置於自由中，自由即是作爲智思世界中的一個存有之一特性者。最後又可看出：程態底範疇引發出一種過轉，即：「從實踐原則一般過轉到道德底實踐原則」這種過轉，不過引發這過轉只是**或然地**引發之而已。道德底實踐原則可只因著道德法則而**獨斷地**〔**斷然地**〕被建立。〔只有道德底實踐原則才可使「通過道德法則依一**獨斷的**方式去建立道德底原則」爲可能。──依拜克譯。〕

在說明這現有的圖表中，這裏我無須再有所增加，因爲其自身即已足夠可理解。這種「基於原則」的區分在任何學問中是十分有用的，爲詳盡通徹之故以及爲可理解之故皆甚有用。例如，我們從上表以及其第一類中知道在實踐的研究中我們必須從什麼東西開始，即是說，從那種**格言**即：「每一人將其基於自己的性好」的**格言**開始；進而從那種**箴言**即「對某一類理性的存有有效」的**箴言**開始（所謂對某類理性存有有效是當他們在某種性好上相契合時）；以及最後從那種**法則**即「對一切理性的存有而無須顧及其性好而皆有效」的**法則**開始。位此類推，Ⅱ、Ⅲ、Ⅳ類皆然。依此路數，我們通覽了「那必須被作成者」之全部計畫，那必須被解答的每一實踐哲學底問題，以及那必須被遵循的次序。

純粹實踐判斷底符徵

　　那首先決定意志底一個對象者是善與惡之概念。但是善與惡之
概念自身又是隸屬於理性底實踐規律，此理性底實踐規律在關聯於　190
意志之對象中先驗地決定意志，如果理性是純粹的理性時。現在，
一個「在感取世界中對於我們是可能的」的行動是否處於規律之
下，這是一個「須被實踐判斷所裁決」的問題，因著此實踐判斷，
那在規律中所普遍地（抽象地）陳說者可具體地〔現實地〕應用於
一行動。但是，因為純粹理性底一個實踐規律，**首先**由於是**實踐
的**，是故它有關於一對象之存在，**其次**，由於它是**純粹理性底一個
實踐規律**，是故它又就行動之存在而函蘊著必然性，因此它是一個
實踐的法則，而不是一個「依於經驗的決定原則上」的物理法則，
但只是一個自由之法則，因著此自由之法則，意志是要獨立不依於
任何經驗的東西而被決定的（只是因著一法則之想法以及一法則之
形式而為被決定的），然而凡能發生的一切可能行動之事例卻只能
是經驗的，那就是說，只能屬於「物理自然之經驗」〔只能屬於經
驗與自然──依拜克譯〕：因為以上的原故，所以以下之情形似乎
是悖理的，即：「期望在感取世界中去找出一個事例，此事例，雖
然如其為一事例而觀之，它只依於自然之法則，然而同時它卻又允
許一自由之法則之應用於它，而且我們又能把那『須現實地顯示於
此事例中』的『道德地善』之超感觸的理念應用於此事例」這情形
似乎是悖理的。這樣，純粹實踐理性底判斷遭受到這同樣的困難，
即如純粹知解理性底判斷所遭受到的困難那樣同樣的困難。但是，
純粹知解理性底判斷手邊有辦法逃脫此困難，因為就理性之知解的

使用而言，直覺是需要的，對此直覺，知性底純粹概念能應用於其上，而這樣的直覺（雖只是對於感取底對象之直覺）能先驗地被給與，因而當涉及此直覺中的雜多之聯合時，此直覺又能當作規模而符合於知性底純粹先驗概念。〔而這樣的直覺（雖只是對於感取底對象之直覺），由於是先驗的，而因此又由於其有關於直覺中雜多之連繫，是故它能依符合於知性之概念而先驗地被給與，即是說，它能當作規模而先驗地被給與。——依拜克譯。〕〔案：理解此句須通曉《純粹理性底批判》中〈規模章〉。〕可是另一方面，「道德地善」是這樣的某種東西，即：其對象是超感觸的者；因此，對此超感觸的東西，沒有什麼與之相應的東西可被發見於任何感觸直覺中。因此，「依靠於純粹實踐理性底法則」的判斷似乎要遭受到一些特別的困難，這些特別的困難是從以下的情形而發生，即：「一個自由之法則是要應用於行動的，而這些行動是發生於感取世界中的事件，而就此而言，它們又屬於物理的自然」，即從這情形而發生。〔案：理解此段所說須通曉《純粹理性底批判》中〈範疇之超越的推證〉以及〈規模章〉。〕

191

但是在這裡，對於純粹的實踐判斷，復亦暢開一可取的展望。當我把一在感取世界中對於我為可能的行動所屬於一純粹的實踐法則之下時，我並不是要論及「當作感取世界中的一個事件看」的行動之可能性〔案：即認知的可能性〕。這一可能性底問題是一種「依照因果性之法則而屬於理性之在其知解使用中之裁決」的事〔是一種「須依照因果性之法則而為理性之知解的使用所裁決」的事——依拜克譯〕，此所依照的因果性之法則是知性之一純粹概念，對此純粹概念，理性在感觸直覺中有一規模。物理的因果性，

或「此因果性所依以發生」的那條件，是屬於物理概念的，其規模是爲超越的想像所描畫。但是，在這裡，我們並不要從事於一「依照法則而發生」的事件之規模，但只從事於一法則自身之規模（如果規模一詞在此是可允許的時），因爲「意志（不是行動，即關聯於行動之結果的那行動）無須任何其他原則而單爲法則所決定」這一事實即可把因果性之概念連繫到一些條件上去，此等條件是完全不同於那些「構成物理的連繫」的條件者。

物理法則，由於它是這樣一個法則，即「感觸直覺底對象須服從之」這樣一個法則，是故它必須有一與之相應的規模，即是說，它必須有一一般的想像之程序，藉著此想像之程序，它把法則所決定的「知性之純粹概念」先驗地展現於感取上。但是，自由之法則（即：「不隸屬於感觸條件」的因果性之法則），結果也就是說，「無條件地善」之概念，它不能有任何直覺，因而也不能有任何規模，可提供給它，爲其現實的應用之目的而提供給它。結果，道德 192 法則除知性外它不能有任何其他機能去助其應用於物理的對象（不是想像可助其應用於物理對象）；而知性爲判斷之目的並不能夠爲一「理性之理念」供給一感性之規模，但只能供給一法則，雖然只是就法則之形式而爲法則。但是，這樣的一個法則，由於其能夠具體地被展示於感取之對象中，所以它亦是一自然之法則。因此，我們可名此法則曰道德法則之「符徵」（type）。

〔案〕：此段文，拜克譯如下：

一個規模是一普遍想像之程序，即在「把法則所決定的知性之純粹概念先驗地呈現於感取上」中而爲一普遍的想像之程序；一個

規模必須相應於自然法則，蓋由于此法則是「感觸直覺底對象所須服從之」的法則。但是，對於自由之法則（此是一種「不是感觸地被制約」的因果性），結果也就是說，對於「絕對地善」之概念，為「具體地應用之」之目的，卻並沒有直覺，因此也就是說，並沒有規模，可被提供。這樣，道德法則除知性（不是想像）外，沒有其他認知機能去媒介其應用於自然之對象；而知性對於一「理性之理念」並不能提供一感性之規模，但只能提供一法則。此法則，由於其是一個「能夠具體地被展示於感取之對象中」的法則，所以它亦是一自然法則。但是，此自然法則，為判斷之目的，只能以其形式面而被使用，因此，它可以被名曰道德法則之「符徵」。

依照純粹實踐理性底法則而來的「判斷底規律」是如此：如果你所想的行動真是依「你自己亦為其中一部分」的自然系統底法則而發生，你可問問你自己是否你能把這行動視為依你自己的意志而為可能的。事實上，每一人皆實是依此規律而裁決，不管這些行動是道德地善的抑或是道德地惡的。這樣，人們可問：如果每一人當他認為欺騙合於其利益時，他便允許其自己去欺騙；或當他徹底地厭倦其生命時，他便認為其自己於縮短其生命為有理；或以完全不相干之態度來視他人之需要；而如果你隸屬於這樣一種事物之秩序，你當真是以你自己的意志之同意而願如此隸屬乎？〔這樣，人們可問：如果一個人屬於這樣一種事物之秩序，即：任何人當他認為欺騙合於其利益時他便允許其自己去欺騙，或當他徹底厭倦其生命時他便覺得縮短其生命為有理，或以完全不相干之態度來視他人之需要，如果他屬於這樣一種事物之秩序，他真以其自己之意志願

意去成爲這樣一種事物之秩序之一分子嗎？——依拜克譯。〕現
在，每一人皆知道如果他秘密地允許其自己去欺騙，這並不能隨著
說每一別人也如此作；或，如果當他不被他人所注意〔或所理睬〕
時，他缺乏同情心，可是別的人對於他不必然亦如此。因此，將其
行動之格言與一普遍的自然法則相比較，這種比較固不是他的意志
之決定原則。可是，縱然如此，這樣一個法則〔即：普遍的自然法
則〕卻是依於道德原則上的格言之估價之「符徵」。如果行動底格
言不是這樣地被構成，即如「能承受得起一普遍的自然法則底形式
之考驗」那樣而被構成，則它便是道德地不可能的〔雖然在自然中
它仍可是可能的〕。〔案：〔　〕號中語依拜克譯補。康德原文
無。〕這一點甚至亦是常識底判斷；因爲常識底通常判斷，甚至經
驗底判斷，皆總是基於自然之法則上的。因此，常識總是有自然之
法則在手邊的，唯獨在那些「從自由而來的因果性在那裏被評論 193
〔被判斷〕」的事例處，這才使那自然之法則只成爲自由之法則之
符徵，因爲設無某種東西，常識可在一經驗之情形中使用之以爲一
例證，則常識必不能在實際中給一純粹實踐理性底法則以適當的使
用。〔這樣，自然法則總是存在於手邊，但是在那些「從自由而來
的因果性在那裏被判斷」的事例處，自然法則才只用來充作自由之
法則之符徵，因爲如果常識不曾有某種東西在現實經驗中去使用之
以爲一例證，則它決不能在「把純粹實踐理性底法則應用於那種經
驗」中對此法則作任何使用。——依拜克譯。〕

　　因此，去使用感取世界底系統以爲超感觸的事物系統之符徵，
這是可允許的，設我並不把直覺以及那「依靠於這直覺」的東西轉
移至這超感觸的事物系統上，但只把法則一般之形式應用於其上時

（這「法則一般之形式」之概念甚至在理性之「最通常的」〔註〕
使用中亦發生，但在理性之純粹的實踐使用以外的任何其他目的
上，它卻不能確定地先驗地被知）；因為凡法則，如其為法則而觀
之，言至此，皆是相同的〔等值的〕，不管它們從什麼地方引生出
其決定原則。

〔註〕：阿保特註云：

德文原文為「最純粹的」，依哈頓斯坦之猜想改之。

抑又有進者，因為一切超感觸的東西，除（通過道德法則而來
的）自由外，絕對沒有什麼其他東西〔可被知〕，而甚至這自由亦
只當它是不可分離地被函蘊於那道德法則中它才可被知；進一步，
又因為「理性依順那道德法則之指導可引我們所至」的那一切超感
觸的對象，除為道德法則之目的以及為純粹實踐理性之使用外，對
於我們仍然無有實在性；而最後又因為理性有權，甚至是被迫著，
去使用物理的自然（依其作為知性底對象的純粹形式而說的物理的
自然）以為判斷之符徵：因為以上諸原故，所以我現在所作的這個
解說足可用來去防止把那「屬於概念之符徵」的東西計算於「概念
自身」內。即是說，這符徵，由於是判斷之符徵，它防止實踐理性
底經驗主義，此經驗主義把實踐的善與惡之概念只基於經驗了的後
果（所謂幸福）上。無疑，幸福以及那些「從一『為自私〔自我貪
戀〕所決定』的意志而產生」的無限數的利益（如果此種意志同時
亦把它自己升舉為一普遍的自然法則時），它們確然可為道德地善
充當一完全適合的符徵，但它們卻並非與道德地善為同一的。這同

194

一符徵亦足防止實踐理性底神秘主義，此神秘主義把那只充作一「符號」的東西轉爲一「規模」，即是說，它想去爲道德概念供給現實的直覺，但是，此直覺不是感觸的，而是一不可見的上帝王國之非感觸的直覺，如是，它乃衝進「超絕」之領域。那適合於「道德概念之使用」者只是判斷之理性主義，此理性主義從感觸的自然系統中只取那「純粹理性以其自身亦能思議之」者，即是說，只取其「符合於法則」之符法則性〔只取那合法則性——依拜克譯〕，而所倒轉地轉移成超感觸的東西者沒有別的，不過就是那「能夠因著感取世界中的行動，依照一自然法則之形式規律，而現實地被展示」者。但是，謹防實踐理性底經驗主義是更爲重要；「因爲」〔註〕神秘主義與道德法則底純淨與莊嚴是完全相融的，此外，「去濫用（或舖張）一個人的對於『超感觸的直覺』的想像」，這對於普通的思想習慣並不是十分自然的或十分契合的；因此，此方面的危險並不太一般。可是，另一方面，經驗主義從根上拔除了意向底道德性（在此意向底道德性中，而不只是在行動中，即存有「人們所能而且所應當給與於其自己」的那高度價值），而且它以某種完全另樣的東西，即：一經驗的興趣（「一般地說的性好秘密地與之相聯合」的那經驗的興趣），來代替義務；又，爲此之故，經驗主義與一切性好相聯合，此性好（不管它們穿戴的是什麼樣式），當它們被昇舉到「一最高的實踐原則之尊嚴」時，它們即貶損〔或降低〕了人之爲人之人；而縱然如此，由於這些性好對於每一人的情感是如此之可偏愛，所以，爲此之故，經驗主義比神秘主義更爲危險，神秘主義從未構成大多數人之持久狀況。

〔註〕：阿保特註云：

康德原文爲 " womit " (＝ wherewith, with, by which)，依哈
頓斯坦讀爲 " weil " (＝for, because)。〔在中文，即譯爲「因
爲」。〕

附錄：譯者對「符徵」義的疏釋

此第二章之正文是說實踐理性底對象是善與惡，而善與惡之概念是隸屬於實踐法則的。實踐法則決定善與惡，不是善之概念為首出，以之為實踐法則之基礎。否則必成意志之他律。正文反覆只說此義。

正文後附之以解說，標曰：「純粹實踐判斷底符徵」　　　則甚為精微奧妙，與前第一章正文後所附之兩段解說　　　精微奧妙。大抵正文是分解的建立，而所附之解說　　　批判的抉擇，此正是康德學之特色　　　　　　　實功與真知灼見處，雖然並非無討論之餘　　　　　　　識見亦足見其限度。

「純粹實踐判斷底符徵」是類比著知解理性底判斷處知性範疇之「規模」而說的：在彼處曰規模，在此處無規模可給，因此說「符徵」以表示道德法則之可展示於現實經驗中。「符徵」英譯為 typic，在行文中亦說為 type，而以「符號」（象徵）或「例證」（證驗）說明之，因此以「符徵」譯之，不可譯為基型、典型、類型、範型等字。

何以言規模（圖式）？蓋為知性概念可以因之而下達故。知性與感性本是異質的，而知識之對象只因著感性而被給與，並不因著知性而被給與，但只因著知性而被思。因此，知性之概念如何可以下達於感性，這便成問題。因此，在《純粹理性批判》中既有超越的推證以通之，使知性與感性可以貫通起來，復有規模作媒介以迎接之，使知性概念可以下達。但是實踐理性底法則（自由之法則）

以及「道德地善」或「無條件地善」是屬於純智思界的,而行動則
屬於感觸界,因此,「期望在感取世界中去找出一個事例,此事
例,雖然如其為一事例,它只依於自然之法則,然而又允許一自由
之法則之可應用於它,而且我們又能把那須現實地被顯示於此事例
中的『道德地善的』之超感觸的理念應用於其上,這似乎是悖理
的。這樣,純粹實踐理性底判斷遭受到同樣的困難,即如純粹知解
理性底判斷所遭受到者那同樣的困難。」此即是說,自由之法則如
何可應用於感取於世界中的行動呢?那須現實地被顯示於此行動
(為一事件行動)中的「道德地善」或「無條件地善」之超感觸的
理念如何可應用於此行動呢?這困難是類比著知解理性底判斷而說
的。但是這困難雖與彼知解理性底判斷所遭受者為同樣的困難,但
亦有不同處。因為在彼處有規模可給,而在此卻無規模可給;又,
在彼處需要有「推證」,而在此卻不需要有「推證」。是故康德繼
上文這樣說:「但是,純粹知解理性底判斷在手邊〔或就近〕有辦
法逃脫此困難,因為就理性之知解的使用而言,直覺是需要的,對
此直覺,知性底純粹概念能應用於其上,而這樣的直覺(雖只是關
於感取底對象之直覺)能先驗地被給與,因而當涉及此直覺中的雜
多之聯合時,此直覺又能當作規模而符合於知性底純粹先驗概
念。」(拜克譯措辭有異,義相通。)這一句是根據《純粹理性底
批判·規模章》而簡述。語中的直覺是純粹的直覺或先驗的直覺,
指時間說;「直覺中的雜多之聯合〔或連繫〕」,「雜多」亦指
「純粹的雜多」而言;「此直覺又能當作規模而符合於知性底純粹
先驗概念」,所謂「當作規模」亦是簡單地說,詳言之,當該是超
越的想像就時間這純粹直覺而形成規模以符合於知性之純粹概念,

因此，規模是媒介，由之，知性概念可以下達，而形成知解理性底先驗綜和判斷。此即是所謂「知解理性底判斷就近有辦法逃脫此困難。」「可是另一方面，『道德地善』（善下『的』字可省）是這樣的某種東西，即其對象是超感觸的者；因此，對此超感觸的東西，沒有什麼與之相應的東西可被發見於任何感觸直覺中。因此，『依靠於純粹實踐理性底法則』的判斷似乎要遭受到一些特別的困難，這些特別的困難是從以下的情形而發生，即：一自由底法則是要應用於行動的，而這些行動是發生於感取世界中的事件，而就此而言，它們又屬於物理的自然。」

行動，若當作一發生於感取世界中的事件看，它屬於物理的自然，因而也就必須順從物理法則。這樣說時，作為一事件的行動與物理法則底關係是認知中的關係，即是說，這事件馬上落於認知關係中而為認知底對象，此則須用知解理性以處理之，因而屬於「知解理性之判斷」者。但是當行動歸屬於自由之法則時，此關係不是一認知的關係，而是一縱貫的決定關係——決定其應當存在，即吾人必須依照自由之法則而行動，此即為行動之必然性；其存在之可能是「實踐地實現之」之可能，而不是認知中的事件存在之可能，此後者之可能是取決於感性與知性的，感性把它給與於我們，知性則以法則而決定之，決定其法則中的存在。一自由之法則亦可應用於它，這裡說「應用」，這不是恰當地說法，不過隨便這麼說而已，嚴格言之，只是依照自由之法則實踐地決定其應當出現（存在），這就是把自由之法則應用於它或適用於它了，這只表示它縱貫地實踐地有所歸屬而已。這「應用」和「認知地把物理法則應用於它」之應用完全不同。既如此，則它不處於認知關係中，而處於

實踐關係中，因此，它無認知關係中的規模（通過想像就時間形成的規模）可給。是故康德說：「在這裡，我們並不是要從事於一『依照法則而發生』的事件之規模，但只從事於一法則自身之規模（如果規模一字在此可允許時），因爲『意志（不是行動即關聯於其結果的行動）無須任何其他原則而單爲法則所決定』這一事實即把因果性之概念連繫到一些條件上去，此等條件是完全不同於那些構成物理的連繫者。」語中「但只從事於一法則自身之規模」，此「法則自身」即自由之法則也。說「此法則自身之規模」，這只是隨上句行文之方便，故趕快註云：「如果規模一字在此可允許時」，實則在此不可說規模也。「意志……單爲法則所決定」，此意志即是自律自由的意志。這樣的「意志之決定」所形成的「意志之因果」是一種特別的因果，它與認知關係中事件關聯之物理因果不同，因此，它所連繫到的條件亦不同於那構成物理連繫者。其所連繫到的條件如：自由、無條件地善等，此純屬於智思界者，雖然作爲結果的行動屬於感觸界。構成物理連繫的條件則如時間、規模、範疇等。因此，此兩種因果是完全不同的。構成物理連繫的因果概念需要規模以下達（實化），但此意志因果，自由之法則（道德法則），由於不是認知中的事，它不能有規模作媒介以使之實化。但是純粹理性其自身即能是實踐的，自由之法則必然地可實化，可適用於作爲感觸界中的事件之行動。此將如何說明，於何見之？此處不能說規模，只能說「符徵」。以何爲道德法則之符徵呢？

康德答曰：以知性所提供之自然法則爲道德法則之符徵，以感取世界之系統爲超感觸的事物系統之符徵。這種工巧而深微的思考

如何可理解呢？

康德說：「物理法則，由於是這樣一個法則，即『感觸直覺底對象須服從之』這樣的一個法則，是故它必須有一與之相應的規模，即是說，它必須有一一般的想像程序，藉著此程序，它把法則所決定的知性之純粹概念先驗地展現於感取上。但是，自由之法則（即不隸屬於感觸條件的因果性之法則），結果也就是說，『無條件地善』之概念，它不能有任何直覺，結果也不能有任何規模，可提供給它，為其現實的（具體的）應用之目的而提供給它。結果，道德法則除以知性（不是想像）助其應用於物理對象外，它不能有任何其他〔認知〕機能以助之；而知性，為判斷之目的，不能夠為一『理性之理念』供給一感性之規模，但只能供給一法則，雖然只是就法則之形式而為法則。但是，這樣的一個法則，由於其能夠具體地被展示於感取之對象中，所以它亦是一自然之法則。因此，我們可名此法則曰道德法則之符徵。」（拜克譯義同。）知性為自然立法，它是通過範疇而為自然立法，因此形成自然之法則（物理法則），即：感觸直覺底對象所必須服從之之法則，因此，亦即是現象之法則。知性只能供給法則，即在認知關係中，它亦只能供給法則，它不能供給規模，規模是由想像而供給。今說知性有助於道德法則之應用於物理的對象（當作事件看的行動），它是以何方式助之呢？它只能以供給法則之方式助之，並不能以供給感性之規模之方式助之，它不能為實踐理性底判斷之目的，為一理性之理念供給一感性之規模，但只能供給一法則。自由之法則以及「無條件地善」之概念俱是理性之理念，這是不能有任何直覺或規模以供給之的，即是說，它不能感性化或直覺化，它不能感性地被實化或直覺

地被實化。是以要想明其應用於物理的對象,除知性外不能有任何
其他認知機能以助之,感性不能助之,想像亦不能助之。但是知性
之助之,是只能供給法則以助之,不能供給規模以助之。但是知性
所供給之法則只是自然之法則。此自然之法則只可作爲道德法則之
「符徵」,不是道德法則之「規模」。這兩種法則是很不相同的,
一是感觸界的,一是智思界的,而智思界的道德法則又不能感性地
或直覺地被實化,是以自然法則只能作它的符徵,不能作它的規模
(圖式)。

　　但是,自然法則如何可作道德法則之符徵呢?這不是很容易了
解的。康德的說明似乎不很夠,因爲此中的曲折相當複雜,康德所
意識到的似乎是簡單了一點。康德是藉行動底格言(格準)與普遍
的自然法則相比較來檢驗我們的行動格言就行動之存在說是否能成
爲一個普遍的自然之法則。如果能,這格言便是道德的格言;如果
不能,這格言便不能是道德的格言。例如欺騙底格言、自殺底格言
等,就行動之存在說,便不能成爲一普遍的自然法則,因此,它們
皆不能成爲道德的格言,儘管它們在自然中可以存在,依它們而來
的行動亦事實上是有的。何以說「普遍的自然法則」呢?因爲依康
德,行動,一成爲行動,它便屬於感觸界中的現象,它之存在即須
服從自然法則,而此自然法則是普遍的。但是欺騙底格言不能有普
遍性,你欺騙不能隨著說別人也欺騙。因此,它不能像自然法則那
樣普遍,因而也就不能成爲一普遍的自然之法則。行動,就實踐理
性說,是直接屬於自由意志之決定,因而亦就是說直接屬於道德法
則;而就行動之存在說,那道德法則必須有普遍性,即我如此行動
而有此行動之存在,他人或任何人或任何理性的存有亦皆必須如此

行動而有此行動之存在。但是，一說到行動之存在，它便屬於感觸界中之現象，因此，它必須服從普遍的自然之法則。因此，行動兩頭通，一頭通自由之法則，一頭通自然之法則，這兩種法則必須相對應，因此，普遍的自然之法則可為道德法則之符徵。符徵，就好像荀子所說的「辨合符驗」，「辨」是分別，因為道德法則與自然法則不同，「合」即兩者相對應，「符」即兩者相對應而若符之合，「驗」即以自然法則驗證道德法則（首先檢驗格言是否有普遍性，進而再相順地驗證那有普遍性的格言之為道德的）：總起來，自然法則便是道德法則之符號、象徵、或作為驗證之例證，這就是康德所說的「符徵」（不是規模）之意。這個意思的「符徵」亦好像《易傳》所說「天垂象，見吉凶」語中之「象」。「天」就好像道德法則，其所垂之「象」就好像「行動」，「見吉凶」就好像行動之存在是否兩頭通，若兩頭通則吉，否則為凶。道德法則是本，自然法則是「象」。因此，康德所說的"typic"不能譯為基型、範型、典型之類，因為若如此，人們可想自然法則是本，道德法則依傲之而成，這樣便成大顛倒。因此，該字只可譯為「符徵」。若有「範」字的意義，那只是說依據自然法則來檢驗格言是否有普遍性，是否為道德的。若就已有普遍性的格言（道德法則）而言，則只可說「符徵」，「範」字並不可說，即並非依據自然法則為範型而成立道德法則也──本末不可顛倒。因此，康德說：「將其行動之格言與一普遍的自然法則相比較，這種比較固不是他的意志之決定原則；可是，縱然如此，這樣一個法則（普遍的自然法則）卻是那『依於道德原則上』的格言之**估價**之符徵。如果行動底格言不是這樣地被構成，即如『能承受得起一普遍的自然法則底形式之**考**

驗』那樣而被構成,則它便是道德地不可能的〔雖然在自然中它仍可是可能的。〕這一點甚至亦是常識底判斷;因為常識底通常判斷,甚至那些屬於經驗的判斷,皆總是基於自然之法則上的。因此,常識總是有自然之法則在手邊的,唯獨在那些『從自由而來的因果性於其中被評論(被判斷)』的事件上,這才使那**自然之法則**只成為**自由之法則**之**符徵**,因為設無**某種東西**,常識可在一經驗之情形中使用之以為一**例證**,則常識必不能在實際中給一純粹實踐理性底法則以適當的使用。」

康德說明「符徵」底意義只如此。自然之法則既只是自由之法則之符徵,不是其規模(圖式),所以我們不能用「想像、時間、規模」作媒介來感性地或直覺地明其下達,但只能實踐地以自然法則之形式作符號或徵象來驗證其下達。是以康德作綜結說:「因此,去使用感取世界底系統以為超感觸的事物系統之符徵,這乃是可允許的,唯只假定有一點,即我並不能把**直覺**以及那『**依靠於這直覺上**』的**東西**轉移至〔或帶到〕這超感觸的事物之系統上,但只能把那**法則一般底形式**應用於其上(這法則一般底形式之概念甚至在理性之最普通的使用中亦發生,但在理性之純粹的實踐使用以外的任何其他目的上,它卻不能確定地先驗地被知);因為法則,即如其為法則而觀之,言至此,一切盡皆是同一的〔等值的〕,不管它們從什麼地方引生出其決定的原則。」此中所謂「法則一般底形式」即指自然之法則之形式面而言,意即法則之普遍性,不管其材質面(即其所統馭之內容),亦不管其來源之何所自。「把法則一般底形式應用於其上」,所謂「應用於其上」意即應用於「超感觸的事物系統(道德法則、無條件地善等)上」,應用之以驗證行動

格言之為道德的（有普遍性），並驗證超感觸的事物之可下達，而為超感觸的事物之符號或徵象，「應用」一字須活看。康德的表達也許不是很善巧的，須仔細理會以得其意。又，「法則如其為法則而觀之一切盡皆是同一的」，拜克譯為「等值的」，此較佳。所謂「等值的」，意即皆有普遍性，在普遍性上相同也，非是法則相同也。

　　符徵說底總持作用就是「防止把那屬於概念之符徵的東西計算於概念自身之內」。自然之法則只是自由之法則之符徵，並不是「自由之法則」自身也。散開說，還有兩個重要的作用：一是「防止實踐理性底經驗主義，此經驗主義把善與惡之實踐的概念只基於經驗了的後果（所謂幸福）上。無疑，幸福以及那些從一『為自私（自我貪戀）所決定』的意志而結成的無限數的利益（如果此種意志同時亦把它自己升舉為一普遍的自然法則時），它們實可足為『道德地善』充當一完全適合的符徵，然而它們卻不等於道德地善。」經驗主義從幸福上建立道德原則，這是把作為「道德地善」之符徵的東西當作「道德地善」本身了。致感性上的幸福，如果在理性底指導之下，自亦為道德法則所許可，然此被許可的幸福只是「道德地善」之符徵，並不是「道德地善」之自身。幸福格言之有普遍性，就幸福之事之存在言，它之可成為普遍的自然之法則，此只是道德法則（自由之法則）之符徵，並不是道德法則之自身。知此，則不能有實踐理性底經驗主義之出現。另一個作用便是「防止實踐理性底**神秘主義**，此神秘主義把那只充作一『**符號**』的東西轉為一『**規模**』，即是說，它想去為道德概念供給**現實的直覺**，但是，此直覺不是感觸的，而是一不可見的上帝王國之『**非感觸的直**

覺 』〔案：即**智的直覺**〕，如是，它乃衝入〔或投入〕『 **超絕** 』之
領域。」依康德，吾人不能有「 非感觸的直覺 」，因此，吾人不能
為道德概念供給現實的智的直覺。但是神秘主義則想為道德概念供
給智的直覺，一對於「 一不可見的上帝王國 」之「 非感觸的直
覺 」。這是把那只充作一「 符號 」的東西轉為一個規模（ 圖式 ）。
但是，既說「 非感觸的直覺 」，是否還可說為「 規模 」，這是很成
問題的。或者康德的意思只是順文勢方便借用，借用感性式的規模
說「 非感性式的規模 」以表示上帝王國（ 物自身底世界 ）之朗然呈
現（ 真實化 ）而已。但即使是如此，規模義亦喪失。因著非感觸直
覺底插入，全部存在界，原屬現象者，現今一起昇登而為「 物之在
其自己 」，因而成為上帝王國，蓋因在上帝面前，在智的直覺面
前，一切皆「 物之在其自己 」故。此亦如佛家所謂「 最清淨法界 」
也。此即成康德所說的神秘主義。「 符徵 」義防止這種神秘主義，
不允許我們把作為「 符號 」者轉為規模，不允許我們衝入「 超絕 」
之領域，我們對於上帝王國無智的直覺，上帝王國不能朗然呈現
（ 真實化 ）。

　　因此，所剩下的只有理性主義。「 那適合於道德概念之使用者
只是判斷之理性主義，此理性主義從感觸的自然系統中只那取『 純
粹理性以其自身所亦能思議之 』者，即是說，只取其『 符合於法
則 』這『 符法則性 』，而所倒轉地轉移成超感觸的東西者沒有別
的，不過就是那『 能夠因著感取世界中的行動，依照一自然法則之
形式規律，而現實地被展示 』者。」這「 現實地被展示者 」就是那
道德法則（ 自由之法則 ）以及「 道德地善 」（ 無條件地善 ）等。此
等物事本屬超感觸者。它們因著感取世界中的行動，依照一自然法

則之形式規律，而現實地被展示於經驗界。既現實地被展示於經驗界，難道都成了經驗的，被經驗湮沒了？不，它們仍可倒轉地轉回去，因爲它們本屬超感觸的故。而所倒轉地轉回去以爲超感觸的者亦只是此等，而並無別的；我們不能帶著感性規模或任何直覺而一起轉回去，都成爲超感觸的。而留在自然系統中的自然法則之形式規律只是那超感觸的道德法則之符徵，藉以符驗行動格言之普遍性以及道德法則之可行性。故理性主義只取感觸的自然系統中的那符法則性，理性以其自身所能思議之者，取之以爲道德法則之符號或象徵也。只止於此，則爲理性主義；過此，則爲神秘主義；不及此，則爲經驗主義。

康德此段文章底正義止於此。

茲再進而作一省察。第一、類比知解理性底判斷處之規模而說實踐理性底判斷處之「符徵」，這種類比的思考方式是否必要？道德法則既不需要推證（超越的證成），自亦不需要第三者作媒介以使之下達，因此，這種類比的說法自亦不必要。因爲道德法則是一「事實」，依道德法則而行動，問題只是你行動不行動。你若不行動，也沒有什麼巧妙的辦法（除教育外）使你必行動。你若行動了，則道德法則自然能應用於你的行動。所謂應用即是你的這行動乃依道德法則而來，這是一個實踐的縱貫關係，與「認知一個對象」這認知中之橫列關係不同。在縱貫關係中，對象底存在，行動之存在，乃是「實踐地創生之」的存在；在橫列關係中，對象底存在（對象包括自然的對象與作爲事件的行動），行動底存在（行動非行動俱在內），乃是通過感性而被給與，這裡不論創造。只要知道這兩種關係不同，類比即不必要。

　　但是，第二、旣是縱貫關係，則從落於現象界之行動倒轉回去，說一個「符徵」之關係，以明與知謐處之「規模」不同，且亦明此處根本不能說規模，這亦未始不可。康德在《道德底形上學之基本原則》中說定然律令云：「你只應依那種格準而行，即因此格準，你能同時意願這格準必應成爲一普遍法則。」簡單地說，你只應依照你的格準之可成爲一普遍的道德法則者這樣的格準而行。其次，就行動之存在，他進而說此定然律令云：「你只應這樣行動，即行動得好似你的行動之格準因著你的意志眞要成爲一普遍的自然之法則。」定然律令之此種說法即是符徵說之所依。行動之格準，從意志發者，如有普遍性，本屬道德法則。此種行動之格準成爲普遍的自然之法則，這是就行動之存在說。若是道德法則而成爲普遍的自然之法則之統馭行動之存在，那麼這「自然之法則」是表示「行動」這自然之來源，來源於意志之創造，其存在是「實踐地創生之」之存在，是這樣地爲自然之法則。道德法則而爲普遍的自然之法則是儒者所謂實事實理底問題。行動之存在是「實事」，道德法則是「實理」。實理直貫於實事。這裡亦不必說「符徵」，至多可說道德法則不是超絕地懸掛，而是內在地被體現了（亦算是實化了），而實事不是它的符徵，是它所實踐地創生地貫徹的。這恐是康德對於那定然律令的另一種說法之直接的意思。但是康德說行動是當作意志之結果看，而「結果」屬於感觸界，因此，它們是現象；而現象爲普遍法則所決定，即名曰「自然」。但是，此**決定現象**的普遍法則，即所謂「**自然之法則**」者，是**知性所供給**，即**認知關係**中的法則，知解理性底判斷中之法則。行動底格準因著我們的意志成爲普遍的自然之法則，不是這知性供給的「自然之法則」

（此知性所供給者乃是自然法則之本義），乃是類比著自然之法則之普遍性就行動之存在而說行動底格準之普遍性，故云「行動得好似」云云（覆看上文所引）。此並非說行動底格準即是知識中自然之法則，與此自然法則爲同一也。因此，一個依道德格準而來的行動兩頭通，通兩種法則：一方通自由之法則，這是說明「行動」這自然之來源，自由之法則（道德法則、行動之格準）之成爲普遍的自然之法則是就行動之實踐地創生的來源之存在而說的；一方通自然之法則，這是說明「行動」這自然之爲認知底對象，這對象之存在是通過感性而被給與，因此，是現象，自然之法則是知性所供給，決定行動這現象之所以爲「自然」者。這裡，有知識一層之橫插。這一層撐開，由兩頭通而展示者，乃正由現在所討論的符徵說而見出，而上文所引定然律令之次一表示則未有此撐開，說的太簡略，殊令人迷惑，然而若依康德全部系統而觀，其意亦明白，不至有誤解，只是簡略而已。

　　但是，第三、一個依格準而來的行動既是兩頭通，則把行動只說爲現象，似乎少了一層曲折，而亦影響符徵義之充分極成——符徵義自是可以說，但康德的表示不甚能徹底通透。今欲使之徹底通透，看當如何說。首先，行動決定於意志，未有可有，已有可無；當作感觸界的現象看，它固可劃於「自然」，因而亦遵守自然之法則，就此而言自然之法則爲自由之法則之符徵，這自是可以的。但是一草一木並不是我們的行動，此處自然之法則如何可說爲自由之法則之符徵？顯然行動之外延比知識對象之外延爲狹。我們只能說行動處之自然法則爲自由之法則之符徵，而不能無限制地說全部自然法則之範圍是自由之法則之符徵。但康德說符徵義並無限制。今

欲極成此無限制的說法，這將如何可能？其次，作爲知識對象的自然有現象與物自身之分，如一草一木作爲知識底對象，它們是現象，但它們亦有物自身的身分，此則不是知識底對象。但行動卻只有現象的身分，而並無物自身的身分。我們不能說自由意志是行動這個現象底物自身。因爲現象與物自身是就同一物說，非就異物而言。因此，若無限制地說符徵義，則一草一木處之自然法則如何可說爲自由之法則符徵？又其物自身之身分如何交代？若有限制地說符徵義，則行動之自然法則自可說爲自由之法則之符徵；但行動是現象，可是一說現象便亦應有其物自身之身分，否則「現象」之詞亦無意義；但這裡又無「物自身」義。這都是康德系統中的刺謬。這些刺謬逼著我們需有進一步的調整與消化。

依儒家的智慧，這已經是暢通了的。首先，心外無物，心是無限的心；旣是無限的心，亦應生天生地，亦應有智的直覺。如是，天地萬物對此無限心而言，首先是物自身的身分，即是「無物之物」也；只當無限心坎陷而爲有限的認知心，成爲知性，隨感性以行，天地萬物之物自身的身分始被扭曲而爲現象。如是，無限心對物自身而言是**直貫的**，對現象而言是**曲通的**。就直貫而言，是目的王國，亦可以說是上帝王國。就曲通而言，認知心處普遍的自然之法則即返而爲自由之法則之「符徵」，不是它的規模，說「引得」或「指標」亦可，由之可溯其源也，因爲它本是曲通地從那個源頭而來也。依儒者，道德秩序即是宇宙秩序，自由之法則即是普遍的自然之法則，這自然之法則是就**物自身**說的，是說明物自身之「**來源的存在**」的。因此，認知關係中之自然法則便只好作自由之法則之符徵、引得、或指標。就吾人之實踐言，無限心即是理（自由之

法則），依此無限心之理以及其智的直覺而來的行動首先亦應是
「行動之在其自己」，不是現象，此即所謂實事實理，現象只對認
知心而言。如晬面盎背，聖人之「踐形」，揚眉瞬目，一言一動，
俱是「知體之著見」，無限心之所引生，此則便只是行動之在其自
己。人只爲私欲間隔，無限心不能呈現，所以才邪行亂動，認知心
隨而膠著其內，所以才只見有現象。若是承體順動，則首先只是物
自身之身分，現象只對認知心而轉成。邪行亂動可去，而順動必然
有，認知心不可廢，現象義亦不可廢。如是，現象處之自然法則便
只是自由之法則之符徵、引得、或指標。「宇宙內事便是己分內
事，己分內事即是宇宙內事。」此是以事攝物，攝物歸事。「萬物
皆備於我，不獨人耳，物皆然，都自這裏出去。」（明道語）此是
以物攝事，攝事歸物。不獨是吾人的實踐統屬於自由之法則，全宇
宙亦由無限心提挈而爲一大實踐，此是一整全的實踐過程。如是，
康德系統中的那些剌謬便得一調整而暢通矣。但是這樣調整必須承
認㈠自由意志是一無限心，㈡無限心有智的直覺，㈢自由不是一設
準，而是一呈現。

　　這樣，符徵義便徹底極成。而亦並未將「符號」轉成「規
模」，亦並未擴張我們的知解知識，超絕域還是超絕域，智的直覺
是智知，並不是識知。你說這是神秘主義，但依儒者觀之，這是理
性之極，一點不神秘。這是實踐理性之通透與圓成。

　　當康德說兩界之結合，通而爲一時，於自然方面是並無限制
的，但上面有一自由，復有一上帝，物自身交給上帝，並未交給自
由，自由受了局限，這又是剌謬，不暢通。儒者的調整暢通爲康德
系統所必函，亦是其必然的歸宿。符徵說只表示自然法則與自由法

則之外在關係。當康德講到「目的論的判斷」中之「內在的目的性」時，即把兩者通而爲一，這即是內在地通而爲一了。於此內在的通而爲一中，又把物自身剌出去交給上帝，這是很難說得通的。康德於上面一截是有許多虛歉不透徹處。順其意函而暢通之，這是儒者的智慧。吾疏解其符徵說止於此。讀者先藉此了解康德之本文亦可矣。

第三章　純粹實踐理性底動力　　　　　　　195

　　行動之道德價值中那本質的東西便是：道德法則定須直接地決定意志。如果意志底決定實依照道德法則而發生，但只因著一種情感，不管是那一種，始**能如此**（要想法則可足夠去決定意志，這種情感須被預設），因而也就是說，不是**爲法則之故**而**如此**，則這行動將只有合法性，但無道德性。〔如果意志底決定實依照道德法則而發生，但只因著任何一種情感，不管是那一種，始能如此（要想法則可以成爲意志底一個決定根據，這種情感必須被預設），而且**這樣，如果這行動**不是**爲法則之故而發生**，則這行動便只有合法性，而無道德性。——依拜克譯。〕

　　現在，如果動力〔或興發力〕（elater animi），我們理解之爲一存有底意志底決定之主觀根據（此存有乃是這樣的存有，即「其理性不是依其自己之本性即能必然地符合於客觀法則」者），如是，則隨之而來者便是：第一點，沒有動力能夠被歸屬給神聖的意志；第二點，人的意志之動力（以及每一被造的理性存有之動力）除是道德法則外，不能是任何別的東西；結果，第三點，決定底客觀原則必須同時亦**總是**而且**獨是**行動之主觀地充分的決定原則，如　196果這行動並非只是「去滿足這法則之**文貌**而並未含有法則之精神」〔註〕。

　　　〔**註**〕：**康德在此有底註云：**
　　　　關於這樣的每一行動即「它符合於法則，但它卻不是爲法則之

故而被作成」，這樣的每一行動，我們可說它是在**文貌**上爲道德地善的，而不是在**精神**上（在意向上）爲道德地善的。

依是，**因爲**在「給予道德法則以影響力——影響於意志之影響力」之目的上，我們必須不要尋求那「可以能夠使我們去廢棄法則本身底動力」的任何其他動力，因爲那些其他動力必只產生僞善，而無表裡一致的堅實性〔而無任何實質——依拜克譯〕；而「去允許其他動力（例如興趣或利益之動力），甚至允許之以與道德法則相合作」，這甚至是危險的；**是故**除小心地去決定：依什麼路數道德法則變成一種動力，以及這動力在意欲機能上所有的結果是什麼，以外，便沒有什麼東西遺留給我們。因爲關於「一個法則如何直接地而且即以其自身即能是意志之一決定原則」這問題，這對於**人類的理性**而言是一**不可解決的問題**，而且與「一自由意志如何是可能的」這問題**爲同一**，因此，我們所要先驗地去表示的乃是：不是道德法則**爲什麼**其自身即**供給一動力**，而是即如其爲一動力，它在心靈上所產生的（或較正確地說所必須產生的）結果是什麼。

〔案〕：此最後兩整句是〈批判考察〉中所要説者。如果點出本心，這是多餘的。在此需要讀者熟習陸、王心學以及佛教言「眞如心」者。

在因著道德法則而作成的意志底每一決定中那本質的一點便是：由於是一自由的意志，所以它只是爲道德法則所決定，不只是沒有感性的衝動之合作，且甚至拒絕一切感性的衝動，以及抑制一

切性好，當這性好相反於那法則時。依是，當作一動力看的道德法則其所有的結果〔或所產生的結果〕只是消極的，而此動力能夠先驗地被知爲是如此的。因爲一切性好及每一感性的衝動皆基於情感，而所產生於情感上的這消極的結果（因著抑制性好而產生的）其本身也是一情感，所以結果，我們能先驗地見到：道德法則，作爲意志底一決定原則，它必須因著抑制一切我們的性好而產生一種情感，此情感可被名曰痛苦；而在此情形中，我們即有一第一事例，或許亦是唯一的事例，在此事例中，我們能從先驗的考慮去決定一個認知（在此是純粹實踐理性底認知）對於苦樂之情底關係。一切性好（這一切性好能被化歸爲一可容忍的系統，在此情形中，它們的滿足即被名曰幸福）總起來構成「自我顧念」。這自我顧念它或是「自我貪戀」，即存於一過度的溺愛個人自己的那自我貪戀（我愛），或是滿足於個人自己。前者更嚴格一點說，名曰「自私」，後者則名曰「自滿」〔自大〕。純粹實踐理性只抑制自私，由於視之爲在我們生命中甚至是先於道德法則的自然的而且是主動的東西而抑制之，只要當去把它限制於「與此法則相契合」這個條件時，即可如此抑制之，而如此抑制已，它即可被名曰「合理的自我貪戀」〔合理的我愛〕。〔純粹實踐理性只抑制自私，因爲自私，當作是在我們生命中甚至是先於道德法則的自然的而且是主動的東西來看，乃是爲道德法則所限制，限制之於「與法則相契合」；當限制已作成時，自私即被名曰「合理的自我貪戀」〔合理的我愛。——拜克譯。〕但是「自滿」〔自大〕，則理性必全部擊滅之，因爲先於「與道德法則相契合」的一切對於「自我尊重或尊大」的要求皆是徒然而不可證成的〔是虛無而空洞的——拜克

197

譯〕，因爲「與這法則相一致〔相契合〕」的一種心靈狀態之確定
是人格價值底第一條件（此如我們現在即將要較淸楚地表示之
者），而若先於這種一致（意即在這種一致以前），則任何對於價
值的虛僞要求或虛假而不合法的。現在，傾向於「自我珍貴或尊
大」的脾性就是道德法則所要抑制的**性好**之一種，只要當這珍貴或
尊大是只基於「**感性**」時〔感性，阿保特譯爲「道德性」，自誤，
今從拜克譯改〕。因此，道德法則必擊滅自滿自大。但是，因爲這
法則是某種其自身是積極的東西，即是說，是一理智因果底形式，

198 即自由底形式，所以它必須是尊敬底一個對象；因爲，因著與**性好**
底主觀對抗相對反，它減弱了自大；又因爲它甚至擊滅了自大，即
貶抑了自大〔以自大爲恥辱〕，所以它是最高尊敬底一個對象，結
果也就是說它是一種**積極情感**底基礎，此積極情感不是屬於「經驗
的起源」的，乃是先驗地被知的。因此，**尊敬道德法則**是一種爲一
理智原因所產生的**情感**，而此情感乃是那唯一「我們完全**先驗地知
之**」的一種**情感**，而此種情感底必然性，我們亦能覺察之〔辨識
之〕。

〔案〕：道德法則在情感上所產生的結果，痛苦是消極
的，尊敬是積極的。

在前章中，我們已見到：任何東西，它若先於道德法則而把它
自己呈現爲意志底一個對象，它即須依該法則本身（此法則本身是
實踐理性底最高條件），從我們所叫做無條件地善的意志底決定原
則中被排除；並且亦見到：那「存於格言之適宜於普遍立法」的純

然實踐形式它首先決定那其自身是善而且絕對地是善者，並且亦是一純粹意志底格言之基礎（單只是這純粹意志才是在各方面皆是善的）。但是，我們現在見到：我們之作爲感性的存有之本性是這樣的，即：意欲底材料（即：性好底對象，不管是所希望的或所恐懼的）首先把它自己呈現於〔銘印於〕我們身上；而我們的感性地被影響的自我，雖然在它的格言方面它是完全不適宜於普遍的立法的，可是，恰像是它構成我們的全部自我，它力求把它的諸要求置於首位〔給它的要求以先在性〕，並且去使它們〔諸要求〕被承認爲是首要的而且是根源的。傾向於去使**我們自己**在我們的選擇之主觀的決定原則中充作意志一般底客觀的決定原則〔去使一個人的選擇之主觀的決定根據轉成意志一般底客觀的決定根據——拜克譯〕這種**脾性**可以叫做「**自我貪戀**」；而如果這種脾性假裝做立法的，作爲一無條件的實踐原則這樣的立法的，則它即可叫做「自滿自大」。〔當它使它自己成爲立法的而且成爲一無條件的實踐原則，它便可叫做自滿自大。——拜克譯。〕現在，道德法則（單是這道德法則才眞正是客觀的，即在每一方面皆是客觀的），它依最高的實踐原則完全排除了那自我貪戀底影響，並且無限定地抑制了這自滿自大（即：把自我貪戀底主觀條件規定爲法則的那自滿自大）。現在，不管是什麼，它如果在我們自己的判斷中抑制了我們的自滿自大，它即以這自滿自大爲可恥〔貶抑了自滿自大〕。因此，道德法則不可免地謙卑了每一人，當一個人他把他的**本性底感性的脾性**與這法則相比較時。凡一個東西，其觀念作爲我們的意志之一決定原則，在我們的自覺中謙卑了我們，它即喚醒了對於它自己的尊敬，只要當它本身是積極的，而且是一決定原則時。因此，道德法

199

則主觀地說甚至是尊敬底一個原因。現在，因為每一東西它若進入
自我貪戀中，它即屬於**性好**，而一切性好皆基於**情感**，結果，不管
什麼東西，它若抑制了自我貪戀中的一切**情感**〔一切**性好**──拜克
譯〕，它即因此事實必然地在情感上有一影響；因此，我們了解
了：「**先驗地去覺知**道德法則能夠在情感上產生一種結果」這如何
是可能的，因為它從一切參與於最高立法者中排除了**性好**以及排除
了「去使性好成為最高的實踐條件」的**脾性**（即排除了自我貪
戀）。這個結果一方面只是**消極的**，但是另一方面，就純粹實踐理
性底限制原則說，它是**積極的**。對於這種結果，不需要在一種實踐
的或**道德的情感**之名稱下，預定一種**特殊的情感**以先於道德法則而
充作道德法則之基礎。

　　〔案〕：不需要預定一種特殊的情感以為道德法則之基
　　礎。

　　影響於情感上的**消極結果（不愉快）**是**感性的**，就像每一影響
於情感上的影響以及一般說的每一情感本身一樣。但是，當作道德
法則底意識之一結果看，因而亦就是說在關聯於一超感觸的原因即
純粹實踐理性底主體（最高的立法者之主體）中，一個「被性好所
影響」的理性存有底這種**情感**即叫做愧恥（**理智的自貶**）；但是在
涉及此種情感底積極根源即法則時，這種情感即是對於法則的**尊
敬**。對於這種法則，實無**情感**可言〔意即：並無一種情感為此法則
而有〕；但是因為這法則移除了這抵阻，則這種對於一障礙的移
除，在理性之判斷中，即被估計為等值於對於這法則底因果性之一

積極的幫助。因此，這種情感亦可被叫做「尊敬道德法則」之情，而基於那兩層理由〔即：愧恥與尊敬兩理由〕合而言之，它便可被叫做道德的情感。

因此，雖然道德法則因著實踐的純粹理性而為行動之一形式的決定原則，復進而又是這行動底對象（如名曰善與惡者）之一材質的然而卻又只是客觀的決定原則，然而它同時卻亦是一主觀的決定原則，即是說，是對於這行動而為一種動力，因為它對於這主體底「感性」〔阿譯為道德性，誤〕有一種影響力，並且產生了一種情感，此情感乃是對於「法則之影響於意志」為有傳導力者。〔此情感促進了「法則之影響於意志」。——依拜克譯。〕在這裏，主體中並沒有先在的情感以傾向於道德。因為這是不可能的，蓋因每一情感皆是感觸性的，而道德意向底動力卻必須是解脫一切感觸性的條件之束縛的。反之，雖感觸性的情感（此是一切我們的性好之基礎）是「我們所叫做尊敬」的那種感覺（特殊的情感）之條件，然而那「決定這特殊情感」的原因卻是處於純粹的實踐理性中；因此，這種特殊的情感，因為它的根源之故，它必不可被名曰感性的結果，但只可被名曰實踐的結果。〔它不能被說為是感性地被結成的；它毋寧是實踐地被結成的。——依拜克譯。〕其所以是一實踐的結果，蓋因為因著這事實，即：「道德法則之觀念其剝奪我愛（自私）是剝奪了我愛自私之影響，其剝奪自大是剝奪了自大之幻想」，這事實，即因著這事實，此道德法則之觀念減少了純粹實踐理性之障礙，並產生了「純粹實踐理性之客觀法則優越於感性底衝動」這優越性之觀念；而這樣，因著移除了均衡對抗之均勢，這道德法則之觀念復又在理性底判斷中相對地把較大的重量給與於這法

則（在一爲上面剛才所說的感性衝動所影響的意志之情形中給這法
則一較大的重量）。〔此一整句拜克譯大體相同，康德原文是如
此：其所以是一實踐的結果，蓋因爲由於道德法則之觀念把「我
愛」〔自私〕中之影響以及自大中之幻想剝奪掉，是故**純粹實踐理
性之障礙**就會**被減少**，而純粹實踐理性底客觀法則**在感性之衝動前
之優越性之觀念**就會**被產生**，又這**客觀法則之重量**在理性之判斷中
通過均衡對抗之移除亦會相對地**被產生**（就爲感性衝動所影響的意
志說）。〕這樣說來，尊敬法則並不是對於道德性的一個動力，但
只是這道德性本身才是主觀地被視爲是一動力，只要當純粹實踐理
201 性，因著拒絕自我貪戀（我愛）底一切敵對要求，它把權威性與絕
對主權性給與於法則時（法則即是「現在單是它始有影響力」的那
法則）。現在，那須被注意的便是：因爲「尊敬」是一理性存有底
情感上，因而也就是說，感性上的一種結果，所以「尊敬」預設這
樣的存有底這種感性，因而也就是說，亦預設這樣的存有底有限
性，所謂這樣的存有即是「道德法則把**尊敬**置派於其上」者〔所謂
這樣的存有即是「**尊敬道德法則**」**被置派**於其上者——依拜克
譯。〕；而且此亦須被注意，即：尊敬法則不能被歸屬於一最高的
存有，或被歸屬於任何「不受一切感性底束縛」的存有，**因此**，在
這類存有身上，這種**感性**不能對於實踐理性而爲一障礙。〔**因爲對
於這樣一個存有，決不能有**對於實踐理性而爲障礙者。——依拜克
譯。案：此譯爲佳。〕

　　因此，這種情感（我們名之曰道德的情感）簡單地說只是爲理
性所產生。它不是用來爲行動底估價而服務，也不是用來充作客觀
的道德法則本身之**基礎**，但只是用來充作一種**動力**去使這道德法則

即以其自己而爲一格言。但是，有什麼〔比道德情感爲更好〕的名字我們可更恰當地用之於這獨特的情感，即不能與任何感性的情感相比較的這獨特的情感？它是這樣的一種特殊情感，即它似乎只是**理性之所有事**，實在說來，只是純粹的實踐理性之所有事。

尊敬總是只應用於人格，而決不是應用於事物。事物可以引起性好（而如果它們是動物例如馬、狗等等，它們甚至可以引起愛），或引起恐懼，就像大海、火山、肉食的猛獸那樣；但是它們決不能引起尊敬。有某種較近於這種情感的東西便是讚歎，而此讚歎，當作一種情緒即驚異看，亦可應用於事物，例如高山、量度、天體底遼遠、許多動物底強力與敏捷，等等。但是這一切皆不是尊敬。一個人也可以對於我而爲愛、懼，或讚美，甚至是驚異底一個對象，但尚不是尊敬底一個對象。他的詼諧式的幽默，他的勇氣與強力，他的從地位（他在衆人中所有的地位）而來的權力，皆可以這類的感情鼓舞我，但是說到「內心尊敬他」卻仍然是缺無的。芳特奈利〔Fontenelle，1657-1757，法國的諷刺家以及通俗哲學家〕說：「我在一偉人面前鞠躬，但是我的心卻並不鞠躬。」我可以進而說：在如下所述的一個謙卑的平庸人面前，即在他身上我覺察到品性底正直，其正直之程度比我在我自己身上所意識到的爲高，在這樣一個謙卑的平庸人面前，我的心鞠躬了，不管是否我願鞠躬或不願鞠躬，且亦**雖然**我把我的頭抬得從未如此之高以便使他可以不忘記我的優越地位。〔對於這樣一個謙卑的平庸人，我的心鞠躬了，不管是否我願鞠躬或不願鞠躬，亦**不管**我的頭抬得如何高以便使他可以不忘記我的優越地位。——拜克譯。〕爲什麼是如此？因爲他的範例（即在他身上所表示的品格正直之範例）顯示一個法則

202

給我，此法則謙下了我的自滿自大，當我把我的行爲與此法則相比
較時：此所顯示給我的法則是這樣一個法則，即：「服從此法則」
底可實踐性我見到可因我眼前的事實而被證明。〔此所顯示給我的
法則是這樣一個法則，即它是一個能被服從的法則，因而結果亦就
是一個能實際地付諸實踐的法則，這樣一個法則是爲事實所證明，
證明之於我的眼見。──拜克譯。〕現在，我甚至可以〔在我自己
身上〕意識到一同樣程度的正直，但是尊敬仍然不廢〔即對於眼前
這個謙卑的人的尊敬仍然不廢〕。何以故？這是因爲以下的情形而
然，即：因爲在人們中一切善都是有缺陷的，所以因著一範例而成
爲可見的那法則仍然謙下了我的驕傲，所以能如此，是由於我的標
準是爲這樣一個人所供給，即：「他所有的那些不圓滿，不管是如
何，並不像我自己的不圓滿之被知於我那樣，它們是不被知於我
的，而因此，他亦在較爲更可取的面貌中顯現到我的面前」，這樣
一個人所供給。〔在人們中，一切善皆是有缺陷的，但是因著一範
例而成爲可見的那法則卻總是謙卑了我的驕傲，因爲在我眼前我所
見到的這個人他供給我一個標準，因著他在一較爲可取的面目中很
清晰地顯現到我的眼前而供給我一個標準，不管這個人的不圓滿是
如何，這些不圓滿雖然或許總伴同著他，可是並不是很容易地被知
於我，就像我自己的不圓滿那樣。──拜克譯。〕尊敬是一種我們
不能拒絕去封贈的禮物，不管我們願意或不願意；我們實能外部地
扣住它〔忍而不予〕，但我們不能不內部地感覺到它。

　　尊敬是如此之遠非一快樂之情，以至於就一個人說，我們只是
很不情願地屈服於尊敬〔意即：很不情願地對於一個人不得不尊
敬〕。我們設法去找出某種「可以爲我們減輕尊敬底負擔」的東

西，去找出某種錯誤〔疵瑕〕去爲這樣一種範例所引起的自貶或愧恥來補償我們。即使是死者也常不能逃脫這種批評〔檢查〕，如果這些死者之爲範例顯現爲無比的〔倣效不來的〕時，這尤其如此。即使是在莊嚴崇高的道德法則本身也要招受人們之力求不予以尊敬。我們常想去把這道德法則還原到〔降低到〕我們習見的性好之層次，我們又皆費如許之麻煩去把這道德法則作出來使之成爲我們自己的易知的利益之規準〔箴言〕——被選用的規準，我們之所以這樣作，除我們要想去解脫〔免除〕這有嚇阻作用或警戒作用〔這令人畏懼——依拜克譯〕的尊敬（這尊敬以如此之嚴厲把我們自己之無價值表示給我們）以外，這還有任何其他理由可想嗎？可是縱然如此，另一方面，在尊敬中所有的痛苦〔不樂〕是如此之少以至於是這樣，即：如果一旦一個人已放棄他的自滿自大，並且允許尊敬有實踐的影響力，則他決不能以默識這法則之崇高而被滿足，而靈魂亦相信它自己依照這比例，即如「它看見這神聖的法則被升舉在它之上以及在它的脆弱的本性之上」之比例而被升高。偉大的才能以及比例於這種才能的活動無疑亦可引起尊敬或引起一種類似的情感。去予這些才能以尊敬，這是很恰當的，如是，這尊敬乃顯現爲好像這種情感〔尊敬之情〕與讚美爲同一物。但是，如果我們再密切一點觀察，我們將見：有多少能力是由於天賦的〔本有的〕才能，有多少能力是由於勤勉的訓練，這時常是不確定的。理性把它〔能力〕大概當作訓練之成果〔結果〕，因而也就是說當作功績，而表象給我們，「而這種功績很明顯地減低了我們的自滿自大，因而它或者譴責我們，或者迫使我們去追隨這樣一種範例（依其適宜於我們而追隨之）」。〔而這種功績很明顯地減低了我們的自滿自

203

大，因而它或者譴責我們，或者把它〔能力〕當作一種要被追隨的
範例而安置於我們身上。──依拜克譯。〕依是，我們對於一個人
（恰當地說，對於法則，他的範例性所顯示的法則）所表示的尊敬
並不只是讚美；而這一點亦爲以下之事實所確定，即：當普通的讚
美者想到他們已從任何根源上知道了這樣一個人的性格（例如福祿
泰爾的性格）之惡劣時，他們放棄了對於他的尊敬，雖然眞正的學
者至少就他的才能言仍然感覺到這尊敬，因爲這學者本人亦致力於
一種事業以及一種天職或使命，這種事業或使命在某種程度上使對
於這樣一種人底模倣〔如對於福祿泰爾底模倣〕爲一法則。

　　因此，尊敬道德法則是這唯一而又無可疑的**道德動力**，而此尊
敬之情除基於道德法則上，是並不指向**任何對象**〔存有〕的。道德
法則首先在理性底判斷中客觀地而又直接地決定這意志；而自由，
即：「其所有之因果性只爲這法則所決定」的那自由，恰在乎此，
即：它因著「服從於它的純粹法則」這條件而限制了一切性好，因
而結果亦就是說，限制了「自我尊大」〔自我貢高〕。現在，這種
限制在情感上有一結果，並且產生了不樂之感，此種不樂之感覺可
由道德法則而先驗地被知。**因爲**迄今它只是一消極的結果，此消極
的結果，由於它從純粹實踐理性底影響而發生出，是故它抑制了主
體底活動，只當這主體底活動爲性好所決定時，因而也就是說，它
抑制了關於這主體底人格價值之臆想（此人格價值若不與道德法則
相契合，它便歸於無），**因爲**是如此云云，**所以**此法則作用於情感
上之結果只是愧恥自貶。因此，我們能先驗地覺知這種結果，但是
我們不能因著這種結果而知道「作爲一動力的純粹實踐理性」底力
量，但只能知道它之對於感性底動力之抵阻。

〔案〕：我們所能先驗地知之的只是這結果，至於作為一動力的純粹實踐理性底力量，吾人不能知之。此即康德所表示的純粹理性本身何以就能是實踐的，道德法則何以能使我們感興趣，自由如何是可能的，則不能知，亦不可理解。

但是，因為這同一法則客觀地，即依純粹理性之想法，是意志之一直接的決定原則，因而復又因為，這種愧恥自貶只相對於法則底純淨性而發生，是故在感性面道德的自我尊大底虛偽要求之降低〔即：愧恥自貶〕同時即是在理智面對於道德法則本身的道德的即實踐的尊崇之升高；總之，一句話，那正是對於法則之尊敬，因而由於此尊敬之原因是理智的，是故它才是一**積極的情感**，此積極感乃是能先驗地被知者。因為凡是降低了〔減少了〕那對於一種活動為障礙者它即促進了這活動本身。現在，道德法則之承認就是由客觀原則而來的實踐理性底活動之意識，而此道德法則所以不能在行動中顯露其結果，這只因為主觀的（感性的）原因阻礙了它。因此，對於道德法則之尊敬必須被看成是此法則作用於情感上底一種積極的，雖然是間接的，結果，只要當這尊敬因著貶抑了自我尊大而減弱了性好底有阻礙作用的影響時；因此，這尊敬也必須被看成是活動底主觀原則，即是說，須被看成是一動力，即對於「服從法則」而為一動力，須被看成是「可符合於法則」的一個生命一生底格言之一原則。 205

從動力之概念發生出興趣之概念，此興趣之概念不能被歸屬於任何存有，除非此存有有理性，而且此興趣之概念指表意志之動

力，只當這意志爲理性所思議時〔所呈現時。——依拜克譯〕。因爲在一道德地善的意志中，法則自身必須是動力，所以道德的興趣單只是實踐理性之一純粹的興趣，獨立不依於感取的興趣。一格言之概念是基於興趣之概念上。因此，這格言是一道德地善的〔眞正的〕格言是只當它只基於「感興趣於服從法則」這興趣上始如此。但是，動力之概念、興趣之概念、以及格言之概念，這三者皆只能應用於**有限的存有**。因爲這三者皆預設這存有底本性之**限制**〔皆預設一種屬於這存有之本性的限制〕，在此限制中，這存有底選擇之主觀性格不能以其自身即與實踐理性底客觀法則相契合；這三者皆預設這存有需要因著某種東西被迫著至於行動〔必須依某種樣式被迫著至於行動——依拜克譯〕，因爲一種內部的障礙在反對著此存有自身。因此，這三者不能應用於神性的意志〔即：無限存有之意志〕。

〔案〕：動力、興趣、格言這三者皆就現實的有限存有說，因爲他們的現實心靈常不能契合於道德法則。實踐理性底道德法則凌空駕臨於有限存有以上而爲標準。那三者是由這絕對標準運用於（虛地運用於）現實心靈上之結果而顯出。此近乎伊川、朱子之所說。但順孟子下來的陸、王一系，此三者皆可上提而移於本心上說。超越的本心與實踐理性底道德法則完全是一。因此，那三者皆直就「本心即理」說，而不是就「理作用於感性心靈上」說。因此，動力是從「本心即理」說的實動力，眞正的動力，敬爲動力亦從此說。興趣是本心悅理義之悅。格言是從「本

心即理」說的總不違於法則的格言。因此,這三者在有限
存有上是如此,在神性的意志上亦是如此。此本心即是神
聖的意志。但是,人同時也是一個有感性限制的存有。因
此,問題只在如何朗現此本心。無限存有無此問題。如果
一旦**頓悟**而**圓教地**朗現之,則有限即成無限:時時有限即
時時無限,無限即在有限中而有限不爲礙。此亦如世出世
間打成一片,眾生即是佛。康德因爲講意志底自律,亦預
設一自由的意志。但這只是一個預設。到講動力、興趣與
格言時,所看到的意志卻完全是受感性影響的意志。那個
自由的意志與理性及法則皆在一凌空而虛懸的狀態中。那
三者即由這虛懸的標準與現實的意志間的距離而顯露出,
而卻不能把它們上提於本心,而亦不於自由意志說本心。
因此,道德法則本身是動力,是**客觀地虛說的動力——虛
動力**,尊敬是**主觀地實說的動力——實動力**,而此實動力
卻是**法則虛地作用於情感上的一個結果**,故雖**實而不穩**。

　　純粹的道德法則離開一切利益爲實踐理性所呈現,呈現之以備
吾人之遵守,此道德法則之聲音甚至使最大膽的犯罪者亦恐怖戰
慄,而迫使他把他自己隱藏起來而不敢正視之,在對於這樣的道德
法則之無限制的尊崇中,有某種事是**如此**之獨特,**以至於**我們不能
驚異於:我們見到「一個純然的理智理念之影響於情感」這種影
響,此影響在思辨理性方面乃是完全不可理解的,亦不能驚異於我
們須以「先驗地**如此之甚地**看到此影響**以至於**這樣一種情感在每一
有限的理性存有中是不可分離地與道德法則之概念相連繫」而得滿

足。

> 〔案〕：這一長句太複雜。其語意是如此：實踐理性把純
> 粹的道德法則呈現給我們以備吾人之遵從。此純粹的道德
> 法則之聲音甚至使最大膽的犯罪者亦恐怖戰慄，而迫使他
> 把他自己隱藏起來而不敢聞此天聲。對於這樣的道德法則
> 之尊崇是無限制的尊崇，沒有任何束縛的尊崇，因爲它離
> 開一切利益、幸福之觀念故。在這種無限制的尊崇中，有
> 某種事是如此之獨特，以至於我們不能驚異於我們實可見
> 到一個純理智的理念之影響於情感這種影響，而這種影響
> 在思辨理性方面是完全不可理解的；我們亦不能驚異於我
> 們須以以下所說爲滿足，即：「我們能先驗地如此之甚地
> （如此眞切地）見到這影響，以至於這樣一種情感在每一
> 有限的理性存有中是不可分離地與道德法則之概念相連
> 繫」，我們即以這一點爲滿足。

　　如果這種尊敬之情眞是感性的，因而也就是說，眞是「基於內
部感取上」的一種快樂之情，則想先驗地去發見這種情感與任何理
念之連繫，這必是徒然無益的。但是，〔它不是感性的〕，它是一
種「只應用於那是實踐的者」的情感，而且它是依靠於一法則之概
念上，（這法則是只就其形式說，而不是因爲任何對象之故而爲一
法則），因此，它不能被算作快樂或痛苦，然而它卻能產生一種
「服從法則」的興趣，我們名此種興趣曰**道德的興趣**，此恰如「能
感興趣於法則」之能（或「能尊敬道德法則本身」之能），恰當地

說即是**道德之情**。

　　「意志對於法則底自由服從」的意識，這意識卻又與那「置於一切性好上，雖然只因著我們自己的理性而置於一切性好上」的一種不可免的強制相結合，這種意識就是尊敬法則。「要求這種尊敬而且鼓舞這種尊敬」的那法則顯然不過就是道德的法則，因為沒有其他法則能杜絕一切性好而不讓它們表現任何直接的影響於意志。一個「依照這種法則而為客觀地實踐的」行動，行動至每一有決定作用的性好原則之排除，這種行動，它就是義務，而這義務，因為那種排除之故，它於它的概念中包含著實踐的責成，即是說，包含著一種決定——「決定至於行動」的決定，不管這些行動之被作成是如何地勉強地〔不情願地〕。〔一個如此之行動，即「它依照這種法則而為客觀地實踐的，並且**它從它的決定根據中排除一切性好**」這種行動，便叫做義務；而因為這種排除之故，在義務之概念中即存有實踐的強制之概念，即是說，即存有一種決定——「決定至於行動」的決定，不管這些行動之被作成是如何地不情願地。——依拜克譯。〕「發生自這種責成〔強制〕底意識」的那種情感不是感性的，就像那必是為一感取底對象所產生的那一種情感那樣，但只是實踐的，即是說，這種情感之成為可能的是因著意志底一種先在的（客觀的）決定以及理性底因果性而成為可能的。因此，由於是服從法則，即是說，由於是一命令（此命令對於感性地被影響的主體宣布一種強制），是故此種實踐的情感並不包含有快樂於其中，但正相反，至此為止，它含有行動中的痛苦。〔但勿寧含有「比例於這種強制」的不樂。——依拜克譯。〕但是，另一方面，因為這種強制只是因著我們自己的理性之立法而施行，所以這 207

種實踐的情感亦包含有某種**上升**的東西，而情感上的這種主觀結果，只要當純粹實踐理性是其唯一原因時，則它在此純粹實踐理性方面即被名曰「**自我許可**」，因為我們認知我們自己為被決定而至乎此，是只因著法則而無任何〔感性的〕興趣而被決定至乎此，而且現在我們意識到一完全不同的興趣而主觀地為這法則所產生，而此為法則所產生的完全不同的興趣是**純粹地實踐**的而且又是**自由的**；而我們之在一義務之行動中感有這種興趣，這並不是為任何性好所提示，但只是為理性通過實踐法則所命令而且實際地所產生；因此，這種情感得到一專名，此即「尊敬」之名是。

> 〔案〕：尊敬之情由於強制而然；自此而言，它是痛苦的。但另一方面，它亦含有某種上升的東西，此即「自我許可」。在此「自我許可」中含有感興趣於義務之行動，此興趣是純粹地實踐的又是自由的──自由以擺脫一切感性的束縛而定。儒者即把此尊敬之情上提而自本心說，如此，方真能穩住「感興趣於義務之行動」之興趣之為實踐的與自由的。康德只從法則強制之結果上說。

因此，義務之概念，客觀地說，在行動方面，要求符合於法則，而主觀地說，在行動之格言方面，則要求：尊敬法則將是「意志所依以為這法則所決定」的那唯一模式。而「依照義務」而行之意識與「由義務」而行，即「由尊敬法則」而行之意識間的區別即基於上句之所說。「依照義務而行」（合法性），縱使性好已成為意志之決定原則，它也是可能的；但是「由義務而行」（道德

性），或道德價值，則只能置於此，即：行動之被作成是由義務而作成，即是說，只爲法則之故而作成〔註〕。

〔註〕：康德在此有底註云：

如果我們正確地考察「尊敬人格」這尊敬之概念，此如前文所早已說及者，我們將覺察到：此尊敬之概念總是基於義務之意識上（此義務即是一範例所表示給我們者），而且因此，尊敬除只有一道德根據外，它決不能有任何其他根據，並亦覺察到：以下一點對於人性底知識〔或理解〕是很好的，而且甚至依一心理學的觀點，亦是很有用的，即：只要當我們一旦使用「尊敬」一詞時，我們必要注意於這種神秘而奇異的，然而卻又時常出現的尊重，即：「人們在他們的判斷中所付給道德法則」的那種尊重。

在一切道德判斷中，以極度的精確性或嚴格性去注意一切格言　208
之主觀原則，這是最重要的事，這樣，則一切行動底道德性可以置於「由**義務**而行以及由**尊敬法則**而行，而不是由對於那『行動所要去產生』的東西之**喜愛或性好**而行」之必然性中。就人以及一切被造的理性存有而言，**道德的必然性**便是**強制**，即是說，是**責成**，而每一基於這必然性上的行動是要被思議爲是一**義務**，而不是被思議爲是一種屬於我們自願的那**先在的早已喜悅**於我們者，或是好像要喜悅於我們者。〔而不是被思議爲是一種我們所自然地喜愛的行動或我們有時所可喜愛的行動。——拜克譯〕〔此後一想法，意即等於〕好像是我們實能把行動沒有尊敬法則而即能作成之，（一說法則即函蘊恐懼或至少函蘊違犯法則之顧慮），我們自己，好像獨立

不依的神體一樣，實可進而具有**意志底神聖性**，因著我們的意志與純粹道德法則之**不可爭辯的一致**而具有意志底這種神聖性，這純粹的道德法則好像是要成為**我們**自己的本性之一部，而且決不會被搖動過（在此情形中，法則對於我們必不會再是一**命令**，因為我們從不會被誘惑而為不忠或不誠於這法則）。

〔案〕：依孟子學，**道德的必然性**是性分之不容已，此不容已不是強制，是從「本心即性」之本身說，不是關聯著我們的習心說，「由仁義行」之義務亦是如此。自願、悅，是這本心之悅，不是感性的喜愛或性好之傾向。心悅理義，心即理義，此心與理義（道德法則）為**必然地一致**。一說法則不函恐懼或違犯法則之顧慮。如康德所說，那是**關聯著習心說**，因為感性的習心不必願服從此法則，但就本心即理說，則不如此。本心即理亦非即不戒懼，但此時之戒懼上升而自本心說，轉為**即戒懼即自然**，即惺惺即**寂寂**，勿忘勿助長，亦**自然亦戒懼**，此即是從本心上（從本體上）**說的敬**，而明道即以此敬說於**穆不已**，「**敬則無間斷**」，在人之本心是如此，在道體亦是如此。此即是我們的性，因而也就是性體之**神聖性**，意志之神聖性。此時法則亦命令亦非命令。命令是性分之不容已之自命自令，「非命令」意即此本心之自願如此，自然流行，所謂「**堯舜性之**」。此即「心即理」之義。康德不承認此義。因為他一說法則即是關聯著我們的習心之意說，但是他亦說意志之自律。意志之自律即是**全意是理**。它既是自律，

此意志本身不函有可從可不從此理之或然性。如果有此或然性，其自律亦不必然，那就根本不會有自律之意志。今既有自律之意志，則必即立此理，即從此理，不，即是此理，不但如此，而且必悅此理，不得有不悅之可能。但是康德既不在此自律之意志上說它是本心，而只把它看成是理性，又把這只是理性的自律意志（自由意志）看成是個必然的預設、設準，而無智的直覺以朗現之，如是，它不但不是我們的性，而且有不有亦不能定知，只是分解的必然上的一個預設；如是，一說自律所律的法則，便只關聯著我們的習心底作意說，好像我們的意志即是這感性層上習心的意志（所謂人心），而那個自律的意志擺在那裡忘記了，好像與我們完全無關似的，好像完全無用似的，而只是當作純粹的實踐理性以擺在一切有限存有之上而命令著我們，使我們對之生敬心。彼千言萬語只環繞此中心而說。若知意志自律即是本心，則其為朗現而非只為一預設，乃是必然的。如是，不但它必然地與理一致，而且它本身即是理，這神聖性也是必然的。如是，進而視之為我們的性，這也是必然的，此即孟子學之所至。康德未能至此。但關鍵只在智的直覺之有無。康德所以不認人可有智的直覺，乃是只因其對於「意志自律」一概念，即使只就分析說，亦未能極成其全蘊。他只從形式的實踐原則（空掉一切材料者）說純粹的意志、自由的意志，此時的意志固無所意欲的對象（材料），然其本身亦只是純粹的，因而亦即是實踐的理性，因此，其本身只是靜態的，其為自

由只是空無了材料底束縛之形式意義的自由，即：從材料
底桎梏中解脫出來的形式意義的自由，其為純粹實踐理性
而能自我立法亦只是正面說此形式意義的自由，這純然形
式意義的自由只表示純然理性意義的意志。然而他卻未正
視此空卻一切材料的意志本身不但是理性（理），且亦即
是心。意志是心底本質的作用，明覺靈知亦是它的本質的
作用，它無其自身外的任何感性的對象為其所意欲，因
此，它只意欲它本身所自立的法則，所自定的當然方向
──此即是理，理不在它本身以外，它本身即是理。它本
身能發能立這理，即意欲這理；意欲這理即悅這理：此方
真正是它底自律：意志不但是被決定，被這理所決定，它
亦是自決地決定這理。此皆是只就自律一概念而分析出
者。正視心之意義，然後方能說悅理，感興趣於法則，此
是本心底悅、本心底興趣、本心所發的動力、本心底道德
之情、尊敬之情，不是一說悅便是感性的。康德只說法則
影響於情感而起尊敬之情這特殊的情感──道德之情，這
是先驗地可知者，這是情感上的一個結果，這不是感性
的，而是實踐的。但他不知即這非感性的道德之情亦可反
上來而為原因，此即是本心之情。因為可以是原因而為本
心之情，故亦可為法則之基礎。康德說即使最普通的人亦
知於受威脅時所應當為者。殊不知此知即是他的本心。由
此亦可進而說此即是他的自由的意志。自由的意志與本心
之悅是一。此而明白，則不但可以先驗地知法則之影響於
情感以成謙卑，亦可「因此而知純粹實踐法則作為一動力

底力量」。因爲謙敬之情、謙卑之情，即是那本心之情之透映，因而亦可返回去而爲本心。既返回去而爲本心之情即可知「純粹實踐法則本身作爲一動力之力量」。因爲純粹法則與本心是一故。本心自立此法則即悦此法則，同時亦即是尊敬此法則──合起來即是一個於穆不已之敬心、常惺惺常寂寂之敬心。若敬心謙情只落在結果上説，則意志自律只成純粹法則，純粹法則只成凌空虛懸的形式，自無法知其本身爲一動力之力量。因此遂有康德所説「一個法則如何能直接地即以其本身而爲意志之決定原則，就人類理性言，這是一不可解決的問題，而且亦同一於一個自由的意志如何是可能的一問題」。康德這説法好像甚無謂，然而其實只在明意志自由爲一設準，而不能被知，被直覺。實則是可以知的。此「知」是那本心之明覺之返照與自照。若於意志自律不點出「心」義，此義不能説，因而亦自然無法知之。本心明覺之返照或自照即是智的直覺，非感性的直覺。有此返照之直覺，則自由即有一客觀的必然的確定性，而不只是一主觀的必然預設，此或可類比地可説爲是一被構造（被建立）起的對象（意志實體自己），即直覺地建立起的對象（參看康德〈序文〉關於設準一註）。「本心即理」之本心，稱體直説，其本身即是覺。此覺本身就是動力（亦如佛家眞常心系言眞如心之内熏力，若眞如只是理，則不能在其身上言熏力）。此覺返照其自己即直覺地知其本身爲動力之力量爲如何。此直覺的知即是如實地印證其自身爲一實體。此直覺不須要概念

來綜和，而印證其自身爲一實體，此實體亦非一**範疇**。如是，人類爲何不可有純智的直覺？如果直覺是**呈現原則**，則自由意志不是一設準，而是一呈現。「自由意志如何可能」即有解答。（此問題不是就**分解地由道德法則以意識到自由**而說。非然者，已分解地可能矣，如何還要問如何可能？故知此問題是**批判地說**，亦即能否被直覺之問題，亦即是**眞實的可能性**問題，非**形式的可能性**問題。）

道德法則對一圓滿的存有之意志說，事實上，實是一**神聖性底法則**，但是對每一有限的理性存有說，則是一**義務底法則**，即道德強制底法則，以及此存有底行動底決定之法則（此存有底行動底決定是因著或通過尊敬這法則以及崇敬此存有底義務而成的決定，道德法則就是關於此存有行動之如此決定成之法則）。沒有其他**主觀原則**必須被預定爲一**動力**〔案：除「尊敬道德法則」之尊敬這主觀原則爲動力外，再沒有其他主觀原則可被預定爲一種動力〕，因爲非然者，雖這行動或可如法則所規定的那樣而偶然發生或出現，然因爲它不是由義務而行〔只是依照義務而行〕，所以這〔去作這行動的〕意向卻並不是道德的，而正是這意向恰當地說才是在這立法中成爲問題的事。

〔案〕：每一有限的理性存有之意志依儒者可分兩層說：一是現實的意志，一是被預定爲自由的那意志。（在康德是同一意志之兩面）。就前者說，道德法則是屬於強制的，屬於義務亦是屬於強制性的義務。但就後者說，則不

應屬於強制。如果在此亦是強制，則不能稱爲**自由自律**。但在此雖然不是屬於強制的，卻亦仍可稱爲義務，此是此自由意志本身之**不容已**，所謂性分之不容已。儒者説義不容辭、責無旁貸，是就性體本身説，不是就強制現實的心意説。故此不容已是性體之本分（故曰性分），是本心**自願如此**，亦可以説是自由自律的意志**甘願如此**，故既是義務，亦是自然（天然），此義務既是性體之**本分**，亦是性體之**天常**。就此而言，它就是我們的本性，也就是意志、本心、性體之神聖性。法則就是這神聖性之法則：既是義務，亦是神聖。神聖者無強制之謂。吾人以爲這是**自律自由一概念之所必函**。否則，不得稱爲**自由自律**。但是康德既設定一自由意志，而當一説到道德法則與吾人意志的關係時，則只注意**強制關係**，因而意志又只成**現實的心意**（人心），而那個自由意志便置於虛懸無用之地。在康德，即使是自由意志（亦稱純粹意志）亦不是神聖的意志。所謂神聖的意志是如此，即：任何格準與道德法則相衝突乃是根本不會有的。那麼，在純粹意志，這兩者的衝突乃是**可能的**。如是，純粹意志底自由自律性其地位**並不穩定**：亦可自由，亦可不自由，故康德説：「在有限存有方面，法則有一命令之形式，因爲在他們，當作理性的存有看，我們能設想一純粹的意志，但由於是一個爲欲望及物理的動力所影響的被造物之故，這所設想的**純粹意志**又不是一神聖的意志。」如果純粹而自由自律的意志本身不即是神聖的意志，則其**自由自律性之地位**便不穩定。是則

彼所設想之純粹意志並不等於或至少未達至孟子學所說之
本心之境。依孟子學,現實的被造物的人不是神聖的,但
自由自律的純粹意志本身必須是神聖的。否則何必設想這
純粹的意志?在這裡,說純粹等於說神聖,俱表理想之
境。雖是理想,而可隨時呈現。及其圓滿實現,則人亦神
聖。依孟子,從本心發的任何格準根本不能與道德法則相
衝突,是則本心即神聖。本心之命令是性分之不容已。就
本心自己說,它發命而不被命,即使被命亦是自願自命,
而不是強制的被命。否則不得爲本心,就其意志的作用
說,不得爲自由。因此,它發命而有強制的意味(康德所
謂有一命令之形式)是只對吾人之行動說。問題是吾人能
不能依之而行。強制性的命令是對人之體現說,不就本心
說(此本心亦可說爲純粹而自由的意志)。孟子說良知良
能,良知知之,良能必然能體現之——擴充其極,是謂神
聖的意志或本心、天理之流行。縱然如此,吾人雖有良
能,亦總爲欲望及物理動力(隨軀殼起念)所影響,故在
體現上說,總有強制的意味。是即人雖有本心,而人不必
能體現之或充盡地體現之。是則強制性的命令只對人之體
現上說,不就本心說。本心自身是潛存的神聖,其充盡的
體現是朗現的神聖。本心的地位是十分穩定的。但康德所
設想的純粹而自由的意志則不是如此。它有自由之可能,
此可能非預定不可,否則道德法則無由建立,但事實上它
常不自由,而它的格言可與道德法則相衝突,是以它不是
一神聖式的意志。意志本身就是如此。此是上下兼搭著

說，不是剋就自律的意志本身而分析地說。意志之自由是一必然要預定的可能，但不能建明其客觀的必然確定性，因為吾人對之無直覺故；而意志之神聖性是一實踐的理念，它必須只作為吾人無限定地向之逐步接近的一個基型，而吾人實不能有之。如是，意志之神聖性固虛懸，其自由與道德法則亦同樣地虛懸。康德對於道德性底分析只如此。若知意志底自由自律是本心的本質作用，則它的自由性是穩定的，此則必然函它的神聖性；而因心覺之返照，則智的直覺可能，因此其本身底客觀而必然的確定性亦可能：如是，神聖、自由、法則，一起皆可是呈現，而不虛懸。但在康德的分析裡亦可轉出此義，只是康德未能明澈，故未能意識及之耳。道德法則是我們所首先意識及的。任何人，即使是最普通的人亦知其在威脅下之所應當為。道德法則能在情感上產生一種影響，因而引起謙卑之情，尊敬法則之情——此不是感性的，乃是實踐的。此道德之情即甚可貴——此即是吾人之本心。此不但是一結果，亦可反上來是一原因。當我們首先意識到道德法則須如此如此時，此意識亦不是思辨理性之思想一概念那樣的意識，乃是意識及之，即認為在實踐上應當如此，我必須尊敬之，如是，此意識即是吾人本心之呈現（透露）。此亦可反上來而為原因。康德知道這個是最可靠最簡易，但不知正視之，即不知於此說自由，但卻把自由推那麼遠，另起爐竈以預定之，此則騎驢覓驢。但孟子則即此等處指點本心，故當下即是本心，而本心亦隨時隨處呈現。於此

逆覺，即體證本心，此即反上來而爲原因。而爲性體。如
是，則智的直覺可能矣，而神聖、自由、法則亦皆不虛懸
矣。

以上所說的道德意識、道德之情，乃是順康德所說而反上
來，不是如他所反對的另覓一特種的感覺，所謂道德感
覺，亦叫做道德情感，以爲道德之基礎。此意識，此情，
即是本心，非別立一種也。它可反上來而爲原因，即示它
不只是一結果，因而亦即可爲道德之基礎。只因康德一說
情，便是感性的，故又說法則所影響於情感而成者不是感
性的，而是實踐的，而又不敢亦不欲把它反上去而使之爲
道德法則之基礎，而又反對另立一道德感。此是從理說
心，而不是從心說理。故意志雖本已是心，而亦說成理，
其自由自律反成虛說，而亦不穩。此思路近朱子，而實不
同。因朱子所說之理而亦可爲道德法則者乃是存有之理，
乃是「然」之所以然的存在性，而不是就意志之自律說，
故成意志之他律。康德是就意志自律說，此則比朱子爲進
一步，但又不從心說理，而卻從理說心，故亦未達孟學之
境。是則康德乃朱子系與孟學系之間的一個居間形態，未
至成熟之境，此則可比而知也。進一步即是孟學，關鍵即
在智的直覺之可能否。智的直覺本爲自由自律一概念之所
函（只要點出心字即可），然而康德之習學未能意識及
之，故必謂其無。智的直覺可能，則圓頓教可能，否則只
是漸教。圓頓教可能，成聖始有眞實的可能，乃至眞正道
德實踐始有眞實的可能。朱子是決定性的漸教，康德是不

決定性的漸教。

　　由愛人以及由一**同情的善意**而去對人們作善事，或由**愛秩序**而　209
去作正義的事，這自是一十分美麗的事。但是，當我們以幻想式的
驕傲，像**志願軍**那樣，假想去把我們自己置於義務底思想之上〔去
嘲弄義務底思想——拜克譯〕，而且好像我們是**獨立不依於命令**似
的，只出於我們**自己的快樂**、**意願**去作那「我們所認爲我們不需要
命令去作」的事，當是如此時，上面所說的「由愛人以及由一同情
的善意而去對人作善事」云云，這尚不是我們的行爲底眞正道德格
言，即，適合於我們之在理性的存有間作爲人的地位的那眞正道德
格言。

　　　　〔案〕：這叫做興趣揮洒，不是眞正的道德。此如拜倫之
　　　從軍希臘，此是詩人感性生命之興會。推之，攬轡登車有
　　　澄清天下之志，陽明說這是**浮意氣**，即氣魄承當，亦非眞
　　　正的道德。但發自於本心的自願不礙自律，亦不礙義務，
　　　亦不礙命令，反之亦然，此乃性分之**不容已**，沛然莫之能
　　　禦，此是義理承當，與彼不同，不可混也。

　　我們是處於理性底訓練之下的，而在一切我們的格言之中，我
們必不要忘記我們之隸屬於這理性底訓練，也不要從這理性底訓練
中撤銷任何事，或是因著一種自私自利的〔自負的〕專斷〔自負的
虛幻〕而減低或忽視法則底威權（雖然這威權是我們自己的理性所
給與於這法則的），以至於去把意志底決定原則（縱然這決定原則

是與法則一致的）置於任何其他處，而不置於法則本身中，亦不置於尊敬法則中。**義務**與**責成**是我們所必須給與於「我們之對於道德法則的關係」的唯一名字。〔意即：我們對於道德法則的關係，所必須給它的那唯一名字便是義務與責成。〕我們實是道德王國底立法分子（此道德王國因著自由而成為可能的，而且是當作一尊敬底對象而被理性呈現給我們）；但是我們又是這王國中的公民，而不是這統治者，而去把我們之為被造物的卑微地位弄錯了，而且專橫地〔傲慢地〕去否決道德法則底威權〔去否決對於神聖法則的尊敬——拜克譯〕，這在**精神**上便早已是背叛了這道德法則〔這神聖的法則——拜克譯〕，縱然這法則底文貌〔皮面〕是被充盡了〔被滿足了〕。

「愛上帝越過一切〔在一切之上〕，愛鄰人如愛你自己」〔註〕，像這樣的命令之可能是完全與上所說者相契合的。

〔註〕：康德在此有底註云：
此法則顯與私人幸福原則相違反。有些人以私人幸福原則為道德底最高原則。此私人幸福原則必這樣被表示：「愛你自己越過一切〔在一切之上〕，而愛上帝及你的鄰人皆只為你自己之故而愛。」

210　　因為當作一命令看，它〔愛上帝云云〕需要尊敬一個法則，即「命令你去愛」的一個法則，此法則不是把愛留給我們自己的隨意的選擇以便使這愛為我們的原則。〔意即：不是隨意選擇愛以為我們的原則，而是命令著我們非去愛不可。尊敬法則即是尊敬這樣一

個法則。「愛上帝云云」當作一命令看,即需要尊敬這樣一個法則。〕但是,愛上帝,若視作是一種**性好**(一種感性的愛),這卻是不可能的,因爲上帝不是感取底一個對象。朝向人而發這性好的愛〔感性的愛〕,無疑是可能的。但這卻不能**被命令**,因爲依**命令**〔感性地〕去**喜愛**任何人,這不是在「任何人」底力量之中的。〔因爲只依據命令去(感性地)喜愛某人,這對人而言不是可能的。——拜克譯。〕因此,那只是**實踐的愛**它才是一切法則底精髓中所意謂的。依此義而言,「去愛上帝」就是意謂:**願意去實行**祂的誡命;「去愛一個人的鄰居」意謂:**願意去實踐**對於鄰居的一切義務。但是這命令〔即使愛成爲一規律的那命令〕不能**命令**我們去**得有**這種習性(在符合於義務的行動中去**得有**這種**習性**),但只能命令我們去**努力**以追求之。因爲一個命令**命令**你**喜歡**去作某事,其本身即是矛盾的,因爲如果我們早已知道我們所不得不去作的〔所理應去作的〕是什麼,而且進而如果我們意識到〔我們是〕喜歡去作它,則一個命令必完全是不需要的〔無需有命令之必要〕;而如果我們去作它,不是**情願地**去作它,但只是出自對於法則之尊敬,則一個命令,即:使這尊敬爲「我們的格言之動力」的那命令,必直接與它所命令的**習性**相對抗。因此,那一切法則底法則,就像《福音書》中的那一切道德的箴言,即展示這**道德習性**於極其圓滿之境,在這極其圓滿之境中,這種道德的習性,自其爲一「神聖底理想」而觀之,它不是可爲任何被造物所能得到的,但它卻是「我們所定要努力去求接近之而且在一無間斷但卻是無限的進程中我們所定要努力去成爲和它相像」的一個模型。〔但它卻是「我們所定要在一無間斷的無限進程中努力去接近之並努力去傚效之」的一個

模型。——依拜克譯。〕

〔案〕：喜歡不用命令，命令便不喜歡，命令與喜歡底矛
盾在本心即性上即解消。又康德所說的習性
（disposition）不是孟子所說的性，乃是後天訓練成的。
而出自本心即性的喜歡（悅）亦不是感性的，乃是義理
的，即康德所謂實踐的。

事實上，如果一個理性的被造物實曾達到這一點，即：他徹頭
徹尾喜歡去履行一切道德法則，則這必意謂這意思，即：在他身上
實不存有任何「足以引誘他去違背道德法則」的欲望，甚至這樣一
個欲望底可能亦不存有；因爲要去克服這樣一個欲望，這主體總須
賠上某種犧牲，因而也就是說，對於「一個人所不十分喜歡去作」
的某事總需要有自我強迫，即：內在的強制；而亦沒有一個被造物
實能達到「徹頭徹尾喜歡去實行一切道德法則」這種道德習性底階
211　段。因爲，由於他是一個被造物，因而也就是說，他總是有依待的
（就他爲完全的滿足所需要的東西說他總是有依待的），所以他從
不能完全脫離他的欲望與性好，而因爲這些欲望與性好皆基於物理
的原因，所以它們從不能以其自身即與道德法則相一致，此道德法
則底來源是完全不同的；因此，這些欲望與性好使「去把一個人的
格言底『心靈意向』基於道德的賣成上，不基於早已有之的性好
上，但基於尊敬上（此尊敬要求服從於法則，縱使一個人可以不喜
歡去服從），而不基於喜愛上（此喜愛是不解於或無慮於「意志之
不情願朝向於法則」這內部的不情願的）」這一點成爲必然的。

〔因此，**就這些欲望說**，去把被造物的格言之意向基於道德的強制上，而不基於早已有之的**情願**上，即是說，去把它基於尊敬上（此尊敬要求服從於法則，縱使這被造物不喜歡去服從），而不把它基於喜愛上（此喜愛是無慮於意志之對於法則之內部的不情願的），這總是必然的。——依拜克譯。〕縱然如此，此後者，即喜愛法則（由於喜愛之故，此法則必不再是一命令，如是，道德性，此必已主觀地轉成神聖性，它必不再是德性），亦必須是他的努力底一個定常但卻不可得到的目標。〔縱使這純然的喜愛——喜愛於法則（在此喜愛之情形中，法則必不再是一命令，而道德性，由於主觀地已轉成神聖性，它亦必不再是德性）已成為他的努力底定常但卻不可得到的目標，上句之所說亦必應是真的。——依拜克譯。〕因為在「我們所高度尊崇的東西，而因為意識到我們的弱點之故，卻又是我們所高度恐懼的東西」之情形中，「滿足於這所尊敬與所恐懼的東西」之滿足之遞加的容易〔較大的容易〕必把這最可尊敬的戒懼〔敬畏〕變成性好，把尊敬變成喜愛：這種變成性好、變成喜愛，至少亦應是「忠於法則」的一種習性之圓滿，如果「去達到這種習性之圓滿」對於一被造物真是可能的時。

　　〔案〕：「如果〔……〕真是可能」意即不真是可能。但若自「本心即性」之性體說，則喜愛法則不只是可達到的，且可是當下呈現的。而德性即神聖性，敬畏即喜愛，兩不衝突。這是原則上不同於康德者。

以上的反省尚不太重在想去釐清所引的《福音書》中的命令，

以便去阻止關於「愛上帝」方面的宗教的狂熱，但勿寧是在想直接
就我們的對於他人的義務而準確地去界定這道德的習性，並且去抑
制，或如果可能時，去阻止一純然的〔狹隘的〕道德的狂熱，此道
德的狂熱感染了許多人。人（以及就我們所可見的，每一理性的被
造物）所處的道德階段是尊敬道德法則。「在服從法則中他所應當
212 去有之」的那習性是從義務去服從它，不是從自發的性好去服從
它，或者說，不是從一種由喜歡與自願而揚起的努力去服從它；而
他所總是能夠存在於其中的那恰當的道德情況就是德性，即在奮鬥
中〔在衝突中〕的道德習性，而不是神聖性，即不是意志底意向之
一圓滿的純淨性之幻想的所有物中的神聖性。那「因著激勵行動為
高貴的、莊嚴的、豪邁的，而被注入於心中」者沒有別的，不過就
是**吼叫的道德的狂熱**與**誇奢的自滿自大**，因著這種激勵，人們被導
入於這幻象，即：那「構成他們的行動之決定原則」者並不是義
務，即，並不是尊敬法則（這法則當他們服從它時，它總能使他們
謙卑，而這法則底軛制，因為理性自己把它置於我們身上之故，它
實是一容易的軛制，這軛制他們必須忍受，不管他們喜歡它或不喜
歡它）；如是，人們遂幻想那些行動之從他們身上被期待並不是從
義務而被期待，但只是當作純粹的功績而被期待。因為在依據這樣
的一種原則以模做這樣的行為中，不只是他們不曾絲毫充盡了法則
底精神（此法則底精神不在於「不顧原則」的行動之合法性中，但
在於心之服從於法則中），不只是他們使動力成為感性的（位於同
情或自我貪戀中者），而不是道德的（位於法則中者），而且是在
這一種路數裡，他們產生了一種徒然無益的、高度飛揚的、幻想的
思路，以**心之自發的善性**來**諂媚他們自己**（這種心之自發的善性既

不需要軏制，亦不需要韁彎口啣，對於它沒有命令是需要的），因而遂亦忘記了他們的義務，即此義務才是他們所應當思及的，並不是功績是他們所應當思思及的。實在說來，所有的那些行動，即「以偉大的犧牲而作成，而且只爲義務之故而作成」的那些行動，實可以被稱讚爲高貴而莊嚴的，但也只當有一些跡象足以暗示這些行動之被作成完全是由於尊敬義務而被作成，而不是從激發起的情感而被作成，它們始可這樣被稱讚。但是，如果這些行動置於任何　213
人面前以爲須被倣效的範例，則「尊敬義務」（此是唯一眞正的道德情感）必須被用來作爲動力──這一純正而眞摯的神聖的箴言〔即：用「尊敬義務」以爲動力之箴言〕，它決不允許我們的徒然無益的自我貪戀去調侃之以感性的衝動（不管這些衝動是如何可類似於道德），並去在功績性的價值中取得一驕傲。現在，只要我們探求，我們將可對於一切值得稱讚的行動找得一個義務底法則，此義務底法則它在命令著〔發布命令〕，而且它不聽任我們去選取那「可以對於我們的性好爲可愉悅的」東西。這是表象那「能給靈魂一道德訓練」的東西之唯一的道路，因爲只有這道路才可容許有堅實的而又準確地界定了的原則。

　　〔案〕：康德此段義理自可成立。但不適用於孟子。人們若用此段所說的義理來批評孟子，則是錯誤。「以心之自發的善性來諂媚他們自己」，康德說此語時，若心中亦隱指孟子而說，則亦非是，孟子的「本心即性」決不是道德的狂熱，亦不是感性的氣機鼓蕩，亦不是幻想，亦不是自我諂媚、自我陶醉，亦未忘記義務、戒懼、與尊敬。

如果狂熱自其最一般的意義言之，是對於人類理性底限制之有意的越過，則道德的狂熱便是對於實踐的純粹理性所置於人類身上的限制之有意的越過，依這限制，純粹實踐理性禁止我們去把正確行為底主觀決定原則，即正確行為底道德動力，置於任何別的東西上，但卻不置於法則本身上，或去把那「因著正確行動底主觀決定原則——道德動力而被帶入於格言中」的意向置於任何別的東西上，但卻不置於「尊敬法則」處；而因此禁止，是故純粹實踐理性命令我們去把義務之思想取來作為人們中一切道德底最高的、有生命的原則，這義務之思想它擊滅了一切傲慢自大以及徒然無益的自我貪戀。

如果此義不誤，則不但是小說家或熱情的教育家（雖然他們可以是感情主義底熱烈反對者），且甚至有時是哲學家，不，甚至是最嚴格的哲學家，如斯多噶，也曾被帶進道德的狂熱中，但卻未被帶進一種清醒而明智的道德訓練中，雖然斯多噶底狂熱是比較更為**英雄氣**，而小說家以及熱情的教育家底狂熱則卻是枯燥乏味，**柔弱而無丈夫氣**；而我們，如無偽善，則對於《福音書》底道德教訓可以這樣說，即：它首先因著它的道德原則底純淨性，而同時亦因著它的原則之適宜於有限存有底限制，把人們底善行置於一種「顯明地擺在人們眼前」的義務底訓練之下，此義務不允許他們放縱於想像的道德圓滿底夢想中；而且我們對之亦可這樣說，即：它復對於自大以及自我貪戀設下謙恭底限制（即自我知識）以約束之，此自大與自我貪戀兩者很易於去錯亂人們的限度。

義務！你這莊嚴而偉大的名字！你這名字並不擁有什麼嫵媚或諂媚性的東西，但只要求服從，然而你卻又不想去因著那「必會引

起自然的厭惡或恐怖」的什麼威嚇性的東西來搖動意志，你但只緊握著一個法則，此法則即以其自身找得進入心中之路，而且又得到不情願的尊敬（雖並未時常得到服從）──這一個法則，在它之前，一切性好皆黯淡無光，如聾如啞，縱使這些性好暗地默默地在反抗它或阻礙它，它們亦仍是黯淡無光，如聾如啞，你之值得稱義務這個名字有什麼根源？你的這高貴家世，即「驕傲地拒絕一切與性好相屬之親屬關係」的那高貴家世，從你的高貴家世而被引生出的**一個根**即是「人們所能給與於其自己」的那唯一價值之不可缺少的條件，你這樣的高貴家世之根從那裡得見？〔你的這高貴的家世，即「驕傲地拒絕一切與性好相屬之親屬關係」的那高貴家世，**而且**從你的高貴家世而**被生出者**即是「人們所能給與於其自己」的那唯一價值之不可缺少的條件，你這樣的高貴家世之根從那裏得見？──依拜克譯。〕

　　這根或根源不啻是這樣一種力量，即「把人升舉在他自己（作為感取界底一部分的他自己）之上」的這樣一種力量，此一力量它把人連繫到一種「只有知性始能思議之」的事物秩序，把人連繫到這樣一個世界，即，此世界它同時又指揮或統率著這全部感觸世界以及與此全部感觸世界連同在一起的那時間中人之經驗地可決定的存在與夫一切目的之總集（只這總集才適合於像道德法則那樣的無條件的實踐法則）。這個力量沒有別的，不過就是**人格性**，即是說，不過就是自由與「獨立不依於自然底機械性」之**獨立性**，但此自由與獨立性卻又須被視為一個「服從特殊法則，即：服從那『為其自己的理性所給與』的純粹實踐法則」的存有之一機能；這樣，就如屬於感觸世界的這個人，由於其屬於智思界〔或當其屬於智思

215

界時〕，他亦隸屬於他自己的人格性。依是，人，由於屬於兩個世界，他必須只以敬意來顧看他自己的**本性**之在關涉於其第二而又是**最高的品質**中，並且以最高的尊敬來顧看這最高品質之法則，這是不須驚異的。〔依是，人，由於屬於兩個世界，他必須以敬意來顧看他自己的**存有**之在關聯於他的第二而又是**較高的天職**中，並且以最深的尊敬來顧看這**天職之法則**，這是不須驚異的。——依拜克譯。〕

〔案〕：此最後一句，依阿保特譯，人，由於屬於兩個世界，一是感觸世界，一是智思世界，所以他必須對應這兩界在兩層面上顧看他的本性：一是在感觸世界底層面上顧看他的感性的本性，此即是性好、性癖兩詞之所示（習性傾向或意向是虛位字，若說自然的習性，即同於性好性癖之類，若說道德的習性，則是由尊敬義務慢慢訓練成的，其最高圓滿之境只是一個理想的模型，人從不能得有之，此不屬於感性的本性）；一是在智思世界底層面上顧看他的第二本性而亦是最高的本性。此第二本性底內容如何規定呢？此好像是即可拿屬於智思界的人格性，即：自由意志底自律性（簡單地只說為自由）以及「獨立不依於自然底機械性」之獨立性來規定之。然而似乎又不能想得這樣快。依阿保特底譯文，「人必須只以敬意來顧看他自己的本性之在關涉於其第二而又是最高的品質中，並且以最高的尊敬來顧看這最高品質之法則」。我們現在可把「人之本性之第二而又是最高的品質以及這最高品質之法則」簡

單地直說爲第二本性，此亦可說爲較高的本性（見下文最後一段）。在此第二本性下面那較低的便是感性的本性，下文最後一段，康德亦名之曰「感性地最易被牽引的本性」，此或可名曰第一本性。此第二本性簡單地說就是尊敬法則與履行義務。這就是人之第二而又是最高的品質，此當即是黽勉地以誠敬之心來履行義務。「最高品質之法則」是依拜克譯而如此明指，阿譯用中性代詞的所有格「它的」，而譯爲「它的法則」，此「它的」之「它」很可與前句代「人之本性」的「它」同，如是，「它的法則」即是「人之本性之法則」。但此恐非是，故依拜克譯，將「它的」之「它」確定爲指品質說。但總不顯豁，故拜克譯將「品質」改爲「天職」，而法則亦明標爲「天職之法則」。「天職」即是以誠敬之心履行義務，天職之法則即是決定義務的那道德法則。「天職之法則」實是天職中之法則。同理，「最高品質之法則」亦是最高品質中之法則。故此整句當以拜克譯爲準。〔「天職」，李明輝同學查德文原文是" Bestimmung "其語源爲動詞bestimmen，即「決定」之意，然變成名詞後，卻不限於" determination "。此" Bestimmung "亦是名詞，相當於孟子所謂「分定」，即本分義。因此，在此當譯爲「第二而又是最高的分定或本分」，拜克譯爲「天職」亦能達意。阿保特意譯爲「品質」（characteristic）不甚恰合。〕

依拜克的譯文，不說「人之本性之第二而又是最高的品

質」，而直說為「人之第二而又是較高的天職」；不說
「這最高品質之法則」，而說為「這天職之法則」；不說
「顧看他自己的本性之在關涉於其第二而又較高的天職
中」，而說「顧看他自己的存有之在關聯於他的第二而又
較高的天職中」。如拜克所譯，便無「本性」字樣，我們
似乎也不必想到較高的本性。但是「天職（本分、分
定）」，「存有」，俱是虛泛字眼，由之以說到「本性」
亦非必不可。在阿保特的譯文中，「品質」亦是虛籠字
眼，與「天職」所差亦無幾（只是品質就人之本性說，天
職就人說），由此說為第二而又是最高的或較高的本性亦
不必算錯。「顧看他自己的存有之在關聯於他的第二而又
最高的天職中」，「存有」一詞通於「性」或「自性」，
阿譯直譯為本性亦不算錯。存有和最高天職合而為一，說
為較高的本性亦非必不可。康德下文最後一段明說「較高
的本性」以及「感性地最易感染的（最易被牽引的）本
性」，明是兩種本性對言。拜克譯在此處不用「本性」字
樣，只用「天職，存有」等字。即下文最後一段於「較高
的本性」，拜克亦譯為「較高的天職」。這好像不易使吾
人說較高的本性或第二本性。但亦不盡然。康德亦未必定
不視此為本性。例如下文第二段首句：「這種鼓舞起尊敬
的人格性之理念，這理念它把我們的本性（依此本性之較
高面說的本性）底莊嚴置於我們眼前，〔……〕」，而拜
克之譯則為：「這人格性之觀念喚醒了尊敬；它把我們自
己的本性（依此本性之較高的天職說的本性）底莊嚴置於

我們眼前，〔……〕。」此則同譯爲「本性底莊嚴」。如是，則康德未始不就第二而又是較高的天職說人之較高的本性。如果可以說較高的本性或第二本性，則爲何不可說「喜愛法則」是出乎本性之自願，是出自「心之自發的善性」？

或又可說，即使把這較高面或較高的天職說爲吾人之本性，第二而又較高的本性，因此，說本性之莊嚴（感性的本性不可說莊嚴），即使是如此，此處用「本性」一詞，亦是虛泛的使用，不像「感性的本性」那樣坐實，所以康德總不願說喜愛法則是出於此較高本性之自願，而一說喜愛、自願，便視之爲落於感性的本性，從未說喜愛、自願可以上提而自較高的本性說。若能上提而自較高的本性說，則此較高的本性便實而不虛。但康德從不如此說，故知其使用「本性」一詞甚虛泛也。

康德說此較高本性誠是虛而不實，故不願說喜愛法則，亦不願說「意志與法則完全一致是出於吾人之性，好像是吾人本性之一部分。」他當然更不說自由自律之意志是吾人之性。其所以然之故，仍是在自由爲一設準，無智的直覺以朗現之。若如孟子所說，正視此較高本性，至於感性的本性是告子所謂「生之謂性」，而較高的本性則是「本心即性」之性，自此性而言喜愛、自願、神聖，不得視爲道德的狂熱，而此性所發之好惡不得視爲感性的。此性是一呈現，不是一設準，正因本心即性，智的直覺可能故。以此，此較高本性實而不虛。如是，說「心之自發的善性」

並不是幻想，自我諂媚；亦未忘記義務，蓋義務即是本心
之不容已故。康德於此一閒未達，而反責斥言性善者何
耶？蓋亦於其所言之較高本性未能透徹故也。理雅各譯孟
子，斥性善為邪說，此囿於耶教之機括而不切思故也。康
德能切思矣而不透，故仍不喜言性善。然依康德之分疏，
將其所說之敬、法則與自由三者融而為一，這將是調適而
上遂者，此正是孔孟立教之著眼點。

那「依照道德理念而指表對象之價值」的許多表示皆基於這個
根源上。道德法則是神聖的（不可侵犯的）。而人〔現實的人〕則
確然是很不神聖的；但他必須視其自己人格中「人之為人」之人義
〔譯註〕為神聖的。在萬事萬物中，一個人所選取的〔所欲的〕每
一東西，以及一個人有任何力量所能控制的每一東西，皆可用來只
作工具，但只有人，以及跟人一起的，每一有理性的被造物，則卻
是在其自身即是一目的。因著他的自由之自律性，他是神聖的道德
法則之主體。亦恰因此故，每一意志，甚至每一個人自己的個人意
志，在關聯於其自己中，它是被限制於「與理性的存有底自律性相
契合」這條件的，那就是說，它不是要被隸屬於任何一個「不能與
法則相一致」的目的的，目的所須與相一致的法則可從「被動的主
體自己」〔即：人〕之意志而生出；依此，此被動的主體〔人〕從
不能被用來只當作工具，但亦同時須被用來當作其自身即是一目
的。我們甚至很正當地亦可以把上句所說的條件歸屬給神性的意
志，就著世界中的諸理性存有，即：作為神之創造物的諸理性存
有，而把這條件歸屬於神性的意志，蓋因為這條件是基於諸理性存

有之人格性上的，單只因著這人格性，諸理性存有始能在其自身即
是一目的。

〔譯註〕：

「人之爲人」之「人」義，英文爲 " humanity " 此詞在
此不能譯爲人性或人道。如譯爲「人」性，亦與普通所
謂「人性」（ human nature ）不同。此後者直譯爲「人
的自然」（人類的本性）。此「人性」是人所生而有的
種種自然特性，如：感性、知性、理性等皆是。順感性
說的，如：性好、性癖之類，中國所謂氣性、才性，此
固不能視爲神聖的，甚至亦不能視爲好的；告子所謂
「生之謂性」大抵限於此類；其他如有善有不善，或可
善可不善，或善惡混，或性惡，諸說，大體亦限於此
類。知性、理性，若當作自然特性（能力）看，即使抽
象地言至純粹知性、純粹理性，亦是人的知性、人的理
性，是有限制的，此固無所謂神聖，亦無所謂好壞。即
使是人的意志，依康德，雖可設定一純粹的意志，或自
由的意志，亦仍不是神聖的意志。此皆可包括於所謂
「人的自然」（人類的本性或人性）中也。而
" humanity " 如譯爲「人」性，此「性」字不指人的自
然說，此是一個抽象名詞，如：動物性、道德性、白
性、方性、美性、善性、空性，等等皆是。此等名詞，
有時亦可將性字去掉，如空性直說爲空，善性直說爲
善，美、方、白等亦然，道德性直說爲道德，但動物性

則不便直說爲動物。是則此性字所表示的即是該概念自己也。 此時總持地抽象地說各概念自己。 "humanity"，如譯爲「人」性，亦有類乎此。此是總持而緊提著說，故亦可簡單地直說爲「人」；但這個「人」是緊提地「人即如其爲人」的人，亦可以說是「人之爲人」之「人」義，不是散指地說的現實的人。此後者是很不神聖的，誠如荀子所謂「甚不美，甚不美。」「但他必須視其自己人格中『人之爲人』之『人』義爲神聖的」，此「人之爲人」之「人」義在這裡猶不只是總持地思考上的一個抽象概念、抽象性，而是在**道德理念**下的一個**價值辭語**。此好像是「人極」之人，或天地人三才之人。故此詞不是說的人性或人道。如直譯爲「人性」，人可視爲儒者所說的義理之性，此性當然是神聖的，但康德此詞不是就此分解地說的超越的人性之義而說者，故不能直譯爲「人性」。自由意志與其所自立的道德法則是分解地說的，但康德並不視此爲人之義理之性。如直譯爲「人道」，則人可單向「道」想，道當然是神聖的，但康德此處不是說道自己爲神聖的。（前句說「道德法則是神聖的」，道德法則有類乎道自己。）這是一個總持而緊提著說的道德價值下的整詞，整一的「人之爲人」之「人」義，不是分解地單說某一邊。

一個人自己人格中的「人之爲人」之「人」義必須被視爲神聖的。故隨之即說「只有人〔……〕卻是其自身即

是一目的。」此人雖是散指的現實的人，但他何以能其自身即是一目的？這正因爲他人格中有「人之爲人」之「人」義，是以「人」義看之的人。他何以能有此神聖的「人」義而可以被視爲一目的？康德再進而分解地指出他的自由之自律性（即人格性），因著此自律性，他是道德法則底主體。因此之故，他是一目的，而不只是一工具。因此，「人之爲人」之「人」義、人格性、自由、道德法則，俱當視爲康德所謂智思物而屬於智思界者。人本是屬於兩界而可以兩面看的。儒者就「人之爲人」之「人」義分解地指出人有「**能人其自己**」的超越根據，此即是人的性——本心即性之性，義理之性。康德不以自由之自律性爲人之性，而只是一個設準。此是儒者與康德之不同處，亦可以說是康德之不及處，之未透處。

　　這種鼓舞起尊敬的人格性之理念，即：「它把**我們的本性**（依此本性之**較高面**說的**本性**）底莊嚴置於我們眼前，而同時它又把『我們的行爲之缺乏與它相一致』表示給我們，因而它擊滅了我們的自大」，這種鼓舞起尊敬的人格性之理念甚至對於最普通的理性也是很自然的，而且也是很容易被觀察出的。〔這人格性底理念喚醒起尊敬；它把**我們自己的本性**（依此本性之〔較高的〕**天職**而說的本性）底莊嚴置於我們眼前，而同時它又把「我們的行爲之不相稱於它」表示給我們，因而它擊滅了我們的自大。這層意思是很自然地而且很容易地因著最普通的人類理性而被觀察出。——依拜克

譯。〕

〔案〕：此句兩譯俱爲「人格性底理念把我們的（第二而
又較高的）本性底莊嚴置於我們眼前」。既如此，則儒者
以「本心即理」爲吾人之性不算過分；進一步，順康德說
法，以「自由之自律性」爲吾人之性亦不算過分。然則何
必一定反對意志之合乎法則爲出乎性呢？視之爲「心之自
發的善性」有何不可呢？何必一說性便是感性的性呢？

216　　甚至每一普通的君子人不也有時亦見到：雖因著一在其他方面
無害的謊言，他可以使他自己脫離一不愉快的事，或甚至可以爲一
心愛而又值得受獎的朋友獲至某種利益，然而他卻避免了這謊言，
他之所以避免這謊言，只是爲的怕他在其自己眼中秘密地輕視他自
己。不也有時亦見到這一點嗎？當一個正直的人處在極度困窮中，
只要他忽視義務，他即可避免這困窮，可是他豈不是因著以下所說
的意識而強忍著嗎？〔他豈不是勇往直前而感謝於以下所說之意識
嗎？──依拜克譯。〕即：他已在其自己的人格中依「人之爲人」
之「人」義之應有的尊嚴而維持了「人」義，並已榮耀了「人」
義，因此，他沒有理由須羞辱其自己（依其自己眼光觀之爲羞辱其
自己），或去擔心或恐懼自我省察之內部檢驗，他豈不是因著這意
識而強忍著嗎？〔他豈不是勇往直前而感謝於這意識嗎？──依拜
克譯。〕

〔案〕：以上兩問句即說明「鼓舞起尊敬的人格性之理念

甚至對於最普遍的理性也是很自然的，而且也很容易被觀察的。」儒者即由此指點人之善性，即康德所謂「**第二而又是較高的本性**」。「**民之秉彝好是懿德**」，此之謂也。

這種慰藉並非幸福，它甚至亦不是幸福底一最小部分，因為沒有人會願意有致此慰藉之機緣，或甚至或許亦沒有人願望一個在這樣境況中的生命。但是他活著，而他亦不能忍受他在其自己眼光中為不值得活著。因此，這種內部的安和〔慰藉〕，就那「能使生命愉快」的東西說，只是消極的；事實上，它只是避免人格價值方面沉沒之危險，在「任何有價值的其他東西已喪失」之後，避免人格價值方面沉沒之危險。它是對於「某種『完全不同於生命』的東西」的尊敬之結果，這某種東西即是「在與之相比較並相對比中生命連同生命之一切享受皆顯得全無價值」的某種東西。他仍然活著，這只因為「活著」是他的義務，並不是因為他在生活中找到了任何愉快的東西。〔並不是因為他有絲毫趣味於活著。——依拜克譯。〕

〔案〕：此即孟子所謂「所欲有甚於生，所惡有甚於死。」此「某種東西」既是所欲，則它固是尊敬底對象，亦是所欲的對象。在此，亦可說愉悅。使生命有價值者即是可愉悅者。愉悅豈必單只屬於感性？孟子說理義悅心，猶芻豢悅口。前者是實踐的，後者是感性的。悅即是敬，豈必悅即無敬。敬即無悅耶？

以上所說即是純粹實踐理性底眞正動力之本性；它沒有別的，它不過就是純粹道德法則本身，因爲此道德法則它使我們覺識到我們自己的超感觸的存在之莊嚴，而且主觀地說，它復在「人們也覺識到他們的感觸性的存在以及因此感觸性的存在而來的那『感性地很易感染的本性』之依存性」這樣的人們中產生了對於人們的較高本性〔較高天職〕之尊敬。

> 〔案〕：此即孟子所說的兩種性。「本心即性」之性是較高的本性。口之於味，耳之於聲等是感性地易感染的——易被牽引的本性。孟子說：「耳目之官不思而蔽於物，物交物則引之而已矣」。此即感性的本性之依存性（依待性）。然而孟子卻不只說純粹道德法則本身是實踐理性之動力，他必說「心即理」以爲性，此性才是實踐之動力，「心即理」之心、「心即理」之理才是眞正的動力——此動力方實。若只是道德法則，則動力便虛。

現在，如此多的嫵媚以及生活底滿足可與這動力相結合，以至於單爲此種嫵媚與滿足之故，甚至是一合理的伊壁鳩魯派的人（反省或考慮生活之最大利益者）之最愼審的選擇亦必宣稱這審愼的選擇自身〔亦必宣稱他自己〔指伊壁鳩魯派的人而言〕——依拜克譯〕是站在道德行爲之一邊，而同時去把這生活底愉快享受之景色連繫於那「早已其自身即是充足的」最高動力上，這甚至亦可是明智的；但是這情形只可當作一種均衡看，即：對於「惡行在反對面所能去展現之」的吸引誘惑而起一種均衡作用以抵制之，而卻並不

是想去把這眞正的動力，即使是這動力之最小部分〔最小程度〕，置於這生活享受之景色中，當論及義務時。因為若眞是想把這眞正的動力置於這景色中，則必恰同於想去染污道德意向在其根源方面之純淨性。義務底崇高無所事事於生活底享受；它有它的特殊法則以及它的特殊法庭，而雖然義務底崇高與生活底享受這兩者聚在一起，混合得十分好，就像一付藥劑一樣，以之給與於病人，這從未很容易地被搖動過，然而它們雙方不久就要各自分開〔而不管一個人如何很想去把生活底享受與義務底崇高這兩者混合在一起，混合起來以便去供給混合物於病人，就好像這混合物是一付藥劑一樣，然而它們雙方不久就要各自分開——依拜克譯〕；而如果它們不分開，則義務底崇高〔道德因素——依拜克譯〕將不起作用；而雖然物理生命〔自然生命〕可以在強力方面得到一點什麼事，然而道德生命則必不可挽回地枯萎下去。

〔案〕：本章至此止。下面便是〈純粹實踐理性底分析之批判的考察〉，以結束此〈分析部〉。此第三章非常重要，正面的主要義理俱在內。它可與孟子學作一深入的比較，如我隨文所已點示者。它可使人對於孟學有一警惕的反省。它的綱脈大體與孟子同，只是不以「性善」之方式說。但是「性善」是儒學開發底基本方向。康德極不喜「心之自發的善性」。他或可誤解孟子為道德的狂熱，或至少人們見到他所批評的道德的狂熱，亦可聯想到孟子亦是此類。然而他的義理綱脈又大體與孟子相同。然則孟子究竟是否是道德的狂熱呢？這是值得深切反省的。而他又

不以性善底方式説，極不喜「心之自發的善性」，然則他
與孟子底不同處究竟又何在呢？這亦是值得深入考察的。
我疑心康德對於孟子學似乎浮光掠影地略有所聞。孟子生
在二千年以前，康德不過是十八世紀的人，而十八世紀是
西方最崇拜中國文化的時候，康德如非完全不理那些時代
風尚的傳頌或喧囔，則其略有所聞不算稀奇事。問題是在
聞的有多少，恰當不恰當。當然傳教士所傳述的孔孟之道
以及宋明儒者之思想不必能貼切，但大體總有些影子。我
們當然也不能説康德全部哲學底思路是來自研究儒家，或
啓發自儒家，但他的道德哲學底大體綱脈卻與孟子相同。
這或許只是由於反省他自己的哲學傳統以及宗教傳統而自
然轉過來，有所謂不謀而合處，但又不贊成性善説，不喜
「心之自發的善性」。他的思想之醞釀底主觀機緣，究竟
受儒家影響或啓發自儒家者有多少，我們且不必多所猜
測，因爲康德自己未曾有絲毫表示，亦未見有其他文獻的
記載。我們讀康德此文，經過與孟子學底深入比較，只須
知道以下三點即可：

㈠康德的義理綱脈既大體與孟子相同，則孟子學非其所批
評的「道德的狂熱」可知。因爲孟子亦並非不知人類底限
制，即實踐理性所置之於人類的那限制，「命」即是一個
限制概念。又，孟子所説的心悦理義，這個心不屬於氣，
即：非感性的；民之秉彝好是懿德，從常性而發好惡，喜
愛法則，這常性不是感性的性好性脾之性，乃是「本心即
性」之理性的性，超越的性。

㈡康德不以性善底方式說實踐理性底原則、對象以及動力，不以自由之自律性爲人之性；他只以尊敬法則爲人之本性，第二而又是較高或最高的本性。但不能正視上提，虛而不實。孟子即以此爲人之本心，本心即性，故此即是人之性。「心底自發的善性」，此心非感性的心，心之善即性之善。康德所說的實踐理性，在孟子，即是人之性。一個存有，只要他有理性、有意志，其意志即須符合於理性存有底自律性，這自律性即是人之性。但康德不能正視此義，故一說自願便落於感性的性好。爲何不可從這較高的本性說好說樂？正因康德說意志底自律只注意其理性義，而未點出其心覺義。在孟子，此心覺即理性也。

㈢康德不以自由底自律性爲人之性，乃因其不承認人可有智的直覺故。因爲無智的直覺，故不能成爲實性，縱使說一較高的本性，而此較高的本性又不能上提而與意志之自由自律合一。如是，意志自由是一虛置，其所自律的道德法則亦是一虛置，依此法則而來的行動亦成偶然，即實然的心氣之實然的意志亦可以遵從之，亦可以不遵從之，而必力求訓練以遵從之，是則現實上無真正自發的道德行爲，亦不得言自發，因一言自發，便落於感性的性好故，而感性的性好不是真正的道德，因有夾雜故。如是，既須依自律的法則——無條件的命令而行，而既自律矣，而又無依此自律而自願的行爲，如是，這便成一夾逼的狀態。本來，**自律必函自願**。如果**自律而不自願**，則究竟是否**真是自律亦成問題**。今康德把**自律**放在**睿智界**，把**自願**放在

感性界，而不能合一，這便成夾遍的扭曲狀態，即自律而不能自願之狀態。（這不能説是矛盾，因分屬兩界故）。在康德，如果自律必函自願，這自律與自願之一致（即意志之神聖性）亦是虛置在那裡以爲一設準。而人是不能得有的。在康德，則以爲這是一個理想的基型，人必須經由無限的進程努力以求接近之，而卻永遠不能得有之。如是，這雖講自律道德，而眞正的自律道德卻從未實現過。現實上的道德行爲都是不情願的、強制的，這似乎亦可以説是一種他律道德。這他律雖與康德所説的他律（意志決定底材質原則）不同，因爲其所依據的法則仍是睿智界的自由意志之所自律故，不是由任何外在的對象（材料）而決定的，不管這外在的對象是快樂或幸福，抑或是圓滿或上帝，雖有此不同，然而在體現這法則上卻仍是他律的。何以故？一、因爲體現這法則的心力（心願）是感性的故、不情願故、強制故；二、因爲法則是從他而來故，非此感性的心願所自立故。如是這虛置在彼岸的自律法則亦與以圓滿或上帝決定意志之原則無以異。自律的法則就是圓滿，自律的意志就是上帝，那個駕臨一切有限存有的實踐理性就是上帝。（康德當然不以爲這就是上帝，因爲是兩個設準故，但這只是爲傳統的名言習慣所限，説穿了，實就是上帝，就實踐理性説，且比上帝爲高，因爲上帝以及那唯一的聖子亦須接受這道德圓滿底檢定，此義見之於《道德底形上學之基本原理》中）。如是，那等同於圓滿或上帝而從未實現過的自律意志對我們的現實意志，有限

存有底意志，而言，豈非是他律？那個自律的意志又有什麼用：康德講一個自律的意志，又講這意志不一定服從它所自律的法則。如果這是**同一意志**，這便成**自相矛盾**，自律即成非自律，至少不見得是**眞能自律**，自律底地位不穩定，只是一個抽象思考的形式概念而已，即：只是形式上有此意義，而實際上則不眞能自律。因爲眞自律必函自願。自律而不自願，必非眞自律。如果不是同一意志，自律意志屬睿智界，不一定能服從自律意志所立的法則之意志屬感性界，此則雖不矛盾，然成**夾逼的扭曲狀態**，即**旣自律而卻沒有自願的行動**。如想解消這個扭曲狀態，則必須㈠於**說自律時必函自願**；㈡自律自願**一致必須是我們的實性**，**性之自律即是性之自願**；㈢實性之可能由於智的直覺可能，智的直覺之所以可能由於自律的意志即是**本心**，本心即是**明覺**，明覺之**自照照他**即是**智的直覺**，自照就是對於自律的意志（實性）之智的直覺，照他即是創生萬有，亦是如其爲**自在物**而直覺之，直覺之即實現之；㈣**實性可能**，智的直覺可能，則**實性有力必發爲自願之行**，眞正的**自律自願的道德始可能**：自律道德不但是空立一個道德法則即能成其爲自律，而且必須能**自願地體現之**，方眞能**極成其爲自律**，否則自律道德只是一個空名，從未實現，而且亦永不能實現。康德只講自律，而不能講自願，甚爲可惜。

自律而自願即是**意志之神聖性**，性體之神聖性。問題只在：一個有限的存有（亦屬感性界者）如何能逆覺而朗現

此性體？這裡當然有感性的帶累與限制，儒者在此並非不知有險阻，故並非道德的狂熱者，然而若說這神聖的性體永不能呈現，從不能為人所得有，則非是。在此逆覺工夫有意義，**圓頓**的朗現亦可能，**圓頓之教**亦有其必然。自此以往，自非耶教形態，而康德的歸宿則必歸於此。其未歸於此者是其未成熟之故，他是處於孟子與朱子之間的一個居間的半途形態。然其義理綱脈則向孟子走，而不向朱子走，因為他由**意志自律**講道德法則故。

純粹實踐理性底分析之批判的考察

所謂對於一門學問，或一門學問底一部分（此部分自身即構成一系統）之批判的考察，我意即是研究並證明這門學問為什麼必須有這種系統的形式而不能有其他系統的形式，當我們把這門學問與另一基於同一知識機能的系統相比較時。現在，實踐理性與思辨理性，當它們兩者皆是**純粹理性**時，它們即基於同一機能。因此，它們兩者之「系統的形式」方面的差異必須因這兩者底比較而被決定，而此差異之根據亦必須被指定。

純粹理論理性〔知解理性〕底分析有事於這樣的對象即如「可以被給與於知性」這樣的對象之知識，因此，它被迫著必須從**直覺**開始，結果也就是說，必須從感性開始，因為這種直覺總是感觸的；而只有在直覺以後，它始能進到概念（這種直覺底對象之概念），而亦只有在直覺與概念已先被討論以後，它始能以**原則**來結束。反之，因為實踐理性並不有事於對象以便去知道對象，但只有事於它自己的「**真實化對象**」〔實現對象〕之能力（依照對象之知識而真實化之或實現之），即是說，但只有事於「即是**一種因果性**」的那個**意志**，當理性含有意志底決定原則時；因而結果，又因為實踐理性並不要去供給一個**直覺底對象**，但作為實踐的理性，它只要去供給一個**法則**〔去為直覺之對象供給一法則——依拜克譯〕（因為因果之概念總函蘊著涉及一個法則，此法則足以決定眾多事物在其相互關係間底存在）；所以，如果理性要成為實踐的理性（而此實踐理性才真正是問題之所在），則「這理性底分析」之批判的考察必須**開始**於「**先驗的實踐原則之可能性**」。只有在先驗的

218

實踐原則已可能以後,它〔批判的考察〕始能進到一實踐理性底**對象**之概念,即:進到絕對的善與惡底那些概念,進至此以便依照那些原則去指定善與惡之概念(因為若先於那些原則,則這些對象之概念不可能因著任何知識機能當作善與惡而被給與);而亦只有經過了原則之可能與對象之指定,這批判考察底段落始能以最後一章而結束,即:以討論純粹實踐理性對於**感性**底關係,以及其對於感性的必然影響(此是先驗的可認知的)之關係的那一章來結束,即是說以討論**道德情感**的那一章來結束。這樣,實踐的純粹理性底分析有其「共同於知解理性,但次序與之相反」的使用底條件之全部範圍。純粹的知解理性底分析是分成超越的攝物學〔感性論〕與超越的辨物學〔邏輯〕,而實踐理性底分析則相反地分成純粹實踐理性底**邏輯學與感性論**,如果我可以只為類比之故而使用這些名稱時,實則這些名稱並不是十分恰當合用的。復次,在知解理性那裡,辨物學〔邏輯〕分成概念底分析與原則底分析,而在實踐理性這裡則分成原則底分析與概念底分析。又,在前一情形即知解理性那裡,攝物學〔感性論〕復有兩部分,因為有兩種感觸直覺之故〔因為感觸直覺底兩分性之故──拜克譯〕;而在這裡,**感性**實並不能被看成是一**直覺之能**,但只能被看成是**情感**(此情感可為意欲〔意願〕底一主觀根據),而關於這方面,純粹實踐理性不允許有進一步的區分。

區分為兩部分再連同著它們的劃分,這種區分在這裡所以實際上未被採用(因為一個人可因著第一批判底範例而被引誘著試想去這樣作),其理由也很容易被看出。〔區分為兩部分,又連同著它們的劃分,這種區分實際上所以並未作出,其理由很易被看出,縱

使在開始時，「試想這樣去作」這種試想可因爲第一批判底範例而被引誘著。——拜克譯。〕〔案：意即：區分爲兩部分，兩部分又連同著它們的劃分，這種區分，雖然可因著《第一批判》之範例而被引誘著試想去這樣作，然而在這裡實際上爲什麼並未這樣作，其理由是很容易被看出的〕。其故即在：因爲那正是**純粹理性**它在這裡依其實踐的使用而被考慮，因而結果也就是說被考慮爲從〔意志底〕決定之先驗原則而前進，而不是從〔意志底〕決定之經驗的原則而前進，所以「純粹實踐理性底分析」之區分必須相似於一個三段推理底區分，即：從**大前題**中的普遍原則（道德原則），通過一個**小前題**（即：含有「把作爲善或惡的可能行爲隸屬於大前題下」這種隸屬作用的小前題），而達到一**結論**，即：意志底主觀決定（即在可能的實踐的善中以及在基於此實踐的善的格言中的一種興趣）。一個人他若能信服發生於此分析部中的各部位〔各命題——拜克譯〕之眞理，他將在這樣的比較中感到快樂；因爲這些比較可以正當地啓示這期望，即：我們有一天或可能察識到〔見到〕這全部理性機能（知解的以及實踐的）底統一，並能從一個原則中去引申出一切，而此一原則乃是人類理性所不可免地要求的，因爲只有在理性底知識之一圓滿地系統性的統一中，人類理性始找到完整的滿足。 220

　　但是，如果我們現在復亦考慮及「我們關於一純粹實踐理性所能有而且因著或通過一純粹實踐理性而能有」的知識之內容，如〈分析部〉中所展示者，則我們順著實踐理性與知解理性間可注意的〔顯著的〕類比，亦將見有同樣可注意的或顯著的差異。就知解理性說，一種純粹理性的先驗認識之機能可因著從科學而得來的例

證很容易而且很顯明地被證明（在科學裡，因為它們可依許多路數，因著有秩序的使用，把它們的原則置諸試驗，所以不甚有理由像在普通知識中那樣去擔心一種「認識底經驗原則之秘密混合」）。但是，純粹理性，即：沒有任何經驗原則底混合的純粹理性，單是其自身就能是實踐的，這一點只能從**理性底最普通的實踐使用**，因著證實以下的事實而被展示，即：每一個人的自然理性皆可承認最高的實踐原則為他的意志之最高的法則，即：一個「完全先驗的而且不依靠於任何感觸的材料」的法則。在科學〔一門學問〕能把這法則當作一種事實，即：「先於一切關於其可能性之爭辯，以及先於一切從它而被引申出的結果」這樣的一種事實，掌握之於手中以備去使用之以前，「首先去建立並去證實它的根源之純淨性，這乃是必要的。〔首先在此通常理性之判斷中，因著它的根源底純淨性之證明，而去建立它並去證成它，這乃是必要的。——依拜克譯。〕但是這一層可以從那適所已說者中很容易被解明；因為實踐的純粹理性必須必然地開始於原則，因此，這些原則必須是首出的所與〔與料〕，是一切學問底基礎，它們不能從其他學問裡被引生出來。因著一種簡單的訴請——訴請於常識之判斷，以充分的確定性，去作成這證實，即：「證實道德原則為一純粹理性底原則」之證實，這已是可能的，其可能是因為以下之理由而可能，即：凡是任何「可以滑入我們的格言中以為意志底一決定原則」的經驗的東西能夠即刻因著那「必然地附隨於此足以引起欲望的經驗的東西上」的苦樂之情而被檢查出來；然而純粹實踐的理性則卻是積極地拒絕去承認這種情感進入它的原則中以為一條件。經驗的決定原則與理性的決定原則之異質性可因著「一實踐地立法的理性對

抗任何性好之混雜」底這種抵阻作用而清楚地被檢查出來，**並且因著一特種的情感**而清楚地被檢查出來（但是，這特種情感並不先於這實踐理性底立法，但反之，卻是當作一種強制而爲這實踐理性底立法所產生），**卽是說**，因著一種「無人對任何性好而有之但只對法則而有之」的**尊敬之情**而清楚地被檢查出來；而且其被檢查出來是依如此顯著而凸出的樣式而被檢查出來，以至於縱使最未受教育的人亦能在一呈現於他眼前的範例中即刻見到這一點，即：作意底諸經驗原則實可以迫使他去追逐這些經驗原則底吸引誘惑，但是他從不能被期望去服從任何東西，除單是服從理性底純粹實踐法則外。〔理性的決定根據與經驗的決定根據之不相似性是通過一實踐地立法的理性對於一切有干涉作用的性好之抵阻作用而成爲可確認的，此**抵阻作用**是被展示於一**特種情感**中，此特種情感並不先於實踐理性底立法，但正相反，它當作一強制，乃首先爲實踐理性底立法所產生。那就是說，此兩種決定根據之**不相似性**乃是通過一種「沒有人對任何性好而有之但人卻可單對法則而感到之」的**尊敬之情**而被顯露出來。這**不相似性**是如此凸出而又顯著地被展示，以至於沒有人，甚至沒有最平庸的心靈，不能在一範例中立刻去發見以下一點，即：雖然他可以爲作意底諸經驗根據所促使，促使著去追逐這些經驗根據底吸引誘惑，然而他不能被期望去服從任何事，除服從理性底純粹實踐法則外。——依拜克譯。〕

〔案〕：以上由比較兩批判組織之差異，明「純粹實踐理性底分析」是開始於原則。原則章所說是理性之一事實，即「基本法則之意識是理性之一事實」。這是一種先於其

他一切的事實，即使最普通的人亦能意識及之的一種事實。康德說實踐理性底分析所以之為開始的「原則是一切學問底基礎」。這即表示了實踐理性之優越性。但雖說是兩種理性之批判，依康德，卻實是同一純粹理性之兩種使用，因而方便說為兩種理性──知解理性與實踐理性。依康德，這兩種理性皆基於同一知識機能，因皆是純粹理性故。康德又說：「因著這種比較，我們可以期望有一天能發見全部理性機能底統一，並能從一個原則中推出一切。」如果純粹的實踐理性之分析開始於「作為一切學問之基礎」的原則，則純粹實踐理性底原則即是一個最高的原則，且由之可以推出其他一切，因之可以得到全部理性機能之統一。這說法好像太籠統、太死硬，其實義究何在？其實義似乎當該這樣了解，即：實踐理性底原則所表示的只是**意志底因果性**：「因」屬於智思界、「果」屬於感觸界。意志底因果性即意志之**實現存在**。當把這存在當作一對象而求知之，則純粹理性之思辨使用即出現，因此而有第一批判所說之一切。此即是全部理性機能之統一，由實踐理性底原則作一最高的原則，由之而引申出其他一切。第一《批判》**由果窺因，而不得其實**；第二《批判》**由因說果，而因仍是一設準**。此是康德學之綱脈，也可說是一種識見。此識見，我看只是「作者之謂聖，述者之謂明」之兩語。「**作者之謂聖**」，即由因說果，此是首出庶物，開物成務，亦可說是統宗。但「大而化之之謂聖，聖而不可知之謂神」，此聖神之「動因」實不可以智測，亦

不可以概念定，亦不可以感觸的直覺遇，此康德之所以視
自由爲設準歟？然而未嘗不可以智的直覺遇，此所以儒佛
皆講圓頓之教歟？「述者之謂明」是知解之事，即是由果
窺因，然而爲感性所限，爲概念所圍，此所以雖窺至彼
岸，然而終究不得其實也。因爲知解總隔一層故。

　　在幸福論中，經驗原則構成這全部基礎，但是在道德論中，經
驗原則甚至不能形成基礎之最小部分。幸福論與道德論兩者間的區
別是「純粹實踐理性底分析」之第一而且是最重要的工作；它之進
行此工作必須以準確性與所謂嚴格性而進行之，就好像幾何學家進 222
行其工作那樣準確與嚴格。但是哲學家在這裏（由於在理性的知識
中，總只藉賴著概念而卻無對於概念之構造）有許多較大的困難要
奮鬥，因爲他不能以任何直覺作爲基礎（作爲一純粹的智思物之基
礎）。但是，他有這便利，即：就像化學家一樣，他可以爲「區別
道德的（純粹的）決定原則與經驗的決定原則」之目的在任何時以
每一人的實踐理性來作一試驗，即是說，他可以因著把道德法則
（作爲一決定原則的道德法則）加到經驗地被影響的意志上去而作
一試驗。（所謂經驗地被影響的意志，舉例來說，譬如一個人若因
爲說謊他可以得到某種好處，他便想去說謊，此想去說謊的人之意
志就是經驗地被影響的意志。）此恰如化學家當其作鹽酸中的石灰
之化解時，把鹼加到鹽酸上，酸質即刻丟棄了石灰質，而與鹼相結
合，因而石灰即沈澱下來。與此恰相同，如果一個人他在其他各方
面都是正直的（或者說一個人他在此一機緣上他只在思想上把他自
己放在一個正直人底地位，即：自認爲是正直而其實不正直），如

果對於這樣的一個人，我們把道德法則呈現在他的面前，因著此道德法則，他認識了謊言之無價值，如是，則他的實踐理性（在形成一「所應當被作成的是什麼」之判斷中的實踐理性）即刻便丟棄了利益觀念，而與那「在他身上能保持尊敬其自己之人格」的東西（誠實性）相結合，而此利益觀念，在其已與理性底每一成分（全然站在義務一面的每一成分）分離開而且從理性底每一成分被刷洗下來之後，它也是很容易爲任何人所衡量的。這樣，利益觀念在其他情形中可摻進來與理性相結合，但只不在「它可相反於道德法則」之情形中摻進來與理性相結合，因爲理性從未丟棄這道德法則，但毋寧是最密切地與道德法則相聯合。

〔案〕：在〈純粹實踐理性底原則之分析〉中，我們以準確性與嚴格性來進行幸福論與道德論兩者間之區別，恰如幾何學家作其工作時那樣準確與嚴格。但在這裡，哲學家比幾何學家有較大的困難要奮鬥，因爲在這裡「就像任何其他處一樣，在理性的認識中，只使用概念而無對於概念底任何構造。」康德說：「哲學的知識是因著理性從概念而得的知識；數學的知識是因著理性從『概念之構造』而得的知識。去構造一個概念意謂先驗地去展示那『與概念相應』的直覺。因此，就概念之構造而言，我們需要一『非經驗的直覺』。此非經驗的直覺，當作直覺看，它必須是一獨個的對象，縱然如此，若當作一概念（一普遍的表象）之構造看，它必須在其表象中表示普遍的妥效性，即對那『落於同一概念下』的一切可能的直覺皆有效的那

普遍的妥效性。這樣，例如我構造一個三角形，我是因著表象那『相應於此概念』的對象而構造之，表象那『相應於此概念』的對象或是在純粹直覺中單只因著想像而表象之，或是在經驗的直覺中依照想像復亦在紙上而表象之——在此兩種情形中，皆完全是先驗地表象之，而並沒有從任何經驗中借得一模型而表象之。我們所畫出的單個圖形是經驗的，然而它又足以用來去表示這概念，而並沒有損害其普遍性。因為在此經驗的直覺中，我們只考慮那『我們所依以構造這概念』的活動，並把許多決定（例如邊之量度以及角之量度）皆抽掉，這許多決定是完全不相干的，因此它們並不能更變『三角形』這個概念。」（斯密士譯，《純粹理性底批判·超越的方法論》第一章第一節（A713-714, B741-742）。據此，則所謂概念之構造即是對於概念底構造，或去構造一個概念。此是數學的知識。凡概念之構造皆有純粹直覺或先驗直覺，或形式的直覺，以為基礎。但是哲學的知識則是從概念而得的知識，而「無任何概念之構造」。在實踐理性處以及在思辨理性處皆然。所謂「從概念而得的知識」即是單依概念而來的先驗知識。例如依範疇（概念）而先驗地知現象為如何如何，此有經驗的直覺以支持之。若依此概念而向超絕域使用之，則在思辨理性處只形成一些理念，並無任何直覺以支持之。在實踐理性處，亦是只依概念而得知識——關於道德之知識，此如在分析道德性一概念中，我們知有道德法則、意志之自由、最高善（圓善）、靈魂不滅、上帝之

存在等等。但此等依概念而來的理性認識皆無任何直覺以
支持之。故在此若以準確性與嚴格性而進行其分析，雖可
如幾何學家作其工作時那樣準確與嚴格，但實比幾何學家
爲困難。實則不但比幾何學家爲困難，且亦比思辨理性處
爲困難。因爲在思辨理性處，範疇之內在的使用尚有經驗
直覺以支持之（雖在超絕的使用中無此支持），而在實踐
理性處，則既無內在與超絕兩使用之分別，亦根本無任何
直覺以支持之。是故意志自由、靈魂不滅、上帝存在，一
是皆爲實踐理性之設準。雖然如此，然而實踐理性處之理
性的認識，只使用概念而得實踐的知識者，卻並非全然是
空的、無效的；不但不是空洞無效的，且足以實化思辨理
性之超絕的使用中所形成的那些理念。

康德在此訴諸最普通人的理性，最未受教育的人之常識判
斷。道德法則之如此如此是**一理性底事實**。最普通的人亦
知其所應當爲的是什麼，亦知不應當徒爲有什麼好處而行
事，此即其道德法則之純淨性，無任何感性底夾雜。此即
是只是理性的認識──不是認識一個感性的對象，而是認
識一個超感性的，亦就是睿智界的道德法則。我們順這種
理性認識中的**理性事實**而作原則底分析亦只是因著概念而
作分析。我們可像化學家那樣，就此理性底事實而作試
驗，此即是證成了這理性的認識。是以雖無任何直覺爲其
基礎，然而這認識卻已算是確定了的。此即是「純粹理性
本身就能是實踐的」之義。若進而問此如何可能？自由本
身如何可能？人何以感興趣於道德法則，道德法則本身何

以即是動力？此則無有解答。因無智的直覺故。故總歸於自由爲一設準。這是康德的一套説法。這説法只是從理性上而凌空説起，好像很夠，然而又好像不很夠，所以總照顧著直覺而作批判的省察。如果直覺無眞實意義，無多大關係，則只這樣照顧著説已很夠。但康德如此反復説直覺，直覺不能無眞實意義。如此，這又顯得不很夠。然則智的直覺之有無根本就是自由意志是否能是一呈現之問題，是否能客觀地智的直覺地被構造起（被建立起）之問題。若自由只是一設準（不在因譯爲設準或公準而有差別，譯爲設準，不減少它的在康德説統中的可能性，譯爲公準，亦不能增加其在康德説統中的可能性），而不是一呈現，則道德落空。你説道德法則之如此如此是理性底事實，但何以必是這事實，這沒有具體的落實處。你説理性自身即能是實踐的，道德法則自身即是動力，這話所以使我們覺得可有意義只因道德法則可引起我們的尊敬，而尊敬這一道德情感依康德卻又不是道德底客觀基礎，只是道德法則影響於人心的結果，只是感受道德法則以及道德法則所定的義務這感受性之主觀條件。它固有助於行動，但我們的現實決意之發動行動，其格言又常不能合乎道德法則，吾人只能依據主觀的道德情感——尊敬之情——訓練以求合之，如是，什麼時候能有完全合乎道德法則的眞正道德行爲，這實不敢必。如是，理性底事實落空，而「道德法則是動力」亦虛而無實。如是，則道德法則亦駕空而不能落實。

若依孟子學底説法，則康德所注意的「**理性事實**」必須予以重新的消化，即：再陶鑄一番而使之落實，不能停在這虛泛的淩空狀態中。

依孟子，此理性事實即是吾人之**本心**：人皆有是心，惟賢者能無喪耳。理性底事實即「**本心即理**」這理性底事實。點出本心，則直覺可説。直覺自是純智的直覺，非感觸的直覺。既是純智的直覺，則不可以用了解感觸直覺的方式去了解這智的直覺，即不可用一既成的機能去覺了一既成的外在對象之方式去了解之。感性是一既成的機能，通過其為外物所影響，它直覺一對象。但是並無一現成的外在道德法則，如外物然，擺在那裏，以備吾人之純智的直覺去覺了之。此智的直覺只是本心之明覺。此明覺所覺之道德法則不是明覺以外的一個所與物，乃即是此明覺本身之所發。明覺覺其本身之所發名曰智的直覺。此智的直覺覺之即創發之。故此智的直覺雖亦曰直覺，然不取其能所關係中**認知的意義**，而取其存有論的**主宰意義**、**創發意義**。「乾知大始」，此知字便不可解為認知的了解，而應解為存有論的立體的主管義。普通所謂知縣知府，此知字亦是此義。知縣即知一縣之事，知一縣之事，即主管一縣之事。主管是以行動去負責任，應興則興，應革則革，而不只是旁觀地了解。故一縣之事是在知之**存有論地而且是創發地提挈中**的。即使是認知的了解，此了解亦藏於存有論的創發中。劉蕺山言「知藏於意」，亦即是把良知之明覺收藏於好善惡惡之意中以維持住其存有論的主宰義，而不

讓其泛濫（虛玄而蕩或情識而肆）；而且好惡之意中即含有知之作用，好之即知之；此好此知即是理性，此中即有法則之呈現。故本心明覺亦意亦知。此知字既藏於意，故不取其及物的外向義，而是收回來取其**存有論的、創發性的決斷義**，此即是取其**自定方向自立法則義**。王陽明所説的「良知」本即是此義。良知是本心底本質的作用，故孟子所説的「是非之心智也」，此智心亦本即是此義。惟朱子必向「及物的外向作用」了解此智心，故轉成格物窮理，而失其存有論的創發性的決斷義、立法義。

本心明覺之決斷自立法則即直覺一法則。立之即覺之，在**立中覺**；覺之即立之，在覺中立。立不只是虛泛地説的理性之虛泛地立，而且是「在覺中立」之直覺地立，此即是法則不只是**概念的分析**，認識此法則不是只因著概念而無對於概念之任何構造之分析的理性認識，而且是**直覺的構造（立）、直覺的認識**。如是，則法則便是**一客觀地構造起而有客觀的必然確定性的法則**。此並不亞於一數學命題之爲一直覺的綜和構造，惟在法則處並無綜和義而已（對念言自是綜和的），因爲這是**創發地立**。故本心明覺直覺一法則即是明覺自立法則之反身自照，此即是法則以智的**直覺爲基礎**——爲基礎者只是落實而不踏空之義。**直覺即是呈現原則**。

本心明覺反而自照其自己即是對於自由有一智的直覺。當它的決斷自立法則時，它即朗照此自立的決斷（這尚不只是意識到，即超意識亦然），此即是對於自由之純智的直

覺。直覺之即呈現之，此即是自由之**直覺地被構造起**而有
其**客觀的必然確定性**，即有其自身為一存有論的創造原則
之必然的確定性，而不只是一**主觀的必然預設性**。但此客
觀的必然確定性不是理論（知解）理性的，而是從本心即
性即理而來的實踐理性的，因為此直覺是純智的直覺，既
不是感觸的直覺，亦不是數學中的直覺，故不是理論理性
的，康德說：「數學中的設準有必然的確定性。它們預設
一**活動之可能**，此活動之對象是早已在理論（知解）上先
驗地被認為是可能的，而且是具著圓滿的確定性的。但是
實踐理性底設準則從必然的實踐法則預設一**對象自身**（上
帝及靈魂不滅）之可能，因此，只為實踐理性之目的而預
設之。依是，此種被預設的可能之確定性總不是理論的
（知解的），因而亦不是必然的（客觀地必然的），那就
是說，它不是就對象說的一種**已知**的必然性，但只是就主
體說的一種必然的預設，就此主體服從它底客觀而實踐的
法則而為必然的預設。〔但只是就要符合於理性底客觀實
踐法則的主體而說的一種必然的預設。──拜克譯。〕因
此：它只是一**必然的假設**。我對於這種主觀而又是真正而
無條件的〔絕對的〕合理的必然性，找不到比「設準」一
詞為更好的詞語以表示之。」（〈序文〉中註語）。此注
語非常重要，人多不了解其所說的「設準」一詞之意義，
因此，多在設準公準上爭講。康德明說「它只是一**必然的
假設**」，如何不可以設準譯？此「必然的假設」，其為必
然只是「**主觀的**〔……〕**必然**」。其所以為主觀的，是因

為只就主體之服從法則說，不就對象自身說。所以不就
「對象自身」說（康德只舉上帝與靈魂不滅，其實意志自
由亦在內，因自由亦是一設準故），是因為吾人對之無直
覺故。在上帝、靈魂不滅以及自由意志處，當然不能以感
觸直覺遇，但吾人又無智的直覺，故此所預設的對象自身
之可能根本不能被構造，因此，此可能之確定性亦不是理
論的（知解的）、認知地（客觀地）必然的確定性，乃只
是一主觀的必然性，一主觀地必然的預設。康德壓根不承
認人有智的直覺，故一說對象底必然確定性，如有之，便
是知解理性之認知地客觀地必然確定性，如無之，便無此
知解理性之認知地必然的確定性。即必然確定性必是知解
理性之認知地客觀地必然確定性。但吾人既講出智的直
覺，則必然的確定性不只是**知解理性的**、識知的，亦可是
實踐理性的、智知的。因此，自由、靈魂不滅，甚至上
帝，便不只是一主觀的必然預設，乃是一客觀的、直覺地
被建立起的必然呈現。此則非康德之所能及。此義之轉出
只在本心明覺之無限的朗照。

或者說，並非康德不能及，乃是他不願如此說。他欲給知
識以限制，給實踐理性與信仰留地位。但智的直覺卻並不
是知解理性的知識，給此後者以限制，並不礙前者之可
能。給前者以可能，亦不妨礙給實踐理性與信仰留地位，
而且正極成其地位——智的直覺與實踐理性及信仰並不衝
突，與知解理性底知識亦不衝突。因此，問題只在他不能
發見智的直覺之可能，因此，正是他之所不能及處，並非

他不願如此説。若眞是不願如此説，吾人可指明不如此説
不行。此非願不願底問題，乃是見到見不到底問題。見不
到是缺陷，見到了，則不管你願不願，道理自如此。

本心明覺其自身就是**理性**（**法則**），就是**覺情**（**道德之
情**），亦就是**純智的直覺**。就其爲理性或法則説，它就是
實踐的理性（**道德的理性**），不是那籠統的泛説的同一理
性之實踐的使用與知解的使用。知解理性實是次一級的知
解推比的理性，是道德理性之自我坎陷而凝結或繝曲成的
一個**邏輯理性**，此與**邏輯的我**相應。它使用概念，它的法
則是邏輯的，知解上的。如何能説這同一的理性本身就能
是實踐的？如何能説其爲實踐的，是同一理性之既知解的
使用而又轉爲實踐的使用？這便成攬混而顚預。道德理性
不是知解推比的，亦不使用概念，它是創發的，是直覺
的；它的法則是應當的，不是知解的。我們不能根據這法
則來理解**存在**（**對象**）**底關係**，我們卻能根據它來了解**這
存在底實現**，它是「**實現這存在**」**底法則**。這是根源的理
性，與道德的眞我相應。（我們在反省此理性時，可以用
概念分析底方式説之，但其本身底活動卻不是使用概念
的）。

就其爲覺情説，它本身自凝聚，自惺惺，自能敬而不肆，
自能悦法則。覺情、理性與法則，這三者是一。這不是先
立一特種的道德之情以爲法則之根據，如康德之所破斥。
理性本身就是覺情（非感性的故曰覺情，亦可曰智情），
覺情亦就是理性：它既不先於理性，亦不後於理性，它與

理性是一。因此，本心悅理，理義悅心，是直覺地可理解的，不是如康德之所說不可理解，因無任何直覺故。如康德所說，凡是情即是感性的，凡是心亦是感性的（所謂人心）。是則理性處本心義並未點出。如是，則理性處無心，無情。但它可以影響於情而引生尊敬之情，此則非感性的，而是實踐的。這是把理性與敬情拉開分成兩層說，敬情只是一個結果，是後得的。但理性底法則何以就是動力，何以能引生這敬情，則不可理解，因此對於此法則以及自立此法則的意志無任何直覺故。若如此，則人心之悅法則而起敬意全成偶然，它亦可以悅，亦可以不悅，亦可以敬，亦可以不敬。法則擺在那裡，我接受它的影響，才可以起敬意。我若不接受它，它毫無辦法。而我之接受或不接受，則全無定準，全是人心之偶然，因爲人心是感性的（屬於氣的）故。若說法則之意識是理性底事實，即使最未受教育的人亦能知之，如是，人心必能悅，必能尊敬。若如此，則必能悅必能尊敬之心即是吾人之本心明覺。此則不是感性的（不屬於氣），爲何必是結果，而不可翻上來作爲原因而與理性爲一？（康德亦說敬情是實踐的，不是感性的，但其爲實踐的只是因理性之夾持，其本身原則上仍屬於氣，只是脫離自然之性好而已，此亦如朱子所說之敬心，雖因涵養格物而夾持使之成爲實踐的、合理的，然其本身仍是氣，即仍是感性的。）如果必能悅必能尊敬之心可以翻上來與理性爲一，而即是本心明覺，則智的直覺即朗現，即藏於本心明覺之悅與敬中而朗現。只

是康德之心思分散於概念之分析而未能善反以意識及之而
已。智的直覺即藏於普通理性之判斷中,即藏於自律之意
志中,只要點出本心明覺即可。

智的直覺即是本心明覺之朗照:它反而自照其朗照即是對
自由意志有一智的直覺;它反而照此自律意志所立之法
則,即對於法則有一智的直覺。此皆表示此明覺、理性與
覺情為一的理性自身之自照。自照,則此直覺融於此本心
明覺之理性中而即時為**存有論的創造原則**,同時亦即是本
心明覺之理性之**存有論的朗現**,故直覺既是**存有論的創造
原則**,亦是**存有論的朗現原則(呈現原則)**——此後者就
是首先所見的直覺之義,而就前者說,則能所義即泯。由
此兩義合而說的純智的直覺,自其朗照萬物言,則萬物是
以**物自身**之身分而被朗現,此即對於物自身有一智的直
覺。而朗現之即創生之,創生亦是如其為**物自身**而創生
之,此不是感觸的直覺與概念的知解之只依其現象底身分
而知之覺之也。此為全體朗現之教,故必講**圓頓**。順此說
下去,玄義無邊。此不是道德的狂熱。若說這只是信仰,
則這信仰亦是本心明覺底自肯之信,亦是可直覺地朗現之
信,而不是無直覺以通之的冥信。如是,可免除康德的命
令的愛即不悅、悅而即非命令的愛,這悅與命令的愛底衝
突,最後即免除他的**形式主義**。感性的性好必須被剝除,
此則康德甚到家。然而不知本心即性,不知本心明覺與理
性為一即是吾人之性,從此性以言悅,則是其所以為形式
主義處。若不知此兩種性之分別,而只空斥形式主義,則

必仍落於感性的性好，而又須遭駁斥。此種困境底解消只有點出本心即性義始可能。

本心明覺與理性爲一，此並非講學者所容易達到的。講學而先重視理易至，講學而重視心則非易至，此乃是由問題之逼迫而步步逼至者。心是**主體性原則**，亦是**具體化原則、朗現或呈現原則**，明乎此，則智的直覺在其中矣。羅近溪云：「伏羲畫之一以專其統，文王象之元以大其生，然皆不若夫子之名之以**乾知大始**，而獨得乎天地人之所以爲心者也。夫始曰大始，是至虛而未見乎氣，至神而獨妙其靈，徹天徹地，貫古貫今，要皆**一知以顯發而明通之者**也。夫惟其顯發也，而心之外無性矣。夫惟其明通也，而**心之外無命矣**。故曰復其見天地之心乎？又曰**復**以**自知**也。夫天地之心也，非**復**固莫之可見。然天地之心之見也，非**復**亦奚能以**自知**也耶？蓋純坤之下，初陽微動，是**正乾之大始而天地之眞心也**，亦大始之知而天心之神發也。唯聖人迎其機而默識之，是能以**虛靈之獨覺**妙契乎大始之精微，純亦不已，而命天命也；生化無方，而性天性也；終焉神明不測，而心固天心，人亦天人矣。」（《盱壇直詮》卷上）此段文甚爲精采，獨點出心知之重要。讀者參透此段文，則可無疑於智的直覺矣。今略予點示，以明儒學之綱脈。

伏羲畫「一」以代表乾，文王又贊乾曰「元」。象之一，贊之元，此皆是**形式的表象**，亦是**客觀地說**。孔子名之以「乾知大始」，點出「知」字，獨得天地人之所以爲心，

此是具體地說，亦是主觀地說。心知是具體化原則，亦是形著原則，獨能形著乾元大始之所以爲元爲始而具體化之。因此，「徹天徹地，貫古貫今，要皆一知以顯發而明通之」，此即示乾元之所以爲創生原則全在心知處見，而此心知即是存有論的實體性的創生原則也。是則乾元之爲創生原則是形式地客觀地說，而心知之爲創生原則則是具體而眞實地說，亦是主觀地說。性與命亦是形式地客觀地說。性是就乾元之爲體而能顯發說，命是就其顯發流行之不已說。「要皆一知以顯發而明通之」，就此知之顯發說，則性體之義全在知中見，則心外無性矣，心即是性；就此知之明通說，則命之流行不已義全在知中見，則心外無命矣，心即是命。（此命是天命不已之命，亦即命令之命）。此皆自體上說，然性必須復以見之，此是就逆覺工夫說。「復」即是逆覺。此逆覺即是不順感觸界滾下去而逆回來，通過本心明覺之震動而覺照其自己，此覺照即是智的直覺，以非感性故。由於此覺照照其自己（即見其自己），即能「自知其自己」，把能照所照之能所關係泯化而爲一，即是此本心明覺之自知，自己朗現其自己，自己如此之朗現。盡此工夫之極者惟聖人能之。故道德非虛懸，而眞有能作見證者。人人多或少皆能之，因皆有其本心明覺故也。

以上是就康德區別道德的（純粹的）決定原則與經驗的決定原則而予以全部的點示。

　　但是由以上的區別並不是隨著就可以說幸福底原則與道德底原則間的區別是它們兩者間的一種**對反**，而純粹的實踐理性亦並不需要我們一定要棄絕一切對於幸福的要求，但只需要只要當論及義務時，我們必不要**顧及**幸福。「去供給幸福」，這甚至在某些方面亦可是一義務，蓋一方面因爲幸福含有實現我們的義務之工具（由於它包含有技藝、健康、財富之故），一方面，也因爲若缺乏了幸福（例如困窮時），便有足以令人違犯我們的義務之誘惑隨著而來。但是「去促進我們的幸福」，這從不能是一直接的義務，它尤其不能是一切義務底原則。現在，因爲除純粹實踐理性底法則即道德法則以外，意志底一切決定原則皆是經驗的原則，因而也就是說：即如其爲經驗的，因而亦皆屬於「幸福之原則」，因此之故，所以它們必須與道德底最高原則分別開，而且亦決不能當作一個條件而與道德底最高原則相合作；因爲若如此，則必毀壞了一切道德的價值，此恰如任何經驗的成分若混雜於幾何原則中，這必毀壞了數學證明底確定性，此確定性，依柏拉圖的意見，是數學中最卓越的事，它甚至越過了數學底功用。

　　但是，因爲不需要有純粹實踐理性底最高原則之**推證**，即是說，不需要有這樣的一種先驗知識底可能性之**解明**，所以我們所能去作的充其極不過就是去展示：如果我們已見到了一因致因〔動力因〕底**自由**之可能性，我們必同時亦可看見「作爲理性存有底最高實踐法則的道德法則」之可能性，不只是其可能性，且甚至其必然性，（對於這些理性的存有，我們把他們的意志底因果性之自由歸給他們）；〔何以能如此，這是〕因爲自由與道德法則這兩個概念是如此不可分離地連繫於一起，以至於我們可以把實踐的自由規定

223

爲意志之除依於道德法則外獨立不依於任何事之獨立性。但是我們
不能覺知〔理解〕一因致因底自由之可能性，特別在感取世界中不
能覺知之；可是只要我們能充分地保證沒有「自由之**不可能性**」底
證明可被給與，而我們現在又因著那**設定自由**的道德法則而**被迫著**
224 因而也就是說有權去**預定自由**，則我們即算是甚爲幸運。

〔案〕：康德以此爲滿足，實在不行。我們所以不能覺知
一因致因底自由之可能性，是因爲我們無智的直覺故。在
感取界所直覺的是現象，都是有條件的，根本無所謂自
由。又，實踐理性底最高原則與知性底範疇不同，故不需
要作推證底工作，此則於第一章中已辨明。

但是仍然有很多人他們相信他們依據**經驗原則**能夠解明這個自
由，就像解明任何其他物理的〔自然的〕機能一樣。他們視自由爲
一**心理學的特性**（其解明只需要對於**靈魂底本性**以及對於**意志底動
力**有一較準確的研究即可），而並不視之爲一「屬於感取界」的存
有之因果性之一**超越的謂詞**（須知此後者方眞是論點之所在）。這
樣，他們使我們喪失了那偉大的啓示（此啓示是我們通過實踐理
性，因著道德法則，而得之者），即是說，喪失了「一個超感觸
界」之啓示（此超感觸界是因著「本是超絕而不能實化而今可因著
道德法則而實化」這樣的超絕的自由概念之實化而來者），而因此
啓示之喪失，遂亦使我們喪失了道德法則本身，此道德法則是決不
承認經驗的決定原則的。因此，在這裡去增加某種東西以爲一防
禦，藉以對抗這種妄想，並去展示經驗主義之顯然的膚淺性，這乃

是必要的。

　　當作物理的必然看的因果概念，相反於當作自由看的那因果概念者，它只是有關於事物底存在，只要當這些事物底存在時間中是可決定的時，因而結果也就是說，只要當這些事物底存在是當作現象看，以相反於它們的因果性之當作物自身看者時。現在，如果我們把時間中事物底存在之屬性誤認為物自身底屬性（此是普通所常有的想法），則想去融洽或協調「因果關係底必然」與「自由」這兩者，這乃是不可能的；它們兩者是矛盾的。因為隨「因果關係底必然」而來的便是：每一事件，結果也就是說，發生在時間底某一點上的每一活動，是那存在於先行的時間中的東西之一必然的結果。現在，由於過去的時間不再是在我的力量〔掌握〕中，所以我所作成的每一活動必須是那「不在我的力量〔掌握〕中」的某一決定根據底必然結果，即是說，必須是那「我活動於其中我從未是自由的」之一刹那中的那某一決定根據底必然結果。不，縱使我認 225
定：我的全部存在是獨立不依於任何外在的原因（例如上帝），這樣，我的因果關係底決定原則，甚至我的全部存在底決定原則，便不在我自己以外，可是縱使如此，這亦不能絲毫把物理的必然轉成自由。因為在時間底每一瞬中，我仍然是處於「因著那**不在我的力量〔掌握〕中**的東西而被決定去活動」底必然性之下，而「在先行方面為無限」的那事件串系，即：「我只能依照一預先決定了的次序而連續之，而從不能從我自己開始」的那事件串系，它必應是一連續的物理鍊子，因此，我的因果性必從未是自由的。

　　如是，如果我們想把自由歸屬給這樣一個存有，即：「其存在是在時間中被決定了的」這樣一個存有，則我們便不能從「關於他

的存在中的一切事件」的必然性之法則中，因而結果也就是說從
「關於他的活動」的必然性之法則中把他除外〔即把他視為例外獨
不在此必然性的法則中〕；因為，若是這樣把他除外，則必是把他
交給了盲目的機遇。現在，因為這法則不可免地可應用於一切「事
物底因果性」，只要當這些事物底**存在**是在**時間**中可決定的時，因
此，隨著來的便是：如果這是「我們也曾以之以思考這些**物自身底
存在**」的方式，則自由必須是當作一無效而不可能的概念而被拒
絕。結果，如果我們仍然想**救住自由**，則除以下的辦法外，沒有其
他的辦法可以保留下來，即：只有去考慮：一物底存在（當它是在
時間中可決定的時），因而也就是說，一物底因果性（依照物理必
然性底法則而來的因果性），皆屬於現象，而去把自由歸屬於這同
一存有之為一物自身。如果我們想把這兩個相矛盾的概念維持於一
起，則這辦法確然是不可避免的；但是，在應用中，當我們想去解
明它們之在同一活動中的結合時，則重大的困難便呈現出來，這些
困難似乎要使這樣一種結合為不可實行的。〔但是，在應用它們兩
者時，當一個人想去解明它們兩者為結合統一於同一活動中，並因
而想去解明這「結合統一」自身時，重大的困難便發生出來，這些
困難似乎要使這樣的一種「結合統一」為不可實行的。——依拜克
譯。〕

226　　　當我對於一個被定罪為一竊賊的人而如此說：這行為，因著物
理的因果法則，乃是前時中決定原因底一必然結果，因此，「這行
為可不發生」乃是不可能的：當我如此說時，則依照道德法則而來
的判斷如何能於這行為作任何改變？我又如何能設想：這行為可以
不被作成，因為道德法則說這行為應當不被作成？那就是說，一個

人如何能在同一刹那中，並就那「他於其中服從一不可避免的物理必然」的同一行動，而被說爲是自由的呢？〔那就是說，一個人當在這一刹那中，而且在此行動中，他處於一不可移易的物理的必然之下時，他如何能在此瞬中就這行動而被說爲是自由的呢？——依拜克譯。〕有些人想用以下的說法來避免這困難，即：「決定他的因果關係」的那原因是這樣的一種原因，即：與一「比較的自由概念」相契合的一種原因。依照這說法，那有時可叫做是一「自由的結果」者，其「決定的物理原因」是處於這正在活動的事物本身之內的。舉例來說，例如一個拋射體〔子彈〕當其在自由運動時所表現的，在此情形中，我們使用「自由」一詞，是因爲它在飛行時，它不爲任何外在的東西所迫使。或又可另舉一例，例如：我們說一個鐘錶底運動是一自由的運動，因爲它自己移動它的指針，因此，這運動不需要爲外力所推動。和這相同，一個人底諸活動雖然必然地爲在時間上先在的諸原因所決定，可是我們仍說它們是自由的，因爲這些原因是由我自己的機能而被產生出的一些觀念，（因著這些觀念，欲望即在環境底機緣上被喚起），因此，行動也依照我們自己的快樂而活動著。〔和這相同，一個人可以叫人底諸行動是自由的，因爲它們是爲「由我們自己的力量所產生的觀念」所因致故（因著這些觀念，欲望即在環境底機緣上被喚起），這樣，它們之所以是自由的，也就是因爲它們之爲行動是依我們自己的快樂而被促成故；即依此義，它們被叫做是自由的，縱使它們是必然的，即因爲「它們的決定根據在時間上已先於它們」而爲必然的。——依拜克譯。〕這種說法是一種可恥的遁辭，某些人仍然以此可恥的遁辭來逃脫他們自己，並且相信他們已解決了這困難的問題，玩一點

字眼的把戲來解決這困難的問題。（在解決此困難問題上，許多世紀以來皆是白費力氣，因此，這問題也很少只從表面上就能如此完整地被發見。）

227　　事實上，在關於自由底問題上（此自由必須是一切道德法則底基礎，亦是隨著道德法則而來的責任底基礎），如果，如爲這些人們自己所承認的，這些有決定作用的觀念在時間中以及在**先行的狀態**中有其存在之根據，而此先行狀態復又在一先行狀態中有其存在之根據，依此後溯，無有底止，如果是如此云云時，則那「因著一物理法則而**必然地**決定因果性」的諸原則〔諸根據〕是否是居於主體之內，抑或是居於主體之外，倘或居於主體之內，這些原則是否是本能的，抑或是爲理性所思議的，這皆是無關的。依是，說這些有決定作用的觀念是內部的，這是無關重要的；說它們有一心理學的因果性，而不是有一機械力學的因果性，即是說，說它們產生行動是藉賴著觀念而產生行動，不是藉賴著身體的運動而產生行動，這亦是無關重要的；它們仍然是如下所說的一個存有底因果性之決定原則，即：「其存在是在時間中爲可決定的，因而亦是在過去時底條件之迫使下的，因而，當這主體要去活動時，那些過去時底條件是不復在其力量（掌握）之中的」，這樣一個存有底因果性之決定原則。〔在自由之問題中（自由處於「一切道德法則以及對道德法則負責」之基礎地位），這實不是以下之問題，即：「爲一自然法則所決定的因果性是否是通過那『處於主體內或主體外』的決定**根據**而爲**必然的**，或如果它們處於主體內，它們是否是依本能而存在抑或是依爲理性所思的決定之根據而存在」這問題。**如果**這些有決定作用的觀念其自身在時間中，更特別地，在先行的狀態中，有

其存在之根據，而此先行的狀態復在一先行的狀態中有其存在之根據，依此後溯，無有底止，（如這些人自己所承認者）；又，**如果**它們無例外一切皆是內部的；又，**如果**它們並非有機械力學的因果性，但只有一「**通過觀念**而並非**通過身體的運動**」而來的心理學的因果性：如果是如此云云時，則縱然如此，它們仍是這樣一個存有，即：「其存在是在時間中爲可決定的」這樣一個存有底因果性之決定根據。因爲「其存在是在時間中爲可決定的」，是故此存有是處在過去時底迫使之之條件下的，此諸過去時迫使之之條件當此存有活動時是不復在其力量（掌握）之中的。——依拜克譯。〕這樣說來，這些有決定作用的觀念實可函蘊著一心理學的自由（如果我們想去把此詞應用於心靈中的諸觀念之一純然地內部的鍊鎖時），但是〔縱然如此〕，它們卻亦包含著物理的〔自然的〕必然性，因此，它們並沒有爲「超越的自由」留下餘地，此超越的自由必須被思議爲獨立不依於任何經驗的東西之獨立性，因而結果也就是說，獨立不依於一般地說的「自然」之獨立性，不管這「自然」或經驗的東西是只在時間中所考慮的內部感取之一對象，抑或是在時間與空間中所考慮的外部感取之一對象。設無這種超越的自由（此種自由是自由一詞之眞義，而且亦單是這種自由才是先驗地實踐的自由），則沒有道德法則是可能的，亦沒有「道德的歸咎」是可能的。〔亦沒有「對道德法則負責」是可能的。——依拜克譯。〕

　　恰因此故，依照物理的〔自然的〕因果法則而來的時間中的事件之必然性始可叫做是自然之**機械性**，雖然我們並不是以此詞來意謂那「服從於這機械性」的東西必須眞實是物質的機器。在此，我

們只注意於在一時間系列中的事件底連繫之必然性，即如事件依照
228 物理法則而發展那樣而注意其連繫之必然性，不管「這種發展所發
生於其中」的那主體是叫做**物質的自動機**（當這機械性的存有是爲
物質所推動時），抑或隨著來布尼茲，叫做是**精神的自動機**（當它
爲觀念所推動時）；而如果我們的意志自由眞不過就是此後者（此
應說是心理學的自由或比較的自由，而卻並不能同時亦說超越的自
由，即：絕對的自由），則它必在根底上不過就是一轉叉狗底自
由，此轉叉狗一旦被扭起時，其自身即會完成其運動。

〔案〕：轉叉狗是一種轉動烤肉叉子的機器。

現在，要想去移除以上所設想的情形中在同一行動中自由與自
然底機械性間的顯而易見的〔表面的〕矛盾，我們必須記住《純粹
理性底批判》中所已說的，或隨該批判而來的，即：自然底必然
性，不能與主體底自由並存者，它只能附著於那服從時間條件的東
西之屬性〔決定〕上，結果也就是說，只附著於作一現象看的活動
主體底**屬性**上〔只應用於當作現象看的活動主體上——依拜克
譯〕；因此，在這方面，這同一主體底每一活動底決定原則〔決定
根據〕是處於那「屬於過去時而且亦不再是在他的（力量）掌握
中」的東西中的，此過去時不在其掌握中的東西亦必須包括他自己
過去的（早已作成的）活動以及這些過去的活動所可決定給他的那
品性，決定給他是在其自己眼中把這品性當作一現象而決定給他。
但是這同一主體，另一方面，由於他亦意識到他自己爲一「物之在
其自己」，所以他也考慮他的存在是只就「他的存在不服從時間條

件」而考量之，而且視他自己爲只因著「他通過理性所給與他自己」的那些法則而爲可決定的。在這種存在裡，沒有什麼東西是先於他的意志底決定的，但只每一活動，一般地說，他的存在底每一變形，即依照他的內部感取而變化的每一變形，甚至他的「作爲一感觸的存有」的存在之全部系列，在他的超感觸的存在之意識中，不過就是他的作爲一本自物的因果性之一結果，而從不會被看成是他的作爲一本自物〔智思物〕的因果性之一決定原則〔決定根據〕。依此觀點，一個理性的存有對於他所作成的每一非法的行動能正當地說他可以讓它不被作成，縱使當作現象看，它是充分地被決定於過去中，而即因此，它亦就是絕對地〔不可逃避地〕必然的；因爲它〔這非法的行動〕，連同著決定它的那一切過去，乃是屬於他的品性之一整個現象的，此品性是他爲其自己所造成的，而由於此品性的原故，他遂把那些現象底因果性轉嫁於他自己，使他自己揹上了那些現象底因果性之汙名，而實則他自己是當作一個獨立不依於感性的原因來看的。

〔案〕：他爲其自己所造成的品性是一獨個的整一的現象，此一整一現象是由他的感觸的存有之存在之全部系列而構成的，而每一非法的行動以及決定此非法行動的一切過去也包括在這全部系列中，因而也是屬於這獨個的整一現象即他的品性的。這造成的品性既是一現象，則構成此品性的那全部系列當然也是一大堆現象。可是正因爲這獨個的品性之故，他遂把這一大堆現象底因果性即機械的因果性轉嫁給他自己，使他自己亦揹上了此機械的因果性之

污名，而實則他自己是被視作一獨立不依於感性的原因
的。他自己既是一個獨立不依於感性的原因，他即是一個
自由的原因，因此，他是處在他的超感觸界的存在中的，
即處在其作爲本自物（智思物）的存在中的。我們依據此
作爲本自物（智思物）的存在始能就一個人的每一非法行
動而正當地說：他能不作此行動。因爲合法與非法的行動
都是他的作爲一本自物（智思物）的因果性之一結果。結
果在感觸界，而那超越的原因（自由的原因）則在超感觸
界（即智思界）。故康德名意志底因果性爲特種因果性。
凡屬結果者一是皆在時間串系中，因而皆服從機械的自然
的因果性。當作獨個現象看的那品性也在自然因果性中，
焉能因著獨個品性之故，遂把那現象底因果性轉嫁給作爲
一獨立不依於感性的原因的他自己？

我們所叫做「良心」的那個**奇異機能底判決**完全與這相契合
〔案：即與上所說的觀點相契合〕。一個人可以如其所願使用許多
技巧，以便把他所記憶的一種非法的行動當作一無意的錯誤，一只
是忽略（此是一個人所決不能完全避免之的），因而也就是說，當
作一種他所因著物理必然底急流而作成的東西（這樣他可以使他自
己爲出自無心），而描繪給他自己，然而他仍見到：這「依其偏愛
〔或爲其自己〕而說話」的辯護者決不能使這**內部的責難者沈默而
不聞問**，只要他意識到當他作這錯事時，他是在其清醒中，即是
說，他是在有其自由中；可是縱然如此，他又可以某種壞習慣來說
明其錯行，這壞習慣，因著逐步忽略了注意，他讓它在他身上生

長，生長到這樣一種程度以至於他能把他的錯誤看成是這壞習慣底自然結果，雖然這種說明並不能使他防禦那「他所投於其自身」的責備或譴責。又，上文所說的那觀點同時也是**後悔底根據**，後悔是對於很久過去的行動的後悔，每一憶及，便對它後悔；這種後悔是一痛苦的感情，爲道德之情所產生，而即就其不能用來去取消那所已作成的事而言，它實踐地說來，又是空洞的。〔案：此即普通所說的「覆水難收」之義，悔亦無益，因此說它是空洞的。過去的不能挽回，但因後悔，未來的可以不作。故它仍屬於道德之情。〕（因此，普利斯萊（Priestley）這一眞正而一致的命定主義者，他甚至宣稱後悔是荒謬的或背理的，而他也更值得爲此坦白率直而被稱讚，即比以下所說的那些人更值得被稱讚，那些人是這樣的，即當「他們事實上維持意志底機械性，而只在文字上維持其自由」時，他們卻又願望或想去主張「他們把後悔包括於他們的折中系統中」這一點爲可被思議，雖然他們並不能解明這樣的道德的咎尤之可能。）但是這痛苦是完全合法的〔但是當作一種痛苦之情看，**後悔是完全合法的──依拜克譯**〕，因爲當論及「我們的智思的〔超感觸的〕存在」之法則（道德法則）時，理性並不注意時間之區別，但只問事件是否屬於我而爲我的行動，如是問已，然後理性總是道德地把這同一情感連繫於這事件上，不管這事件是現在剛發生抑或是在好久以前已發生。因爲在涉及生命底存在之超感觸的意識（即：自由之意識）中，感取界底生命〔感性的生命〕不過只是一獨個的現象，而此現象，只要當它只包含著那關涉於道德法則的心靈習性之**顯現**（即品性之**顯現**）時，它即必不可依照那「當作現象而隸屬於它」的物理必然性而被判斷，但只應依照自由底絕對自發

230

性而被判斷。

因此，以下一點或可被允許，即：如果有一如此**深奧之洞見**，洞見到一個人的心靈品性，如爲內部的以及外部的行動所展示者，有此洞見，以便去知道這些內外部行動底一切動力，甚至是最微小的動力，並且同樣亦去知道那些影響這內外部行動的一切外在的機緣，〔如果有如此深奧之洞見〕，這是可能的，則我們必能以**最大的確定性**，就像月蝕或日蝕那樣的確定性，來估計一個人的未來行爲；而縱然可以如此估計，我們仍可主張說這人是**自由**的。事實上，如果我們對於這同一主體眞能有一**進一步的瞥見**，即是說，眞能有一**智的直覺**（此種直覺實在說來並不能賜與於我們，我們並不能有之，我們所能有的只是「這合理的概念」──「這理性底概念」，拜克譯），則我們一定可以覺察到：在涉及一切那「有關於道德法則」的東西中，這全部的現象鍊鎖是依靠於當作**一物自身**看的**主體之自發性**上的，而關於此作爲物自身的主體之決定是沒有物理的解明可被給與的。可是因爲**缺乏這種直覺**，所以道德法則保證
231 我們以下之區別，即：我們的當作現象看的行動對於我們的感性的本性底關係，以及這感性的本性對於**超感性的**基體底關係，這兩種關係間的區別。

〔案〕：「如果有一如此深奧之洞見是可能的，則我們必能以最大之確定性來估計一個人的未來行動，而又可以說這人是自由的。」康德以爲這是可允許的。但康德以爲我們不眞可能有一如此深奧之洞見。下一句也是一樣，只是再換一個說法。「如果我們對於這同一主體眞能有一智的

直覺，則我們一定可以覺察到這全部的現象鍊鎖是依靠於
當作一物自身看的主體之自發性上的」。這層意思當然亦
可允許。但康德以爲我們不眞能有一智的直覺。如是，康
德便依據道德法則來分判兩種關係，即：當作現象看的行
動對於感性的本性之關係，以及這感性的本性對於超感性
的基體或底據之關係。他這樣分判，並非一定反對全部現
象鍊鎖之依靠於一物自身的主體之自發性，但只是不能直
覺地把它們通而爲一（聯貫於一起）這樣地確定之。全部
的現象鍊鎖對於超感性的基體之關係，這關係好像是隔氣
的關係。因爲自由只是一個設準，我們只能依據此自由底
絕對自發性來判斷這現象，而不能使它們兩者直覺地通而
爲一。這意思非常微妙。一般人多忽略，以爲在康德這兩
者實是通而爲一的。意志底因果性是一特種的因果性，原
因在智思界，結果在感觸界。那麼，當作現象看的結果豈
非依靠於作爲物自身的主體之自發性？我們普通都是這樣
想，康德也這樣説。但是我們這樣想，常是粗忽，或是想
的過多，而康德這樣説，卻是非常謹愼，而且是有限制
的。試看他既這樣説，爲何又斤斤於智的直覺之有無？
（康德在此是非常吝嗇的）。爲何又説在智的直覺下狀態
是如何如何？可見他所説的特種因果性不眞能表示因與果
之通而爲一，就像在智的直覺下之通而爲一。我們想這通
而爲一，自覺或不自覺地是以儒家的立場想它是在智的直
覺下之通而爲一，此即是想的過多。然而康德卻總是斤斤
於智的直覺之有無，而不許可此義。這就是他的謹愼，因

此，如果說當作現象看的結果與當作物自身看的原因有一種隸屬、依靠、聯貫的關係，這關係至少也不是在智的直覺下通而爲一的依靠、隸屬、聯貫的關係。這就是它的限制。由於這限制而來的不同是不容易在文字上檢查出來的。因爲在表面的文字上，在智的直覺下，說依靠、隸屬，在不承認有智的直覺下，亦仍然可以說依靠、隸屬。因此，「如果我們對於這同一主體眞能有一智的直覺，則我們一定可以覺察到全部的現象鍊鎖是依靠於作爲物自身的主體之自發性上的」，這一句話便有語病。因爲人們可問：你既不承認有智的直覺，那麼現象便可不依靠於作爲物自身的主體之自發性嗎？這當然不能說「是」！即在邏輯推理上，亦不允許說「是」！然則，康德的眞意是在說什麼呢？顯然在智的直覺下的依靠與無智的直覺的依靠是不同的。我們可以把那句話這樣修改：「如果我們對於這同一主體眞能有一智的直覺，則我們一定可以覺察到全部的現象鍊鎖是直覺地依靠於物自身的主體之自發性，因而這兩者是直覺地通而爲一」。因此，我們亦可以最大的確定性，即以智的直覺的而且是客觀地必然的確定性來估計一個人的未來行動，而又可以說這人是自由的。康德不允許有智的直覺，因而亦不允許因此直覺而來的結果，可見他的特種因果性所表示的原因與結果底依靠、隸屬關係是與在智的直覺下所見者不同的。因此，我們說他所表示的那個依靠、隸屬底關係是隔氣的，原因不眞能直覺地貫下來，而結果亦不眞能直覺地隸屬上去。然而這差別甚爲微

妙，最易爲人所忽略；而同時亦是一夾遍狀態，實可克服之，不知康德於此何以如此吝嗇！

又，在此，吾人須馬上點明，即假定原因與結果是智的直覺地通而爲一，則全部的現象鍊鎖固可依靠於作爲物自身的主體之自發性，但在智的直覺下的「結果」並不可直接說爲現象底鍊鎖，當該說爲皆是物自身。依此，「結果」當該有雙重身分，直接地是物自身之身分，間接地是現象之身分。物自身對知性與感性始轉爲現象。物自身直接地依於作爲物自身的主體之自發性，而現象則是間接地依靠之。此即佛家《起信論》之所以言「一心開二門」，而康德只說全部現象鍊鎖依於作爲物自身的主體之自發性，而漏掉「結果」之作爲物自身之身分，此只開一門也。

儒家底孟子學（釋道兩家亦然）正是承認有這深奧的洞見以及智的直覺的。「君子所性，仁義禮智根於心，其生色也睟然見於面，盎于背，施於四體，四體不言而喻。」明儒羅近溪云：「僕至冥頑，於世情一無所了。但心性工夫，卻是四五十年分毫不改。蓋緣起初參得人眞，遇得又早，故於天地人物神理根源，直截不留疑惑；所以抬頭舉目渾全只是知體著見，啓口容聲纖悉盡是知體發揮，更無幫湊，更無假借。」（《盱壇直詮》卷下）。王陽明亦說：「良知亦只是這口說，這身行，豈能外得氣別有個去行去說？」這先要知道本心性體或本心明覺（知體）是一存有論的創生原則，抬頭舉目，啓口容聲，乃至生色盎背，口說身行，一是皆是知體著見，知體發揮，即「要皆

一知以顯發而明通之」；但同時它亦是**存有論的朗現原則**（呈現原則）：即依此義而說智的直覺：它顯發而明通之，同時即直覺而朗現之；它在「顯發而明通之」之中直覺之，同時亦即在「智地直覺之」之中顯發而明通之。所顯發而明通者皆是物自身之身分。依此，它以最大的確定性，即：智的直覺之**必然的確定性**，來估計其一切未來的顯發明通，而它仍是自由的，此自由即此知體之絕對的自發性。此種直覺之估計（朗現）即直覺地明徹那抬頭舉目，啟口容聲以及一切內外部行動之一切動力與夫其外在的機緣一切皆物自身者。此種直覺的明徹、估計、朗現並非是空頭無端而來的，它就是那存有論的創生原則之顯發明通之朗照，即順其顯發明通而朗照之。這樣的朗照是有本有根（即其自己之為創生原則）而纖細無遺的，窮盡無漏的。若是空頭的洞見，則憑空到那裡去找此洞見呢？於我身上找來找去實找不到這樣一種機能。此康德之所以說吾人實無此種機能。然康德明知它是屬於無限心的，它亦是創造性的。因此，決不能憑空說有無這種智覺。關鍵只在作為物自身的本心明覺之**創生性**（顯發明通性）。康德不本此立論，而只憑空說有無這種洞見，遂令人憑空地想，到處找亦找不到這種機能。若知本心明覺即是性，即是理性與法則，則當說意志自律、理性與法則時，此種直覺即朗現，還如何再問有無這種機能呢？只因康德說意志自律以及理性與法則時，只注意理性，而不點出心字，不說本心明覺，如是，遂於智的直覺亦開端別問，這樣，自

然很難找到了。這樣，理性與心睽隔，復與智的直覺睽隔，理性既成死理性（懸掛在那裡），亦成不能朗現的（自由只是設準）；而智的直覺既屬無限心，則作爲理性的那自律自由之意志究是無限，抑是有限，便無法穩定。如果它是有限，便不能說自律自由，既是自律自由，便必須是無限的。既肯定自律自由，而又與心以及智的直覺相睽隔，則其無限性自不穩定，而又陷於只有主觀必然性的設準這種夾逼的狀態中。殊不知即使說設準，亦必須連本心明覺與智的直覺**一起設**之。而如眞一起設之，則既有主觀的必然性，同時亦即有智的**直覺地客觀的確定性**，而亦**設準亦朗現**，此則**可分析而得**者。因爲「意志自律自由」之理性與本心明覺以及智的直覺是一個整一概念故。若問此分析而得的朗現，只是從體上說的朗現，眞能實踐地朗現否？曰：既體上有本心明覺與智的直覺矣，則工夫上之經由**逆覺體證**而**朗現之不難**矣。此所以必講本心即性即理，佛家之所以必講如來藏自性清淨心，乃至所以必講圓頓之教之故也。只有這樣，才能辯證（黑格爾義的辯證）地覺察到全部的現象鍊鎖皆間接地依靠於作爲物自身的主體之自發性上，而此主體之自發性所直接顯發明通的卻只是物自身。如是，則作爲原因的那主體能直覺地貫下來，又能辯證地貫下來，而作爲結果的那一切行動既可以當作物自身而直接地即智的直覺地隸屬上去，又可以當作現象而間接地即辯證地隸屬上去。

以上是就儒家論。就佛家的「一切種智」之爲智的直覺

言，亦同此論，茲不贅述。

康德說：「因爲缺乏這種直覺：所以道德法則保證我們以下之區別，即：我們的當作現象看的行動對於我們的感性的本性底關係，以及這感性的本性對於超感性的基體底關係，這兩種關係間的區別」。這只是區別開了而已。至於超感性的底據（基體）如何能對於我們的感性的本性發生影響，則不可理解。此實是上下隔氣而不能直覺地通而爲一的表示。依孟子，現實的人自有其感性的本性，而當作現實看的行動亦自爲這感性的本性所限制，但當它從體而現時（良知亦只是這口說，這身行），則雖受感性本性底限制，但卻不是隨感性本性底牽引而動，是則耳目口鼻便成良知之發竅而不爲礙矣，此即所謂「啓口容聲無非知體著見」也，亦即孟子所謂「仁義禮智根於心，其生色也睟然見於面，盎於背，施於四體，四體不言而喻」，以及「形色天性也，唯聖人爲能踐形。」康德必以爲這是自我諂媚，以心之自發的善性來諂媚自己；又以爲這是道德的狂熱，視人之意志爲神聖的意志。但既肯定意志自律，必肯定意志之悅法則（愛法則），此即是神聖的意志，亦即是我們的「本心明覺即性」之性，神聖的性。既肯定意志自律，又反對意志之悅其所自律之法則，則意志自律獨非心之能乎？如是，眞能維持其爲自律乎？是則必或壓根沒有此自律之意志，或有之而虛懸無用。縱使是預設，何不連自律與自悅於一起而預設之？只取自律而不取自悅，則於概念之分析亦未盡也。不思自己於理未透，而反責人爲

妄想乎？自律自悅既是吾人的本心，是吾人的「本心明覺即性」之性，則其動覺呈現，因而顯發明通，乃是必然的。如是，則生色盎背，乃至踐形，亦是實德，如何是妄想？（康德以爲德與神聖不同。在此，實德即是神聖。）此則有存在地作實踐者（聖賢菩薩佛）作見證，豈是空論妄想耶？講道德原理不應向此方向講乎？有本心明覺之性，則依其隨時呈現，人人皆可有從體之行。縱使生色盎背踐形乃是理想之境，然本心明覺有一步透露，即有一步眞實的德行，久久純熟，沛然莫之能禦，則雖理想之境，亦可眞實達到，非如康德所說之永不可達到也。此須是眞存在地作實踐者方能知之。肯認性善亦是在存在的實踐中肯認之。凡儒者所說之義理以及佛教所說之義理皆是通過存在的實踐而展示者，豈是妄想、狂熱、自我諂媚乎？康德的道德哲學，依儒者觀之，其概念的分析，架構的思辨，卓然成大家，然於實理實未通透。雖不能謂其無體會、無感受，然亦只是初步。至若剋就存在的踐履深入其中而展示道德實理，則猶隔一層也。象山必謂其不見道矣。其對於義務、命令、尊敬、強迫、黽勉以從，實有眞切的感受，然不得以此而反對性善，反對「自律自悅爲一」之神聖的本性，反對本心明覺即理性即法則以及其可以隨時呈露乃至自然之流露諸義。感性本性底障礙性，孟子非不知之。然必有本心明覺之體之朗現方可有眞實的德行，方可化除感性本性底障礙而使之從體。險阻不可忽，限制不可忽，然不礙本心明覺之肯認，以及由之而發的智

的直覺之肯認。此一關不透,不得謂之爲見道也。

粗略視之,康德所説似皆不錯,然經細查,則多不諦。以儒者之教衡之,自可照察得出。此須有教有範方能契入。無教無範,雖有上智,難免走作。以康德之虔誠與智思,猶且如此,遑論其他?設西方聰明睿智之士,如康德、如海德格,得聞儒聖之大教而能虛心深入以浸潤之,則始眞可語與百尺竿頭進一步矣。

依據上文所說的那兩種關係間的區別之觀點(此觀點對於我們的理性是很自然的,雖然是**不可解**的),我們亦能使某些判斷爲有理,這些判斷是我們以全幅良心作成之者,但是初看它們卻又似乎完全相反於公平。茲有許多例案,在此諸例案中,有些人即使用那「對於他人有益」的同樣的教育,卻猶仍表示出如此早期之墮落,並且還如此繼續進行墮落,進行到成年期還是如此,以至於他們被認爲是生就的壞人,而他們的品性亦被認爲是全然不可能有改進的;可是,縱然如此,他們仍然要爲其所作的或所應作而未被作成的而受判斷,他們仍然要爲其過錯而被譴責爲有罪;不,他們自己亦須視這些譴責爲很有理據,恰像是(不管所歸屬給他們的那無希望的「自然的心靈質性」爲如何)他們仍然與任何其他人一樣對其行爲要負責。如果我們不曾設想:不管從一個人的選擇(如每一有意作成的行動所毫無疑問地作成的選擇)所發生出的是什麼,要皆有一**自由的因果性**爲其基礎,此自由的因果性從最早的幼年期即於其顯現(即活動)中表示其性格:如果我們不曾如此設想,則以上所說的判斷和譴責必不能發生。這自由的因果性所顯現的那些顯現

或活動，因爲行爲底齊一性之故，它們顯示一自然的連繫，但是，這**自然的連繫**並不使意志底惡劣性質成爲必然的，但正相反，**它**卻是那些「**自願採用的而又是不可更變的**」惡原則之後果，這些惡原則只使這意志更爲該受責備而且該受懲罰的。〔但是，這**自然的連繫**並不使意志底**惡質**成爲**必然的**，因爲這種惡質勿寧是那些**自由認定**的惡原則而且是不可更變的惡原則之後果。這**事實**只使這意志爲更該反對的，而且更該受責備的。——拜克譯。〕

〔案〕：以上由兩界之分起，進而以此爲根據說明：㈠理性的存有能正當地說其非法的行爲可以不作；㈡良心底判決；㈢後悔之可能；㈣即使生而壞的人亦要受譴責，此即此最後一段之所說。由此四點之說明，顯示自由必須被肯定。如是，自由與「自然之機械性」可以並存而不矛盾。中間說及如果有一智的直覺，我們必能覺察到現象底全部鍊鎖是依靠於物自身的主體之自發性。康德以爲這或可被允許。此可被允許的一可能即是儒家的智慧。但康德以爲由於缺乏這種直覺，所以以兩種關係底區別爲滿足，此如文中之所說。但康德說自由意志，其初事實上似乎以基督教所說的意志爲背景，如上帝造人賦給一自由的意志，你可以信，也可以不信，這是你的自由，但既是你的自由，你就都要負責。這個說法的自由意志是現實上的自由意志（自由選擇的意志），也可以說是無顏色的自由意志，可好可壞。例如「自願採用」或「自由認定」惡原則，即是壞的自由意志。其惡質不是必然的。康德由此種可好可壞

的自由意志進而規定出一個純粹形式的自由自律的意志以
爲假定——只有主觀必然性的假定，而不能呈現，以之屬
於智思界。此所假定的純形式的自由意志當該是：不只是
好的，而且不能有壞的表現。但當一説到法則與意志底關
係時，便又只是強制，否認意志底神聖性。此又似乎只是
一個現實的可好可壞的自由意志，而以其好的形態置於智
思界。難怪其地位不穩定也。一因其不能呈現而不穩定，
二因其只是可好可壞的自由意志之偏取一面而不穩定。若
依儒者而言，那現實上可好可壞的自由意志實不是眞正自
由自律自發的意志，甚至亦不是意志，乃只是意念，不是
由本心性體而説的意志，不是由良知明覺而説的意志。因
此，劉蕺山嚴分意與念。如是，則一説自由、自律、自發
的意志時，其地位便甚穩定，根本不是那可好可壞的自由
意志——不，實只是念。我們普通説你應該對你的行動負
責任，因爲這是你自己決定的，這只是從法律底觀點尊重
你是一個人，這是很籠統的説法，基督教説上帝給人以自
由意志，也是這樣籠統地説。其實這不能即刻就你自己決
定而在此即坐實之以自由意志。若在此即坐實之以自由意
志，則很可能是好漢作事好漢當，而無所謂悔改。此是氣
魄承當的自由意志，而不是眞正道德的自由意志。道德地
説，只有因著本心明覺，始可説負責、悔改。即使本心明
覺未呈露，一時未能依本心明覺之理而行，但假若你説我
負責，不但負責，而且後悔，因此，我應當受責，我願將
來不再犯此過錯，則此時即是你本心明覺之呈露，即：你

只因有此本心明覺，你始能這樣說。在此，始眞見你的眞
正的自由意志，即道德的自由意志。儒家自始即從這裡說
自由意志（雖無此名），因此，必說本心即性，必說性
善。他們從來未自那可好可壞的自己決定處說自由意志，
因爲這正是隨感性的軀殼起念，焉能說爲自由？只因康德
在此未予以簡別，遂致把眞正自由自律的意志弄成**虛懸之
物**，而又只自律而不自願。依康德，**自律而自願是神聖的
意志**。人的意志只可懸想其自律，但不能自願；願、悅、
愛是感性的。此如前案語所說。殊不知若這樣，則其所懸
設的自律亦**不穩定**。自律而不自願便非**眞自律**。此是這概
念分析上之**不盡**。

康德以分成兩界保持自由與自然之**機械性**之並存。然而仍
有困難，此如下文所說。

但是，在一屬於感取界的存有中，自由與自然底**機械性**之結合
裡仍然存有一種困難。〔但是，在一屬於感取界的存有中，當自由
與自然底機械性相聯合時，關於自由仍然有另一種困難。——拜克
譯。〕這一種困難，縱使在以上所說的一切皆被承認之後，它亦足
以以完全的毀壞來威脅自由。但是就這危險說，復亦有一種情況它
可供給一「仍然有利於自由」的成果（一成功的成就）之希望，即
是說，上句所提出的那困難是更強烈地壓在（事實上，如我們不久
即要見到的，**只是壓在**）那種系統上，即主張「時間空間中可決定
的存在是物自身底存在」這系統上。因此，這困難並不迫使我們去
放棄我們的「時間底觀念性之主要的假設」，此所謂時間是這樣的

232

時間，即：只是作為感觸直覺底純然形式的時間，因而結果也就是說，只是作為一純然的表象之樣式的時間，此表象之樣式只適當於這主體，即：「如其屬於感取界」的那主體：這困難並不迫使我們去放棄我們的「這樣的時間底觀念性」這主要的假設。〔案：此即《純粹理性之批判》中關於時間（以及空間）所說的「經驗的實在性」與「超越的（超絕的）觀念性」。時間不能應用物自身。就其不能應用於物自身而言，它無超絕的（絕對的）實在性，因而只有超絕的觀念性。康德以為那困難不能迫使我們放棄「作為感觸直覺之形式而只有經驗的實在性」的時間之「超越的觀念性」這主要的假設。〕因此，那困難只要求這個想法（即時間之觀念時之假設這想法）與此〔自由之〕理念相融洽。

這困難是如下所說。

「超感觸的主體就一特定活動而言，它能是自由的，然而當作一個『亦屬於感取界』的主體來看，就這同一活動而言，它又是處於機械的條件之下的」，縱使這層意思是可以承認的，然而仍然猶有以下之情形，即：只要當我們允許作為普遍的第一因的上帝也是實體物（substance）底存在之原因（此一命題若被放棄，則作為一切有之有的上帝之概念亦必須同時被放棄，因而連帶著祂的完全自足性亦必須被放棄，這完全自足性即是神學中每一東西所必須依靠之者），則似乎我們必須要承認：一個人的諸活動在某種「完全超出此人的力量之外」的東西中有它們的決定原則，即是說，在「不同於他自己」的一個最高的存有中有它們的決定原則，而此人自己的存在以及他的因果性之全部決定皆絕對地依靠於這最高的存有上。事實上，如果一個人的諸活動，即如那「屬於他的時間中的變

形」的諸活動，不只是作為現象的「他」之變形，而且也是作為物自身的「他」之變形，則自由必不能被救住。如是，則人必是一傀儡或一自動的玩具，就像望堪生（Vaucanson）所發明的自動玩具一樣〔望堪生於1738年在巴黎發明一自動玩具〕，而為一最高的技藝者所製造以及所扭動。自我意識實可使他成為一思維的自動體，但他自己的自動性之意識，如果這被誤認為是自由，這必只是一幻象。它之得名曰自由，必只是依一比較意義而得名曰自由，因為，雖然它的運動之諸切近的決定因以及此諸切近因底諸決定原因之一長串皆是內在的，然而這最後而最高的原因卻見之於一外來的手中。因此，我見不出那些「仍然堅持於視時間與空間為『屬於物自身底存在』的屬性」的人們能避免承認諸活動之定命性。或不然，如果（像那在其他方面皆精明的門得孫一樣），他們允許時間與空間是「必然地屬於有限而派生的存有之存在」的條件，但卻不是「屬於無限的最高存有之存在」的條件，則我看不出他們依什麼根據能夠使這樣的一種分別為有理據，或，實在說來，我看不出他們如何能避免那達到他們身上的矛盾，當他們主張說明時間中的存在是一「必然地屬於有限的諸物自身」的屬性，而上帝是這種存在〔時間中的存在〕底原因，但卻不能是時間（或空間）自身底原因時（因為〔依他們的主張之假設〕，時間必須被預設為此諸事物底存在之一必然的先驗條件）；因而結果也就是說，就此諸事物〔即：有限的諸在其自己之事物，諸物自身之事物〕底存在而言，祂的因果性必須服從一些條件，甚至服從時間之條件；如此，則不可避免地要發生那「與祂的無限性及獨立性之概念相矛盾」的每一東西。〔我甚至看不出他們如何能避免他們所陷入的矛盾，**當他們**

233

視時間中的存在爲一個「對於有限的諸物自身爲必然的」之屬性
時。**這矛盾**是如此：上帝是這種存在〔時間中的存在〕底原因，但
祂卻不能是時間（或空間）自身底原因（因爲時間當作事物底存在
之一先驗的必然條件看，它必須〔因此假設即他們的看法之假設
而〕被預設）；結果，上帝之對於這些事物底存在之因果性必須是
被制約的，事實上，實必須是時間地被制約的。因此，凡「與祂的
無限性與獨立性之概念相矛盾」的每一事必不可避免地要發
生。──依拜克譯。〕

〔案〕：如果時間空間是當作物自身看的有限存有之一必
然的屬性，則沒有理由說時間空間必然地屬於有限而被造
的存有之存在而爲其存在之條件，但卻不屬於無限存有之
存在而爲其存在之條件，即：我們沒有理由可作此區別。
不但沒有理由作此區別，進一步，實可說是矛盾：假定時
間空間是被造物之爲物自身之一必然屬性，則勢必作爲創
造者的上帝（無限而最高的存有）亦必在時間空間中，即
必服從時間空間之條件。今說上帝不服從這些條件，即時
空不屬於無限存有底存在，這便成自相矛盾。何以故是如
此？因爲「被造的有限物」自身是上帝所創造的，而時空
又是其必然的屬性，則上帝造之時，必連時空自身一起而
造之。如果說只造這時間中的存在物，即只爲這存在物底
創造因，而卻不造其必然的屬性，即不爲時空自身底創造
因，則必說不通，因爲屬性與存在物是分不開的。但人可
問：屬性與存在物分不開，連時空自身一起造之，何以因

此即把上帝亦捲在時空中？上帝造此以時空為必然屬性的存在物，而祂自身卻不在時空中，這是不可通的嗎？我們不因祂造有限物而說祂是有限，豈可因祂造時空自身便說祂亦在時空中？這將如何解釋？康德以為若上帝造存在物必賦之以時間性，即使它為時間中的存在，則祂必在時間條件下而直覺地造之。因為上帝造之即是直覺地造之，亦可以簡單地說，即是直覺之。上帝造之賦之以時間屬性即是其直覺之之時必帶著時間這必然的條件。祂如果無這形式，即不在這條件下，祂如何能賦之以此時間性？如是，這必把上帝亦捲在時間中，此義見之於《純理批判‧超越的攝物學》最後一段文中：「在自然神學裡，思考一個對象（上帝），祂不只是從未對我們而為直覺底一個對象，且甚至亦根本不能對祂自己而為感觸直覺之一對象，在如此思維上帝時，我們很精審地從祂的直覺上去移除這時間與空間之條件──因為一切祂的知識必須是直覺，而不是思想，思想總包含著限制。但是，如果我們先已使時間與空間成為『事物在其自身』之形式，而且這樣，由於是事物底存在之先驗條件故，所以即使事物自身被移除，而時間與空間亦必仍留存，〔如果是這樣〕，則我們有什麼權利能去把它們從上帝底直覺上移除呢？當作一切『存在一般』底條件看，它們必須也是上帝底存在之條件。」這段話就是這裡說「矛盾」底根據。上帝底直覺不能以時空為條件，所以當祂直覺這存在物，即直覺地實現這存在物時，祂便不能賦之以時間性與空間性而為其必然的屬性。

這就函著說：上帝造存在物（直覺地實現這存在物）是當作物自身而造之，而既為物自身，即不能以時間空間為條件（為必然的屬性）。所以，如果說時間空間是物自身的存在物之必然的屬性，則必把上帝也捲在時間空間中，這才是邏輯地一致的。今既視時間空間為物自身的存在物之必然屬性，而又說上帝不在時間空間中，時間空間不屬於上帝底存在，這便成**自相矛盾**。因此，再進一步，如果上帝也服從時間空間之條件，則便違反其無限性與獨立性，此則與上帝之概念相衝突。要想避免那矛盾，並避免與上帝之概念相衝突，只有把時間空間從**物自身**上剝下來，時間空間必不能是物自身底條件（必然屬性）。這是第一步解脫。由此步解脫，便函著以下諸命題：㈠上帝底直覺是**智的直覺**，不以時空為**形式條件**。㈡上帝之直覺地造或實現存在物是當作物自身而造之或實現之，因此，雖是有限物，而可以有永恆而無限的價值意味，即不在時間所表象的遷流中。㈢上帝底一切知識是直覺，而不是**思想**，因此也不使用**概念**，即範疇無所用，而其所直覺地實現的物自身之存在物也不在以「時間表象為底子」由**範疇而成**的決定中，即是說，物自身的存在物並不在經由因果常體等概念而來的決定中。㈣此亦表示物自身的存在物對我們人類而言便是**智思界**中的存在物，超感性的存在物，對我們而言，因為不能被直覺，所以**不能呈現**，但對上帝而言，卻是呈現。㈤亦表示在此物自身的存在物上，因為它不在時間串系中，所以至少可以暗示出一個消極意義的**自由**，此

自由對我們而言，亦屬於智思界，亦不能被直覺，因而亦只是一假設，雖是對實踐理性而言，有主觀必然性，即只就主體而說的必然性，不是就對象而說的客觀必然性，即不是能直覺地被建立起的必然性。㈥存在物之為現象，即在時間中，是對我們而言，不是對上帝而言，因此時間只是我們人類對於被造物（包括其自己）底認知關係上的東西，範疇亦如此，因此，時間與現象都是由於人類對於存在物底造作舉動而被綢起來的東西，是後起的，不是本有的，是可寂可滅亦可浮現起來的：浮現起來有必然，寂滅下去亦有必然。㈦一切被造物底本來面目（此詞如禪家所說之意）是在對上帝而言的為物自身處，人底本來面目亦如此。㈧人要接近這個本來面目，不管是他自己的，抑或是萬物的，必須而且只有經過實踐理性以設準地接近之，但不能智的直覺地接近之即朗現之。康德底這一個思考規模最後是合乎儒釋道之智慧規範的，雖然未能透出，而只停在依順基督教而又修正了基督教的神學之形態中。

以下康德即明白表示了以上八點中㈣、㈤兩點，而他的全部哲學即是以上八點。

可是，另一方面，在我們，那是很容易去引出這區別的，即獨立不依於一切時間條件的「神性的存在」之屬性以及感取界底一個存有之屬性間的區別，因為這區別確然就是「一物之在其自己」底存在與「一物之在現象中」底存在間的區別。因此，如果時間與空間底觀念性不被採用，則除斯頻諾薩主義外，沒有什麼東西可以留

存下來，在此斯頻諾薩主義中，空間與時間是「最高存有自己」底本質屬性，而「依靠於祂」的那些東西（包括我們自己）則不是**實體物〔自體物〕**，但只是「附著於祂」的一些**偶然物**；因為，如果「依靠於祂」的那些東西只當作祂的結果而在時間中存在〔由於時間是「它們的存在自身」之條件〕，則這些存有底活動必須簡單地就只是祂在某時與某地所作成的一些活動。這樣，斯頻諾薩主義，不管它的基本觀念之乖謬，它卻比創造說更為一致地在辯說著。依創造說，被認定為自體物的萬有，以及「在其自身而存在於時間中」的萬有，這樣的萬有是被看成為一最高原因底結果，但卻又不把它們看成是隸屬於祂以及祂的活動者，而卻把它們看成是一些**各別的自體物**，當創造說如此看萬有時，斯頻諾薩主義即比它更為一致地〔強固地〕在辯說著。

以上所提到的困難可以簡單地而且清楚地解決如下：如果時間中的存在只是那屬於「世界中的思維存有」的表象之一純然的感觸模式，因而結果也就是說，它並不能應用於這些思維存有之為物自身，如是，則**對於這些存有之創造就是對於物自身之創造**，因為創造之觀念並不屬於存在底表象之感觸形式，或者說，並不屬於因果關係，但只能涉及於智思物。因此，結果，當我對於感取世界中的存有而說它們是**被造的**時，我即把它們看成是**智思物**。因此，因為說上帝是**現象底一個創造者**，這必**是一矛盾**，所以去說：作為一創造者，祂是感取世界中的**活動**（因而也就是當作**現象**看的活動）底原因，然而祂同時又是這些**活動著的存有**〔即：智思物〕底存在之原因，這也是一矛盾。現在，如果（因著視時間中的存在為某種「只屬於現象而不屬於物自身」**的東西**），**儘管**實有當作現象看的

234

活動之自然的機械性，而去肯定自由仍是可能的，〔如果去肯定自由而**無損**於當作現象看的活動之自然的機械性，這是可能的──拜克譯〕，則「活動的存有是被造物」這情形不能有絲毫影響〔影響於論據〕，因為**創造**只有關於活動的存有之**超感觸的存在**，而無關於其感觸的存在，因此，**創造**也不能被看成是**現象底決定原則**。可是，如果世界中的存有〔萬有〕當作**物自身**而**存在於時間中**，則情形就完全不同（即「活動的存有是被造物」這一義便大有影響於論據），因為在這種情形中，實體物底創造者必同時也就是這實體物底全部機械連繫底創造者。 235

　　把時間（以及空間）與物自身底存在分離開，這是十分重要的，此點在《純粹思辨理性底批判》中已**被作成**。

　　人們可說：這裡所提出的解答其自身就包含有**很大的困難**，而且很不易作出**透徹明白的解釋**。但是任何其他已被試作或可試作的解答就是較容易而且是較為更可理解的解答嗎？我們或可勿寧這樣說，即：獨斷的形上學教師們在盡可能地隱瞞這困難點上〔在盡可能地移除這困難點上──拜克譯〕已表示出更多的機靈，比坦白更多的機靈（即表示坦白不及其表示機靈），其表示更多的機靈是在這希望中，即：「如果他們關於這困難不說什麼，則或許沒有人會想到它」，他們是以這希望來表示他們的更多的機靈的。如果學問要想有進步，一切困難必須**被展示出來**，我們甚至也必須要把那些**隱藏的困難搜求出來**，因為每一困難都要求一治療，而此治療不能無學問之在範圍或在準確方面之進步而可被發現。〔設無這種治療，工具不能被發現出來以便去促進這門學問，不管在範圍方面或在準確方面。──拜克譯〕這樣，甚至障礙也可以變成「增進學問

底透徹〔貫通〕」之工具。但是，如果這些困難是**有意地被隱蔽起來**，或者只是因著**種種掩飾而被免除**，則它們遲早必爆發而爲不治之症，這不治之症必使學問瓦解於絕對的懷疑論中。

〔案〕：如果人是上帝所創造的有限存有，則他雖是一實體物（自體物），亦必依待於上帝，此即表示說他不能有自由。康德解答這難題是如此：上帝創造人乃至萬有是就其爲**物自身**而造之，不是就其爲**現象**而造之。物自身是不在時間串系中的，因此，萬有雖是被造物，就人說（人亦是被造物之一），仍可說自由。因爲創造之觀念只應用於他們或它們底**超感觸的存在**，不能應用於他們或它們底**感觸的存在**。

這個解答甚爲微妙，普通看不到，亦注意不到這微細處，然而這卻是步步逼到的，非如此不可。這解答爲儒釋道三教所支持。我們平常只籠統地說本體與現象，說體與用。我們現在可依康德的解答，把其中微妙複雜的各分際弄清楚。東方哲學因康德的解答之思考路數而可以清楚明確，亦反而支持康德的解答，而康德所說的物自身與現象亦將在此問題底解答上可以使其意義更爲明白顯豁，此若只依《純理批判》來了解，尚不能透徹至此。因爲這是兩個來往。依《純理批判》來了解，這是從知識說上去，是在**消極地窺測置定**中，故其意義不能**全部透出**；依此處問題底解答來了解，則是從上帝底創造說下來，這一回應是**積極地定然斷定**，故其意義全部透出。

依康德底解答，此中全部分際是如此：㈠一切被造物對上帝而言是物自身，不是現象。首先顯然上帝底直覺不是感性的，因而亦不以時間空間爲條件，其知性不是辨解的，因而亦不使用概念去綜和，這就很顯明地顯出一切被造物在祂面前是物自身的身分，而不是現象的身分，亦可以說是自在物的身分，而不是對象的身分。故當說祂創造被造物時，此被造物在祂面前亦是物自身的身分，而不是現象的身分，因爲祂的創造與祂的直覺是一會事。㈡因此，在時間串系中並在範疇決定下的現象不依靠於上帝，亦不爲上帝所創造。說上帝是現象底創造者，這是矛盾的，亦必否決上帝之無限性與獨立性。㈢現象是發自於人底認知關係，是人底認知機能在認知關係中所挑起的，或綢起來的，因此，現象底串系是隸屬於人底認知機能，不隸屬於上帝。上帝並沒有創造現象，祂所造的是自在物。我們甚至也不能說祂直接地造物自身，間接地造現象。我們也不能說物自身直接地依靠於上帝，現象間接地依靠於上帝。現象根本是依靠於人底認知機能，因而是屬於人，而不屬於神。人底這一環很有趣。現象是人底認知機能所挑起的，它爲人所操縱，因而人也可以挑起它，也可以不挑起它。它是必要的，否則人不能有科學知識，因此，它必須被挑起。但它亦可以被越過而不被挑起，這就是人底超感性的存在，對此而言，它是不必要的。因此，它可以被綢起，亦可以不被綢起而歸寂。㈣對象是對認知機能而爲對象。對象與現象爲同意語。物自身非對象。〈範疇之超越

推證〉中（第一版）所說的「超越對象」可有可無。即使有，也是認知機能範圍內的事，與物自身根本不同。這一點，在這裡可以完全明白，它不可能被誤認為是物自身。此詞是一不成熟之作，因此可有可無。㈤人底超感性的存在是由道德法則與自由而揭露出。經過這一揭露，人歸返其當初被造時之物自身身分，亦可以說是歸返於其本來的面目。因此，他雖是被造的有限存有，然而他仍可以是自由的。不過這自由尚不能只由他被造時之物自身的身分來規定。這樣的規定是形式的、空洞的，只能表示他不在時間串系中。這是消極的規定。從這形式的消極的規定中，若想進一步積極地透露出他的自由之實義，必須從道德法則處說。人是能經由實踐理性之道德法則而逼出其所以為自由之實義。這樣，他不但歸返其當初被造時物自身之身分，且亦歸返其有進一步規定的「自由的物自身」之身分。自由與物自身不是同意語。一草一木可以是物自身，但不能透露出自由。人經過自由可以歸返其物自身的身分，而且亦證實其物自身為自由的物自身。但是自由仍是被造有限物之自由，與上帝仍是兩會事，仍是兩個絕異的存有。這因為人尚有感性一面故。㈥從感性一面說，人是不自由的，完全服從自然之機械性；從超感性一面說，人是自由的。由此自由一面說，他可以自足獨立而無限，這好像與上帝相同，但就其為一整個的存有看，雖然這全存有可以當作物自身看，但他仍是被造的有限存有，而不是上帝。因此，其自由處之自足獨立而無限只是其超感性的

一面，而不是其完整的**全存有**，這也就是康德所說的人底較高級的**第二本性**。那麼，我們可以說這分解地說的第二本性本身是**自足獨立而無限**，而人這被造的**整存有**不是自足獨立而無限，雖然他在上帝面前爲**物自身**。因爲上帝造人是造**一個整人**，不是只造自由這一面。老實說，感性一面，超感性一面，乃是上帝造了整人以後，人自己反省自己時所分解地展開的。在上帝眼中，無所謂感性，亦無所謂超感性，無所謂自由，亦無所謂不自由，因爲祂無分解的思考故。祂只是**直覺地造了（如如地實現了）**這麼一個整人。這整人在祂眼前是「如」。祂既**不分解地**造感性一面現象底串系，也**不分解地**造超感性一面自由底一套。當我們從超感性一面說人底物自身，這是我們的分解思考的說法。當說他是被造物。在上帝面前是物自身，這是上帝眼中的物自身，這是**不分解的說法**，是就一整人而說的。上帝只造整人。分解地展示爲兩面是人自己底事。至於問上帝如何造了一個這麼可以分解爲兩面的整人，這是上帝底事，沒有人能知道，這是神秘，是信仰，不是可以說明的事。我看甚至上帝也不知道。因爲上帝無分解的思考故。祂只是**直覺地如如地實現之**，而不是**分解地認知之**。因此，分爲兩面說乃是人底事。從自由一面說他自足獨立而無限，這也是分解地作一面說，並不能因此而否決其被造的有限性，因此他仍不能等同於上帝。這是順基督教底形態而說的。這樣的上帝有沒有用，必要不必要？這是信仰上的事。從理上說，不要也可以。儒釋道三教都是不要

的，一樣可以說明物自身、現象、自由等義之分際。人經
過分解的兩面說，從**自由一面**而**歸返其本來面目**，這就夠
了。

以上六點是康德順基督教而立的思考規範。唯有一點須注
意，即自由雖可分解地建立，但只是一設準，因人無智的
直覺故。這一點，儒釋道三教不承認。因為儒釋道三教皆
承認智的直覺，故不但**自由可以朗現**，而且更**一貫**地表示
了上帝創造之不必要，而只言**道體底創造**，而人可以是神
聖，雖為有限存在，而亦可以當下就是一具有無限意義的
存在，而獨立隔絕的上帝不必要。這是儒釋道三教聖人所
示現的**智慧規範**。除此一點外，康德所說的各分際，三教
智慧皆可默契而證成之，證實其思考為合理。

就儒家言：

㈠對道體底創造（或實現）言，萬物是物自身。物物一太
極，此時的物物是物自身。窮神知化，此化是物自身底
化。神也者妙萬物而為言，神所妙的萬物是物自身的萬
物。即體即用，顯微無間，用與顯是物自身。不言上帝與
被造物，而言體用。即用而言，全體是用。即體而言，全
用是體。此時的用不是現象。

㈡自本心性體言，生色踐形，睟面盎背，要皆一性之所明
通而顯發。此所明通而顯發者是物自身，是即體即用之
用，而不是現象。啟口容聲，揚眉瞬目，無非知體著見，
此時之口啟聲容，眉揚目瞬，是物自身之動容，動而無動
之動容，是知體之用，而用不是現象。它們一切皆是**自在**

相，皆是靜而無靜動而無動的。「良知生天生地，神鬼神帝」，天地鬼帝亦作物自身看。「萬物森然於方寸之間，滿心而發，充塞宇宙無非斯理」。此滿心而發的萬物亦是物自身的萬物，斯理所充塞的全宇宙亦是物自身底宇宙。「萬物靜觀皆自得」，此自得的萬物是物自身的萬物。

㈢私慾氣質是感性的，其所牽連所決定的是現象。氣之靈之心是現象，氣變的物是現象。聞見之知是知此現象。德性之知則知物自身。此知從上第㈡條說。

㈣由聞見之知可以展開康德關於經驗知識所說之一切。從認知機能說，可以開為感性與知性，中間再加上想像。此皆本質上是氣之靈，是心氣之諸形態，所以原則上是被動的，對待的。知性假若說為本心明覺之自我坎陷，亦是氣的。雖然有自發性，亦是以概念來定住與撐架成的，此就是邏輯的我，亦可曰認知我，它根本是架構的、形式的。認知我用事，則將㈠、㈡兩條所說的「用」綱起來而成為現象。以前所說的感性與現象限於第㈢條所說。今可依康德補上此第㈣條之義。

㈤認知我可以把用綱起而為現象，若攝智歸仁，化認知我為德性我，則亦可化現象而歸於其本來面目之用。用是「全用在體，全體在用」之用。智的直覺朗現之，則言道體、性體，不言上帝。天理流行，純亦不已，雖是人，而亦當體即是神，至少亦是一具有無限意義的神聖存在。

就道家言，則如下：

㈠道生德畜，天得一以清，地得一以寧，等等，在道面

前，天地萬物是物自身。道法自然，在自然面前，萬物是
物自身。自然者，自己而然，不待他而然也。待他而然是
現象。在無己無名無功之至人之心即道心面前，一切皆是
物自身。至人之心逍遙無待。以無待之心觀萬物，則萬物
皆自足無待，此即爲萬物之物自身相。獨化是萬物之物自
身相。天籟是物自身相。備天地之美，稱神明之容，美與
容是天地萬物以及神明之**物自身相**。平齊萬物，化除是
非，無物不然，無物不可，則見萬物之物自身相。**物自身
相即如相**，此是道心之所朗照也。道心朗照即是智的直
覺，此亦曰玄智。在智的直覺面前，萬物是以物自身的身
分呈現。朗照之即實現之，是亦**實現其爲物自身。實現其
爲物自身**而即以此物自身之身分前來呈現。只言道心玄
智，不言上帝。

㈡成心所執是**現象**，封畛是現象。在是非之對偶下皆是現
象，在有爲下皆是現象。小成是現象，爲學日益是知現
象，爲道日損則見物自身。「知之爲名**生於失當**，而**滅於
冥極**」（郭象注語）。「生於失當」是現象：因**失當**而有
知，亦因失當而萬物轉爲現象。「滅於冥極」，則物自身
呈現。「極」亦可以指道說，亦可以直指物自身說。若指
道說，則與道冥合（玄合），知之名即滅。知之名滅，則
現象亦滅而回歸於其自己之本來面目，如是，則物自身呈
現。若直指物自身說，則與此物自身冥合，知之名亦滅。
冥合即玄合。冥者無概念的分解與張施之謂也。此則自不
挑起現象，而知之名亦滅矣。所以能冥合此物自身之極

者，以道心玄智之故也。

㈢和光同塵，則卽迹卽本。順迹而追逐，則迹轉爲現象，而在和光同塵下之「迹」本身則非現象，此乃用也。用是物自身底姿態，不是現象底姿態。聖人有情亦同此論。聖人之情不是感性的情，是情而無情。情而無情即作爲物自身之情也。情即迹也。推之，禮文皆迹也，萬物亦迹也。迹在本中如，本在迹中用。故迹無迹相而皆如也。如相之迹即物自身也。本無本相（不分解地示現故），即在迹用中見，當下卽是也，此爲體用圓。此體用方式同於儒家，而義理方向則異。

㈣迹若轉爲現象，則成科學知識。此若亦不可廢，則是器用。迹順道心言，則爲物自身；順成心言，則爲現象。前者名曰神用，後者名曰器用。若知成心可由道心之自覺地坎陷而成，因而得以肯定，則器用亦可統屬於神用。此兩層用統而爲一方是大成圓教。以前道家不甚能正視此器用之一層。然既言迹本圓，則此層必不可廢。儒家比較能正視，而未能積極地開出之。佛家言菩薩道，能自覺地意識到此層之不可廢，然亦不能積極地開出之。此其故蓋在皆以內聖（成聖成佛成眞人皆是內聖）爲目標故。是故無論正視不正視，此器用一層皆在主觀的隱含狀態中，未能積極而客觀地開出也。

就佛教言，則如下：

㈠對智心（般若智）言，則諸法實相是物自身。不過這實相與物自身須有一特殊的規定。諸法者諸緣起法也。緣起

性空，不但性空是如相（實相），性空的緣起不增不減，亦是如相（實相）。實相一相，所謂無相。不但是空如無相，即性空的緣起不增不減，不常不斷，不生不滅，不一不異，不來不去，亦是無相，而無相亦無相。物自身是就緣起邊的實相無相說，不就空如之理之實相無相說，因空如之理是法性，非法相故，即根本非物故。緣起即性空，則緣起法本無自體（無自性），無自體無自性即不可說自己：它根本無自己。然則如何能就之說物自身，物之在其自己？曰：此無自己的緣起實相不增不減，不加以任何執著，即是它的在其自己，它的自體。此可曰無自己之在其自己。即如其無自己而照之，此即是其自己之如相實相，所謂無相。

㈡對識心言，則有相，此即曰現象。因此，現象之相根本是識心之執，是虛妄，此非如相，亦非實相。依此，遍計執是現象。生滅，常斷，一異，來去，凡通過時間空間以及因果等概念（不相應行法）所表象者皆是有相的現象。就成知識言，現象曰對象，識心曰認知心。佛家言識心著重其心理學的意義，故視之爲執著爲虛妄，而現象之相亦爲執著爲虛妄。對智心實相言，當然爲虛妄。然虛妄不礙其足以成科學知識，而科學知識實在此識心之執範圍内也。不執則不能起概念，成知識。其成知識之執即由康德所說之時空與範疇而明之。而此等概念，佛家即名曰分位假法，亦名曰不相應行法。客觀地凸出之，則成科學知識，而具體地落實之，則實是識心之執也。

㈢若知必通過識心之執始能成科學知識，則此層可寂而不可廢。佛家一見執，便必須滅除，如此，則言菩薩道便成虛脱。佛家以道種智或後得智明此菩薩道，既是智，則是智知，而不是識知。智知不能成科學知識，只是菩薩之神通。而科學知識非神通也。菩薩留惑潤生。識心之執用或可當屬留惑潤生範圍內。識心亦惑也。既可自覺地留惑，則識心為何不可留？自覺地留之，則不為礙也。此所謂示現有疾也。惟陷溺於其中而不知，則始為礙，亦成疾矣。故去病不去法，當可保留此層之作用。

㈣天臺宗無明無住立一切法，法性無住立一切法。一念三千，念具即智具，則作為物自身的緣起實相法以及假執有相之現象法皆可保存。以前只注意實相一面，而假執一面則不能保留。然天臺宗之性惡義，法門不改義，則可以開留假執之門。保留假執不是讓你去陷於執著，去認執為實，乃是以無執之心知其為執而示現之以成知識之器用。把此識心之執以及此執之用視為一客觀的法門，而自高一層上保留之。天臺家有此智慧，故言除無明有差別。《法華經》十如是之前九如是（體、性、相、力、作、因、緣、果、報）即是些現象義的概念。執持義的法中之自體自性亦是現象義的自體自性。分位假法尤其是現象義的概念。凡此皆是識心之執之範圍內，亦就是現象範圍內的事。現象者識心之執就緣起法而挑起之，而可以用時間空間以及因果常體等範疇來表象之之謂。

以上三家皆可證成康德所說的物自身與現象之分，反而亦

可以此區分來釐清三家所說義理之分際而明確化之。惟上
帝處則不同。以皆承認智的直覺，故只言道體、性體、本
心明覺，以及道心玄智，與夫般若智、清淨心、自性智，
而不言上帝。在康德，智的直覺只屬於上帝。今就道體、
性體、本心明覺等而言之，則智的直覺亦屬於吾人之性，
由之而言體用，不言上帝與被造物。上帝實只是道體性體
本心明覺之超絕的人格化。物自身對上帝言，今則對道
體、性體、本心明覺等而言，故如此親切而朗現，而在康
德處，則卻甚奧遠而冥闇。然亦有弊，即：因親切而朗現
故，則可司空見慣渾閒事，當作光景來玩弄，又易誤為現
象或至少與現象渾而為一而無法分別也。今因康德之分而
明確之，如上分別所述。又，在康德，智的直覺既屬上
帝，則自由只成設準而不能朗現。在此有兩難：或者自由
地位不穩定（不但是一設準而已），既不真能自由；或者
有智的直覺以穩定之而使之真成其為自由，如是則上帝即
不必要，或至少與之為一，不能有兩層。事實上，康德屬
前者。然理上言之，既言自由自律，則從此意志之自由自
律處即可分析出本心明覺之智的直覺，如是，則自由與上
帝必合而為一，不能成為兩層，上帝必轉而為體。康德之
系統充其極必向儒釋道三教之形態走，此蓋為理之必然
者。又既由本心性體而言智的直覺，因之而言體用，則人
必能體現此性體而當下即是神聖，如是，雖有限，而當下
可為一具有無限意義之存在。縱使有感性底限制，其體現
不易至圓滿化境，或甚有限度，圓滿化境只是一理想，然

此爲理想之境，與彼不承認有本心明覺者（如：康德與朱子），只從習心之強制訓練以無限進程以赴之而永不可達到者不同（康德如此說，朱子亦函如此說，唯識宗亦函如此說，在此他們三者相同）。因爲由習心起與由本心起根本不同故也。本心雖受限，然透露一步，則是本心即理之透露，圓滿化境有眞實之可能，由此立圓頓之敎，而習心根本不即理，則強制訓練其如理，乃純爲偶然而毫無把柄者，如是那圓滿化境乃眞成永不可達到者，而圓頓之敎亦不能立。（康德承認自由自律，但又視神聖意志爲永不可達到之理想基型，此是其不一貫。問題只在爲設準，智的直覺未點出。朱子根本不承認心即理之本心明覺，其言理又只成存有論的，而不從意志之自由自律言，依儒家詞語，即不從本心明覺即性之性體言，此則根本是漸敎、他律道德。唯識宗則是無漏種子問題。）

以上疏通，乃徹底透出，究竟了義之談。以下，康德言因著自由而可以擴大吾人之知識，雖然只是實踐的知識，以結束此章。

　　恰當地說，因爲在純粹思辨理性底一切理念之間，單是自由之概念它在超感觸物之領域中大大地**擴大了**我們的知識，雖然其所擴大者只是我們的**實踐的知識**，所以我問我自己：爲什麼單單這自由之概念始專有如此大的收穫，而別的理念（如上帝及靈魂不滅之理念）卻只爲「純粹知性底〔只是〕可能的存有」指派一虛空的空間〔空的地位〕，但卻不能以任何方法去規定這些可能的存有底概

236

念？我現在即刻見到：因爲我不能無範疇而思考任何東西，所以我
必須首先爲我現在所討論的理性底「自由之理念」尋求一範疇；而
此範疇就是因果之範疇；而雖然自由這一理性底概念，由於是一**超
絕的**概念，它不能有與之相應的**任何直覺**，可是知性底概念（對此
知性底概念之綜合，理性底「自由之概念」要求無條件者），即因
果之概念，卻必須有一所與的〔早先給與於它的〕**感觸直覺**，而因
著這感觸直覺，它的客觀實在性始首先被保證了的。現在，一切範
疇是被分成兩類：一類是**數學的**，此類範疇在**對象之觀念**中論及綜
合之統一；另一類是**力學的**，此類範疇則在**對象底存在**之觀念中涉
及綜合之統一。前者（關於量與質的那些範疇）總是含有一種關於
同質者〔即：齊同單位〕之綜和；而在此種綜和中，去發見這無條
件的以先於那「當作在空間與時間中的有條件者而被給與於感觸直
覺中」的東西而存在，這並不是可能的，因爲這所想去找到的無條
件者其自身必亦要隸屬於空間與時間，因而它必然又是有條件的。
因此，在「純粹知解理性底辯證」中，便形成這結果，即：達到
「這無條件的以及這條件底綜體」底那兩相反的方法〔路數〕雙方
皆是錯誤的〔皆是假的〕。第二類範疇（關於因果以及關於一物之
必然性的那些範疇）不需要這同質性（即綜和中有條件者與條件底
同質性），因爲在這裡我們所要去解明的並非這直覺如何從其中的
雜多而被組合成，而只是與直覺相應的那有條件的對象之存在如何
237 被加到「這條件底存在」上去（即是說，在知性中，當作與條件底
存在相連繫而被加到這條件底存在上去）；而在這情形中，「去在
超感觸的世界中設想這無條件的以先於感取世界中那全然是有條件
者（即：就事物之因果連繫與偶然存在這兩方面而爲有條件者），

並且去使這綜和成為超絕的 」，這是可允許的，雖然這所設想的無
條件者猶仍是不決定的〔不曾進一步被規定 〕。因此，在純粹思辨
理性底辯證中，我們已見到：「 為有條件者達到這無條件者」底那
兩個表面相反的路數並不真是矛盾的（ 所謂為有條件者達到無條件
者，例如在因果底綜和中，去為在感觸世界底原因與結果底系列中
之有條件者思議一個「 沒有感觸條件 」的因果性便是 ），並且已見
到：這同一活動，即「 由於屬於感取世界，它總是感觸地有條件
的，即是說，它總是機械地必然的 」，那同一活動，它卻同時又可
從一「 不是感觸地有條件的 」因果性中被引生出來（ 所謂「 不是感
觸地有條件的 」因果性就是「 作為屬於超感觸世界 」的那活動的存
有底因果性 ），因而結果也就是說，它可以被思議為是自由的。現
在，這唯一成問題的便是去把這「 可是 」變成「 實是 」〔案：意即
把可是自由的變成實是自由的 〕，那就是說，我們必應能夠在一現
實的情形中，好像是因著事實，就可去展示某一些活動函蘊著這樣
的一種因果性（ 即理智的，「 非感觸地有條件的 」因果性 ），不管
這些活動是現實的，抑或只是被命令著的，即：只是依一實踐的意
義而為客觀地必然的。我們不能希望在那「 當作感觸世界底事件而
現實地被給與於經驗中 」的諸活動中去找到這種連繫，因為具著自
由的因果性必須總是在感取世界以外而在智思世界中被尋求。但是
感取底事物是那唯一可提供到我們的知覺與觀察上的。〔但是那不
是感觸的東西不能給與於我們的知覺上與觀察上。──拜克譯。 〕
因此，除只有去找出一個排除一切感觸條件的那不可爭辯的客觀的
因果原則以外，再沒有什麼可以留存下來的。所謂不可爭辯的客觀
的因果原則就是這樣一個原則，即：在此原則中，理性不再進一步

238　**訴諸**〔或請求〕**某種別的東西**以爲它的因果性之一決定根據,但只因著那個原則,它本身即含有這決定根據,因此,在此原則中,它作爲純粹理性,其本身就是實踐的。現在,這個原則不需要去尋求,亦不需要去發明;它早已存在於一切人底**理性**中,而且已組合於**他們的本性**中。〔已具體化於**他們的存有**中。——拜克譯。〕此原則就是**道德**底原則。因此,那個無條件的因果性,連同著此因果性底機能,即:**自由**,不再只是「**不確定地**〔不決定地〕**而且或然地**」被思想(「不確定而或然地被思想」這一點,思辨理性亦能證明其爲可行的),且就著**它的因果性底法則**說,它甚至是**確定地**〔決定地〕**而且是實然地被知道**,而且因著它,一個存有(如我自己)屬於感取世界者同時亦屬於超感觸的世界,這亦是可以**積極地被知的**,而這樣,這超感觸的世界之實在性即被建立起,而且在實踐方面是**確定地**被給與了的,而這**確定性**〔決定性〕,即:在知解的目的上它必是**超絕的**,這確定性,現在在實踐的目的上,它卻是**內在的**。

　　但是,就那**第二個力學的理念**,即:**一必然存有之理念**,說,我們不能作成這同樣的步驟。〔案:第二類範疇是力學的,含有關係與程態兩種。關係範疇中的因果範疇是上文所涉及的力學範疇中的第一個,而「必然性」之範疇則屬於程態範疇而爲現在所要涉及的第二個力學範疇。順因果範疇而來的「自由之理念」是上文所論的第一個力學的理念,順「必然性」之範疇而來的「必然存有之理念,即:絕對存有或上帝之理念,是現在所要說的第二個力學的理念。此種詞語,若不知其來歷,必易生誤會。〕設無第一力學理念之助,我們不能從感觸世界升到這第二力學理念。因爲如果我們試

想這樣去作〔即無第一理念之助，即能從感觸世界升到第二理念〕，則我們一定要冒險於一躍而去離開那一切給與於我們者，並且要冒險於去**縱跳**到那個東西上去，即：「關於它，無物以給與於我們，而它卻能幫助我們去作成這樣一個超感觸的存有與感取世界之相連繫」這樣一個東西上去（因爲必然的存有必須要當作**在我們之外**的所與而被知故須蹤跳）。可是另一方面，「在關聯於我們自己的主體中，這種連繫是完全可能的」，此則甚爲顯然，只要當一方面我知道我自己當作一智思的〔超感觸的〕存有看，是藉著自由而爲道德法則所決定者，而另一方面，我又知我自己爲〔依照這種決定〕而活動於感取世界中者。單只是這自由之概念它能使我們不須**走出我們自己之外**即能爲這有條件的以及感觸的東西去找到這無條件的以及智思的〔超感觸的〕東西。因爲就是我們自己的理性，它藉賴著這最高而無條件的實踐法則，它知道：它自己以及「意識到這法則」的那個存有（即我們自己個人）是屬於純粹的知性世界的，而且進一步它規定出「它所依以能**即如此**而成爲**主動**的」那樣式或路數。〔案：理性替它自己規定出一個道路或樣式，它在這樣式中或依此樣式能成爲**主動的**，意即能成爲**實踐的**，能即如此而成爲實踐的。「即如此」意即如它自己以及意識到這法則的那個存有即我們自己個人之屬於純粹知性世界這個樣子。阿保特的譯文是這籠統的「即如此」，反好。拜克則譯爲「能如這樣的一個存有而成爲主動的」。「這樣的一個存有」意即屬於純粹知性世界的存有。詳細說出，當該是「能如人之爲屬於純粹知性世界這樣的一個存有而成爲主動的」，但仍不盡。理性所替它自己規定的樣式或路數是什麼呢？即以「形式的決定原則」（非材質的決定原則）來決定意

239

志這個路數。它即依這個路數而如它自己以及我們自己個人之屬於純粹知性世界那樣而能成為實踐的。〕這樣，在理性底全部機能中，為什麼單只是這**實踐理性**它能幫助我們去越過這感取界，而且給我們「一超感觸的秩序與連繫」之知識，這是可被了解的。但是須知這種「超感觸的秩序與連繫」之知識，亦正因此故，其被擴展不能**超過**或多過其在**純粹實踐的目的上為必要**而被擴展。

　　現在乘此機緣，讓我再多作一點解說，即：我們關於純粹理性所作的每一步驟，縱使在實踐的範圍內我們對於微細的思辨沒有多加注意，然而這所作的每一步驟也是如此密切而又直接地吻合於「知解理性底批判」中之一切部分，以至於好像是每一步驟是以慎思熟慮的意圖──意圖去建立這種確定性而被思想出來。在「實踐理性底最重要的命題」與「思辨理性底批判之時常看起來似乎過於微細而不必要的解說」這兩者之間的這樣一種徹底的吻合（這徹底的吻合完全不是被尋求出來的，而且是十分顯然的，就好像任何一個人能使他自己心悅誠服那樣顯然，只要他願意把這些道德的研究帶返到它們的原則上去），這樣一種徹底的吻合它可以引起驚異，並且穩固了〔強化了〕那早已為他人所認識以及所稱讚的格言，即：在每一科學性的研究中，我們一定要以一切可能的準確與坦白來堅定地追隨我們自己的道路，而決不要注意及那來自**它的範圍**以外的任何反對，但只要盡我們之所能，忠實地而且完整地即依這研究自身去進行我們的研究。屢次的觀察使我相信：當這樣的諸研究已結成時，在其一部分中那曾顯現為十分可疑的事（就其關涉於其他**外來的**〔**範圍外的**〕諸學說而觀之為可疑的事），設我暫時放下這可疑點，只注意我手中的事情，直至它完成為止，則最後，那十

分可疑的事終不期然而見其與那已分別被發見的東西完全相契合，而亦用不著絲毫注意於那些外來的〔圈外的〕諸學說為如何，而亦對於它們沒有任何偏見或不公平。從事著作的人，如果他們能夠決心以稍為坦白的態度去工作，則他們自己必將省免許多錯誤與所浪費的許多勞力（浪費是因為浪費於虛幻）。

〔案〕：〈分析部〉第三章最為重要。而對此〈分析部〉之批判的省察尤其重要。下〈辯證部〉亦不過進一步申明此義。

以上三段文是繼自由與自然之機械性底協調一困難問題之解答而來的最後的綜結。此綜結集中在說明兩點：一、自由一理念最為凸出。二、自由一理念從超絕的轉為內在的，從不決定地而且或然地被思想轉為**決定地**而且**實然地被知道**。此兩點中第二點需要進一步檢查。

自由之概念與道德法則其關係最為直接而密切，它比起上帝與靈魂不滅來，當然最為凸出。所謂凸出，意即單單是它直接地把我們引導至超感觸界，擴大了我們超感觸界底知識，雖然不過只是**實踐的知識**。其他那兩個理念乃是以自由為媒介而間接地被建立起，此如下〈辯證部〉之所說。〈序文〉中亦曾扼要地說：「只要當自由概念之實在性因著實踐理性底一個必然的法則而被證明時，則它即是純粹理性，甚至思辨理性底全部系統之拱心石，而一切其他概念（如上帝之概念以及靈魂不滅之概念），由於是純然的理念，在思辨理性中是無物以支持之的，然而現在它

們把它們自己附隨於這自由之概念上，並且因著這自由之
概念而得到其堅實性〔穩固性——拜克譯〕與客觀的實在
性；那就是說，它們的可能性是因著『**自由實際地存在**
〔**實有自由——拜克譯**〕』這事實而被證明，因為自由這
個理念是為道德法則所顯露。但是，自由是思辨理性底一
切理念中我們能**先驗地**知其可能性的那唯一的一個，（但
是卻沒有**理解它**），因為它是我們所知的道德法則之條
件。〔我們不能**理解它**，但是我們**知道它**是我們所實知的
道德法則之條件。——拜克譯。〕但是，上帝與靈魂不滅
之理念卻並不是道德法則之條件，但只是為此法則所決定
的一個意志底**必然對象**（即最高善圓善）之條件，即是
說，是我們的純粹理性之實踐的使用之條件。因此，關於
這些理念，我們不能肯定說：我們知道了並理解了它們底
可能性，我不要說我們知道了或理解了它們底**現實性**，甚
至它們底可能性，我們亦不能說我們知道了或理解了。但
是，它們是這道德地決定了的意志之應用於其對象之條
件，此對象是先驗地給與於它的，此即**最高善**〔圓善〕
是。結果，在這實踐的觀點中，它們的可能性必須被**預
定**，雖然我們不能理論地〔知解地〕知之而且理解之。要
想證成這種**預設**，只要它們不含有內在的不可能〔矛
盾〕，這在一實踐的觀點中便已足夠。在這裡，當論及思
辨理性時，我們所有的是一個純然主觀的**誠信原則**，但是
對一同樣是純粹的但卻是實踐的理性而言，這**誠信原則**卻
亦是客觀地妥實的，而此原則，因著自由之概念，對於上

帝之理念與靈魂不滅之理念保證了其客觀實在性以及其權威性〔合法性——拜克譯〕。不，在去預定它們上，實有一主觀的必然性（純粹理性底一種需要）。〔在這裡，我們有一誠信底根據，此誠信底根據，在與思辨理性相比較時，它只是主觀的，但是與一實踐的而亦同樣是純粹的理性相比較時，它卻亦正是客觀地妥實的。這樣，通過自由之概念，上帝之理念與靈魂不滅之理念得到其客觀實在性與合法性，實在說來也就是其主觀必然性（作爲純粹理性底一種需要）。——拜克譯。〕縱然如此，理性底理論知識並未因此而被擴大，但只是一可能性被給與，這可能性以前只是一問題，而現在卻變成了一肯斷，而這樣，理性底實踐使用即與理論理性底成素相連繫。而這個需要不是思辨底隨意目的上的一個純然假設的需要（即如如果我們想在思辨上去把理性帶至其最高限，我們必須預定某種東西，這種預定便是思辨底隨意目的上的一個純然假設的需要），但卻是這樣一個需要，即：這需要它去預定某物是有法則底力量去預定之的，這所預定的某物，若沒有了它，則我們所必須不可更變地置之於我們面前以爲我們的行動之目的的那個東西便不能被達成。（如最高善或圓善即是我們的行動之目的，此目的，若無上帝與靈魂不滅之設定，便不能被達成。）」

〈序文〉中這一段話，很足以表示自由一理念之直接性以及上帝與靈魂不滅兩理念之間接性。以自由爲媒介，就意志底必然對象（最高善或圓善）說，我們必須設定上帝與

靈魂不滅底可能性：就意志或心靈與道德法則底圓滿一致
説，我們設定靈魂不滅，設定之以便可以在無限進程中實
現最高善或圓善之德之一面；就幸福與德之諧和言，我們
設定上帝存在，設定之以便使最高善或圓善為可能。這種
設定有主觀的必然性。所設定者之可能對思辨理性言，是
一問題，但現在對實踐理性之需要言，則是一肯斷。即我
們可以定然地肯斷之。「肯斷之」表示可以放得下，不像
其為一問題時之空懸。但這定然地肯斷之亦只是就其主觀
必然性説，並不等於知解地知之或理解之。「知解地」意
即認知地。凡是可以認知地知之或理解之的都有客觀的必
然性，即凡就其本身而可以直覺地被建立起來者即有客觀
的必然性。但是這兩個設定，並無這種客觀必然性，因對
之並無直覺故。只有主觀必然性的設定即名曰設準。

但是依〈辯證部〉，不但是上帝存在與靈魂不滅是這樣的
兩個設準，即意志自由也一般地説為設準。自由雖有直接
性，而且那麼樣的凸出，但仍然還是這樣的一個設準。雖
然我們能先驗地知其可能，因為它是道德法則底條件（存
在根據），然而我們仍然不能理解之，即仍然不能知解地
（認知地）知之與理解之，因而亦仍然不能有客觀的必然
性。因此，上面開頭所列的第二點：自由一理念從超絕的
轉為內在的，從不確定地而且或然地被思想轉為確定地而
且實然地被知道，這一點中的詞語便須要仔細來檢定。

依〈序文〉關於上帝與靈魂不滅所説的「以前只是一問
題，現在則轉成一肯斷」，則此處所説的「超絕」，即以

「不確定地與或然被思想」來說明，而此即是「一問題」之意。至於「內在」，則以「肯斷」來說明，而肯斷又是主觀必然性下的肯斷，並不是客觀地認知地被肯斷。此若依羅素《數學原理》中的符號程序說，雖然是肯斷，卻並不可在其前面加肯斷符「├」。此肯斷符表示此命題是**客觀地被肯斷的**，即已構造成爲套套邏輯的。若依康德的詞語說，即是**知解地（認知地）被知的或被理解的**，進一步，就是**直覺地被建立起的**（數學中的直覺主義即本康德而來）。但是自由，與上帝存在及靈魂不滅一樣，正是不能直覺地被建立的，因此，其成爲一肯斷亦還只是「**主觀的必然性**」下的肯斷。「內在」只依此義來了解，不能再多過此。即是說，此只是**實踐知識上的肯斷與內在**，不是**知解知識上的肯斷與內在**。因此，「從不確定地（不決定地）而且或然地被思想轉成確定地（決定地）而且實然地被知道」，此「確（決）定地而且實然地被知」亦只能了解爲「主觀地而且實踐地決定地，主觀地而且實踐地實然地被知道」，並不能了解爲「客觀地而且認知地決定地，客觀地而且認知地實然地被知道」，既不是此後者，則所謂「被知」並不是「**理解之**」之知。此「被知」意義亦甚空泛，嚴格言之，當該只是「**被意識到**」。這裡沒有「**積極的知識**」之意。此其所以爲「設準」。因此，「轉成確（決）定地而且實然地被知」，此語說的稍欠限制，容易生誤會。依《純理批判》第二版所作的超越推證說，「意識到」與「知道」不同。「意識到」只表示所意識到的是

「是於知性」，這只是一思想，而不是一直覺。「知道」
或對應感觸直覺而知，此則所知的只是現象，或對應智的
直覺而知，此則所知的是物自身。然則此處說「被知」以
與「被思」相對比，亦同樣是不諦之辭。此所謂「被知」
還仍只是「被思」。因無任何直覺與之相應故。因此，當
其為一「問題」時，其被思只是「或然地而且不決定地被
思」，而今為一肯斷。則只能說是「實踐地必然地、實踐
地決定地被思」，而不能直說為「確（決）定地而且實然
地被知」。依《純理批判》，或然、實然、必然，是就判
斷說。可能、現實、必然，是就範疇說。凡與經驗之形式
條件相合的，是可能的，凡與經驗之材質條件相連繫的，
是現實的；凡與現實相連繫而又依經驗之普遍條件而被決
定的，則是必然的。依此，此處「實然地被知」，「實然
地」一詞亦欠妥。「在實然判斷中，肯定或否定被看成是
真實的」。在此，「實然地」，如落實說，須就材質條件
說（對感觸直覺而言），但這裡無感觸直覺。至少須就具
體內容說（對智的直覺而言），但這裡亦無智的直覺。因
此，此「實然地」亦只能虛籠地依「肯斷」去了解。也許
說為「肯斷地」較好。依此，此「確（決）定地而且實然
地被知」修改為「實踐地決定地、實踐地肯斷地（或必然
地）被思（被意識到）」，則較妥。在此，仍須記住〈序
文〉中關於「設準」一詞之註語：

　　「純粹實踐理性底設準」之詞語可以引起很壞的誤會，
　如果它與純粹數學中的設準所有之意義相混時。在純粹

數學中，它們是有「必然的確定性」的。但是，此後者
（即數學中的設準）預設一活動底可能性，關於此活動
底對象，一個人先已知解地而且以完全的確定性先驗地
知其是可能的。可是純粹實踐理性底設準則依必然的實
踐法則預設一對象（上帝與靈魂不滅）底可能性，因
此，但只是為一實踐理性底使用而預設之。這所預設的
可能性之確定性絲毫不是知解的（認知的），因而結
果，亦不是必然的，即是說，它不是因就著一對象而被
知的一種必然性，它勿寧是就主體之符合於理性底客觀
實踐法則而說的一種必然的預設。因此，它只是一必然
的假設。我不能為此主觀的然而又是真正而絕對的合理
的必然性找得一比「設準」更好的詞語以表示之。〔此
依拜克譯。前296頁曾引及，是依阿保特譯。兩者可比
照了解。〕

此雖就上帝與靈魂不滅說，然而自由既亦是一設準，則此
處所說的設準之意義亦適用於自由之為設準。「此所預設
的可能性之確定性絲毫不是知解的，因而結果亦不是必然
的，那就是說，它不是就對象而說的一種被知的必然性，
但只是就主體而說的一種必然的預設，在主體之服從其客
觀的但卻是實踐的法則上而為一種必然的預設。」〔此是
依阿保特譯文而譯。〕它的可能之確定性既「不是知解
的，因而亦不是必然的」，所以自由轉成「確定地而且實
然地（肯斷地）被知」，顯然是過甚之語。此當依上文之
說明而加限制。我們對於自由亦無任何直覺，所以它顯然

不能有知解的（認知的）以及必然的（客觀的）確定性，
即是說，它不能直覺地被建立，不能客觀地被肯斷，不能
是認知地內在的。它只是一必然的假設，此「必然」是從
主體說，不從其本身之為一對象（客體）說。自由的意志
是一實有，它當然可以作為一客體（對象）。然而因為無
智的直覺，所以其為自由亦不能直覺地、認知地、客觀必
然地被建立起來。此義若能通達，則康德那些形容詞語自
可明白，而其抑揚輕重諦不諦之間亦可簡別。當初康德初
創此義，當然達之為難。然經過直覺主義的數學論，康德
那些詞語，我們可以完全明白其意義。

依儒學傳統，不是三個設準，只是自由一個設準。如果對
於自由意志有智的直覺以朗現之，則它不只是一主觀的必
然，一必然的假設，而且是一客觀的必然，一直覺的肯
斷。如說認知的必然，此「認知的」是直覺地認知的。此
時，我們可以「理解之」，此理解是直覺的理解。認知的
有是感性與知性合作的認知的，此則是理論的；有「單只
是智的直覺」的認知的或「直覺的知性」的認知的，此則
是實踐的。說自由是認知的，因而是必然的，是單就智的
直覺說。此智的直覺之認知並無普通的知識義；其必然亦
不是感性與知性合作的必然，而乃是客觀的朗現義，亭亭
當當呈現為必然如此。因此，這並沒有擴大我們普通所說
的知識。此是實踐的但卻亦是智的直覺的知識，主觀的但
同時亦是智的直覺之客觀的。智的直覺總是實踐的。康德
說實踐的知識是沒有智的直覺與之相應的。因此，他說認

知的以及必然的，總是就感性與知性合作而說的。如果不是認知的，因而亦不是必然的，便是沒有感觸直覺的。智的直覺不要說，因根本沒有故。因此，他所謂「認知的」，即說為知解的，或理論的都可，總之，是「非實踐的」、思辨的。這些都是同義語。可是上帝、靈魂不滅以及自由意志，顯然根本不能對之說感觸直覺。因此，說其有無認知的必然性（客觀的必然性）顯然須就智的直覺說。可是一旦就智的直覺說，不管我們有或無，則便不能與「實踐的」相對反，因此，也不是感性知性合作之認知的，在此，亦不能說為理論的，或思辨的，以與實踐的相對反。因此，我們最好把這認知的必然性（客觀的必然性）分成兩種：一是感性與知性合作而成的，即：理論理性或思辨理性的，即非實踐的理性的；一是智的直覺的，實踐的。因此，認知的客觀的必然性不能與理論理性站在一邊而與實踐的為對反。與實踐的融而為一的認知既是直覺地認知的，又是存有論地創生（實現）的，亦是存有論地朗現的，是既客觀的又主觀的。

此智的直覺一出現，則自由便不再是一主觀必然性的肯斷（必然的假設），而是一朗現的、客觀必然的肯斷，如是，則上帝與靈魂不滅便不必要。因為智的直覺不能有二故（在自由處說我們人類有智的直覺，而在上帝處當然亦非說智的直覺不可，此則便有二智的直覺）。如是，不就上帝說創造與被創造，而轉而只就道體、性體說體用。智的直覺既出現，則本心明覺、自由意志，頓時即朗現，此

　　即是神聖的，即是永恆的，不復別立一不滅的靈魂，以便
接近此神聖的意志。儒釋道皆是此形態。此蓋爲理之必
然。若謂不然，則是情識用事，亦任之而已。康德只是適
應耶教傳統而不自覺地爲其所限。若眞是稱理而談，則順
其言自由自律之思路，必歸於儒者之形態。

卷二　純粹實踐理性底辯證　241

第一章　「純粹實踐理性底辯證」一般

　　純粹理性總有它的辯證，不管以其思辨的使用而觀之，抑或以其實踐的使用而觀之；因為它對於那特定有條件的東西要求其條件底絕對綜體，而此絕對綜體則只能見之於物自身。但是，因為一切事物之概念必須涉及**直覺**，而就我們人類說，這些**直覺除感觸直覺**外從不能是**其他種直覺**，因此，這些直覺從不能使我們去知道對象為物自身，但只能當作現象而知之，而又因為無條件者從不能見之於那「只以有條件者與諸條件而組成」的「現象之鍊子」中，這樣，則從「條件底綜體（換言之，無條件者）這個理性的理念之應用於現象」這應用中，遂發生一不可避免的幻象，好像這些現象就是物自身似的（因為設無一種警告的批判，它們總是被看為是如此）。但是，如果這種幻象不曾因著「理性與同其自己底一種衝突」而洩露其自己，則它從未被注意為是虛妄的。（理性與同其自己底一種衝突是當理性把它的基本原則，即：「對於每一有條件的東西預設一無條件者」這種預設底基本原則，應用於現象時，而顯出）。但是，因著這種衝突，理性被迫著去追蹤這種幻象，追至其根源，並去尋求出它如何能被移除，而這一步工作則只能因著對於全部純粹的理性機能施以完整的批判考察而被作成。這樣作法，則那顯現於純粹理性底辯證中的純粹理性之背反事實上是人類理性所曾陷於其中的最有益的錯誤，因為它最後終於驅迫我們去尋求這鎖匙以便去逃出這迷宮；而一旦當這鎖匙被找得，則這鎖匙又可進一

242

步發見那「我們不曾尋求之但卻已需要之」的東西,即是說,發見一個景觀,即「觀看到一較高而又是不變的事物秩序」之景觀,我們早已存在於此秩序中,甚至現在亦存在於此秩序中,而在此秩序中,我們因著那發見,能夠因著確定的規準去依照理性底最高指令繼續去生活。

在理性底思辨使用中這自然的辯證如何可被解決,而從一十分自然的幻像而發生出的錯誤如何可以被防止,這可以在《純粹理性底批判》中詳細被見到。但是理性在其實踐的使用中也不見得較好一點。作為純粹的實踐理性,它同樣想去為實踐地有條件的東西(此有條件的東西是基於性好與自然的需求上者)去找那無條件者,而它去尋找那無條件者**不是**把它當作意志底決定原則而去尋找之,而乃即使當這作為意志底決定原則的無條件者已被給與(在道德法則中被給與),理性亦還要在最高善〔圓善〕之名下尋求純粹實踐理性底對象之無條件的綜體。

243 為我們的合理行為底諸格言而去實踐地即充分地〔適當地〕規定一最高善之理念,這乃是「實踐的智慧論」之事,而此實踐的智慧論,作為一門學問看,復又即是所謂**哲學**。哲學一詞是取古人所了解之意。古人以為哲學意謂一種「概念中之教訓」,概念乃即是「最高善已被置於其中」的那概念,並且亦意謂一種「行為中之教訓」,行為乃即是「最高善所因之而被得到」的那行為。去把哲學一詞留在其作為一「**最高善論**」之古義中(就理性努力去使這「最高善論」成為一門**學問**而言),這必應是妥善的。因為,一方面〔作為一最高善論〕,這所附加的限制必應適合於那個希臘字(希臘字哲學一詞指表「**愛智慧**」),而同時它又必足以在哲學之名下

去擁攝「**愛學問**」，即是說，「愛一切思辨的理性知識」，所謂「愛一切思辨的理性知識」是就這思辨的理性知識在以下兩方面均可適用於理性而言，即：一是在那個概念〔即最高善之概念〕方面可適用於理性，一是在「決定我們的行為」的那實踐原則方面可適用於理性，而在這兩方面適用理性卻亦並未喪失這主要的目的〔愛智慧〕，而單為此主要目的之故，此思辨的理性知識始可叫做實踐的智慧論。另一方面，因著在此定義中〔意即：在哲學作為最高善之定義中〕【編按：此句據《圓善論》之〈序言〉修改。】執持一個「必十分降低一個人之虛偽要求」的自我估價之標準於一個人之面前而去抑制那「冒險去要求哲學家之稱號〔自居為哲學家〕」這樣一個人底自大，這必是無害的。〔案：意即：另一方面，我們可用最高善之定義以為一自我估價之標準，把此標準置於一個自居為哲學家的人面前而抑制其自大，這必是無什麼損害的，蓋有誰能及此標準呢？是故此標準必十分降低其虛偽的要求。〕因為一個**智慧底教師**必不只是意謂一個**學者**（一個學者並沒有進至如此之遠，即如以「達到如此高之目的」之確定期望來指導他自己那樣遠，當然亦未以此來指導他人）；**智慧底教師**是意謂**智慧底知識中之師**。〔案：即中國所謂人師〕，智慧底知識之師所函蘊的比一個平庸人所要求於其自己者為更多一點。這樣，**哲學**如同**智慧**必總仍然是一個**理想**，此理想，客觀地說，其被呈現為完整的是單只在理性中而為完整的（單只是完整地呈現於理性），而主觀地說，對一個人而言，它只是此人之**不停止的努力之目標**，而無人能有理由宣稱為**實得有之**，得有之以冒稱哲學家之名，倘無人能展示**此理想**之不可**錯誤的結果**於他自己的人格中以為一範例【編按：此句據

244　《圓善論》之〈序言〉修改。】（即：在其自我作主中以及在「他於一般的善中異常地感有之」的那無疑問的興趣中展示此理想之不可錯誤的結果於他自己的人格中以為一範例），而這一點卻亦正是古人所要求之以為一條件，以為值得有那個可尊敬的〔光榮的〕「哲學家」之頭銜之條件。

關於在最高善底定義一點上的純粹實踐理性底辯論，我們需要去作另一準備的〔前奏的〕解說。（這個辯證底成功的解決，就像在理論理性底辯證處那樣，必可引我們去期望這最有益的結果，因為純粹實踐理性底自相矛盾，如若誠實地被陳述出來，而不是被隱蔽起來，則它必迫使我們對於實踐理性這個機能去作一完整的批判。）

道德法則是一純粹意志底唯一決定原則。但是因為道德法則只是形式的（即由於只規定格言之形式為普遍地立法的而為形式的），所以它作為一決定原則須抽掉一切**材料**，即是說，抽掉作意底每一**對象**。因此，雖然**最高善**可以是一**純粹實踐理性**底全部**對象**，即是說，是一**純粹意志**底全部對象，但是它卻並不因此之故而即可被看成是**意志底決定原則**；單只是道德法則才必須被看成是原則，基於此原則，最高善以及最高善之實現或促進才是**所屬望**或所意在者。〔單是道德法則才必須被看成是那「使最高善以及最高善之實現或促進成**為純粹意志底對象**」的根據。——拜克譯。〕這一**解說**〔或提醒〕是重要的，即在如「道德原則底規定」這樣一種精緻微妙之情形中而為重要的，在道德原則底規定處，些微的誤解即足以顛倒了人的心靈。因為從〈分析部〉所說，我們已知：如果我們在善之名下，認定**任何對象**為**意志底決定原則以先於道德法則**，

並因此，從這對象中而推演出最高的實踐原則，則這必總是引出**他律，而毀滅了道德原則。**

　　但是，如果最高善之概念包含道德法則之概念以爲其最高的條件，則最高善**必不只是**一個**對象。**而它底概念以及它的存在底觀念，由於因著我們自己的實踐理性而爲可能者，**必同樣亦是意志底決定原則，**這一義亦是顯明的。因爲在那種情形中，意志，如自律原則所要求者，事實上實爲那「早已含於這概念（即最高善之概念）中」的**道德法則**所決定，而並不是爲任何**其他對象**所決定。「意志底決定」底概念底這種次序決不可忽略，因爲若非然者，則我們將誤解我們自己，而且以爲我們已陷於一種矛盾中，當每一東西實處於圓滿諧和中時。〔**案：此段文，拜克譯如下：**但是這是自明的，即：**不只是**：「如果道德法則是含在最高善之概念中以爲最高條件，則最高善是對象」，**而且亦是這樣的，**即：「最高善之概念以及它的存在之觀念，由於通過我們的實踐理性而爲可能者，亦同樣是純粹意志底決定根據」。這是因爲「含於這概念中以及在此概念中**被思**」的那道德法則決定意志，而並不是任何其他對象決定意志，如自律原則所要求者。「意志底決定」底概念底這種次序決不可忽略，因爲若非然者，則我們將誤解我們自己，而且相信我們與我們自己相矛盾，當每一東西實處於**最圓滿**的諧和中時。〕

第二章　在界定「最高善」之概念中純粹理性之辯證

「最高」這概念本身含有一種歧義，此歧義，如果我們不留意它，它可以引起不必要的爭辯。「最高」可以或意謂**究極**〔至上〕或意謂**圓滿**。前者是那種條件，即：「其自身不是被制約」的那種條件（是無條件的條件），即是說，「其自身不是隸屬於任何其他東西」的那種條件（即是最根源者）；後者是那種全體，即：「它不是那同類的較大全體之一部分」的那種全體（即：它是最圓滿或最整全者）。在〈分析部〉中已表示：**德性**（由於使幸福為有價值）是「那一切對我們能顯現為可欲的東西」之究極條件，因而結果也就是說，是「一切我們的對於幸福之追求」之究極條件，因此，它也就是**究極的**善。〔*案：此究極的善是分解地單指德性一面說。德性是使幸福有價值者，是價值之標準，因此是究極至上的善。*〕但是這並不函著說：它是這**整全而圓滿的善**，即：「作為理性的有限存有底欲望之對象」的那**整全而圓滿的善**；因為這**整全而圓滿的善**也需要有**幸福**，這需要有幸福不只是在那「使其自己為一目的」的個人之偏面眼光中需要之，而且甚至也在一無偏的理性之判斷中需要之，此無偏的理性把一般說的各各人皆視為其自己即是一目的。因為「需要於幸福，而又值得有幸福〔使幸福有價值〕，而同時卻又不去參與於幸福」，這不能與「同時具有一切力量」的

理性存有〔無所不能的理性存有——拜克譯〕之圓滿意志相一致，如果為**試驗**之故，我們思議這樣一個存有時。〔*如果我們只為「論辯」之故而認定這樣一個存有時。——依拜克譯。*〕現在，因為**德**

性與**幸福**合起來構成一個人中**最高善之所有物**,而幸福之分配之「準確的比例於道德」(道德是一個人之價值,亦是他的值得有幸福者)又構成一可能世界底**最高善**,是故**這最高善**即表示這**整全的善**,這**圓滿的善**。但是在此圓滿的善中,作爲條件的德性總是**這極善者**,因爲它沒有條件復在其上;而幸福,雖然它對於具有之者爲可愉悅,然而它卻並不以爲自身即是絕對地善的並在一切方面是善的,它總預設道德地正當的行爲爲其條件。〔案:德性之爲極善是善之標準。德性與幸福合起來而成的最高善(summum bonum)最好譯爲圓善。〕

當兩個成分必然地被統一於一個概念中時,則它們必須如理由與歸結那樣被連結,而這樣被連結,則或者它們的統一被看成是**分析的**(邏輯的連繫),或者被看成是**綜和的**(眞實的連繫)——前者是遵循同一律者,後者是遵循因果律者。因此,德性與幸福底連繫可以依兩路而被理解;或者是如此,即:「努力成爲有德」與「對於幸福之合理的追求」不是兩個不同的行爲,而是絕對同一的行爲,在此情形中,除那爲後者服務的格言外,不再須另有格言以爲前者之原則;或者這連繫是存於以下之情形,即:德性產生出幸福以爲某種「不同於德性之意識」之東西,此如原因產生一結果。

在此論題上,古希臘的學派,恰當地說,只有兩個互相對反的學派,而因爲它們皆不允許德性與幸福須被看成是最高善底兩個不同的成分,因而結果也就是說,它們皆依同一性底規律去尋求原則底統一,是故它們在決定最高善底概念中事實上又皆遵循同一方法;只是它們在關於這兩者〔即:德性與幸福〕中那一個被取爲基本觀念上有不同。伊壁鳩魯派說:你要意識到:「一個人的格言之

引至幸福」便是德性；斯多噶派說：你要意識到：「一個人的德性便是幸福」。依前者，愼審等值於道德；依後者（他們爲德性選擇一較高的名稱），單只是道德才是眞正的智慧。

當我們必須讚美這樣的人們，即：「在如此早的時期，他們就試探出一切可想像的擴展哲學領域之道路」，這樣的人們時，我們同時也必須嘆惜他們的精明是不幸地被誤用了的，即在試想去追尋出兩個極端異質的概念間即幸福與德性之概念間的同一性中而被誤用了的。但是，「因著試想去把原則上不可消融的差異轉成只是關於字眼的爭辯這種辦法而去避免或克服那些不可消融的差異，而這樣，便表面地獲致了不同名字下的觀念之同一」，這卻正契合於他們的時代之辯證的精神（而精明之士甚至在現在亦有時在此同一路數中被誤引）。而這種想法又經常發生於以下諸情形處，即在此諸情形處，異質原則之結合是著落得如此之深，或如此之高，或異質原則之結合需要對於那被假定於其餘哲學系統中的主張有一種如此完整〔如此徹頭徹尾〕的轉變，以至於人們遂懼怕深入於這眞實的差別，而只偏視之爲形式或程式中的差異「表面的差異」，在如此之諸情形處，以上所述的那種想法尤經常發生。

當以上所說的兩派想去找出德性與幸福這兩實踐原則底同一時，他們在「所依以試想去迫成這種同一」的路數方面卻並不相契合，但卻是無限地互相分離的，一派置〔求——拜克譯〕其原則於感性一邊，另一派則置〔求〕其原則於理性之一邊；一派置其原則於感性欲望〔或感性的需要〕之意識中，另一派則置其原則於實踐理性之獨立不依於一切感觸的「決定根據」中。依伊壁鳩魯派而言，德性之觀念早已包含於「促進一個人自己的幸福」之格言中； 249

而另一方面，依照斯多噶派而言，幸福底情感早已含於德性之意識中。現在，不管是什麼，凡是含在另一概念中者只是同一於那能含概念〔所成之全體〕之一部分，卻並不同一於那能含概念所成之全體之本身，而兩個全體亦可是各別不同的，雖然它們以同樣部分而構成，此即是說，如果諸部分依完全不同的路數而被聯合於一全體中，則所成之兩個全體雖其構成之部分相同，而其本身卻可各別不同。斯多噶派主張德性是全部的最高善〔是最高善之全部〕，而幸福則只是「得有此德性」之意識。蓋由於幸福造成**主體之狀態**之一部分故。〔蓋由於幸福是屬於主體之狀態故——依拜克譯。〕伊壁鳩魯派則主張幸福是全部的最高善，而德性則只是爲追求幸福而立的格言之形式，即：「達到幸福」的方法〔工具〕之合理的使用。

　　現在，從以上〈分析部〉所說，那是很清楚的，即：德性之格言以及私人幸福之格言，〔此兩種格言〕，**就它們的最高實踐原則說**，是**完全異質的**；而雖然它們皆屬於一個**整一的最高善**，它們兩者合起來使此**最高善**〔圓善〕爲可能，然而它們兩者是**如此的不能合一**〔距合一甚遠〕，**以至於**它們在同一主體中很強烈地互相限制，互相抑制。〔但是，從以上〈分析部〉所說，那是很清楚的，即：德性之格言以及一個人自己的幸福之格言〔此兩種格言〕是**完全異質的**，而**就它們的最高實踐原則說**，亦遠不能是一〔距是一甚遠〕；縱使它們屬於一最高善，它們兩者聯合起來使此最高善爲可能，然而它們在同一主體中很強烈地互相限制，互相抑制。——拜克譯。〕這樣，「最高善如何是實踐地可能的？」這一問題仍是一未決的問題，不管迄今以往所已作的一切企圖，企圖於兩者之融合，爲如何。但是，〈分析部〉已表明什麼東西使這問題難以解

決；即是說，已表明：幸福與道德是**最高善**〔圓善〕底兩個特別有顯著不同的成素，因此，它們的結合不能**分析地**被認知（就像一個尋求他自己的幸福的人，他只**因著他的概念之分析**，即見到在**如此活動中**他即是有德的，那樣，或如一個遵循德性的人，他即在這樣行為之意識中，便見到他早已事實上是有幸福的，那樣，凡此皆是分析地認知它們之結合，〔就像一個尋求他的幸福的人只**通過其問題之解決**便見到他自己為有德，那樣，或如一個遵循德性的人即在這行為之意識中便見到他自己事實上為有福那樣，此皆是分析地認知它們之結合，──拜克譯〕），但必須是異概念之**綜和**。〔**最高** 250 **善是異概念之綜和**。──拜克譯。〕現在，**因為**這種結合被認為是**先驗的**，而因此亦即被認為是**實踐地必然的**，因而結果也就是說，它不能被認為是從經驗中引申出者，因而**最高善**〔圓善〕底可能性並不基於任何經驗的原則上，**所以隨之而來者便是**：這個概念底推證（合法化）必須是**超越的**。因著意志之自由去產生**最高善**〔圓善〕，這乃是**先驗地（道德地）必然的**；因此，「它的可能性」之條件必須只基於先驗的認知原則上。

Ⅰ 實踐理性底背反

在**最高善**〔圓善〕中（此最高善對我們而言是實踐的，即是說，是因我們的意志而成為真實的），德性與幸福被認為是**必然地相結合的**，因此，這一個設無其他一個附隨之，它便不能為純粹實踐理性所認定。現在，這個結合（亦如每一其他結合一樣）或是**分析的**，或是**綜和的**。它不能是分析的，這是已經表明了的；因此，它必須是綜和的，更特殊地言之，它必須被思議為是**原因與結果**之

連繫，因爲它有關於一實踐的善，即那「因著行動而可能」的一個善；因此，結果，或者**幸福底欲望**必須是**德行底格言之動力**，或者**德行底格言**必須是**幸福底有效因**。第一種情形，是絕對不可能的，因爲如在〈分析部〉所已證明的，格言，即把意志底決定原則置於私人幸福之欲望中的那些格言，畢竟不是道德的，亦沒有德行能夠基於它們之上。但是，第二種情形亦是**不可能的**，因爲**在世界**中**原因與結果底實踐連繫**，作爲意志底決定之成果看，並**不依於意志底道德意向**，但只依於**自然法則之知識**以及「爲一個人的目的而去使用這些法則」的**物理力量**；結果，我們不能因著對於道德法則之小心翼翼的遵守〔最拘謹的遵守〕，便在世界中期望那「適合於最高善〔圓善〕」的幸福與德行間底任何**必然的連繫**。現在，因爲**最高善之促進**（此最高善之概念含有這種連繫。即：幸福與德行間之必然連繫）是我們的意志之一先驗地**必然的對象**〔目的〕，而且是**不可分離地附隨於道德法則**，所以**前者**〔**最高善**〕底**不可能必證明後者**〔**道德法則**〕**之假**。因此，如果最高善不是因著實踐規律而爲**可能的**，則「命令著我們去促進最高善」的那**道德法則**必亦被引至徒然無益的**空想的目的**，因而結果亦必須是**假的**。〔因此，如果最高善是依照實踐規律而爲**不可能的**，則命令著「最高善必須被促進」的那道德法則必須是**幻想的**，是被引至於**空洞想像的目的**上去，因而結果亦必須是固自地〔**天生地**〕假的。——拜克譯。〕

II 實踐理性底背反之批判的解答

　　純粹思辨理性底背反展示世界中事件底因果性裡自由與物理的必然間一種相類似的衝突。那種衝突是因著指示出以下之事實而被

解決，即：當事件以及甚至「事件發生於其中」的那世界只被看成是現象時（由於其必應是現象），便無真實的矛盾可言，即因指出此義而被解決；因為同一個活動的存有，當作一種現象者（現象甚至對此活動存有的自己的內部感取而言亦為現象），有一種感取世界中的因果性，即總是符合於自然之機械性的因果性，但是關涉於這同樣事件，就這活動著的人同時視他自己為一智思物（為一**純粹的睿智體**，其存在不依於時間之條件）而言，他亦能含有一個原則，因著此原則，那依照自然法則而活動著的因果性便是被決定了的，但此原則本身卻是獨立不依於一切自然法則的。

　　前面所說的純粹實踐理性底背反正恰同於此。那兩個命題底第一個：「**追求幸福產生一有德性的心靈**」，這是絕對地假的；但是第二個：「**一有德性的心靈必然地產生幸福**」，這卻不是絕對地假的，但只在「德性被看成是感觸世界中的因果性之一形式」這限度內，這命題才是假的，因而結果也就是說，只在「我設想感觸世界中的存在是一理性的存有之唯一的一種存在」這限度內，它才是假的；因此，它只是有條件地假的。但是，因為我不只是在想「我在一智思世界中當作一智思物而存在」為有據，且甚至在道德法則中，我對於我的因果性（在感觸世界中的因果性）復有一純粹理智的決定原則，因此之故，所以「心靈底道德性〔意向底道德性——拜克譯〕作為一原因對於幸福（作為感觸世界中的結果看的幸福）必定有一種連繫」，這並非是不可能的，而這連繫如不是直接的，猶可是間接的，即：通過一**睿智的**「**自然之創造者**」而為**間接的**，而且抑又有進者，這連繫不但是間接的，而且亦是**必然的**。可是在那「只是感取之一對象」的一自然之系統內，這種**結合**〔連繫〕除

偶然地發生外，從不能以其他方式而發生〔意即：只能偶然地發生〕，因此，這種結合對**最高善**而言，並不足夠。

這樣，不管「實踐理性與其自己」底這種表面的衝突，最高善〔圓善〕總是一道德地決定的意志之一**必然的終極目的**，因而亦是意志底一**眞正的對象**；因爲它〔最高善〕是實踐地可能的，而意志底諸格言（此等格言，就它們的材料說，它們涉及此最高善）亦有客觀的眞實性；此客觀眞實性開始爲那顯現於因著一般的法則而成
253 的「道德與幸福這兩者之相連繫」中的背反所威脅【**編按：此句據《圓善論》第四章修改**】；但是這種**威脅**只由於**誤想而生**，因爲諸現象間的關係已被誤認爲是「諸物自身對於這些現象」底一種關係。

當我們見到我們自己被迫著走得如此之遠，即：走到與一智思世界相連繫那麼遠，去尋求最高善〔圓善〕之可能時（此最高善，理性把它呈現給一切理性的存有以爲一切他們的道德願望之目標），則以下之情形必似乎是奇怪的，即：縱然我們走得如此之遠以尋求最高善〔圓善〕之可能，而古今哲學家卻自以爲已能見到幸福之準確的比例於德性，即使在今生（在感觸世界中的今生）亦能見到之，或至少他們自信他們已意識及之，這一點必似乎是奇怪的。因爲伊壁鳩魯如同斯多噶一樣亦把那從「德性地活著」之意識中而發生出的幸福高抬在一切東西之上；而伊壁鳩魯在其實踐的規準中亦並不如此之低下，就像一個人從其學說之原則中所可推出者那樣低下（其學說之原則是他爲**說明**而用之，並不是爲**行動**而用之），或就像其學說之原則爲許多人所解釋者那樣低下，此許多人是因著其使用快樂一詞以代替知足而被誤引了的；正相反，他把最

無關心的〔最無私的〕善之實踐亦算作「享受最親切的愉快」之道路，而他的快樂表（快樂他意謂是心靈之恆常愉悅）亦包含著溫和與夫「性好之節制」，就像最嚴格的道德哲學家所要求者。他主要地是在「使快樂為動力」這一點上不同於斯多噶，斯多噶很正當地拒絕這樣去作。

因為，一方面，有德的伊壁鳩魯，就像今日那些「不曾夠深地反省其原則」的許多善意的人一樣，他陷入一種錯誤，即：在那些「他對之想去供給以德性之動力」的人們中「預設德性的習性或性向」這種預設之錯誤。（實在說來，正直的人如果他不首先意識到他的正直，他必不能是幸福的；因為就這樣一種正直品性說，譴責，即：「他的思想習慣迫使他對他自己在犯罪底情形中去作之」的那譴責，以及他的道德的自我疚仄或自我定罪，必把他的一切愉快之享受從他身上剝奪下來，非然者，他的情況必可含有這些愉快之享受。）可是，問題乃是：首先這樣一種習性〔性向〕如何是可能的？又這樣一種思想習慣，即在「估計一個人的存在之價值」中的這樣一種思想習慣，如何是可能的？因為先於這種思想習慣，在主體中畢竟不能有一種**情感**，即對道德價值而有的一種情感〔案：即**特種情感**〕。如果一個人是有德的，而卻沒有意識到他的每一行動中的正直，則他確然不能享受生活，不管在生活之物理境況方面對於他是如何的幸運而順適；但是，我們能夠**首先**，換言之，在「他如此高度地估計其存在之道德價值」**以前**，便可只因著讚美之以心靈之和平〔或精神之自足〕而使他為有德嗎？此心靈之和平必應是從一種正直，即「他對之並無感取」的一種正直之意識而發生。

254

〔案〕：依康德，先於道德價值，我們並無一種情感，即爲道德價值而有的先已存在的情感，即其所謂特種情感。道德情感只是一種後果。道德價值依道德法則而定。情感只是法則影響於人心上的一種後果，如尊敬之情便是。心靈之和平從正直而來。正直是依「遵順法則而行」而然。意識到如此之正直，一個人才算有德並始能心靈和平。對於如此之正直，我們事先亦並無一種感取，即普通所假定的道德感覺（感取），即特種感覺（感取），單爲道德而有者。「對之並無感取」，此語中所謂「感取」即指特種的道德感覺（感取）而言。依康德的解釋，「道德感覺（感取）」是類比於知識中從感性而發的內外感覺（內外感取）而假定的。康德不允許有此假定，假定之以爲說明道德之基礎。同樣，康德亦不允許先有一種道德情感。就先行假定言，「道德情感」與「道德感取」爲同義語。此段中所謂「於人們中預設道德的習性或性向」亦類乎此，故認爲是一種錯誤。此義既明，則下文即從另一方面，即從「一個人所作的」並不同於「一個人所感的」這一方面來辯明古今道德哲學家之錯誤——在「幸福之準確的比例於德性」中之錯誤。

但是，另一方面，在這裡，在關於「一個人所作的」（此爲有別於「一個人所感的」者）之自我意識中，有一種隱瞞事實之機會，好像是一種足以令人發生視覺幻像之機會，這一種幻像，甚至最有經驗的人亦不能完全避免。心靈底道德意向是必然地與「意志

直接為法則所決定」這一意識相結合。現在，「意欲機能底決定」
之意識總是在結成的行動中的一種滿足之根源；但是這種快樂，這
種一個人自己的滿足，並不是行動底決定原則；恰相反，「直接因
著理性而作成」的意志底決定乃是快樂之情之根源，而這種決定固
仍是意欲機能之一純粹實踐的決定，而不是感觸的決定。現在，因
為這種決定在活動之推動中很準確地有同樣的內部結果，這同樣的
內部結果，從所欲的行動而被期望的那快樂之情也必同樣能有之，
因此之故，所以我們很容易把「我們自己所作的」視作某種「我們
只是被動地感之」的東西，而且把道德的動力認作一種感觸性的衝
動，恰如在所謂感取底幻像（在此是內部感取之幻像）處所發生的
那樣。「直接地為一純粹地理性的法則所決定，決定而至於行
動」，這是人性中十分莊嚴的事；莊嚴甚至亦屬於這幻像，即「把
這可受理智的決定者之主觀面的事視作某種感觸性的東西，並視作
是一特殊的感觸性的情感之結果（因為理智的情感必是一矛
盾）」，這種幻像〔錯覺〕亦是莊嚴的。〔甚至這樣的幻像，即在
此幻像處，「**意志底這種理智的可決定性**之主觀的成素亦被認為是
感性的，並且是一特殊的感性情感之一結果（蓋由於一理智的情感
必是自相矛盾的）」，這樣的幻像亦**分得了這種莊嚴。——依拜克**
譯。〕去注意我們的人格性底這種特質，以及盡可能地去訓練理性
之影響於這種情感，這也是十分重要的。但我們必須小心謹慎，蓋
恐怕由於把這道德的決定原則誤讚為一種激動力，使它的根源處於
特殊的快樂之情中（須知這些快樂之情事實上只是結果），如是，
我們便降低了並且損壞了這真正的動力，即這法則本身，即**因著如**
所謂〔好像是〕把**一種虛假的襯託物放在這真正的動力**（法則本

255

身）上而降低了並損壞了這眞正的動力，這法則本身。〔但縱然如此，我們亦必須謹防降低了並損壞了這眞正而眞實的動力，這法則本身，即**因著**「對於道德的決定根據授與虛僞的稱讚，僞讚之爲一種激動力，儼若這道德的決定根據是基於『 特殊的喜悅 』底情感上」，而降低了並損壞了這眞正而眞實的動力，這法則本身，這樣**謹防已**，我們**安置這眞正而眞實的動力**，這**法則本身**，好像是**安置之以對抗一虛假的襯託物**；因爲這些特殊的喜悅只是這眞正而眞實的動力之後果。——依拜克譯。〕（ 此並非是快樂或幸福之享受）是這樣的某種東西，即對之不可能「 理性必有一種先行的情感以爲其基礎」這樣的某種東西，因爲這先行的情感必總是感觸的而且是感性的；「 而 」因著法則而來的「 意志之直接的責成」之意識是決無可以類比於快樂之情的，雖然在關涉於意欲之機能中，它可以產生這同樣的結果，但卻是從不同的來源而產生。〔 尊敬，即：相反於享受與幸福之滿足的那尊敬，是這樣的某種東西，即對之「 不能有情感以爲其基礎而且先於理性」這樣的某種東西，因爲這樣一種情感必總是感觸的，而且是感性的。**尊敬**，當作通過法則而來的「 意志之直接的強制」之意識看，是很難類比於快樂之情的，雖然在關涉於意欲之機能中，它可以準確地產生這同樣的結果，但卻是從不同的來源而產生。——依拜克譯。〕〔案：此兩句，第二句阿譯用「 而 」字連。阿保特註明原文無" und "（「 而 」字），但有" als "。他依哈頓什坦的修訂改爲" und "。拜克譯補之以「 尊敬 」，重說「 尊敬當作…… 」，即不改動，" as "作" as "講，似合原意。〕但是，只有因著這種想法，我們始能達到我們所要尋求者，即是說，行動不只是要**依照義務**而被作成（ 當作一種快樂之情

底結果依照義務而被作成），且亦須是由**義務**而被作成，這「由義務而被作成」〔即：由義務而行〕必須是一切道德修養底眞正目的。〔案：此即孟子所說的「由仁義行，非行仁義也。」〕

但是，我們豈不是有一個字，它不表示享受，如幸福一詞所表示者，但指示一種滿足（滿足於一個人之存在之滿足），一種幸福之類似物，此則必須必然地伴同著德性之意識，我們豈不是有這樣一個字嗎？是的，不錯！這個字就是「自足」〔自慊〕。此字，依其恰當的意義而言，它總只表示一種消極的滿足——滿足於一個人的存在之滿足，在此種滿足中，一個人意識到無所需求。自由以及自由之意識，當作一種「以不屈服的決心遵從道德法則」之機能看，是獨立不依於性好的，至少當作「決定（雖然不是影響）我們的欲望」之動力看，它是獨立不依於性好的；而就我在遵從我的道德格準中，意識到這種自由而言，這自由便是一不可變的自足〔自慊〕之唯一的根源，此種自足是必然地與這**自由相連繫**，而並不基於任何**特殊的情感**。此或可名曰**理智的自慊**〔自足〕。感觸性的自足（此嚴格說是不恰當的），即：「基於性好底滿足」的那感觸性的自足，（不管這些性好可被想像爲如何微妙），它總不能適當於那理智的自足之概念。因爲性好是可以變化的，它們與「表示它們」的那放縱同時生長，而且它們總留下一較大的空虛，比我們所想去填滿的空虛更大的空虛，在後面。因此，它們對於一理性的存有總是一種累贅〔包袱〕，而雖然他不能把它們丢棄〔棄置於一邊而不顧〕，可是它們總從他身上把那「擺脫之」之願望，扭奪下來。縱使一個性好，性好於那正當者，（例如性好於慈善），這種性好雖然可以十分助長〔促進〕諸道德格準之效用，然而它總不能

256

產生任何道德格準。因為，在這些格準中，一切皆必須被引歸於作
為一決定原則的那法則之觀念，如果這行動須含有**道德性**，而不只
是含有**合法性**時。性好不管它是好的或是不好的，它總是盲目的，
而且是奴性的，而當論及道德時，理性必不要只是表演為性好之監
護人之地位，而是由於完全不注意於性好〔不理它〕，作為純粹實
257 踐理性，它必須只注意於它自己的興趣，而排除一切別的興趣。縱
使是慈悲心以及仁愛的同情心這類的情感，如果它先於義務問題之
考慮而成為一**決定原則**時，則它對於**正當思考的人們**，甚至也是一
種令人煩惱的東西，它把他們的審慮過的諸格言**弄成混亂**，而**使他
們**想從它那裡擺脫出來〔即：擺脫這類情感〕並且使他們想成為只
服從於**立法的理性者**。

　　這樣，我們能了解「這一純粹實踐理性底機能」之意識因著行
動（德行）如何可產生一「控制一個人的性好」之意識，因而也就
是說，產生一「獨立不依於性好，結果亦獨立不依於那常伴同著這
些性好的不滿足」之意識，而這樣，也就是說產生一消極的滿足
──滿足於一個人的狀況，即自足〔自慊〕，這種自足根本上說就
是自足於一個人自己的人格。**自由**本身在此路數中（即間接地）轉
而可成為一種享受或受用，此享受不能名之曰**幸福**，因為它並不依
於一種情感之積極的投合〔積極的參與〕，而嚴格地言之，它亦不
能是一種天福（bliss），因為它並不包含有「完全獨立不依於性好
與慾望」這種完全的獨立性，但是在「一個人的意志之決定至少可
以解脫性好或欲望底影響」這限度內，它便**有類於天福**〔至福〕；
而這樣，這種享受〔受用〕至少在其根源上，是**可類比**於「自我充
足」的〔「自足無待」的〕，即可類比於那「我們只能把它歸給**最**

高存有」的那「自我充足」。

　　依對於純粹實踐理性底背反底這種解決，隨之而來者便是：在實踐原則中，我們至少可以思議「**道德底意識**與作為道德之結果的**那相稱的幸福之期望**這兩者間的一種**自然而必然的連繫**」為**可能**，雖然並不因此可思議隨而即可說：我們能**知道或覺知**〔理解〕**這種連繫**；另一方面，隨之而來者亦可說：幸福底追求之原則不可能產生道德；因此，**道德**是「**極善**」（是圓善底第一條件），而**幸福**則構成**圓善**底第二成分，但是只當它是道德地被制約的，然而卻又是前者〔即道德〕底必然結果時，它始能是**圓善**底第二成素。只有依此隸屬關係〔即：「幸福隸屬於道德」這種隸屬關係〕，圓善始是純粹實踐理性底**整全對象**，此對象，純粹實踐理性必須必然地思議其為可能，因為實踐理性命令著我們去把我們的力量貢獻給「此對象〔圓善〕之實現〔真實化〕」貢獻至最高度。但是因為「被制約者〔有條件者〕與制約之之條件底這樣的連繫之**可能性**」完全是隸屬於事物之超感性的關係，而且它不能依照感取世界底法則而被給與，雖然這個理念底「實踐的後果」，即「意在於實現圓善」的那些行動，是屬於感取世界的，因為是如此云云，所以我們想努力去建立那**可能性**之根據，即：第一，就那直接存在於我們的力量之中者，第二，就那不存在於我們的力量之中者（雖不存在於我們的力量之中，但理性卻可把它當作「我們的無能——無能於那『依實踐原則而為必然的』的『圓善之實現』，這種無能之補充」，而呈現給我們），就此兩方面去建立那可能性之根據。

258

Ⅲ 在純粹實踐理性與思辨理性相聯合中純粹實踐理性之優先性

　　所謂優先性，即：因著理性而被連繫起來的兩個或多過兩個事物之間的那優先性，我意謂是「屬於一個事物」的一種特權，即：這一個事物在與其餘事物相連繫中作爲第一決定原則的那特權。〔……我意謂一個事物之特權，因著這種特權，這一個事物是「與其他事物相結合」這種結合底決定之第一根據。——依拜克譯。〕在一較狹的實踐的意義中，它意謂某一個事物底**業用**之特權，當其他事物底業用是隸屬於這一個，而這一個卻不後於〔低於〕任何其他個時。對於心靈底任何機能，我們能把一種業用歸屬給它，即是說，把一個原則歸屬給它，這個原則它含有這條件，即單在此條件下，這一個機能始能表現其作用。**理性**，當作**原則底機能**看，它決定**心靈底一切力量底業用**，而它則單爲**它自己的業用所決定**。理性底思辨使用之業用存於對象底認知之被推至最高的先驗原則；而它的實踐使用之業用則存於**意志之決定**，就最後而完整的目的而說的意志之決定。至於那在理性底任何使用之可能上爲必要者，即是說，理性底諸原則與諸肯斷決不可互相矛盾，這一點，並不構成它的業用之部分，這但只是〔它的任何使用〕之有理由底條件〔必要條件〕；單只是它的發展〔擴展〕才算是它的業用，並非只與其自身一致不矛盾算爲它的業用。

　　如果**實踐理性**不能認定或思想任何更進一步的東西以爲給與，即：比「思辨理性本身從其自己的洞見所能供給的」爲更進一步的東西以爲給與，則**思辨理性**必即有優先性。但是，設想實踐理性其本身即已有一些根源的先驗原則，某些理論的〔知解的〕項目〔論

260

點〕皆不可分離地與此等根源的先驗原則相連繫，但這些根源的先驗原則卻是從思辨理性底任何可能的洞見上被撤下來〔超出思辨理性底任何可能的洞見之外──拜克譯〕（雖然它們並不與思辨理性相矛盾），假設是如此云云時，則問題便是：那一個底業用是優越的？（不是說那一個要退讓或讓位，或投降，因為它們不是必然地相衝突）。是否思辨理性（它對於實踐理性所供給之以備其承認的一切一無所知）它一定要採用這些命題〔原則〕，而且（雖然這些命題超越乎它），它想用它自己的概念去把這些命題聯合起來，當作交給它的一種外來的所有物〔物業〕把它們聯合起來？抑或不然，它頑梗地只遵循其自己特有的業用，而且依照伊壁鳩魯底原則〔規準〕把那「不能因著展示於經驗中的顯著事例而信任其客觀實在性」的任何東西視作徒然無益的精巧而加以反對或拒絕，縱使這徒然無益的精巧**必應是從未如此之甚地**與理性之實踐的純粹使用之業用**相交結**，而其自身亦不與知解的使用相矛盾，但**只因為**它破壞或侵犯了思辨理性底業用，破壞到這程度，即：它移除了思辨理性所已置於其自身的範圍或界限，而把它〔思辨理性〕**虛度**或**消耗於**「無意義」或「想像之虛幻」之境，即：**只因為**是如此，而加以反對或拒絕，這種「頑梗地遵循……」之遵循以及「把任何『不能……信任其客觀實在性』的東西視作徒然無益的精巧而加以反對或拒絕」這種**拒絕**是否可證成為有理？

　　〔但是，設想實踐理性其自身即有一些根源性的先驗原則，某些一定的知解的論點皆不可分離地與此等根源性的先驗原則相結縛，但是這些根源性的先驗原則卻是超出思辨理性底任何可能的洞見之外（雖然不是與思辨理性相矛盾）。設想是如此，則問題便

261

是：那一個底業用是優越的？這問題不是那一個必須投降或退位的問題，因為這一個不必然地與其他一個相矛盾。它是這樣的一個問題，即：思辨理性，（它對於實踐理性所供給之以備其承認或接受的一切一無所知），它是否必須採用這些原則，而且縱然這些原則超越乎它，它亦想以其自己的概念，去把這些原則整合起來，當作一種交給它的外來物而去把它們整合起來。抑或不然，則亦是這樣的問題，即：思辨理性，其在頑強地遵循其自己的孤離的業用，而且依照伊壁鳩魯底規準，把那「不能因著從經驗而來的顯著事例而證明其客觀實在性」的任何東西，當作一種空洞的詭辯，而拒絕之，**其這樣拒絕之**，不管這空洞的詭辯是**如何地**與理性之實踐的（純粹的）使用**相交織**，亦不管其離開與理論的〔知解的〕使用相矛盾是如何之遠〔即：很不與理論的使用相矛盾〕，但只因為它侵犯或破壞了思辨理性底業用，即：因著移除了思辨理性所置於其自身的限制，把它〔思辨理性〕引導於無意義與想像之虛幻，而破壞或侵犯了思辨理性底業用，即只因為是如此，而拒絕之：這種頑強地遵循與拒絕是否可證成為有理。——拜克譯。〕

事實上，只要當實踐理性被視為依待於感性的條件，即是說，被視為只是在感觸性的幸福原則下軌約性好，則我們便不能要求思辨理性去從這樣的源泉中〔案：即從這樣的實踐理性中〕取得它的原則。〔事實上，只要當實踐理性是感性地被制約的，即是說，是只如其因著感性的幸福原則而軌約性好之興趣那樣而為被制約的，則這要求〔即：「知解理性必須把優先性讓給實踐理性」這要求〕便不能在思辨理性上被作成。——拜克譯〕。默罕默德的樂園，或降神者與神秘家之吸攝於神〔混融於神〕，必是依照每一個人底趣

味把他們的怪物印刻在理性上，而一個人亦很可像在這樣的樣式中把理性交給種種的夢那樣地無理性。〔而這亦必應是恰如在這樣一種樣式中去把理性交給一切種的夢那樣地全然無理性。——依拜克譯。〕但是，如果**純粹理性**其自身就能是實踐的，而且實際上亦的確是如此，如道德法則之意識所證明的，則這**純粹理性**仍然只是那「依照先驗原則而判斷」的同一理性，不管是依理論〔知解〕的觀點而觀之，抑或是依實踐的觀點而觀之。依是，這是很清楚的，即：雖然**純粹理性**在知解的觀點中不足以積極地去建立某些命題，但是，這些命題卻並不與**純粹理性**相矛盾，因此，只要當這些命題是不可分離地附隨於**純粹理性**之**實踐的興趣**〔業用〕上，則**純粹理性**即必須接受〔或認定〕這些命題，儘管其接受這些命題是把它們當作某種「從一外在根源而供給於它」的東西而接受之，即當作某種「不是生長於其自己的土壤上但卻亦足夠使之成爲確實的」的東西而接受之；而且**純粹理性**亦必須想去把這些命題與**它**之作爲**思辨理性**之力量中所有的每一東西相比較並相連繫。但是以下一點必須記住，即：這些命題不是一些增益它的洞見者〔不是它自己的一些洞見——依拜克譯〕，但只是它之在另一方面，即：實踐方面的使用之擴張；而這層意思絲毫**不相反**於它的業用，**這層意思**即存於**粗獷的**〔放蕩的〕**思辨**之限制中。

這樣，當純粹思辨理性與純粹實踐理性結合於一個認識中時，設這結合不是偶然而隨意的，而是先驗地基於理性自身的〔而是先驗的，基於理性自身的——依拜克譯〕，因而也就是必然的，則**實踐理性**即有**其優先性**。因爲，設無這種隸屬關係，則必發生理性與其自身之衝突；蓋因爲如果它們兩者〔即：思辨理性與實踐理性兩

262

者〕只是並列的〔意即：非隸屬的〕，則思辨理性必嚴格地封住它的界限，而不允許從實踐理性來的任何事物進入它的領域內，而同時實踐理性亦必把它的範圍擴及每一東西，而當它的急須是必要的時，則它必想去把思辨理性擁攝〔包括〕於這些急須之內。我們也不能逆反這次序，而要求純粹實踐理性隸屬於思辨理性，因為一切業用最後總歸是實踐的，而甚至思辨理性底業用也是有條件的，而只有在理性之實踐的使用中，它才是完整的。

Ⅳ 靈魂不滅是純粹實踐理性之一設準

圓善底實現於世界是那「因著道德法則而為可決定的」的一個意志之一**必然的對象**。但是在這樣的意志中，「**心靈與道德法則之完全的符順**」〔意向之完全適合於道德法則──拜克譯〕是圓善之最高條件。因此，「心靈之完全的符順於道德法則」必須是可能的，恰如其對象〔案：即此完全的符順所要去實現的那個對象即圓善〕之為可能的，因為「心靈之完全的符順於道德法則」是包含在「促進此對象〔圓善〕」之命令中。現在，「意志之**完全的符順於道德法則**」就是**神聖性**，神聖性這一種圓滿，沒有感觸世界中的理性存有能夠在其存在之任何時〔在其有生之日〕具有之。縱然如此，但是因為它被要求為「實踐地必然的」，所以它只能被發見於一**無限的進程**中，即：「朝向那『完全的符順』而趨」的無限進程中，而依據純粹實踐理性底原則，去認定這樣一種實踐的進程以為我們的意志之一**真實的對象**〔目標〕，這乃是必然的。

〔案〕：「心靈（意志）之完全符順於道德法則」（神聖

性）必須是可能的，但卻是在無限進程中，在靈魂不滅底假設上，才可能。儒者則必肯定其眞實的可能，實際地頓時可能，而亦不與無限進程相衝突，此則非康德所能知，亦非其所許可。

現在，這種無底止的進程只有在「存在之**無底止的延續**以及這同一理性存有之人格性」之假設上才是可能的；「存在之無底止的延續以及這同一理性存有之人格性」即叫做是**靈魂不滅**。依是，圓善，**實踐地說來**，是只有在「靈魂不滅」底假設上才是可能的〔圓善是只有在靈魂不滅底假設上才是**實踐地可能的**——拜克譯〕；結果，這靈魂不滅，由於其不可分離地與道德法則相連繫，所以它是純粹實踐理性之一**設準**。所謂純粹實踐理性之一設準，我意謂是一知解的〔理論的〕命題，此命題即如其爲一**知解命題**而觀之，它不是**可證明的**，但是它卻是「一無條件的先驗實踐法則」之一不可分離的結果。〔但是，它卻是一先驗地、無條件地妥當的實踐法則之一不可分離的系論〔系理〕。——拜克譯。〕

　　　〔案〕：關於設準，當參看〈序文〉中關於此詞之注語。

關於我們的本性底道德分定〔道德使命〕之原則，即是說，只有在一無底止的進程中，我們始能達到「完全的符順於道德法則」，這個道德分定之原則〔或信條〕，是有很大的用處的，不只是在「補充思辨理性之無能」這現在的目的上有很大的用處，即就宗教說，亦有很大的用處。設無此原則，則**或者**道德法則完全從它

的**神聖性**被貶抑下來，因著由於成爲放縱而且屈從於我們的方便之故，而減低它的神聖，**或者**人們濫用他們的天職之觀念以及濫用他們的期望，期望於一不可達到的目標，希望去獲得**意志之完整的神聖性**，這樣，他們便迷失他們自己於幻想的**接神論**的**夢想中**，此則完全與自我知識〔自知〕相矛盾。在這兩種情形中，不停止的努力，努力於去嚴格地而且徹底地服從一個嚴格的、不可屈撓的理性之命令（此命令不是理想但是眞實），這種不停止的努力，顯然只是被阻礙了的。〔在這兩種情形之任一情形中，**我們**只是**被阻礙了的**，即：在朝向「嚴謹而堅忍的服從於一理性之命令」而不停止的**奮鬥中被阻礙了的**（這理性之命令是**嚴格的、不縱容的命令**，是**眞正地命令著的命令**，它是**眞實地可能的**，而並非恰是**理想地可能的**。）──依拜克譯。〕因爲就一個理性的但卻是有限的存有說，那唯一可能的事便是一個**無底止的進程**，即：「從道德圓滿底較低級進到其較高級」這個無底止的進程。無限的存有，（時間之條件對此無限的存有是無），祂在此從較低級到較高級底進程中（此進程對於我們是無底止的相續），看見一**全部的符順──符順於道德法則**；而**神聖性**，即：「祂的命令堅決地要求之」的那神聖性，（要求之以便忠實於祂的公道，即：在「祂所指派給圓善中的德性成素與幸福成素這每一成素」的股份中忠實於祂的公道），則是見之於一**獨一的智的直覺中**，即：對於「理性存有底全部存在」之一**獨一的智的直覺**中。就德性與幸福底股份分配之希望說，一切所能期望於被造物者乃是他的試驗過的〔確實可靠的〕品格之意識，因著這試驗過的品格，依據他迄今以往所已作成的「從較壞到道德地較好」之**進程**以及那「因此前進之進程而被知於他」的那**企圖**〔意

264

向〕**之不變性**，他可以希望這同樣進程之進一步的不間斷的連續，不管他的生存可以維持多久，他總可以如此希望，甚至超出今生以外〔註〕，他亦可以如此希望，既如此，他又可以希望成為圓滿地　265
適合於**他的意志**〔成為充分地適合於**上帝的意志——依拜克譯**〕，而沒有任何放縱或原諒（放縱與原諒不能與公正相諧和），他之希望成為圓滿地適合於他的意志，實在說來，不是在這裏〔在眼前〕希望之，亦不是在其將來的存在之任何可想像的〔可預見的〕點位上希望之，但只是在他的久歷〔延續〕之無底止中希望之，其無底止的久歷只有上帝能通覽之。

　　〔**註**〕：康德在此有底註云：

縱然如此，在朝向善而前進的進程中，要想去得有心靈之不搖動的堅固性之確信，這對於一被造物似乎是不可能的。因此之故，基督教使這確信只從那「造成聖潔化」的同一**精神**而來，即是說，只從這固定的目標〔意向〕以及與此目標〔意向〕相連的道德進程中的堅定性之意識而來。但是，自然地〔坦白地〕說來，一個人，他若意識到在向較好而趨的進程中，通過其生命底久長部分，他已堅持到〔其生命之〕終結，而此種堅持又是依其真正的道德動力而堅持，則他很可以有這有**安慰作用的希望**（雖然不是有這確定性），即：縱使在一延長至今生以外的存在中，他亦將仍然**繼續堅持於這些原則**；而雖然在他自己的眼光中，他從未能在這裡〔在眼前〕**有理由**「**將繼續堅持於這些原則**」，他亦不能希望在「他所期望」的**其本性之增加的圓滿**〔在他所期望的**自然圓滿之增加——依拜克譯**〕連同〔其〕義務之增加於一起中「**將繼續堅持於這些原則**」，可是縱然如此，在這進程中（此進

程,雖然它是指向於一無限遼遠的目標上,然而在上帝的眼光
中,它卻是被視爲等値於已得的所有物),他可對於一「**有福的**
〔有天福的〕未來」,有一展望;因爲「**有天福**」一詞乃正是理
性使用之以指表一「**圓滿的幸福**」,即:獨立不依於世界底一切
偶然原因的「圓滿的幸福」者,此圓滿的幸福就像「神聖性」一
樣,它是一個「只能含在一無底止的進程以及此進程之綜體中」
的**理念**,因而結果亦就是說,它從未能爲一被造物所充分地達
到。

V 上帝存在是純粹實踐理性之一設準

依以上的分析,道德法則引至這樣一個實踐的問題,即:「此
問題單爲純粹理性所規定,而無任何感性動力之幫助」這樣一個實
踐的問題,即是說,此問題是圓善中第一而又是主要的成分即「道
德性」這一成分之必然的完整之問題;而因爲這問題只有在永恆中
始能圓滿地被解決,所以它引至靈魂不滅之設準。現在,這同一道
德法則亦必須引我們去肯定圓善中第二成分即:「比例於道德性」
的幸福這一成分之可能,而它之引我們去肯定這成分之可能是依
據這樣的根據,即:其爲公正而無偏一如前時規定「道德性之必然
的完整」一問題時所依據者之爲公正而無偏,這樣的根據而然者,
而且是單依無私的理性而然者;此即是說,這同一道德法則必引至
一個「適合於這個結果(即幸福之比例於道德性這個結果)」的原
因之存在之假設;換言之,它必須設定上帝之存在以爲**圓善底可能**
之**必要條件**(此圓善是那「必然地與純粹理性底道德立法相連繫」

的意志之一對象）。我們將依一可使人信服的樣式進而去展示這種連接〔即：上帝存在為圓善可能之條件這一種連接〕。〔現在，這同一道德法則亦必引我們去肯定圓善底第二成分即：「比例於那道德性」的幸福這一成分之可能；它必須因著一純粹無私的理性，恰如其規定前一問題時之公正無偏而公正無偏地去引我們作此肯定。它之能如此引我們去作此肯定是依據一個「適合於這個結果（即：幸福之比例於道德這個結果）」的原因底存在之假設而引我們去作此肯定，即是說，它必須設定上帝之存在為**必然地繫屬於**「圓善之可能」者（圓善是我們的那「必然地與純粹理性底道德立法相連繫」的意志之對象）。我們將依一可使人信服的樣式進而去展示這**種繫屬之連接關係。——依拜克譯。**〕

　　幸福是世界中這樣一個理性存有之狀態，即：在此理性存有身上〔在其全部存在中——依拜克譯〕，每一東西皆依照他的願望與意志而進行——幸福即是這樣一個理性存有底狀態；因此，幸福是基於「物理的自然與此理性存有底全部目的並亦同樣與此理性存有底意志之本質的〔基要的〕決定原則之相諧和」上的。現在，道德法則，作為自由底一個法則，它是經由如下所說的有決定作用的原則而命令著〔指揮著〕，即：此等有決定作用的原則應當是完全獨立不依於自然以及此自然之與我們的作為衝力的欲望機能之相諧和的。但是，世界中的這活動著的理性存有並不是世界底原因，亦不是自然本身之原因。世界中的活動著的理性存有是屬於這世界而為其中一部分，因而亦是依靠於這世界者，而亦正因此故，他不能因著他的意志而成為這自然底一個原因，而當他的幸福被論及時，他亦不能因著他自己的力量使這自然徹頭徹尾地與他的實踐原則相諧

266

和。因此，對於如此一個存有中的「道德與相稱的幸福」間的必然
連繫，在道德法則中，並無絲毫根據。縱然如此，可是在純粹理性
底實踐問題中，即是說，在圓善底必然追求中，這樣的一種連繫卻
被設定爲是必然的：我們應當努力去促進這圓善，因此，此圓善必
須是可能的。依此，「一切自然」底一個原因之存在也必須被設
定，此一原因乃不同於自然之本身者，而且它亦含有這種連繫之原
則，即：「幸福與道德這兩者間之準確的諧和」之原則。現在，這
個最高的原因必須含有這原則，即：「自然不只是與理性存有底意
志之**一法則**相諧和，而且只要當這些理性存有使此法則成爲意志底
究極的有決定作用的原則時，自然亦與對於**這法則之想法**相諧和，
因而結果亦就是說，自然不只是與諸道德行爲之**形式**相諧和，且亦
與諸道德行爲底**道德性**（作爲諸道德行爲底動力的道德性）相諧
和，即是說，與諸道德行爲底道德品質〔道德意向〕相諧和」這個
原則。因此，圓善是只有依據一「最高存有」〔英譯註〕之假設才
在這世界中是可能的，此最高存有有一種「與道德品質〔道德意
向〕相應和」的因果性。現在，一個存有，即：那「能夠依對於法
則之想法而活動」的存有，它即是一個睿智體（一個理性的存
有），而這樣一個「符順於對於法則之想法」的存有之因果性就是
他的意志；因此，自然底最高原因（此必須被預設爲圓善之條件）
267 就是一個「經由睿智與意志而爲自然之原因，因而也就是說，爲自
然之創造者」的存有，此即是上帝。依此，隨之可說：「**最高的派
生出的善**（最好的世界）」底**可能性**之設準同時亦就是「**一最高的
根源的善**」底**實在性**之設準，即是說，是「**上帝底存在**」之設準。
現在，我們已知「去促進圓善」這對於我們是一義務；因此隨之可

說，「我們必須預設這圓善之可能」，這不只是可允許的〔這不只是我們的特權——依拜克譯〕，而且是一種「當作一必需者而與義務相連繫」的「必然」；而因為「預設圓善之可能」這一預設是只依「上帝底存在」這條件才是可能的，所以「上帝存在」這個條件是把「圓善之假設」不可分離地連繫於義務；那就是說，「去認定上帝之存在」這乃是道德地必然的。

　　〔英譯註〕：阿保特註云：

　　　　「最高存有」，康德原文為「最高的自然」。但是「自然」幾乎總是意謂「物理的自然」，故哈頓斯坦改為「自然之最高原因」。

　　在此，以下一點必須被注意，即：〔適說「認定上帝之存在」是道德地必然的，這「道德地必然的」所示的〕這種「道德的必然性」是**主觀的**，即是說，它是一種需要，而不是**客觀的**，即是說，它本身不是一義務，因為茲不能有一義務去**設定任何東西之存在**（因為這種**設定**只有關於理性之**知解的使用**）。復次，這「道德的必然」亦不是意謂：「『去設定上帝之存在以為一般說的一切責成〔義務〕之基礎』，這是必然的」（因為一切**責成**，如所已充分證明過的，只基於**理性本身之自律**）。在這裡，凡所屬於義務的只是努力去實現並去促進這世界中的圓善，因此，此圓善之可能可被設定；而因為我們的理性已見到除基於一最高的睿智體之假設上，這圓善不是可思議的，所以這最高睿智體之存在之許可〔認定〕是與我們的義務之意識相連繫的，雖然這許可〔認定〕本身是屬於**思辨**

理性之領域。單就此思辨理性之領域而論之,作爲一**說明**之原則,它〔最高睿智體之存在之許可〕可以叫做是一**假設**,但是就「道德法則所給與於我們」的一個對象(圓善)之可理解而言,因而結果也就是說,就**實踐**目的上的一個需要而言,它可以叫做是**信仰**,即268 是說,是一**純粹的理性的信仰**,因爲純粹理性(在其知解的使用與實踐的使用兩面)是「它所由以出現」的唯一源泉。

　　從以上的**推證**,則希臘的諸學派爲什麼不能達到他們的關於「圓善底實踐的可能性」之問題之解決,現在看來,這是可理解的,蓋因爲他們使「這使用之規律」,即:「人底意志對於人底自由所作的」那種使用底規律,成爲這個可能〔即:圓善之可能〕之**唯一**而**充分**的根據,所以如此,蓋由於他們認爲他們在這個目的上,不需要有上帝之存在。「他們即以道德底原則自身,獨立不依於〔上帝之存在〕這個設準,而只從理性對於意志之關係,來建立道德底原則,因而結果也就是說,他們使這道德底原則成爲圓善之究極的實踐條件」,他們這樣作,言至此,他們無疑是對的;但是道德底原則並不因而就是圓善底可能之全部條件。伊壁鳩魯派的人實已認定了一個全部假的原則,即:幸福之原則,以爲道德底最高原則,並且亦實已以一個「依照每一人的性好而來」的關於「隨意選擇」之**格言**來代替一個**法則**;但是,他們是很夠一貫地在以下之義中來進行,即:他們把他們的圓善亦同樣降低,即恰在比例於他們的基本原則之卑下中而同樣降低,他們亦不尋求較大的幸福,即:比因著人類的審慎(包括節制以及性好之中和)所能達到的幸福爲更大的幸福,而如我們所知,審慎必是很稀有的,而且亦必依照環境而是十分不同的,更不要提「他們的格言所必須永久要承

認」的那些例外，而這些例外遂使他們的格言不可能成為法則。另一方面，斯多噶派的人已完全正確地選擇了他們的最高實踐原則，蓋由於他們以德行為圓善之條件故。〔一方面，斯多噶派的人已完全正確地選擇了他們的最高實踐原則（即：德行）以為圓善條件──依拜克譯。〕但是當他們把德行之程度（即：為德行之純粹法則所需要的那德行之程度或等級）表象為在今生完全可達到的時，則他們不只濫用了「他們所叫做智者」的人之道德力量以越過他的本性之一切限制，並預認了一種「與一切我們的關於人之知識相矛盾」的東西〔則他們不只聖人之名下誇大了**人之道德能力**以越過一切他的本性之限制，**使人之道德能力**成為某種「與一切我們的關於人之知識相矛盾」的東西──依拜克譯〕，而且**亦是**並**主要地是**這樣的，即：他們必不能允許圓善之第二成素，即：幸福，亦恰當地可為人類欲望之一特殊的對象，但只使他們的智者〔聖人〕在其人格之優越之意識中好像是一個**神體**，完全獨立不依於自然（就他自己之自足說）；他們實把這智者〔聖人〕曝露於生命底罪惡之前，但是他們使他不隸屬於罪惡〔不為罪惡所支配〕，同時亦把他表象為完全解脫於罪惡。這樣，事實上，他們實遺漏了圓善之第二成素，即：個人幸福這一成素，蓋因為他們只把它（第二成素──個人幸福）置於「行動以及對於一個人自己的人格價值之滿足」中，這樣，他們遂把它〔第二成素〕只包含於「成為**有道德心向者**」之意識中，但是在此點上，他們可充分地為他們自己的本性之聲音所反駁。〔這樣，他們實把第二成素（個人幸福）從圓善中遺漏了，因為他們只把**圓善**置於行動中並置於對於一個人自己的人格價值之滿足中，遂亦把**圓善**包含於**道德品質**之意識中。但是他們自己的本

269

性之聲音即可充分地反駁這一點。——依拜克譯。〕

　　基督教底教義〔註〕，縱使我們且不把它視爲一宗教的教義，
然而由於其接觸了此點之故，它亦給與我們一圓善（上帝王國）之
概念，單只此圓善〔上帝王國〕之概念始足以滿足實踐理性之最嚴
格的要求。道德法則是神聖的（不屈撓的），而且它亦要求道德品
行之神聖性，雖然人所能達到的一切道德圓滿仍然只是德性，即是
說，只是一正直守法的意向或習性（此正直守法的意向或習性是從
「尊敬法則」而發生出的，它並亦函蘊著「一種經常傾向於犯罪」
之意識，或至少函蘊著「一種純淨性之缺無」之意識，即：「服從
法則方面之許多不正當的（不是道德的）動力之混雜」之意識），
因而結果亦就是說，人所能達成的一切道德圓滿仍然只是「一種與
謙卑相結合的自我尊重」。這樣，就基督教的法則所需要的〔所要
求的〕神聖性而言，這神聖性留給被造物〔人〕的，除一無限的進
程外，再沒有什麼東西可留給被造物〔人〕，但亦正因此故，這神
聖性亦使他有理由對於他的存在希望一無底止的延續〔久歷〕。
270 「圓滿地符順於道德法則」的一種品性之價值是無限的，因爲，在
一睿智而無所不能的「幸福之分配者」之判斷中，那一切可能的幸
福上的唯一限制不過就是「理性存有之符合於他們的義務」之缺
無。但是道德法則其自身並不承諾任何幸福，因爲依照我們的「自
然秩序一般」之概念，幸福並不必然地與「服從法則」相連繫。現
在，基督教的道德可補充這缺陷（即：圓善中那不可少的第二成素
處之缺陷），其補充之是因著把這世界，即：「理性的存有於其中
以其全部靈魂誠心誠意地把他們自己獻身於道德法則」的那世界表
象爲一上帝之王國而補充之，此上帝之王國是這樣的，即：在此王

國中，自然與道德因著一個神聖的創造者，即：「使引出生的圓善
為可能」的那神聖的創造者，而被帶進一種諧和中，此諧和對於自
然與道德這兩者底每一個本身而言是外來的。**生命**底神聖性〔**道德
品行**底神聖性——拜克譯〕甚至在今生，亦是當作一種規律而被規
定給他們（理性的存有），而〔比例於這神聖性的那福利，即：**天
福**或**道福**，則被表象為只有在永恆中始可達到的；因為前者〔生命
或道德品行底神聖性〕必須在每一狀況下是他們的行為之模型，而
向著**此模型而前進**即在今生亦早已**是可能的**而且是**必然的**，而後
者，在幸福之名下，則畢竟在此世界中是**不能達到的**（就涉及我們
的能力而言），因此，它只被致使成為一**希望之對象**。縱然如此，
基督教的道德原則其本身並不是**神學的**（如是**神學的**，便成**他
律**），但卻是純粹實踐理性之**自律**，因為它並沒有使關於上帝以及
上帝之意志之知識成為這些**法則**之**基礎**，但只使這樣的知識成為
「在服從這些法則之條件上圓善底達到」之基礎，而它甚至亦並沒
有把這種服從〔即：服從法則之服從〕底恰當動力置於**所欲的結果**
中，但只置於**義務之概念**中，因為單只對於這義務之忠誠的遵守始
構成這價值，即：「值得去得到那些可愉悅的結果」之價值。〔而
「值得去得到這所欲的結果」之值得即存於對於義務之真正的遵守
中。——拜克譯。〕

　　〔註〕：關於基督教的教義，康德有底註云：
　　一般人以為基督教的道德規準，就其純淨性而言，是並沒有超過
　　斯多噶底道德概念之好處的；但是雖可如此說，它們兩者間的差
　　別是十分顯然的。斯多噶系統以**心靈底強力**之意識為機軸，一切

269

道德意向皆須繞此機軸而旋轉；而雖然此系統追隨者亦說及義
務，甚至很準確地規定義務，可是他們卻把動力以及意志底恰當
的決定原則置於**心靈之高舉**，即：「高舉於較低級的感性動力之
上」的心靈之高舉，彼較低級的感性動力之所以有其力量是只由
於**心靈**底軟弱之故。依此，在他們，**德性**是睿智人〔聖人〕中的
一種**英氣**，這睿智人，由於他把他自己升舉在**人底動物性**之上，
是故其自身是自足的，而當他把義務規定給別人時，這睿智人自
己卻**升舉在義務之上**，而且亦並不爲任何誘惑（誘惑去違犯道德
法則）所支配。可是，如果他們以法則之絕對純淨性與嚴格性想
這法則，一如《福音書》底訓言之所想，則以上所說的一切，他
們決不能作得到。當我名一種圓滿曰理念，對於這種圓滿，沒有
什麼適當的東西可被給與於經驗中時，這並不隨之即可說：諸道
德的理念是某種**超絕**的東西，即：是某種「我們甚至不能恰當地
決定其概念」的東西，或是某種「究竟是否有任何對象與之相應
亦不確定」的東西，就如思辨理性底理念那樣情形；而相反地，
倒反隨之可說：由於這些道德的理念是實踐的圓滿之模型之故，
它們可充作行爲底不可缺少的規律，同時亦可充作**比較底標準**。
現在，如果我從基督教的道德之哲學面來考量基督教的道德，則
依其與希臘諸學派底理念相比較，基督教的道德必應顯現爲如下
之情形，即：犬儒派底理念是自然之單純性，伊壁鳩魯派底理念
是愼審，斯多噶派底理念是智慧，而基督教徒底理念則是神聖。
就達到這些理念之道路說，希臘諸派是這樣互相有別的，即：犬
儒派只須要常識，其他兩派則要求一學問之途徑，但這其他兩派
皆只見到自然力量之使用在達到其目的上是足夠的。〔就他們達
到這些理念之道路說，希臘諸派因以下之情形而有差異，即：犬
儒派見到常識即足夠，然而其他兩派則在學問底途徑中發見他們

270

的道路，這樣，他們〔兩派〕皆認為這道路只處於人之**自然力量之使用**中。——拜克譯。〕基督教的道德，因為它的訓言〔規準〕被構想得如此純粹與不屈撓〔不妥協〕（因為道德規準必須是如此），它剝除了人類的確信，即它把「至少在今生人能夠完全適合於這道德規準」這種確信剝除掉，但是它又因著能使我們去希望以下之情形而把這確信重新建立起來，即：如果我們能如「在我們的力量中所去作的」而行動，則那不在我們的力量中者將從另一來源來幫助我們，不管我們是否知道「這情形如何可是如此」抑或不知道其可是如此。亞里士多德與柏拉圖只在我們的道德概念之起源上有差異。

依以上所說，道德法則通過那「作為純粹實踐理性之對象與最後目的」的圓善之概念，它可以引至宗教，即是說，引至一種承認，即：「**承認一切義務為神性的命令**，而非為制裁〔實用的制裁〕，即是說，非為一外來意志之隨意的而又是偶然的法令，但只**為每一自由意志自身之本質的法則**」這種承認。但是，縱然承認這些義務是每一**自由意志自身之本質的法則**，它們也必須被看成是**最高存有之命令**，因為只有從一**道德地圓滿的**（即：**神聖而且是善的**）**意志**而且同時亦是一**無所不能**的意志，因而結果也就是說，只有**通過與這種意志相諧和**，我們始能**希望**去達到這圓善（以此圓善為我們的努力之對象，這乃是道德法則所使之以為我們的義務者）。〔可是縱然是如此，它們亦必須被看成是最高存有之命令，因為只有從一道德地圓滿的（即神聖的而且是仁善的）意志而且是一無所不能的意志，我們始能希望於**最高善**即：圓善（對此最高善

271

即圓善的追求是我們的**道德法則下的義務**）；因此，亦只有通過與這種意志相諧和，我們**始能希望去達到這最高善**，即：圓善。——拜克譯。〕依此，在這裏，一切仍依然皆是無私的〔無利害關心的〕而又皆只基於義務者；作成基本動力者既非是**恐懼**，亦非是**希望**，如果以恐懼或希望為原則，則它們必毀壞了行動底全部道德價值。道德法則命令著我去以「世界中最高可能的善（即圓善）」為一切我們的行為之終極的對象〔目標〕。但是，如果我不以**我的意志與那神聖而善的世界創造者之意志相諧和**，我便不能希望去作到這一點；而雖然當作一「整全」看的那圓善之概念（在此圓善之概念中，最大的幸福是被思議為以最準確的比例而與那在被造物中為可能的道德圓滿之最高度相結合），亦包括**我自己的幸福**，可是這幸福卻並不是「被責成去促進這圓善」的那意志底決定原則，但只道德法則才是這意志底決定原則，這道德法則因著嚴格的條件來限制我的對於幸福之無邊的〔無窮盡的〕欲望。

因此，「道德學」恰當地說來並不是這教說，即：「我們如何去使我們自己有幸福」，但只是這教說，即：「我們如何成為**值得有幸福**」。只當**宗教**增加到**道德**上去，始能有一天有**參與**或**分得幸福之希望**，即：比照「我們努力成為並非不值得有幸福」而有參與幸福之希望。

272　　　　一個人值得去有一物或一狀態是當其得有此物或狀態是在與圓善相諧和中而得有之之時。現在，我們很容易看出：一切價值是依於道德的行為，因為在圓善之概念中，道德行為構成其餘者（屬於一個人之狀態者）之條件，即是說，構成「參與幸福」之條件。現在隨此而來者便是此義，即：道德學決不可視為一種幸福論，即是

說，決不可視爲一種「如何去成爲有幸福」之敎導；因爲它只論幸福之必要條件〔不可缺少的條件〕，並不論「達到幸福」之工具。但是，當「道德學」已經完全地被說明（道德學只置定義務，並非爲自私的欲望供給規律），旣說明已，**首先，在**「促進圓善（去把上帝王國帶給我們）」的道德願望已被豁醒之**後**，（這道德願望是一種基於一法則上的願望，而且它不能早先發生於任何自私的心意中），進一步，又**當**爲此願望之故，進至宗敎這一步已被作成時，則這**道德論**亦可以叫做是一**幸福論**，因爲這幸福底希望首先**只開始於宗敎**。〔但是，**當**道德學（它只置定義務，並不爲自私的願望供給規律）已完全被說明，**而**一種道德願望已被豁醒，豁醒之以去促進最高善即圓善（把上帝王國帶給我們），（**這一種願望**是一種基於法則的願望，而且是一種沒有自私的心意**所能企及之的願望**），進一步，又當爲此願望之故，進至宗敎這一步已被作成時，則道德學始能叫做是一**幸福論**，因爲對於這幸福的希望是首先**發自於宗敎的**。——拜克譯。〕

　　從以上所說之義，我們亦能看出以下一點，即：當我們問「在創造世界中上帝底終極目的是什麼」時，我們必不可說這終極目的是世界中理性的存有之**幸福**，但只可說其終極目的是**圓善**，此圓善把一個進一步的條件加到這樣的〔即：理性的〕存有底那個願望上（願望有幸福之願望），即是說，把「值得有幸福」之條件，即這同一理性存有底道德性，加到這理性存有底願望上，單只這一個條件始含有這樣的規律〔這樣的標準——依拜克譯〕，即：「只因著這規律〔或標準〕，理性的存有始能希望在一睿智的創造者之手中去分得這幸福」這樣的規律或標準。因爲，由於智慧，**理論地〔知**

解地〕觀之，它指表「**圓善之知識**」，而**實踐地觀之**。則指表「**意志之符順於圓善**」〔意志之**適合**於圓善——依拜克譯〕，所以我們不能把一個「只基於善」〔只基於**仁慈**——依拜克譯〕的目的，歸給一最高的獨立不依的〔無待的〕智慧。因爲我們不能思議這**善性底作用**〔這**仁慈**底作用——依拜克譯〕（就理性存有之幸福說）爲適合於那「最高的根源的善〔即上帝〕」者，除在這限制條件下，即「與祂的意志之神聖性〔註〕相諧和」這限制條件下而思之。依此，那些「把創造之目的置於上帝之**榮耀**中」的人們或許已把握到這最好的表示（設上帝之榮耀不是人類學地被思議爲一種被稱讚的欲望〔被尊崇的性好——依拜克譯〕）。因爲沒有什麼東西可比以下所說者爲更能榮耀上帝，即比「那是世界中最可尊敬的東西，尊敬祂的命令，遵從祂的法則所置於我們身上的神聖義務，而同時此外又加上祂的榮耀的設計，即：『完成這樣一種與同著相應的幸福的美麗的事物之秩序（意即這事物之秩序與同著與此秩序相應的幸福）』，這種榮耀的設計」，更能榮耀上帝。如果這後者即榮耀的設計云云（以人類辭語說之）使祂值得愛，則因著前者（即：祂的命令等等），祂便是一崇拜底對象。縱使是人，他們也從不能只因著仁愛而獲得尊敬，雖然他們可以獲得愛；這樣，最偉大的仁愛也只當它爲價值所規制時，它始能使他們值得尊敬（有令譽）。

〔註〕：關於康德此註，阿保特之譯於正文中無記號標識，或許一時疏忽漏掉。拜克之譯，則以數目3標識於「神意之神聖性」處。此註當爲「神聖性」之註語。康德註語如下：

273

要想使這個概念底特徵清楚〔概念與特徵，阿保特譯俱用多數，茲依拜克譯改為單數〕，我加以下之註說，即：當我把種種屬性歸給上帝時（這些屬性底性質，我們也見出是可以適用於被造物的，只是在上帝處，它們被升至最高度，例如力量、知識、存在、善……等等，是在無所不能、無所不知、無所不在、圓滿的善……等等名稱下被升至最高度），但卻另有三個是專歸給上帝的，而卻用不著加上偉大，這三個一切皆是道德的。上帝是唯一的神聖者〔案：如佛家所謂法身〕、唯一的**有福者**〔清淨者如佛家所謂福德〕、唯一的**睿智者**〔如佛家所謂智德〕，因為這三概念早已函蘊著無任何限制。依這三屬性之次序〔排列〕，祂也是**神聖的立法者**（以及創造者）、**善的**〔**仁愛的**〕**統治者**（以及保存者或維持者）、**公正的裁判者**，這三個屬性包含那「上帝所因以為宗教之對象」之一切東西，而在符合於這三個屬性中，形而上學的**諸圓滿**即以其自身被增加於**理性**中。〔發生於理性中。——依拜克譯。〕

　　說：在目的底秩序中，人（以及同著人每一理性的存有）其自身即是一目的，即是說，他從不能為任何人（甚至也不能為上帝）只當作工具而沒有同時其自身也是一目的而被使用，因而並說：在我們的人格中的「人義」〔如人之為人之人〕必須對於我們自己即是神聖的，這層意思現在看來是自然而如此者〔案：意即自然而有，非由他而來〕，因為這所說之人，他是道德法則底**主體**〔譯註〕，換言之，是那「其自身是神聖的」東西之**主體**，而亦只因為這道德法則（其自身即是神聖者）之故，並且只有在與此法則〔其自身是神聖者〕相契合中，任何東西始能被稱為是神聖的。〔因為

274

人是**隸屬於**（或**服從於**）道德法則的，因而也就是說，是**隸屬於**（或**服從於**）那「其自身是神聖的」東西的，而亦只因爲這道德法則（其自身即是神聖者）之故，並且只有在與此法則（其自身是神聖者）相契合中，任何東西始能被叫做是神聖的。——依拜克譯。〕因爲這道德法則是基於「人底意志」之自律上的，這人底意志，當作一自由的意志，它因著它的普遍法則，它必須必然地能夠與那「其自身所願服從之」的東西相契合。

〔譯註〕：關於「主體」，阿保特註云：

「主體」一詞之曖昧或可不至使讀者有誤會，這點或可如此說，即：在這裡，此詞是依心理學的意義而被使用爲「法則之主體」（subjectum legis），而不是被使用爲「隸屬於法則」（subjectus legi）。

〔案〕：此詞，阿保特譯爲主體，查原文是名詞，自是主體，但拜克譯爲「隸屬於」或「服從於」，作述語用。此則甚奇特，如何可隨意改爲動詞？依上下文看來，「主體」一詞無難解處，因爲此句是承上句而來，以「**因爲**」起，說明上句所說之所以。「人其自身即是目的」，「人格中的人義（人之爲人之人）是神聖的」，這何以是「自然而如此者」？因爲這樣的「人」以及「人義」是終極的，因此，他即是道德法則之主體。這樣的「人」當然不是指現實上完全感性化了的軀殼人而說，乃是就「其自身爲一目的」之人說。這樣的人，說「他是道德法則之主體，是神聖的東西之主體」亦甚通，這道德法則皆集中而

落實於他身上（見前277頁）。惟阿保特說：「主體一詞
在這裡是依心理學的意義而被使用為法則之主體」，「心
理學的意義」中之心理學當該是理性的心理學，此提示亦
不必要。此「主體」一詞在這裡只就「人本身為一目的」
依形式的意義而被使用，乃籠統地言之之主體也，倒不是
心理學的意義。落實言之，真正的主體是在「自由意志」
處，故最後一句即說此。

Ⅵ 關於「純粹實踐理性一般之設準」

這些設準一切皆依道德底原則而進行〔即：進行其為一設
準〕，道德底原則不是一**設準**，但是一**法則**，因著此法則理性直接
地決定意志。此意志，因為它是如此地被決定而為一純粹的意志
〔因著「它如此被決定」這一真實〕，作為一純粹的意志——依拜
克譯〕，它需要這些必要的條件，即：「遵守其規準」這遵守上之
必要條件。這些設準不是**理論的**〔知解的〕**教條**，但是一些實踐地
必然的**設定**〔但是關於必然地實踐的事底一些**預設**——拜克譯〕；
依是，雖然它們並〔不〕擴張我們的思辨知識，然而它們卻給「思
辨理性一般」底**理念**以客觀實在性（因著這些理念之涉及那是實踐
的東西者而給與之以客觀實在性），並且它們給思辨理性以「持有
概念」之權利，若非然者，甚至這些概念底**可能性**，思辨理性亦不
能冒險去肯定之。

這些設準就是**靈魂不滅**之設準，「積極地視之」的**自由**之設準
（積極地視之為「一存有底因果性」的那自由之設準，此所謂存有

乃是就這存有屬於智思界而言者），以及**上帝存在**之設準。第一個
設準是從一種「適合於道德法則之圓滿實現」的那**延續**〔或**久歷**〕
275 底實踐地必要的條件而結成；第二個設準則是從獨立不依於感觸世
界這種獨立性底必然設定以及「依照一智思世界之法則即自由本身
之法則而決定一個人的意志」這種決定之機能〔或能力〕底必然設
定而結成；第三個設準則是因著最高獨立的善者之設定，即：上帝
存在之設定，從「這樣一個智思世界中圓善底存在之必要條件」而
結成。〔第三個設準則是通過最高的獨立的善者之預設，即：上帝
存在之預設，從這樣一個智思世界底必要條件而發生，所謂必要條
件即因著此條件，這智思世界可以是最高善〔圓善〕。——依拜克
譯〕

　　這樣，這事實，即：「尊敬道德法則**必然地使圓善成爲我們的
努力底對象**」這一事實，以及由此事實而結成的「圓善之客觀實在
性底**假設**」，這兩點，通過理性之設準，它們即可引至一些概念上
去，這些概念思辨理性實可把它們當作問題而呈現之，但從不能解
決這些問題。〔這樣，**圓善之展望**（期望），即：通過「尊敬道德
法則以及由此尊敬道德法則而來的圓善底客觀實在性之假設」而成
爲**必然**的那「**圓善之展望**」，通過實踐理性底設準，它即可引至一
些概念上去，這些概念思辨理性只展示之爲一些問題，但這些問題
思辨理性從不能解決之。——依拜克譯。〕這樣，〔上句所說的那
一事實與那一假設合而爲一義，此一義〕

　　(1)它引至這樣一問題，即：「在解決此問題中，思辨理性除作
成**誤推**外，它不能作成任何事」這樣一個問題，此即靈魂不滅之問
題。在解決此問題中，思辨理性所以只能作成誤推，乃是因爲它不

能把握住一種常體之性格，因著此一常體之性格，它想去完成一個**心理學的**最後主體之概念（這一個最後主體是必然地要被歸屬於自我意識中之靈魂的），它之想去完成之，乃是爲的想去使之成爲一眞實的實體之概念。這樣一種常體之性格，思辨理性並不能把握住之，可是這一種性格，實踐理性卻可因著一種延續〔久歷〕之設準而供給之。（這一種延續是「在圓善中與道德法則相一致」之所必需者，而所謂圓善則是實踐理性底整全目的。）〔它首先引至靈魂不滅之問題，在解決此問題中，思辨理性只能作成誤推，因爲這常體底**諸特徵**，即：「因著這常體底諸特徵，心理學的一個最後主體之概念是必然地要被歸屬於自我意識中之靈魂的」，這樣一種常體底諸特徵是缺無的，雖然這些特徵在去完成一眞實的實體之概念上是必須的。實踐理性，通過在圓善中（此圓善是實踐理性之整全目的）「**適合於**道德法則」這適合性之設準，它把這所需要的延續〔久歷〕交給這主體（最後的主體）。——依拜克譯。〕

　　(2)它引至這概念，即：引至「思辨理性對之除含有**背反**外，不能含有任何事，而其解決，思辨理性亦只能基於一個或然地可思議的綜念〔概念〕上，但此綜念之客觀實在性它卻不能證明之或決定之」，這樣的一個概念，即是說，它引至一個**宇宙論的**「智思世界之理念」以及「我們的在此智思世界中的存在」之意識，它之引至此，是因著「自由之設準」（此自由之實在性它因著道德法則而建立之）以及同樣亦因著「與同此設準一智思世界之法則」而引至之，對於此智思世界之法則，思辨理性只能指點之，但卻不能規定其概念。〔第二，它引至這概念，即：引至「思辨理性只把它當作一**背反**而含有之，而其解決，思辨理性只能基於一個或然的（雖是

可思議的）概念上，而此或然的概念之客觀實在性並不是因著思辨
理性而爲可證明的或可決定的」，這樣的一個概念。這個概念即是
一個**宇宙論的**「智思世界之理念」以及「我們的在此智思世界中的
存在」之意識。它引至此概念是因著自由之設準而引至之（**實踐理**
性把自由之實在性展示之於道德法則中，同時它亦**展示**一智思世界
之法則，此智思世界之法則，思辨理性只能指示之，但卻不能規定
其概念）。——依拜克譯。〕

(3)它給以下所說者以意義，即給那「思辨理性能去思之但卻被
迫著不得不讓其當作一純然的超越理想而爲不決定者」這樣一個東
西以意義，即是說，它給**神學的**第一存有之概念以意義。它給此概
念以意義是在一實踐的觀念中，即是說，是把它當作「爲那個法則
〔案：即道德法則〕所決定」的意志底對象之可能性之條件，而給
與以意義，此即是說，它給此概念以意義是把它當作一智思世界中
圓善底最高原則而給與以意義，而所謂一智思世界即是「因著此智
思世界中的道德立法而被賦與以統治權」的一個世界。〔第三，它
給那「思辨理性實能思之但卻讓其當作一純然的超越理想而爲不決
定者」這樣的一個東西以意義，即是說，給**神學的**第一存有之概念
以意義。這意義是在一實踐的觀點中而被給與，即是說，當作「爲
那個法則所決定」的意志底對象之可能性之條件而被給與。**這意義**
就是一智思世界中圓善底最高原則底**意義**，所謂智思世界即是「因
著道德立法於此意義中有統治權」的那個世界。——依拜克譯。〕

但是，我們的知識在此路數中已因著純粹實踐理性而實際地被
擴張了嗎？而那「在思辨理性上只是**超絕的**」者它在實踐理性中是
內在的嗎？確然是**內在的**，但只是依一**實踐的觀點**而爲**內在的**。因

爲我們並不因此就關係「靈魂之在其自己者是什麼」而有我們的靈魂底本性之知識，亦不能因此就關於「一智思世界之在其自己者是什麼」而有智思世界之知識，亦不能因此關於「一最高存有之在其自己者是什麼」而有最高存有之知識，但是我們已只是在「作爲我們的意志底對象」的那實踐的圓善之概念中來結合了這三者底概念，而我們如此結合之乃完全是〔通過純粹理性而〕〔譯註〕先驗地結合之，而這先驗地結合之但只是因著道德法則，而且只是在涉及道德法則中，就著道德法則所命令的對象（圓善），而先驗地結合之。但是，**自由如何是可能的**，我們如何能**理論地**〔**知解地**〕而且**積極地**去思議這種因果性，這並不因此而可被發見；但只是這一點，即：「實有這樣一種因果性」這一點已因著道德法則而被設定，而且亦只因道德法則之故而被設定。其餘兩個理念亦是如此，它們底可能性沒有人類的智力能測度之，但是另一方面，它們底眞理性〔眞實性〕亦沒有什麼詭辯能夠從人們底信服中，甚至從最普通的人底信服中，把它扭奪下來。

〔**譯註**〕：阿保特譯無，依拜克譯補。

Ⅶ 「依一實踐的觀點去思議純粹理性底一種擴張，但卻並沒有同時其思辨知識被擴大」，這如何是可能的？

爲的不要太抽象，我們將即刻答覆此問題，即：依其應用於現在的論點而即刻答覆之。要想實踐地去擴張一種純粹的認知〔知識〕，這必須有一先驗的企向被給與，即是說，必須有一作爲「意

志底對象」的目的被給與，此目的，由於它獨立不依於一切神學的
原則，它是因著一「直接決定意志」的律令（定然律令）而被呈現
爲「實踐地必然的」，在此情形中，此目的便是圓善。但是，此目
的〔對象〕，設不預設三個理論的〔知解的〕概念，即：自由、靈
魂不滅、以及上帝，這三個知解的概念，便不是可能的。這三個概
念，因爲它們是純粹理性底純然概念，所以對於它們沒有相應的**直
覺**可被發見，因而結果也就是說，亦沒有任何客觀實在性可因著**理
論底途徑**〔即：理論的或知解的道路〕而被發見。這樣，因著實踐
的法則（這實踐的法則要求或需要圓善之存在，即：「在一世界中
爲可能的」那圓善之存在），純粹思辨理性底那些對象之可能性便
被設定，而思辨理性卻並不能把客觀實在性保證給這些對象。因著
這種設定，純粹理性底知解知識實可得到一種增加；但這增加只存
於此，即：那些概念（即：自由、靈魂不滅、上帝等概念），即：
「非然者，純粹理性必須把它們視爲或然的（只是可思議的）」那
些概念，現在則**實然地**被展示爲是**實有對象**者；因爲實踐理性不可
避免地爲其對象（圓善）之可能要求這些對象〔即那些概念所示之
對象〕之存在，其對象（即：圓善），實踐地說來，是絕對必要
的，而這一點即足使知解理性之認定那些對象爲有理。但是這種知
278 解理性底擴張並不是思辨底擴張，即是說，我們不能在一知解的觀
點中對於知解理性作成任何積極的使用。何以故如此？這是因爲以
下的緣故而然，即：**由於**因著實踐理性，在此所完成的，沒有什麼
東西比「這些概念是眞實的而且實有它們的（可能的）對象」這層
意思爲更進一步者，而且又**由於**沒有什麼東西可因此等概念是眞實
的而且實有其對象之故而在對於這些對象底直覺之路數中而被給與

（對於這些對象底直覺實在說來亦實不能被要求），所以**這種眞實性之允許**並不使任何**綜和命題**爲可能。即因此故，所以這種知解理性底擴張並不是思辨底擴張。〔但是，知解理性底這種擴張並不是一種思辨底擴張。即是說，一種積極的使用不能在知解的目的上以那些對象而作成。因爲在此所因著實踐理性而被完成的，沒有什麼東西比去展示以下的情形爲更多者，即去展示：那些概念是眞實的，而且實有其（可能的）對象，但卻並沒有對於這些對象底**直覺**可因「那些概念**是眞實的**而且**實有其對象**」之故而**被給與**（而亦實無一個直覺可被要求），既是這樣，所以並無綜和命題可**因著**承認這些對象底**眞實性**而成爲可能的。——依拜克譯。〕結果，這種發見〔這種揭露——依拜克譯〕絲毫沒有幫助我們在一思辨的觀點中去擴張我們的此等對象之知識，雖然在關於純粹理性底實踐使用中，它實可以幫助我們去擴張我們的此等對象之知識。上面那三個思辨理性底理念其自身仍然不是一些**認知**；但是，它們是一些（超絕的）**思想**，在此等思想中，沒有什麼不可能的東西。現在，因著一必然的實踐法則之助，並由於那三個思辨理性底理念是「這實踐法則所命令其被成爲一個對象」的那個東西〔即：圓善〕之必要條件之故，這三個理念便獲得其客觀實在性：此即是說，我們從這實踐法則知道「那三個理念**有對象**」，但卻不能夠去指出「它們底**概念如何關聯到一個對象**」，而這一點〔即：知道它們有對象云云〕復亦仍然不是關於**這些對象**底一種**認知**；因爲我們不能因此便可對於它們形成任何**綜和判斷**，也不能理論地〔知解地〕決定它們的應用；結果，我們對於它們畢竟不能作成任何知解的合理的使用，而理性底一切思辨的知識卻正存於此種使用中。縱然如此，知解的知

識（實不是關於**這些對象底知解知識**，但只是關於「理性一般」底
知解知識），言至此，卻亦正因著以下這一點而被擴大，即：因著
實踐的設準，**對象已被給與**於這些理念，而一**或然的**思想亦由於因
著這種辦法之故而首先獲得其**客觀實在性**。因此，這裡並沒有關於
特定的（所與的）超感觸的對象底知識之擴張，但只在關涉於一般
說的超感觸的東西中有**知解理性**底擴張，並有**知解理性底知識**之擴

279　張，因爲知解理性被迫著去承認**實有這樣的對象**，雖然它並不能夠
更切近地去**規定**這些對象，規定之以便它自身去擴張關於這些**對象
之知識**，（這些對象現在是在實踐的根據上，而且只爲實踐的使
用，而被給與於知解理性）。依是，就這種**增加**說，純粹知解理性
（在此知解理性上，一切那些理念皆是**超絕的**，而無對象）簡單地
說來須感謝它的實踐的機能。在此實踐的機能上，那些理念變成**內
在的**，而且是**構造的**，因爲它們是「實現或眞實化純粹實踐理性底
必然對象（圓善）」這種眞實化底可能性之根源；而當離開這實踐
機能時，它們是**超絕的**，而且只是思辨理性底**軌約原則**，這些軌約
原則並不要求思辨理性在經驗以外去認定一**新的對象**，但只是去把
它的在經驗中的使用帶至較接近於**完整**之境。但是，當一旦理性得
有這種增加，它即像思辨理性那樣，依一消極的樣子，以這些理念
開始去工作（恰當地說，只是去保證它的實踐使用底確定性），此
即是說，不是**擴張它的知識**，但只是**釐清了〔或純淨化了〕它的知
識**，這樣，一方面便可防止**神人同形論**，此是迷信之根源，或者亦
可以說這是因著一種**設想的經驗**而形成的那些概念底表面擴張；而
另一方面，則防止**狂熱**，此種狂熱因著一種**超感觸的直覺**或**同類的
情感**〔意即超感性的情感〕而許可這同樣表面的擴張。這一切皆是

純粹理性底實踐使用之障礙，這樣，這種障礙底移除確然可以視爲我們的知識在一實踐的觀點中之擴張，而亦並沒有與以下的承認相矛盾，即：在思辨的目的上，理性並無絲毫東西可以因此而被得到。

　　在關涉一對象中，理性之每一使用皆需要知性底純粹概念（範疇），設無這些純粹概念，沒有對象可被思議。這些概念之可被應用於理性之知解的使用，即是說，可被應用於這種使用所成的知解的知識，是只當直覺（此直覺總是感觸的）被用來爲一基礎，因而其被用爲基礎，亦只是爲的要想**因著這些概念**去思議可能經驗底一個對象，只當如此云云時，這些概念始可被應用於理性之知解的使用，即是說，始可被應用於這種使用所成的知解的知識。〔這些概念之可被應用於理性之知解的使用，即是說，可被應用於這種使用成的知解的知識，是只當直覺（此直覺總是感觸的）被供給出來以**爲這些概念之基礎**，供給出來以便**通過這直覺**，可能經驗底一個對象**始可被呈現**，只當如此云云時，這些概念始可被應用於理性之知解的使用，即是說，始可被應用於這種使用所成之知解的知識。——依拜克譯。〕現在，在這裏，那些東西，即：「它們要想被知道，須因著範疇而被思想」的那些東西，乃是理性之理念，此等理念不能被給與於任何經驗中。只是在這裏，我們並不有事於這些理念底對象之知解的知識，但只有事於這一點，即：它們是否有對象。它們之實在性是爲純粹實踐理性所供給，而知解理性則除因著範疇去思那些對象外，不能於此再有什麼進一步的事去作。這一點，如我們在別處所已清楚地展示者，能夠無須於任何直覺（不管是感觸的抑或是超感觸的）而即可很好地被作成，因爲範疇在純粹

280

知性中有它們的地位與根源（此純粹知性乃是只作爲思想之機能而先於而且獨立不依任何直覺者），而它們也總是只指表一對象一般，而卻不管這對象依何路數而可以被給與於我們。現在，當這些範疇被應用於這些理念時，那是不可能的去在直覺中給它們〔這些範疇〕以任何對象；但是，「這樣的一個對象確實存在，因而結果也就是說，作爲思想之一純然形式的範疇在這裡不是空的，而是有意義的」，這層意思是因著一個對象，即：「實踐理性在圓善之概念中所無疑地呈現」的圓善這一個對象，而充分地被保證給這些範疇的，即是說，是因著一些概念底實在性而充分地被保證給這些範疇的（這些概念即是對圓善底可能性而爲必要的那些概念，即因著這所必要的諸概念之實在性而充分地被保證給這些範疇的），但是，雖然可這樣地被保證給這些範疇，而卻並沒有因著這種增加〔添附〕而致成我們的依知解的原則而來的知識之絲毫的擴張。〔現在，就這些範疇應用於這些理念而言，沒有直覺中的對象可被給與於這些範疇；但是，「這樣的一個對象確實存在，而在這裏作爲思想之一純然形式的範疇不是空的，而是有意義的」——這層意思是因著一個對象，即：「實踐理性在圓善之概念中所無疑地呈現」的圓善這一個對象，而**充分地被證明了的**，即是說，是因著一些概念底實在性而**充分地被證明了的**（這些概念即是對圓善底可能性而爲必要的那些概念，即因著這所必要的諸概念之實在性而爲**充分地被證明了的**）。但是，即使是我們的依知解原則而來的知識之些微的擴張亦並未因這種「增加〔添附〕」而被結成。——依拜克譯。〕

*　　　*　　　*

　　當上帝之理念，一智思世界（上帝之王國）之理念，以及靈魂不滅之理念，這三個理念進一步為「得自〔或引生自〕我們自己的本性」的諸謂詞所決定時，我們決不可把這種決定視為那些純粹理性的理念之**感性化**（神人同形），亦不可視為超感觸的對象之**超絕的知識**；因為這些謂詞不過就是**知性**與**意志**，又是自其相互關係而觀之者，在此相互關係中，它們必須在道德法則中被思議，因而也就是說，只就一純粹的實踐使用由它們而作成而言，它們始能被思議。至於「**心理學地**屬於這些概念」的那一切其餘的東西，即是說，「就我們經驗地觀察我們的這機能之運用或表現而言始屬於這些概念」的那一切其餘的東西（例如「人底知性是辨解的，因此，它的表現是思想，而不是直覺」、「直覺在時間中相承續」、「人底意志總是依靠意志底對象之存在而得其滿足」等等，這一切在**最高存有**處皆非如此），皆必須從**這些概念**身上被抽掉，因此，關於這些概念即：「我們由之以思議一**純粹睿智體**」的那些概念所剩的不過就是在「思議一道德法則」這「思議之」之可能上所需要的東西。依是，對於**上帝**實可**有一種知識**，但這只是為**實踐的目的**而有的知識；而如果我們想把這知識擴展至一**知解的知識**，則我們便找到一種「有直覺而不是有思想」的知性〔案：即神的知性〕，一種「指向於對象但其滿足卻絲毫不依靠於這對象之存在」的意志〔案：即神意〕（且不要說那些超越的謂詞，例如一存在之量度，即：久歷，然而卻不存在於時間中者便是，但「存在於時間」卻是我們所可有的「思議存在為量度」之唯一可能的工具）。現在，這一切乃就是「我們對之不能形成**任何概念**以有助於**對象之知識**」的那些屬性，而由此，我們亦得知它們從不能在一「**超感觸的存有之**

281

學說或理論〔即：知解〕」上被使用，因此，在這一方面，它們是完全不能夠成為一**思辨知識之基礎**，而它們的使用是只限於**道德法則之實踐**。〔依是，對於上帝實可存留下一種知識，但這只是在一**實踐的係絡**中之知識。而如果我們試想去把這種知識擴展至一**知解的係絡**（即為一知解係絡中的知識），則我們便得到一種**神的知性**〔神知〕，此神的知性並不是**在思想著**，但卻只是**在直覺著**，而且亦得到一種**意志**。此意志指向於對象，但其滿足卻絲毫不依於這對象之存在。（我且不需說那些超越的謂詞，例如，那不存在於時間中的存在底量度即**久歷**這種超越的謂詞，縱使這「存在於時間」是「我們所能由之以思維存在之量度」的那唯一的方法或工具。）這一切恰是「我們對之不能形成任何概念以適合於對象之知識」的那些性質。依此，我們得知：它們從不能在一「**超感性的存有**之**學說**〔理論即知解〕上被使用」，並因此得知：從知解方面說，它們從不能支持思辨的知識，它們的使用只被限制於道德法則之實踐。──依拜克譯。〕

282　　以上所說是如此之顯明，而且亦能如此之清楚地為事實所證明，以至於我們可以極有信心地向一切虛偽的〔自以為是的〕**自然神學家們**（一個**獨特的名稱**）〔註〕挑戰，要求他們（在那些只是存有論的謂詞以外以上）去詳細說明一個簡單的屬性，不管是知性底屬性抑或是意志底屬性，以便去決定他們所有的這對象（即：上帝），其所有的這對象是這樣的，即：對於它，我們不能夠不可爭辯地展示說：「如果我們把擬人的〔神人同形的〕每一東西從這對象上抽掉，則除只是空字眼外必沒有什麼東西遺留給我們，而於那空字眼處，我們也不能夠去把一點點概念，即『由之我們可期望有

一種知解知識之擴張』的那一點點概念連結到這對象上去。」
〔案：意即若關於自然神學家們所有的這對象，我們不能夠不可爭
辯地展示之為如此云云，則我們可以極有信心地向他們挑戰，要求
他們去詳細說明一個簡單的屬性，不管是知性底屬性抑或是意志底
屬性，以便去決定他們所有的「不可展示為如上所云」的這對象，
決定之以便擴張關於其所有的如此之對象之知解知識。我們這樣向
他們挑戰，他們決不能有所說明，亦決不能知解地決定他們所有的
這對象。〕但是，就實踐的知識說，關於知性與意志底屬性，仍然
有一種關係底概念存留給我們，對於這關係底概念，其客觀實在性
是為實踐法則所給與（這實踐法則先驗地準確地決定知性對於意志
底這種關係）。當這一點一旦被作成時，則實在性即可被給與於一
個「道德地被決定的」意志之對象之概念（即：圓善之概念），並
亦逐而可被給與於此對象之概念底可能性之條件，此條件即：上
帝、自由、不朽之理念〔案：即是說，實在性亦可被給與於上帝之
理念、自由之理念，以及靈魂不滅之理念〕。但是，這實在性仍只
是關聯於道德法則之實踐而被給與於它們，並不是為任何思辨的目
的而被給與於它們。

〔註〕：康德對此有底註云：

學識〔學知〕恰當地說只是歷史科學底全部內容〔是一個「只可
應用於歷史科學」的字——依拜克譯。〕因此，只有啟示神學底
教師始可叫做「有學知的神學家」〔對於上帝有學識或學知的
人〕。但是，如果我們想叫一個領有或掌握有理性科學（數學與
哲學）的人為一個有學知的人，雖然這樣叫是與此字之意義相違

反（因為此字總是只把那「必須被學知〔被教導〕的東西，因而也就是說，只把那種「他不能以理性而發見之」的東西，算作學知），而縱使那樣名之，則哲學家以其上帝之知識當作一積極的學問看，亦必顯得太不足以讓他自己因此之故被名曰一有學知的人（他亦必顯得一太可憐相去讓他自己因此之故被名曰一有學知的人）。

〔案〕：這個底註底意思是說：只有啓示神學底教師始可名曰有學知的神學家——對於上帝有學知的人。此說「神學家」是就德文這個字之語源學的意思說的。就啓示神學說，神學家只是知道那些啓示於歷史中的事件。此種知名曰學知，因為這些事件必須被學（被教）始能被知，並不能只因理性而發見之。此種學知即是荀子所說的「安特將學雜識（志）順詩書而已」（〈勸學篇〉）之「學雜識」——學知一些雜博的記載，「識」者「志」也。我們普通所謂「學識」亦由此而引申出，即由學而識（而志於心），由學而知。此乃宋儒所謂「見聞之知」，而非「德性之知」。單因理性而知，始可曰「德性之知」，以實踐理性知之，更是「德性之知」。此不可曰「學知」。只有「見聞之知」始可說是「學知」。因此，只有啓示神學底教師始可算是有學知的神學家——對於上帝有學知的人。「學知」一詞只適用於歷史科學。數學與哲學是理性的科學。（科學即廣義的所謂「學問」義，為防近人誤解，故在康德書中譯為「學問」。）如果具有數學與哲學知識的人亦名之曰「有學知的人」，這是不恰當的，因為這樣名

之，是與「學知」一詞之意義相違反的。但縱使這樣名
之，則就哲學家說，一個哲學家之知上帝，其知若作為一
積極的學問，則他必顯得太可憐相，雅不足以被名曰一個
有學知的人。蓋因就「學知」說，其知甚少故也。不但甚
少，而且根本無所知，因非歷史事件故，非學知之所相應
故。例如上帝這個神學的對象，如果把一切擬人的東西從
這對象上抽掉，則所剩下的本只是一個空字眼，我們不能
有一點點概念與之相連繫，以期知解知識之擴張。這本是
不可爭辯的事實。假定不認為這是不可爭辯的，認為尚可
以有概念與之相連繫，不只是一空字眼，因而亦可以對之
有所知──有知解的知識，有經驗或直覺（不管是什麼直
覺或經驗）作基礎的知解知識，有理性之知解的或思辨的
使用，則我請問自然神學家們（自以為對於上帝有學知的
人們）你們如何知之？請你們把你們的這個對象底一個簡
單屬性（例如說知性或意志之屬性）詳細記載下來以便去
決定你們的這個對象以擴張你們的知解知識。我想對於上
帝有學知的人對此必不能答，因為這不是可以由教由學而
得知的。因為嚴格言之，只有啟示神學底教師始可名曰有
學知的神學家，因為他所學知的只是歷史事件。今自然神
學家自以為對於上帝本身有所學知，有所決定──知解的
決定，自然是虛妄了。故對於上帝只有實踐的知識，並無
思辨的或知解的知識，擴張亦只是實踐的知識之擴張，而
非思辨知識之擴張。

依康德的用語，純粹的理性有兩面的使用，一是知解的使

用，一是實踐的使用。「知解的」使用，「知解的」一詞
字面上是普通所謂「理論的」（theoretical），但在康德
的使用中，此詞似不便譯爲「理論的」，因爲「理論的」
雖亦與「實踐的」相對反，然因太寬泛故，在中文不能達
其原意故，易令人誤會故，故譯爲「知解的」。康德說
「知解的使用」即指理性之使用可成「客觀的知識」說；
其說「知解的知識」即指對於一個對象可以作「客觀的決
定」或「客觀的肯斷」說。能實作客觀的決定或肯斷者
（如現象）便實有知解的知識；不能作客觀的決定或肯斷
者（如上帝之爲智思物）便無知解的知識；不能作客觀的
決定而又以理性之知解的使用臨之，以爲對之可有或已有
知解的知識，那便是虛妄。「批判」者即掃除此種虛妄，
釐清理性使用之分際與界限之謂也。

本節依實踐的觀點擴張純粹理性但沒有因而同時放大其思
辨的知識，簡單地說來，其中的重要關節即是㈠因實踐理
性所必然提供的「圓善」之概念而要求「上帝存在」之設
定，此是一實踐的要求，而不是一知識；㈡「上帝存在」
在思辨理性處只是一或然的（可能的）理念，而今則獲得
其客觀實在性，即這理念是眞實的，而且實有其對象，因
此，它本是超絕的，而且是軌約的，而今則是內在的，而
且是構造的；㈢但我們並不因此即認爲對於「上帝」這個
對象有任何直覺，因此，「說」或「知」它是眞實的並有
其對象，這只是依實踐的觀點而「說」而「知」的，並非
依思辨的（知解的）觀點而「說」而「知」的，如說這亦

算是一種知識，則這只是實踐的知識（虛知），並非是知解的知識（實知即對於上帝這對象有客觀的決定或肯斷之知），因而所謂「內在的」亦只是實踐地內在的，而非知解地內在的，所謂「構造的」亦只是實踐地構造的，而非知解地構造的。知此三點重要的關節，則全部批判哲學即在掌握中矣。其餘兩理念亦同此論：對思辨理性説爲「虛」，對實踐理性説爲「實」，但這「實」只是實踐的實，亦即是「虛的實」，非知解的實，亦即非「實的實」。

但這只是基督教傳統下的説法，若依中國儒釋道三教的傳統，則有進一步的消化，而亦並未擴大我們的知解知識，這將是實踐理性之具體化與圓滿化。在此可不詳論。

依以上那些解説，對於這個重大問題，即：「上帝之概念究竟是一個『屬於物理學（因而亦就是説屬於形上學，此形上學含有物理學底普遍意義的純粹先驗原則）』的概念，抑或是一個『屬於道德學』的概念」，這一問題，現在這是很容易找得到答覆的。如果我們須求助於上帝以之爲萬物之創造者，須求之以便説明自然之種種安排或自然之種種變化，則這種説明至少不是一種**物理的説明**，而乃是一種**完全的招認**，即：招認我們的哲學已到盡頭之招認，因爲要想對於我們眼前所見的東西能夠構想其所以可能，我們便不得**不去假定某種東西**，對此某種東西之自身，如不如此，我們是沒有概念的。但是，形上學不能夠使我們因著某種推理從這個世界底知識去達到上帝之概念以及去達到上帝底存在之證明，其所以不能，

283

是因爲這個理由,即:要想說這個世界只能爲一個上帝所產生(上帝是依此字所函蘊的意義而言),我們一定要知道這個世界是全部可能中最圓滿的可能的;而要想知道這個世界是最圓滿的可能的,我們也必須知道一切可能的世界(以便去把它們與這個世界相比較);換言之,我們必須是無所不知的。但是,只從概念上去知道這個最高存有「上帝」之存,在這是絕對不可能的,因爲每一個**存在的命題**,即是說,每一個「肯定一存有之存在」即「肯定一個我對之構成一概念的存有之存在」的命題,乃是一個**綜和命題**,即是說,其爲命題也是如此,即:我經由此命題,我便可走出那概念之外,而且對於這概念我可肯定更多一點,即比在這概念本身中所想的爲更多一點的東西,那就是說,在知性之中的概念有一個與之相應的**對象**在知性之外,「而因著任何推理去引出這一義」,這顯然是不可能的。〔而這一肯斷顯然不能因著任何**推理**而被達到。──依拜克譯。〕因此,在上帝存在這問題上,只剩下一個簡單的程序,即對於「理性去達到這種知識」是可能的那程序,此即是說,「從理性底純粹實踐使用之最高原則去開始(此最高原則在每一情形中簡單地說來只指向於作爲理性之後果的那某種東西之存在),並因而去決定理性底對象」這個簡單的程序。依是,理性底不可免的任務,即:「意志之必然的指向於圓善」這必然的指向之任務,

284 它不只是顯露了這必然性,即:「在涉及此世界中的圓善之可能中認定這樣一個第一存有」這種「認定之」之必然性,而且也顯露了那最可注意的東西,即顯露了某種東西,即:「理性在其依據物理自然之途徑的進程中所完全不能見到」的那某種東西,即是說,顯露了關於這第一存有底一個準確地界定了的概念。因爲我們只能知

此世界底一小部分，而又不能把此世界與一切可能的世界相比較，
所以我們實可從此世界底秩序、設計、以及偉大中推斷此世界底一
個睿智的、善的、有力量的、……創造者，但卻不能推斷說「祂是
一切智、一切善、一切能（全智、全善、全能）……。」以下所說
是可承認的，即：我們實可有理由因著一個合法的而且合理的假設
來補充這不可避免的缺陷，即是說，當智慧，善等等，表現於那些
部分中即「把其自己呈現於我們的較切近的知識中」的那些部分中
時，它們亦正同樣表現於其餘部分中，因此，去把一切可能的圓滿
歸屬給世界之創造者，這必是合理的；但是這一切並不是嚴格的邏
輯推理，即：「我們於其中能在我們的洞見上驕傲我們自己」的那
些嚴格的邏輯推理，但只是一些可允許的結論，即：「我們於其中
可以恣縱放任」的那些可允許的結論，而這些可允許的結論在我們
能使用它們以前需要進一步的推介。依是，依**經驗研究**底途徑（物
理學），上帝之概念總只是存留而爲這樣的一個關於「**第一存有底
圓滿**」之概念，即：並不是「**很夠準確地被界定了**，而可以被認爲
是適合於**神之概念**」的第一存有底圓滿之概念。（至於形上學，就
其超越的部分說，也沒有什麼東西是能被完成的）。

　　當我現在試想因著涉及實踐理性底對象而檢驗此概念〔即：上
帝之概念〕時，我見出道德原則只承認「具有最高的圓滿性」這樣
的一個世界創造者之概念爲可能。〔我見出道德原則承認這個概念
爲可能是只有在「具有最高的圓滿性這樣的一個世界創造者之預
設」下才是可能的。——拜克譯。〕祂要想去知道我的行爲知道到
這個程度，即知至我的心靈狀態在一切可能情形中而且在一切未來
時中之最深的根〔祂要想能夠去知道我的行爲知至這程度，即：甚

至知至我的**意向**在一切可能情形中而且在全部的未來時中之**最深密的部分**──拜克譯〕，祂必須是**無所不知的**〔全智的〕，祂要想把「行爲底相稱的結果」分配給行爲，祂必須是**無所不能的**；同樣，
285　祂必須是**無所不在的、永恆的**……等等。這樣，道德法則，因著「作爲純粹實踐理性底對象」的**圓善**之概念，它決定第一存有之概念爲**最高存有**；這一點，理性之**物理學**的程序（以及其較高的發展即**形上學**的程序），換言之，就是理性之全部的**思辨程序**，是不可能去作到之的。依是，上帝之概念是一個「根源地說來並**不屬於物理學**」的概念，那就是說，是一個「**並不屬於思辨理性**」**的概念**，但只是一個「**屬於道德學**」**的概念**。至於理性之其他概念，即我們上面曾視之爲理性在其實踐使用中之設準者〔即：自由之概念與靈魂不滅之概念〕，亦同此論。

　　在希臘哲學底歷史中，我們找不到一純粹理性神學之顯著的線索爲較早於安那撒哥拉斯者；但是，這並不是因爲那些較老的哲學家沒有智力或洞見，因著思辨底途徑，至少以一通貫地合理的假設之幫助，足以去把他們自己升到這種純粹的理性神學之境。什麼東西可比「去認定一個『具有一切圓滿』的簡單的理性原因，以代替世界底若干〔不同的〕原因，代替一個不決定的圓滿程度」，這種每一人皆可有的思想，更爲容易，或更爲自然呢？但是世界中的罪惡對於他們似乎是太過嚴重的反對，不允許他們去覺得他們自己去作這樣的假設爲有理據。依是，他們乃在這一點上表示他們的智力與洞見，即：他們不允許他們自己去採用這種假設，但相反地，卻想在諸自然原因之間去看看他們是否能夠在這些自然原因中找到一個第一存有所需要的性質及力量。但是，當這敏銳的民族在他們的

自然之研究中已進到如此之遠以至於甚至很夠哲學地去討論道德問題時（關此問題，**其他民族除閒談外不曾作什麼事**〔譯註〕），他們首先發見一**新的**而且是**實踐的需要**，此新的，實踐的需要並非不能給與他們的**第一存有之概念**以**確定性**〔此新的，實踐的需要把第一存有底確定概念**給與他們**——拜克譯〕。而在這一點上，思辨理性只表現了**觀察者**之身分，或至多不過有這功績，即：「**裝飾**一個『不是從它自己的基地上生長出來』的概念」之**功績**，以及「**應用**一連串從自然之研究（此自然之研究現在開始提出）而來的確證」之功績。〔以及「**以從自然之觀察**（此自然之觀察現在開始活動）而抽引出的一連串的確證而**促進此概念**」之功績。——拜克譯。〕它實不曾要去加強這個早已建立起的概念底權威，但只以知解理性底一種設想的發見〔以一種**被視為確實的理論的**（知解的）理性**洞見**——拜克譯〕去作一**展示**。

286

〔譯註〕：
　　案：康德很輕率地說了這麼一句不諦之語。他對於中國文化底根源與智慧底方向一無所知。

　　　　　＊　　　　　　＊　　　　　　＊

　　從以上那些解說〔提示〕，《純粹思辨理性批判》底讀者將可徹底信服那辛苦的〈**範疇之推證**〉是如何高度地必要的，而且對於神學與道德學又是如何地有成果的。因為，一方面，如果我們把範疇置於純粹知性中，則只有因著此推證，我們始能不如同柏拉圖那樣，視之為內在而固有的〔天賦的〕，而且亦始能不在其上建立起過度的虛偽要求——要求於關於超感性者之理論〔知解〕〔而且亦

始能不在其上樹立起**超絕的臆斷**以及關於**超感性者**之理論（知解）——依拜克譯〕，對於這種過度的虛僞要求——要求關於超感觸者之理論，我們看不出有什麼成就或結局，而且因著這過度的虛僞要求——要求關於超感觸者之理論，我們必使神學成爲一種空想底幻燈。而同時另一方面，如果我們視範疇爲後得的，則此推證又可以使我們不如同伊壁鳩魯那樣，把範疇底一切使用以及每一使用，甚至在實踐目的上的使用，皆限制之於感取底對象以及「感取底動力」〔感性的決定根據〕——依拜克譯。〕但是，現在，《純粹理性批判》因著那個推證，已表示：第一，範疇不是屬於「經驗的起源」的，但卻是在純粹知性中有它們的先驗的地位與根源；第二，由於範疇是獨立不依於對於對象底直覺而只涉及對象一般，是故雖然它們除依應用於經驗的對象外，便不能結成〔或產生〕理論的〔知解的〕知識，可是當它們應用於一個「因著純粹實踐理性而被給與」的對象時，它們卻能使我們確定地去思議那超感觸者，但是這確定地思之是只就「這超感觸者爲如下所說的那樣的諸謂詞所規定」而言始如此，即：這些謂詞乃是必然地與那先驗地被給與的純粹實踐的目的相連繫者，而且亦是必然地與此純粹實踐的目的底可能性相連繫者，只就「這超感觸者爲這樣的諸謂詞所規定」而言，它們〔諸範疇〕始能使我們確定地去思議那超感觸者。純粹理287 性底思辨的限制以及其實踐的擴張把純粹理性帶進「均等底關係」中〔帶進均衡底關係中——依拜克譯〕，在此均等〔均衡〕底關係中，「理性一般」能夠適當地應用於其目的，而這一榜樣比任何其他榜樣更可較好地證明以下一點，即：進至**智慧**之途徑，（如果這途徑是穩當可靠的，而不是不可通行的，或誤引的），就我們人類

說，它必須不可避免地要通過**科學**〔學問〕而前進〔或進行〕；但是除非這門**科學**〔學問〕已被完成，否則，我們不能確信這途徑可以引至那目標〔智慧〕。

Ⅷ 關於從純粹理性底需要而來的信仰〔誠信 Fürwahrhalten〕

純粹理性在其思辨使用中之需要只引至一**假設**；而純粹實踐理性之需要則引至一**設準**；因為在前一情形中，我從結果方面，依原因之系列上升，我願意升至如何高遠，就升至如何高遠，我之如此上升不是為的要去把客觀實在性給與於這結果（所謂結果例如世界中事物與變化之因果連繫便是），但只為的在關涉於這結果中想徹底地去滿足我的究問的理性。這樣，在我眼前，我看見自然中之秩序與設計，而且，我並不需要依靠思辨去保證這秩序與設計之客觀**實在性**，但只是為的要去說明它們，我須去預設一神體〔上帝〕以為它們的原因；依是，因為從一結果到一特定的原因之推斷總是**不確定的**，而且是**可疑的**，特別是在推至一個「如此準確而又如此圓滿地界定了的就像我們所須思之於上帝者那樣的準確的與圓滿地界定的」一個原因時，尤其是不確定的與可懷疑的，因此，這種預設所能被帶至的最高度的確定性亦不過就是這一點，即：對我們人類而言，它是**最合理的意見**〔註〕。

〔註〕：康德在此有底註云：
　　但是縱使在這裡，我們也不能夠去斷定一個理性之需要，設在我們眼前，我們不曾有一「或然的但卻是不可避免的」理性之概

念，即是說，不曾有一絕對必然的存有之概念時。現在，這個概念需要被界定，而這個概念，「＊當欲求擴張之衝動來到〔或抵達到〕它身上時＊」，它便是思辨理性底一個需要底客觀根據，所謂需要即是對於一個「要被用來去充作其他諸存有之第一原因」的必然存有之概念需要有一較準確的界定之需要，這樣界定之，便可「＊使這後者〔必然存有〕亦因而成爲可認識的＊」。設無這樣先行的必然的問題，則即無需要之可言，至少亦無純粹理性底需要之可言──其他需要只是性好之需要。

〔案〕：有＊號那兩個語句是照德文原文譯。阿保特譯、拜克譯皆有錯謬。阿保特譯如下：

「現在，這個概念需要被界定，而這個概念，在**增加到這趨向**，即：『**趨向於去擴張它自己**』這趨向上時，它是思辨理性底一個需要底客觀根據，所謂需要即是對於一個『要被用來去充作其他諸存有之第一原因』的必然存有之概念需要有一較準確的界定之需要，這樣界定之便可『**使這些其他諸存有因著某種辦法而成爲可知的**』。」

案：德文原文，「擴張」是名詞，他把它轉爲動詞；又擴張亦不是「擴張它自己」，蓋必然存有這個概念本身不能被擴張，這個概念不是擴張底受詞。他又把「來到它身上」轉譯成「增加到……」，這亦錯謬，或至少隱晦。「擴張」只是實踐理性底擴張。當這**擴張之衝動**（原文是「衝動」，他譯爲「趨向」，此無所謂）來到（或抵達到）這**概念**身上時，便是要求這概念有客觀實在性，即：實踐理性使這概念有客觀實在性，這便是實踐理性之擴

張，實踐理性有這權利，思辨理性則無。當實踐理性之擴張來到或抵達到這概念身上時，亦可以說擴張到這概念而確定其客觀實在性時，這概念便成思辨理性底一個需要底客觀根據。否則，思辨理性底需要無客觀根據，只是一個空理念。依德文原文，此句很清楚，不知何故阿保特卻譯成那樣。

又查德文原文後一有＊號的語句是「使這後者（指必然存有說）亦因而成為可認識的」，「這」是單數，當然是指「必然存有」說；「因而成為可認識的」是因有較準確的界定而成為「可認識的」，這亦很清楚。可是康德無端於單數指示代詞「這」之後又加上個「後者」，遂使阿保特想這「後者」是指前句「其他諸存有」說，因此，遂據1791年版將單數「這」改為多數「這些」（阿譯有此註明）。因此，遂成「這樣界定之，便可使這些其他諸存有因著某種辦法而成為可知的」這樣於義理不通的譯法。1791年版指示代詞是多數，羅森克勞茲（Rosenkranz）與哈頓斯坦（Hartenstein）兩人讀為單數。案：讀為單數是。拜克譯如下：

「此概念需要被界定，而且，當『趨向於去擴張〔理性之能力〕』這種趨向被增加上時，它便是思辨理性底一個需要底客觀根據，此需要即是『更準確地去界定一必然存有之概念』之需要（此一必然存有將充作其他諸存有之最後的根據），因而亦就是『因著一種顯著的記號去特徵化這必然的存有』之需要。」

案：此譯於前一有＊號的語句亦是把「擴張」轉成動詞，補上「理性之能力」以爲受詞，此可，但是亦把「來到它身上」轉譯成「被增加上」，此亦隱晦。「被增加上」是被增加到這概念上，如此，亦可合原意。於後一有＊號的詞句，則是意譯，但甚好。因爲原文「可認識的」（kenntlich）一詞可令人生誤會。

288　　　　另一方面，純粹實踐理性底需要則是基於這一義務，即：「使某種東西（圓善）作爲我的意志之對象，這樣，便可用我的一切力量去促進它」這一義務；在此情形下，我必須假設圓善底可能，因而結果也就是說，亦必須假設「對於它的可能爲必要」的那些條件，此即上帝、自由、以及靈魂不滅是；因爲我不能以我的思辨理性來證明這些，雖然我也同樣不能以我的思辨理性來拒絕它們。這一義務是基於這樣的某種東西上，即：「此某種東西實完全獨立不依於這些假設，而其自身又是必然地確定的」這樣的某種東西上，此即是說，這一義務是基於道德法則上；至此爲止，這一義務它要想在一最圓滿的樣式中約束我，使我依對於法則之無條件的服從而活動，它亦不需要有如此之進一步的支持，即因著關於「事務之內部的構造，世界秩序之秘密的最後目的，或指揮這世界的那統治者」之知解的意見〔想法〕而來的進一步的支持。但是這道德法則底主觀結果，即是說，那「服從於這法則」而且「因著這法則而被致成爲必然的」那心靈意向，意即「去促進這實踐地可能的圓善」的那心靈意向，它至少預設「這圓善是可能的」，因爲去追求一個「在根底上是空洞的，而且無對象與之相應」這樣的概念之對象，

這必是實踐地不可能的。現在，上面所提到的那三個設準只是有關
於圓善底可能之物理的或形上的條件；總而言之，一句話，就是只
有關於那些「處於事物之本性中」的條件；但是，其有關於圓善底
可能之物理的或形上的（處於事物之本性中的）條件，不是爲一隨
意的思辨目的之故而有關於它們，但只是爲一純粹的理性意志之一
實踐地必然的目的之故而有關於它們，此一理性的意志在此情形中
並不是選擇一不可搖動的理性之命令，但只是服從一不可搖動的理
性之命令，此理性底命令之基礎是客觀的（依事物底構造或本性，
即如「事物必須普遍地爲純粹理性所判斷」這樣的事物之構造或本
性，而爲客觀的），而且它並不是基於性好上；因爲我們決無理由
爲「我們只是在主觀的根據上所願望的東西」之故而認定「達至這
所願望的東西之工具〔手段〕是可能的」，或認定「這所願望的東
西之對象是眞實的」。因此，這一需要〔即：純粹實踐理性基於義
務而來的需要〕是一個絕對必然的需要，而它所預設的不只是被證
成爲一個可允許的假設，而且在一實踐的觀點中被證成爲一個設
準；而由於承認純粹道德法則當作一個命令（不是當作一個愼審底
規律）不可動搖地約束每一人，是故有正義的人便可以說我意願：
（一）須有一上帝，（二）我在此世界中的存在亦須是在物理原因
底鍊索之外的一個存在，而且是在一純粹的知性世界中的一個存
在，最後，（三）我的延續〔久歷〕須是無底止的〔無盡的〕；我
堅固地持守此意願，我將不讓此信仰脫離了我；因爲單只在此情形
中，我的興趣〔事業〕（因爲我必須不要放鬆這興趣或事業上的任
何事），始不可避免地決定我的判斷，而不須顧及那些詭辯，不管
我是如何地不能夠以其他更爲巧妙的〔或更像是有理的〕詭辯來答

289

覆那些詭辯或去反對或對抗那些詭辯〔註〕。

〔註〕：康德在此有底註云：

在1787年2月份《德國博物館學報》裡有一篇學位論文，爲一十分精敏而又頭腦清晰的人所作，此人名叫陶馬斯・魏茲曼（1759-1787），他最近去世，他的早年逝世甚堪悼惜。在此論文裡，他爭辯是否有這權利，即：「從一需要辯論到此需要底對象之客觀實在性」之權利，而且他以戀愛的人爲例來說明此點，此戀愛的人，由於他以一個「只是其自己的腦筋之空想」的「美之理念」來愚迷其自己，是故他必樂意斷定說：這樣一個對象實存在於某處。在「需要基於性好」的那一切情形處，我完全同意他之如此辯論。性好不能必然地設定它的對象之存在，甚至對於爲此對象所影響的人它亦不能必然地設定之，它亦不能含有一要求對每一人皆有效，因此，它只是願望底主觀根據。但是，在現在的情形中，我們有一**理性底需要**，即：從「意志之一客觀的決定原則即道德法則」而湧現出的「**理性底需要**」，此理性底需要必然地約束每一理性的存有，因此，它可以使理性的存有有理由在自然中先驗地認定那些「適當於它〔理性底需要〕」的條件，並且它使這些條件與理性之完全的實踐使用不可分離。「去實現圓善實現至我們的力量之極致」這乃是一義務，因此，「盡我們的力量之極致去實現圓善」這必須是可能的，因而結果也就是說，「去認定那東西，即：『對此圓善底客觀可能性爲必要』的那東西」，這對世界中每一理性的存有而言，亦是不可避免的。這種認定其爲必然一如道德法則之爲必然。單在與此道德法則相連繫中，這種認定才是妥當有效的。

290

在「使用一個如此不尋常之概念就像純粹實踐理性底一個信仰　290
之概念那樣不尋常」中，要想不要有誤解，且讓我去增加多一點的
解說。這看起來幾乎好像是這個理性的信仰在這裡眞要被宣稱爲其
自身就是一個如此之命令，即：「我們必須認定圓善爲可能」這樣
一個命令。但是一個被命令的信仰是無意義的。但是，茲須記住先
前關於「圓善之概念中所需要被設定的東西」所作的分析，記住
已，將可見以下之情形，即：「去認定這種可能（即：圓善之可
能）」這是不能被命令的，而且亦沒有實踐的心靈意向需要去承
認：「認定這種可能」爲可被命令；但思辨理性卻必須用不著被請
求即須承認「去認定這種可能」，因爲沒有人能夠肯定說：「世界
中理性的存有必應在服從於道德法則中同時值得有幸福，而且亦比
例地〔相稱地〕得有這幸福」，這在其自身便是不可能的。現在，
在關於圓善底第一成分中，即關於那「有關於道德性」的成分中，
道德法則只給與一命令，而去懷疑這個成分底可能必等於懷疑道德
法則之本身。但是，就那個對象〔即：圓善〕底第二成分，即：　291
「圓滿地比例於那價值性」的幸福這一成分說，則實無需一命令以
去承認其可能，因爲知解理性並沒有說一點什麼東西來反對它；但
是這樣式〔或路數〕，即：「我們於其中或所依以去思議自然底法
則與自由底法則之相諧和」的那樣式〔或路數〕，其中有某種東
西，關於此某種東西，我們可有一「選擇」〔一抉擇的自願、一自
主的決定〕，因爲知解理性關於此某種東西不能以必然確定性決定
什麼事，而就此點而言，則可有一道德的興趣〔事業〕以扭轉這形
勢。

　我上面已說：在世界中一純然的自然行程裡，幸福與道德價值

間的準確相應是不能被期望的,而且必須被視爲是不可能的,因此,圓善底可能性從這一方面說不能被承認,除基於一道德的「世界創造者」之設定上。我有意地把「這個判斷之限制──限制於我們的理性之主觀條件」之限制保留待後,乃爲的是此誠信之樣式須更準確地被界定,在此步未作到以前,不要去使用這限制。事實是如此,即:這所涉及的〔所提到的〕不可能只是主觀的,即是說,我們的理性見出:去使依照這樣不同的〔異質的〕法則而發生的兩組事件間的一種連繫,一種「如此準確地相對稱而又如此徹底地適合於一目的」這樣的連繫,在一純然的自然行程之路數裡爲可思議,這對於它〔理性〕乃是不可能的;然而就自然中那「適合於一目的」的每一其他東西說〔就自然中每一其他**合目的**的東西說──依拜克譯〕,理性卻並不能證明,即並不能因著充分的客觀理由而展示,說:「適合於一目的」的其他東西不是依普遍的自然法則而爲可能的。

但是,現在,另一種裁決原則開始起作用以扭轉「這種思辨理性底不確定性」中之局勢。「去促進圓善」這個命令是在一客觀基礎上(在**實踐理性**中)被建立起;而一般地說的「圓善之可能性」亦同樣建立在一客觀基礎上(建立於**知解理性**中,此知解理性沒有說什麼東西以反對它)。但是,理性不能客觀地裁決:我們要依什麼路數去思議這個可能性,是否是只因著普遍的自然法則而用不著那「指揮自然」的一個明智的創造者即可思議之,抑或是只有依據這樣一個創造者之假設始可思議之。〔但是關於「這個可能性所依以被思」的樣式,理性不能客觀地裁決是否它是因著普遍的自然法則而被思而用不著那指揮自然的一個明智的創造者,抑或是只有依

據這樣一個創造者之假設始能被思。──依拜克譯。〕現在，在這裡，理性底主觀條件參加進來了，這理性底主觀條件，對於理性而言，是「思議自然王國與道德王國間的準確諧和」之唯一理論地〔知解地〕可能的道路（兩王國間的準確諧和是圓善底可能性之條件）；而同時，它亦是唯一「對於道德性有傳導力」的一個道路（道德性依靠於理性底客觀法則）。現在，**因為**這圓善底促進，因而也就是說，它的可能性之設定，是客觀地必然的（雖然只作為實踐理性之一結果），而同時又**因為**我們所依以「去思議這圓善為可能」〔譯註〕的那樣式或路數是繫於我們自己的**選擇**〔自主的裁決〕，而在此**選擇**〔自主的裁決〕中，純粹實踐理性底一種自由的興趣〔事業〕是對於一明智的世界創造者之認定作裁決的〔有裁決作用的〕，**因為**是如此云云，**所以**那是很清楚的，即：「在這裡決定我們的判斷」的那原則，雖然當作一種需要看，它是主觀的，然而同時由於它是「促進那是客觀地（實踐地）必然的東西者〔即：圓善〕」之手段，是故它亦即是道德觀點中的「一個誠信底格準」之基礎，即是說，它是純粹實踐理性底一種信仰。依是，**這信仰不是被命令的**，但**由於**「去認定那個存在〔意即：上帝之存在〕並去使那個存在為我們的理性之進一步的使用之基礎」是我們的判斷之一自願的決定，是對於道德的（被命令的）目的有傳導力的，並進而且可與理性底知解的需要相諧和，**由於**是如此云云，**是故這信仰**認其自己為從心靈底道德意向而湧現出者；因此，縱使在好性情的人身上，它亦可以時常搖動而不穩，但它卻從不能被化歸於無信仰。〔由於「去認定那個存在〔意即：上帝之存在〕並去使那個存在為我們的理性之進一步的使用之基礎」這乃是我們的判斷之一自

願的裁決，它對於道德的〔被命令的〕目的有傳導作用，並進而且
可與理性之知解的需要相契合，是故那**信仰本身**不是**被命令的**，它
勿寧是從**道德意向本身**而湧現出。因此，縱使在好性情的人身上，
它亦可時常搖動而不穩，但它卻從不能落於無信仰中。——依拜克
譯。〕

〔譯註〕：「**爲可能**」三字依拜克譯補，阿保特譯無。

293　IX 人的認知機能對於人的實踐的**使命**之明智的〔**明善的**〕適
　　　應〔人的認知機能對於人的實踐的**天職**之明智的（**明善**
　　　的）適應——拜克譯〕

　　如果**人的本性**是注定要努力去追求圓善，則我們復亦必須設
定：人的本性底**認知機能之定度**〔限度〕，特別地是這些認知機能
底相互關係，是**適合於這目的的**。現在，《**純粹思辨理性底批判**》
已證明：思辨理性是完全不能滿意地解決那些置於它面前的最重大
的問題，雖然它並非不理那些「來自這同一理性」的自然而重要的
暗示，亦非不理「它所能作的去接近那置於它面前的偉大目標」的
重大步驟（去接近那偉大目標，但是思辨理性卻從未能以其自身即
達到此目標，甚至以最大的自然知識之助亦從未能達到之）。依
是，大自然，在這裡，似乎是只以**繼母的樣式**來供給我們以所需之
機能——在我們的目的上所需要之機能。

　　現在，設想：在此事上，大自然已符合於我們的願望，並且已
把那**辨識之能力**或我們所喜歡具有的**那種啓蒙**，或某些人幻想他們

所實有的那種啓蒙〔那種**開明之力**〕，給與於我們，〔設想是如此〕，則盡一切可能將有什麼結果出現？除非我們的**全部本性**眞已同時起了變化，否則我們的性好（此是首先說話者）必首先要求它們自己的滿足，並且與理性的反省相連，在幸福之名下，要求最大可能而且最長久的滿足；道德法則必繼之說話，爲的是要把諸性好 294 限於它們自己適當的範圍內，甚至把它們隸屬一較高的目的上，此一較高的目的決不注意及性好。但是，設無那種衝突，即：道德意向現在與性好相對抗的那種衝突（在此衝突中，雖然有些挫折，然經過這些挫折後，心靈之道德的強力可以逐漸被獲得），則代之而起的必是：**上帝**與**永恆**以其**可怕的威嚴**必應不停止地立於我們的眼前（因爲我們所能圓滿地證明之者其對於我們之爲確定一如爲我們的眼見所確實者之爲確定）。法則之違犯無疑可被避免；那被命令的東西亦可被作成；但是，心靈的意向（由此意向行動應可進行）卻不能爲任何命令所注入，而在此情形中，行動底靴刺〔刺激〕必總是在活動著〔在呈現著〕，而且是外在的，這樣，則理性無需盡其全力以便因著法則底尊嚴之一生動的表象去凝聚強力以抵抗這性好；因此，大部分符合於法則的行動必只是從**恐懼**而作成，一小部分則只從**希望**而作成，但卻無一是從**義務**而作成，而行動之道德價值必不存在（在最高智慧之眼中，人格之價值甚至世界之價值單只依靠於這道德價值上）。這樣，只要當**人底本性**仍**如其所是而不變**，則他的行爲必變成是**純然的機械**，在此機械中，就像在一木偶戲中那樣，每一事都做作得很好，但在木偶中卻沒有生命。

　　現在，既然在我們完全不如此，既然以我們的理性之一切努力，我們對於未來亦只有一十分隱晦而可疑的透視，既然世界底統

治者只允許我們去**猜測**祂的存在以及祂的威嚴，並不允許我們**清楚地去看**祂的存在與威嚴或**去證明**祂的存在與威嚴；而另一方面，在我們之內的道德法則，它沒有以任何確定性的東西**許諾我們**或**威嚇我們**，它要求我們對之有一種**無私的尊敬**；而只有當這種尊敬成為主動的而且是主宰的，這尊敬始允許我們因著它而對於**超感觸者之世界**有一展望〔透視〕，而這展望是只以**微弱的一瞥**而展望之；只有這一切是如上所說時，始有一**真正道德意向**之餘地（此道德意向是直接的致力於法則者），而一理性的被造物〔理性的存有〕始能成為**值得來分享這圓善者**，此圓善是與他的**人格之價值**相對應，而不只是與**他的行動**相對應。

這樣，自然底研究以及人底研究在別處所充分地教導我們者在這裡亦可同樣是真的；而「吾人所依以存在」的那**不可究測的智慧**其在其所否決者方面之值得讚美並不亞於其在其所賜與者方面之值得讚美（意即：就其所賜與於吾人者方面說，祂固值得讚美，即就其所否決於吾人者方面說，祂並非不值得讚美）。

　　〔**以上兩段，拜克譯如下：**

但是，這在我們卻完全不同，以我們的理性之一切努力，我們對於未來也只有一十分隱晦而模稜的透視；世界底統治者只允許我們去猜測祂的存在與威嚴，並不允許我們**去看**或**清楚地去證明**祂的存在與威嚴；在我們之內的道德法則，它沒有以任何確定的東西來許諾我們或威嚇我們，它要求我們對之有一種無私的尊敬；**最後**，只有當這種尊敬已成為主動的而且是主宰的，它〔尊敬〕始允許我們對於超感性者之領域有一種窺視，雖然只是一瞥。只

有這樣，始可有一眞正地道德的**品性**，即直接地致力於法則的道德品性，而理性的被造物亦始成爲值得來分享這圓善者，即：分享那「相應於他的人格之道德價値而不只是相應於他的行動」的那圓善。

這樣，自然底研究以及人底研究在別處所已充分地**展示**者在這裡亦可同樣是眞的，**卽是說**，「我們所依以存在」的那不可測度的智慧在關於它所否決於我們者方面並不比在其所已賜與方面爲更少值得**尊敬**。〕

第二部　純粹實踐理性底方法學

　　所謂純粹實踐理性底方法學，我們不是把它理解爲這模式，即：「不管在研究中抑或在解釋中，爲得到純粹實踐原則之科學性〔學問性〕的知識而去進行〔從事於〕這些原則」這種「進行之」之模式，這種進行之模式是在別處理論的〔知解的〕哲學中所恰當地被名曰「方法」的那唯一模式（因爲普通知識需要一種「樣式」，而科學則需要一種「方法」，即是說，需要一種依照理性底原則而成的「程序」，單因此程序，任何一支知識底雜多始能成爲一系統。）反之，此處所謂方法學乃是被理解爲這樣的一種模式，即：在此模式中，我們能使純粹實踐理性底法則**接近**於「人的心靈」，並且**影響**於「人的心靈之格言」，那就是說，因著這種模式，我們能使客觀地實踐的理性成爲亦是主觀地實踐的。〔案：*如此界定的方法學即儒者所謂工夫論。*〕

　　現在「惟那些『能使諸格言成爲眞正道德的格言，並給與此諸格言一道德的價值』的意志之決定原則，即：惟直接的法則之觀念〔思想〕以及『遵守此法則以爲我們的義務』之客觀的必然性，始必須被視爲行動底眞正動力」，這一點是很夠清楚的。因爲，若不然，行動底合法性或可被產生出來，但是品格底道德性卻並不能被

產生出來。可是,「若說,甚至主觀地說:那種純粹德性底展現比
快樂之欺騙性的誘惑或一切算作幸福的東西之欺騙性的誘惑,或甚
至比痛苦或不幸之威脅,能有更多的力量以駕馭人心,並能甚至爲
結成〔達成〕行爲底那種合法性而供給一遠較爲強之動力,並能產
300 生一更爲有力的決心以去有取於法則(依對於法則之純粹的尊敬之
觀點而有取於法則),而不有取於任何其他的考慮」,這一點卻並
不夠淸楚,正相反,初看,這似乎對每一人是很不會發生的。可是
縱然如此,這一點卻是實情,而如果人性眞不是這樣被構成的,則
亦沒有「因著迂迴的路徑以及間接的勸告而呈現法則」這樣一種呈
現之模式將會產生品格之道德性〔意向之道德性〕。一切必只是純
然的僞善;法則必是被厭惡的,或至少亦是被輕視的,而當它被遵
循時,卻亦是爲自己的利益之故而被遵循。法則之文貌(合法性)
自會被見於我們的行動中,但是法則之精神(道德性)卻決不會被
見於我們的心靈中;既如此,然而由於以我們的一切努力,我們仍
不能在我們的判斷中完全不受理性之約束,所以我們必不可避免地
在我們自己眼中顯現爲是一無價值而又卑劣的人,縱使我們想在內
部法庭面前以享受快樂來爲此恥辱而補償我們自己,亦仍是無價值
而又卑劣的人,所謂以享受快樂來補償,這快樂是這樣的,即:一
假想的自然法則或神性法則可以被想像爲要把一種警察機關與此快
樂相連繫,此警察機關是因著那已被作成的事而規制其行動或工
作,而卻並不以關於作此事之動機來困擾其自己。〔因爲盡一切我
們的努力,我們仍不能在判斷中完全不受理性之約束,所以我們必
不可避免地在我們自己眼中顯現爲是一無價值而又卑劣的人,縱使
我們想在內部法庭面前以**縱肆於一切享樂**來爲此恥辱而補償我們自

己，亦仍是一無價值而又卑劣的人，所謂以縱肆於一切享樂來補償，此等**享樂**是這樣的，即：一假想的自然法則或神性法則在**我們的幻想**中可以被認爲要把**這享樂**與**合法性相連繫**，即：**因著一種警察機關**把它與合法性相連繫，這警察機關是以「我們所作的」來規制其行動或工作，而卻並不以「我們作此事之動機」來困擾其自己。──依拜克譯。〕

〔案〕：阮籍、嵇康輩脫落形骸，縱情酒色，即合法性（法則之文貌）亦不顧，所謂「禮豈爲我輩設耶？」此尚不失爲坦白。若樂廣云：「名教中自有樂地，何必乃爾？」若非眞至圓實之境，則此中即藏有一種幻想之文飾，即：幻想一假想之自然法則或神性法則可以將享樂與行爲之合法性相連繫，藉賴一種警察機關之作風來使享樂與合法性相連繫（依阿保特譯，是這自然法則或神性法則可以被想像爲把一種警察機關與此快樂相連繫，以之與快樂相連繫來使快樂爲合法，以警察不過問動機故，此雖稍略，亦通。）實則根本上只是縱情，並無眞正之道德。吾人並不能説王衍、樂廣之流能有「法則之精神」，只勉強可説只有其文貌而已，其所謂「樂地」亦非來自德性之樂也。後來若蘇東坡等唱言「順吾情即性，率吾性即道」，而又不敢公然違背名教，此則顯然是想幻想一自然法或神性法（道與性之誤解）來使縱情酒色之享樂具有合法性，以爲如此便可擠身於士君子之林而不以爲恥，而當時朝野亦自以士君子目之而不以爲

卑劣，如是，則以爲可逃脫内部良心法庭之裁判而怡然
自得，是真以享樂補償其恥辱者矣。實則縱使退一步言
之，以其生命有價值而值得曲諒，然亦只是文學上有價
值，而在道德上仍是無價值而卑劣者。焉能補償耶？彼
力反伊川之敬即淺露其底蘊，而康德之所說則正是伊川
之立場也。

　　「要想把一無敎養而低劣的心靈引入『道德的善』之軌轍中，
某種預備的指引是必要的，或以展望於其自己之利益而吸引之，或
以利益喪失之恐懼而警戒之 」，這層意思實不能被否決；但是即當
這種機械工作，這種引導線索，已產生某種效果時，我們即必須把
純粹的道德動力引至於心靈之前，此純粹的道德動力，不只是因爲
它是那唯一的能爲一品格之基礎者（所謂品格即是「依順於不變的
格言」的心靈之一實踐地始終一致的習慣），且亦因爲它敎導一個
人能去感到其自己之尊嚴，是故它能把一料不到的力量，甚至其自
己亦料不到的力量，給與於心靈，給與之以便去把一個人自己與一
切感觸的附著物拉開（當這些感觸的附著物想支配他時），並爲一
個人所供給的犧牲找到一豐富的補償，即在此人之理性的本性之獨
立性中以及在其見到其所分定到〔所順致到〕的靈魂之偉大中找到
一豐富的補償。因此，因著這樣如每一人所能作的觀察，我們將表
示說：我們的心靈底這種特性，這種接受一純粹的道德興趣之接受
性，因而結果也就是說，這純粹的德性概念之動力（當此德性概念
恰當地應用於人心時），便是一最有力的動力，而當論及對於道德
格言之連續而嚴格的遵守時，它復是善行之唯一的動力。但是，以

301

下一點必須記住，即：如果這些觀察只證明這樣一種情感之眞實性，卻並不表明因著此情感而被產生的任何道德的改進，如果是如此時，這亦並無論據足以反對「通過純然的義務概念之力量以使純粹理性之客觀地實踐的法則成爲亦是主觀地實踐的」這唯一的方法實存在著；它亦不能證明這方法是一無效的虛妄〔空洞的幻想〕。蓋因爲由於此方法從未成爲流行的時尙〔從未廣泛地被應用〕，是故關於此方法之結果，經驗是並不能說什麼的；一個人只能要求「對於這樣的動力之接受」這接受性之證明，關此諸證明，我現在將簡單地把它們呈列出來，呈列已，然後再把這方法，即：「建立並訓練或培養眞正的道德意向」之方法描畫出來。

　　當我們參與各式各樣的朋友所成的談話會時（這談話會不只是由有學問的人以及精細的理論家而組成，且亦由事業家與女人而組成），我們觀察出：除說故事及開玩笑外，他們間亦有另一種娛樂，此即辯論是；因爲故事，如果它們要有新奇與興趣，那它們不久便會說盡了，而開玩笑亦同樣容易變成乏味。說到辯論，一切辯論中，沒有一個辯論比關於「某人底品格所因以形成」的這個或那個行動底道德價值的辯論更爲那些「覺得任何其他精微的討論皆沈悶乏味」的人們所樂於參與，亦沒有一個辯論比關於行動之道德價值的辯論帶來更多的生動活潑給朋友。人們，即：「在其他情形中理論問題中的任何精微而思辨的東西對之皆是乾燥而令人厭倦」的那些人們，當這問題是要去作出那已被關涉到〔被詳說到〕的善行或惡行之道德的意義時，他們立刻即參與其中，並且在想出任何「足以減小行動中的目的底純淨性，因而亦就是說，減低行動中的德性底等級性」的東西中，他們又表現了準確、精細「明察」，以

302

及巧妙，此則在任何其他思辨中我們所不能期望於他們者。在這些評論中，對於他人作判斷的人們常是顯露了他們自己的性格：有些人在實行他們的裁判任務時，特別是在實行其關涉於已死之人的裁判任務時，似乎是主要地傾向於去維護那關涉於這件行事或那件行事的善性以反對一切有害的挑剔即關於不誠實底有害的挑剔，而最後總歸於去維護此人之全部道德價值以反對對於「虛偽與秘密的邪惡」之非難；另一些人則正相反，他們把他們的心思更轉向於攻擊此價值，即：因著責備與挑剔〔吹毛求疵〕而攻擊此價值。但是，我們不能總是把這意向，即：「全然駁除德性於一切人類的行為範例之外，以便使德性為一空名」這種意向歸給後一類人；正相反，他們的挑剔時常只是很有意義的嚴格，即：在「依照一不可通融的法則以決定行動之真正的道德意義」中之很有意義的嚴格。與這樣一個法則相比較（不是與範例相比較），這種比較大大地降低了道德之事中的自大，它不只是教人謙卑，且使每一人皆實感到謙卑，當每一人真切地檢查其自己時。可是縱然如此，我們亦能大體在那些「維護特定範例中的目的之純淨性」的人們中觀察出以下一點，
303 即：當某處發生關於正直底推定時，他們急想移除那污點，即使是最小的污點他們亦急想移除之，蓋怕如果一切範例其真誠性皆須被爭辯，又如果一切人類的德性之純淨性皆真被否認，則人類的德性終於可被視為是一純然的妄想，因而去達成德性的一切努力亦必被輕視為徒然的做作〔矯飾〕與虛妄的自大。

我不知教育青年者為什麼好久以來不曾使用理性底這種傾向以快樂之心情去進入那些被堆起的實踐問題之最精微的考察；而且我亦不知在首先奠下一純粹地道德的「問答教授法」之基礎以後，他

們為什麼不曾通過古時以及近時底傳記，以就近得有事例即關於
「所已置下」的義務底事例之目的，來作研究〔或探索〕（在這些
義務底事例中，特別是因著不同情況下的諸相似的行動之比較，他
們可以操練他們的學生之批評的（道德的）判斷力，即：依注解或
注錄這些相似的行動之較大或較小的道德意義而操練其學生之批評
的判斷力）。此種研究乃實是這樣一種事，即：在此事中，教育青
年者必可見到：即使是很年青的青年，在關於其他種類的東西之思
辨上尚仍未成熟者，必會即刻變成十分敏銳而且很有興趣，因為這
些很年青的青年已感到他們的判斷能力之進步；而那最重要的事便
是教育青年者能自信地希望：「知道並且贊許善行之全部純淨」這
種知道與贊許之經常的練習，以及另一方面，「以遺憾或輕蔑來注
錄那些越軌的行動，甚至是最小的越軌的行動〔越出善行〕」這種
注錄之經常的習行，雖然這種經常的練習或習行可以只當作一種遊
戲，即「兒童於其中可以互相競爭」的遊戲，然而它將對於尊敬這
一面而厭惡另一面〔給青年〕留下一持久的印象；而這樣，因著
「注視行動之為值得贊許抑或值得責備」這種注視之純然的習慣，
一個好的基礎必可為〔青年之〕將來的生活行程中的正直而置下。
不過，我願望教育青年者割愛那些所謂高貴的〔有非凡功績的〕行　304
動之範例（此種範例熱情的著作中多有之），而把一切事讓它們只
關涉到義務，以及只關涉到「一個人在其自己眼中所能給與於而且
必須給與於他自己」的那價值，即：因著「不要違犯義務」之意識
所能給與於而且必須給與於他自己的那價值。蓋因為凡是急想馳入
空洞的願望並渴望一不可企及的圓滿者皆必只產生傳奇中的英雄，
這些英雄，當他們依其「超越的偉大」之感而自誇自負時，他們轉

而便解除了對於普通而日常的義務之遵守，如是，這些日常的義務
對於他們似乎是瑣碎而無意義的〔註〕。

> 〔註〕：康德於此有底註云：
> 去頌揚那些「表現一種偉大的、無私的、同情的心靈或仁慈」
> 的行動，這自是十分恰當的。但是在這種情形中，我們必須不
> 要太多注意於「靈魂之高舉」，就像我們注意於「心靈之服從
> 于義務」那樣多，所謂「靈魂之高舉」是十分迅速而流轉的，
> 而從「心靈之服從於義務」處，一較爲持久的印象可以被期
> 望，因爲「服從於義務」函蘊著原則，而「靈魂之高舉」則卻
> 只函蘊著沸騰奔放。一個人只需要稍加一點反省，而他亦將總
> 是見到一種負債〔虧欠〕，此負債是他〔說大話的英雄——依
> 拜克譯〕因著某種手段對於人類種族所引起者，（即使只如
> 此，然而因著城市憲法中人之不平等，他亦享受了很多的利
> 益，因爲他的享受之故，旁人必更多虧乏），此種負債之感將
> 可使**義務**之思想不因著自得自滿的「**功績**之想像」而被壓抑。

但是，如果問：然則什麼東西眞正地是純粹的道德，以此純粹
的道德作爲試金石，我們必可檢驗每一行動之道德的意義，假定如
此問時，則我必須承認：那只有哲學家始能使此問題之裁決成爲可
疑的，因爲就常識而言，那是早已被裁決了的，其被裁決，實在說
來，不是因著抽象的一般公式而被裁決，但是因著習慣的使用而被
裁決，就像左右手間的區別那樣。因此，我們將首先在一範例中指
出純淨德性之標準，繼之，試想像這範例是被置於一少年例如說十
305 歲大的少年之前，讓他來判斷，如是，我們將見他是否即以其自己

而無其教師來指導便可必然地如此判斷。設有一正直的人,人們想
說服他去參加對於一無罪而又無力的人施誣告(例如說安尼保萊
Anne Boleyn 為英國亨利第八所控告),試將這一正直底歷史告知
那個十歲大的少年。人們以諸多利益,偉大的禮物,或高級的職
位,供給那個正直的人;但是這正直的人拒絕了這一切利誘。這一
點將只在聽者底心靈中引起讚許或喝采。現在,復開始喪失之威
脅。在這些誹謗者之間,有些是此正直的人之最好的朋友,他的這
些最好的朋友現在要與他斷絕朋友關係;復有些是他的親近的親
戚,他的這些近親威脅他要剝奪他的繼承權(因此他將無財產);
復有些是有權勢的人,這些有權勢的人能在一切地與一切境況中來
迫害他與折磨他;復有一王子,此王子以自由之喪失,甚至生命之
喪失,來威脅他。如是,為使「忍受痛苦」之忍受度充其極,以便
他可以感覺到這樣的痛苦,即:「只有道德地善的心靈始能十分深
切地感覺到之」這樣的痛苦,讓我們設想他的家族以極端的窮困與
貧乏來威脅他,懇求他讓步或投降;設想他自己,雖然是正直的
人,然而其情感並非是剛性的或無感的〔麻木的〕,即:對於他人
的同情或對於其自己的災難並非是剛硬的或無感的;設想他,我
說,在當他想他決不願活著去看到「把他暴露於這樣不可言喻的痛
苦中」的那一天,正在他這樣想的那一剎那中,他猶存有忠誠於
「其目的之正直」,無有搖動,或甚至亦無疑慮;如是,我的年少
的聽者他漸漸從只是讚許上昇到仰慕,從仰慕上升到驚異,而最後
復上升到最大的尊敬,復上升到一生動的願望,即:「其自己亦能
成為這樣的一個人」的願望(雖確然不是在這樣的境況中)。但是
在這裡,德性是有如此多之價值只因為它值如此多而然,並不因為

它帶來什麼利益而然。一切讚美〔仰慕〕，甚至一切努力去求類似
於這種品性，皆完全基於道德原則之純淨，此道德原則之純淨只能
因著「從行動底動力中把那人們可視之爲幸福之部分的東西皆移除
去」而顯著地被展示出。依是，道德性，它若更純淨地被展示，它
即必有更多的力量以駕馭人心。從此隨之可說：如果道德底法則以
及神聖性與德性底形象要想畢竟能表現任何影響力於我們的靈魂
上，則它們之能如此是只當它們以其純淨性，作爲動力，即不夾雜
以「任何意在於福利」的動力，而被安置於心靈上，始可，因爲那
正是在忍受痛苦中，它們始最高貴地表現了其自己。現在，一種成
素如若其被移除足以加強動力之效果，則它必曾經是一障礙；結
果，凡從我們自己的幸福而來的任何「動力之混雜」皆是對於「道
德法則之影響於人心」的一種障礙。我們更可進一步肯定：甚至在
那種被仰慕的行動中，如果「此行動所由之以被作成」的動力是一
高度的尊重於義務，則正是這尊敬法則它才對於旁觀者底心靈有最
大的影響，而並不是任何虛偽的要求，要求一設想的「心靈之內部
的偉大或高貴的功績熱情」，它對於旁觀者底心靈有最大的影響。
結果，我們可說：義務，並不是功績，它必須不只對於心靈有最確
定的影響，而且當它依其不可侵犯性之眞相而被表象時，它且對於
心靈有最深入〔最滲透〕影響。

　　當人們希望以柔性的、和善的情感，或昂揚的、誇奢的虛偽要
求（此種情感或要求實只枯萎了心靈而並不能加強心靈）來在心靈
上產生更多的結果，即比通過**平易而眞摯**的「義務之表象」（此則
比較適合於人類的不圓滿以及適合於繼善進德）去在心靈上產生更
多的結果，當人們如此希望時，則在我們的時代把注意指向於這種

方法（即：上文所說之在範例中指出純淨德性之標準之方法）是比
任何時代更為必要的。「去把那種叫做高貴的、豪爽的、有功績的
行動，當作一種模型，置於兒童之前，以此置於其前，且連同著魅
惑他們之觀念，即：因著『注入熱情以熱中於這樣的行動』來魅惑
他們，這種魅惑之觀念，而把那行動當作模型置於其前」，這種辦
法正足以挫折了〔毀敗了〕我們的目的。蓋由於他們在遵守日常的　307
義務中，甚至在對於此日常義務之正確的估計中，仍然尚是如此之
落後而遲鈍，是故這種辦法簡單地說來，只是使他們即刻成為**幻想
的荒唐人**。但是：即使就那已受教導而且有經驗的一部分人而言，
這種設想的動力，如果它不是有害的，它至少在心靈上亦無眞正的
道德結果可產生，可是，這眞正的道德結果卻正是那設想的動力所
想要去產生者（實則它是產生不出來的）。

　　一切**情感**，特別是那些「產生不平常的努力」的**情感**，它們必
須正在其頂盛〔極有勁力〕時，以及在其沈靜下來之前〔意即：在
其尚未沈靜下來之時〕，完成其結果；不然，它們產生不了什麼
事；蓋由於不曾有什麼東西足以加強心靈，但只去激起心靈，是故
激起後，我們的心靈自然地又轉回其正常的溫和狀態，因而復回到
其以前的沈悶無力之狀態。**原則**必須被建立於義理上；在任何其他
基礎上，那只能有**激情發作**，此種激情不能給人以道德價值，不，
甚至亦不能給人以自信，可是設無這種自信，人之**最高善**〔案：**此
不指圓善說**〕，人之**心靈**與**品格**底**道德性**之意識，決不能存在。現
在，如果這些義理要成為**主觀地實踐的**，則我們必不要以「讚美客
觀的道德性之法則，並在涉及『**人類一般**』中高度地尊崇此法
則」，為滿足，且須在關聯於作為**一個個體**的人中來考慮對於此法

則之想法，如此考慮已，則此法則即在一「實是高度地值得尊敬」之形式中顯現，但它卻並不顯現爲如此之可愉悅好像它是屬於這樣的一種成素，即：「此作爲個體的人所自然地習慣之」的一種成素，正相反，它卻顯現爲時常地強迫這作爲個體的人去離棄這樣的成素，此並非無自我否決者，並亦強迫這作爲個體的人去把他自己委身於一較高的成素，在此較高的成素中，此作爲個體的人只能以**艱苦努力**並以**不停止的戒懼**，戒懼乎退墮（退墮而重歸於原狀，重返於其所離棄之前一成素），來維持其自己。總之，道德法則要求

308 從義務而來的遵守，並不是要求從嗜好而來的遵守（道德法則之要求被遵守是要求依義務而被遵守，並不是要求依嗜好而被遵守），嗜好不能亦不應被預設。

現在讓我們在一個例子中看看一個高貴而慷慨的行動之想法是否比「這行動只在關聯於莊嚴的道德性之法則中被思議爲義務」有更多的主觀的動力。這樣一種動力，即：「因此行動一個人力想冒自己生命之危險從一失事的船中營救人民，而最後終於在此企圖中喪失其生命」，這種行動，一方面它固可算爲是一種義務，但是另一方面大部分它是被算作一有功績的行動，但是，〔在此後一種情形中〕，我們的尊敬此行動之尊敬是大大地爲此人之「對其自己的義務」之概念所減弱，其「對其自己的義務」之概念在此情形中似乎是多或少被侵害了的。爲一個人的國家底安全之故而慷慨犧牲性命，這是更爲果決的；但是，「自動地而且沒有被指使地去盡力或獻身於此目的，這是否是一完全的義務，而這行動自身是否沒有充分的模型力量以及去模倣此模型之衝動」，關於這些，仍猶有疑慮。但是，如果所論的是一不可免的〔不可撓屈的〕義務問題，違

犯此義務其自身即冒瀆了道德法則而無須顧及人類之福利，而且好像是亦即蹂躪了道德法則之神聖性（此種義務經常被名曰對於上帝的義務，因爲在上帝中，我們思議神聖性之理想爲在實體中），如果是如此云云時，則我們即把我們的最圓滿的尊敬給與於「此義務之追求或履行」，即：在「犧牲一切那些在最親愛的〔最珍貴的〕性好上有任何價値的東西」中「義務之追求或履行」，而且我們見到我們的靈魂是因著這樣的範例而被加強而且被提升，當我們因著默想此範例而使我們自己確信：人性是能夠有這樣偉大的一種提升，提升於「大自然所能以之以反抗此範例」的每一動力之上時。猶文納（Juvenal）依一「逐漸加強而達於頂點」之法描述這樣的一種範例，此範例可以使讀者很生動地感到那含在義務（作爲義務的義務）之純粹法則中的動力之力量，其描述如下：

應作一好的士兵，一好的監護人，亦同樣應作一公正的法官；如果有時你被招請來去對於一可疑而不確定的案件作證人，雖然法拉利（Phalaris, tyrant of Agrigentum）要求你說假話〔虛假地作證〕，而且把他的銅牛刑具〔類似紂王之炮烙〕擺在你眼前威脅你，命令你作假誓，你也應當認定「偏愛生命而不顧羞恥，爲愛惜自己的生命之故而喪失了生存之理由」，這是極端地錯誤的。 309

〔案〕：猶文納此文原是拉丁文，阿保特譯凡拉丁文皆不譯。蓋西方老一輩的學者皆通曉拉丁文。斯密士譯《純粹理性底批判》，於拉丁文亦不譯。吾曾請一位意大利的友

人梅文健先生代譯為英文。上譯文是根據他的英譯而譯
成。

拜克譯則錄一英譯，當如下譯：

「應作一剛勇的士兵，一忠實的監護人，一不腐敗的法
官；如果你被招請來在一可疑而不確定的案件中作證，雖
然法拉利把他的銅牛刑具擺出來，而且指揮你作一假誓，
你也應當把『偏愛生命而不顧榮譽，為活著之故而喪失那
一切使生命值得活著者』算為一切罪惡中之最大的罪
惡。」

拜克註明此文見於猶文納《諷刺集》Ⅷ，79-84， 為 G.
G. Ramsey 所譯，見 Loeb 古典叢書。

只要當我們把「任何諂媚性的功績思想」帶進我們的行動中
時，則動機即早已多或少夾雜之以自私，因而亦有從感性邊而來的
某種參助。但是，「去把任何別的東西置於義務底神聖性之後〔置
於次要的地位〕，而且去意識到我們之所以能如此置，是因為我們
自己的理性承認如此置乃為理性自己所發的命令，並且說我們應當
去如此置」，這一點，如其所是，好像是要去把我們自己全然升於
感取世界以上，而且有一法則之意識不可分離地含在此提升中〔此
提升是不可分離地呈現於法則之意識中──依拜克譯〕，而此法則
之意識是當作一種「控制感性」的機能之一動力看者；而雖然此一
動力並非總是伴隨之以結果，然而經常的用心或致力於動力，並且
初步小小的嘗試──嘗試使用此動力，這便可給以希望，即：希望
這結果可以被作成，並希望逐漸這結果中之最大的而亦仍是一純粹

地道德的興趣可以在我們身上被產生出來。

這樣，我們的方法是取以下之程序。首先，**第一步**，我們只關心於去使「依道德法則而判斷行動」成為一**自然的事情**（此自然的事情乃伴同之以「一切我們自己的自由行動以及對於他人底自由行動之觀察」者），並且去使此判斷好像是要成為一種**習慣**，並且為使此判斷力銳利故，我們首先問：此行動是否**客觀地**符合於道德法則，如其符合之，則符合於什麼法則〔那一種道德法則〕；因此一問，我們把那只供給一「責成之原則」的法則與那「實際上〔事實上〕是責成的」之法則區別開；舉例來說，例如那關於「人們的需要所要求於我者」之法則，是與那關於「他們的權利所要求者」之法則相對反的，此後者之法則規定本質的義務，而前者之法則只規定非本質的義務；而這樣，我們可教人如何去分別那「在同一行動中相會合」的不同種類的義務。我們的注意所必須指向的**另一點**便是這問題，即：這行動是否亦**主觀地**為道德法則之故而被作成，如其然，則此行動不只是當作一**行事**而為道德地正確的，且因著「它所依以被作成」的那格言〔格準〕，它復當作一**意向**而有道德的價值。現在，「這種練習工夫，以及在只判斷實踐的事件中我們的理性之有成效的培養，必逐漸產生某種一定的興趣，甚至有興趣於理性底法則，因而結果亦就是說，有興趣於道德地善的行動」，這裡並無可疑處。因為我們最後終於愛好一種事，對此事之默識可以使我們感到我們的認知機能之使用是被**擴張了**的，而此種擴張特別是因著那「我們於其中找到道德的正確」的東西而被**推進了**一步，因為只有在這樣的事物之秩序中，理性，連同著其「依照原則而先驗地決定那所應當被作成者」這決定之之能力，始能找到滿足。一個

310

自然底觀察者最後終於喜愛那「起初觸犯其感性活動或作用」的對象，當他在此對象中發見了此對象之組織十分適合於設計時，既有此喜愛，則他的理性遂在其默察中找到了滋養。因此，來布尼茲饒了一個他曾以顯微鏡仔細考察過的昆蟲，並把此昆蟲重放在樹葉上，因爲他已因著觀察此昆蟲而見到他自己已受到了教導，好像是他已從那昆蟲裡接受到一種利益似的。

但是判斷底機能底這種使用（此使用使我們感到我們自己的認知能力）尙不是有興趣於諸行動以及諸行動底道德性自身。它只使我們在從事於這樣的評判〔判斷〕中取得快樂，它並把一種「**美底形式**」給與於德性或給與於那「符合於道德法則」的心靈意向，此美底形式是可欣羨的，但並不因其可欣羨，它便是被尋求的（被讚美與被渴望的）。此種使用好像這類事情一樣，即：此類事之默識可以主觀地產生一種「我們的諸概想力或諸表像力底諧和」之意識，並且在此事中，我們感到我們的知識機能之全部（知性與想像）已被強化。它既好像這一類事情，所以它可產生一種滿足，此滿足亦可傳通於他人，可是縱然如此，「**對象之存在**」對於我們可仍是不相干的，蓋由於對象之存在只被看成是一機緣，即：「我們之能覺知我們的才能」之機緣，這些才能是被升舉在純然的動物性之上者。

但是現在，**第二步的訓練**開始進來了。這第二步的訓練就是因著範例而來的品格底道德性之生動的展示，在此生動的展示中，我們的注意是指向於**意志之純淨性**，這純淨性首先是只當作一**消極的圓滿**而被注意，即：只當在一「依義務而被作成」的行動中沒有性好底動力在決定此行動中有任何影響，只當如此時，意志之純淨性

便是只當一消極的圓滿而被注意。因著此種意志之純淨性，生徒〔受訓練者〕的注意力是被固定於「他的自由」之意識上，雖然這種性好之棄絕在開始時可引起一痛苦之感，可是因著把這個生徒從需要或欲望之迫促中，甚至是眞正的需要或欲望之迫促中，撤退回來，這同時對於他亦宣告一種得救，即：從種種不滿足中〔求不得中〕而得救（在此種種不滿足中，一切欲望纏繞著他），而他的心靈亦可成爲「能夠接受從其他源泉而來的滿足之感覺」者。吾人的心靈可從那「總是秘密地壓著它」的重擔解脫出來，而亦減輕了這重擔，當純粹的道德決心之事例把一內部的機能顯露給吾人時（此內部機能如不如此吾人對之無正當的知識），此所謂內部的機能即是「內部的自由」之機能，此足以把吾人自己從性好之狂暴的纏繞中解脫出來，解脫到這程度，即：沒有一種性好，甚至最親愛的〔最珍貴的〕性好，將在一決心上有任何影響，對此決心，我們現在是要去使用我們的理性的。設想一案件，在此案件上，單只有我知道錯誤是在我這方面，而且在此案件上，雖然坦白承認此錯誤以及以奉獻去賠償是十分強烈地相反於虛榮即自私，甚至相反於一種反感，即對於「我所損害其權利的人」之反感，此種反感是一種「如不認錯，亦不賠償，亦並非是不合法」的反感，縱然如此，然而我仍能去放棄這些考慮；在這種放棄中，即函有一種「獨立不依於性好與環境」這種獨立之意識，以及「自足於我自己」這種自足底可能之意識，此種意識一般地說來即在其他目的上對於我亦是有益的。現在，義務之法則，因積極價值之故（此積極價值乃是遵守義務法則使我們所感到者），它見到其更易於被接近，即在「我們的自由」之意識中通過「尊敬我們自己」而較容易被接近。當這一

312

點已被建立起，當一個人所恐怖者再沒有什麼比「依自我省察在其
自己眼中見到其自己爲無價值而且爲可鄙」爲更可怖的東西，當是
如此時，則每一善的道德意向即可被接合到**這一點**上去〔即：可被
接合到**這種自我尊敬**上去——依拜克譯〕，因爲**這一點**〔因爲**自由
之意識**——依拜克譯〕是防止心靈受不名譽的以及污濁的〔腐敗
的〕動機之壓力之最好的守護者，不，是唯一的守護者。

我只想去指出道德修養與道德訓練底方法學之最一般的格準。
由於義務之繁多需要對於每一種義務有特殊的規律，而此必是一囉
嗦之事，所以在一像此書之作品中（此書只是一初步之作品），如
果我以這些綱要爲滿足，我將會容易被原諒。

〔案〕：此方法學所示之道德訓練之工夫論可與先秦儒家
在孔子之方向下所開啓的孟子所言之存養與擴充，《大
學》、《中庸》所言之慎獨，下屬宋明儒中周濂溪所言之
「主靜立人極」（「幾動於彼誠動於此」以誠體之思通化
那幾之微），張橫渠所言之「兼體無累」盡心成性以化
氣，程明道所言之「識仁」，程伊川與朱子所言之涵養與
察識，胡五峰所言之內在的逆覺體證（由盡心成性而開
出），李延平所言之超越的逆覺體證（默坐澄心體驗未發
之中），陸象山所言之「先立其大」與明本心（承孟子而
言），王陽明所言之致良知，劉蕺山所言之心宗之慎獨與
性宗之慎獨，相比觀，一一比決其同異。工夫隨成素之分
析而來。分析方面有不同，工夫方面亦異。如此比觀，不
但可明中西哲人思考問題之態度與方式之差異與限度，且

亦可明諸儒間之離合。然此種差異、限度、與離合亦未嘗
不可再依判教之方式予以消融而在更高之層次上會通之
也。

結 語

　　有兩種東西，我們愈是時常地而且不斷地反省它們，它們便以總是新的而且加深的仰慕與恐懼來充滿心靈，此兩種東西便是**在我之上**的天體與**在我之內**的道德法則。我並不須要去尋求它們而且去猜測它們好像它們被隱蔽在黑暗中或是被隱蔽在超越我的視線之外的「超絕區域」中；我眼見它們在我的面前，並且我直接地把它們與「我的存在」之意識相連繫。此兩種東西底前者〔天體〕從我在外部的感取世界中所佔有的地方開始，並從此把我的連繫擴大到一「具著世界上的世界以及系統底系統」的無界限的廣漠，進而且把我的連繫擴大到這些世界與系統〔天體系統〕底周期運動（運動之開始與連續）之無限制的時間中。而後者〔道德法則〕則從我的不可見的自我，我的人格性，開始，並把我展示於一個「有眞正無限性」的世界中，但是此有眞正無限性的世界是只因著知性而爲可追尋的，而且與同著此世界，我辨識到我不是存在於一純然地偶然的連繫中，但卻是存在於一普遍而必然的連繫中，因爲我亦因此而存在於與「一切那些可見的世界」相連繫中。關於一「無數的世界之乘疊」之前一觀點好像是把我的重要性消滅爲只是一動物，此動物在其一短暫時間中被供給一生力以後，必須把「它所由以形成」的

313

那物質重給回「它所居住」的星球（只是宇宙中之一粟），這是一個人不知如何必須如此的。而後一觀點，正相反，它因著我的人格性把我的價值無限地升舉為一睿智體〔之價值〕〔依拜克譯補〕。在此睿智體之價值中，道德法則把一個「獨立不依於動物性，甚至獨立不依於全部感觸世界」的生命顯示給我——至少就此種生命可以從「此法則所指派給我的存在」的使命而被推斷出而言，道德法則可把一如此獨立不依之生命顯示給我，而所謂「道德法則所指派給我的存在」的使命，這一使命即是那「不被限制於此生之條件與範圍，且亦達至於無限」的那使命。

〔案〕：此使命即：「今生來生皆堅守而且繼續不斷地堅守並充盡而且期望圓滿地充盡道德法則」之使命以及「促進並實現圓善」之使命，此類使命即為由道德法則所指派給我者。由前一使命，吾人設定靈魂不滅；由後一使命，吾人設定上帝存在。此兩種設定即使此使命「不被限制於此生之條件與範圍，而且達至於無限」。由此使命即可推斷一「獨立不依於全部感觸世界」的生命，即依此而言道德法則把一如此獨立不依的生命顯示給我。如此之我即足反示我為一睿智體之存在。不是一現象之存在。

但是，雖然仰慕與尊敬可以激起研究，但它們卻不能補充研究之缺無。然則要想在一有用的樣式而且是一個「適宜於這主題之崇高」的樣式中去進入於這研究，那需要被作成的是什麼呢？在此，舉些例子可用來充作一警戒，亦可取用之以為法。世界底默識開始

於這最高貴的景象，即：「人類的感取〔感性作用〕所呈現給我們」的那景象，以及「我們的知性依其廣大的擴張所及所堪能去追隨」的那景象；而此路結束了——結束於**占星學**。道德學開始於人性之最高貴的屬性，此最高貴的屬性之發展與培養給我們一對於「無限的功用」之展望；而此路結束了——結束於**狂熱或迷信**。這在一切粗略的試探上皆然，在此粗略的試探處，工作或事業底主要部分依靠於理性之使用，不過這一使用是這樣的，即它並不像兩足底使用那樣，依經常的練習，以其自己即可來到，尤其當論及那些「不能直接地被展示於普通經驗中」的屬性時爲然。但是，在這格言，即：「你要事先謹愼地去考察理性所想去採取的一切步驟，而且不要讓理性在依事先想好的方法之軌道以外去依別樣的方法來進行」這格言，已開始流行之後（這雖然來得很遲），那時對於宇宙〔世界〕底結構之研究便已採取了一完全不同的方向，而亦因此已達到了一無比地可喜的結果。一塊石頭底降落，一架投石器〔彈石叉〕底運動，把這石頭與彈石器化解成其成素以及那「顯現於此成素中而又數學地被處理」的力量〔諸機械力量〕，凡此最後皆產生了那種清晰的而此後又不變的洞見——「洞見於世界底系統」之洞見，此種洞見，當觀察繼續進行時，可希望去擴大其自己，但又無需恐懼被迫著去縮回。

　　這個例子可把「在處理我們的本性之道德的能力中去進入這同一的途徑」啓示給我們〔推介給我們——依拜克譯〕，並可給我們以希望———同樣好的結果之希望。我們手邊有理性底道德判斷之事例。因著把這些事例分析成它們的基本概念，而若沒有或缺乏〔譯註〕數學時，可因著在常識上作重複的試驗而採用一種「相似

314

於化學底程序」之程序,即:把經驗成素與那「可以在這些事例中被發見」的理性成素分離開,這種分離之程序,因著如此之辦法,我們可把這兩種成素皆顯示爲純粹的,並且我們可確定地知道每一部分其自身所能完成的是什麼,這樣,一方面可阻止「一仍然粗略無訓練的判斷」底錯誤,而另一方面亦可阻止**天才之誇奢**,阻止此後者又更爲必要,蓋因爲因著此後者,就好像因著試金石底熟練一樣,對於自然沒有任何有方法的研究或知識,夢想的寶藏被期待,

315 而眞正的寶藏卻被抛棄。總之一句話,科學(學問──批判地從事的以及有方法地指導的學問)是那「引至眞正的**實踐的智慧論**」的狹窄之門,如果此所謂實踐的智慧論我們理解其意不只是意謂那「一個人所應當去作」者,且亦意謂那「應當當作一指導而服務於教師以去很好地而且清晰地構造〔鋪設〕一每一人所必應遵循的智慧之路,並防止他人誤入歧途」者〔當覆看前243頁〕【編者案:243頁爲德文版頁碼】。哲學必須總是繼續要成爲此門學問底監護人;而雖然一般人不感興趣於此門學問底精微研究,但他們必感興趣於那些結成的主張,而這樣的一種〔批判的〕考察〔如本書者〕首先把此等結成的主張置於一清晰的線索中。

〔譯註〕:

「而若沒有或缺乏數學時」,康德原文是如此,英譯無誤。但此語不很通,似當改爲「而若在此用不上數學時」。

附錄一：《道德學底形上成素》之〈序論〉

XII 對於一般說的義務概念而有的「心之感受性」之開始預備的概念

這些開始預備的概念是這樣的一些道德品質，即如：當一個人不具有之時，他並非被迫著非去得到它們不可。這些道德品質即是：**道德情感、良心、愛一個人的鄰居、尊敬我們自己**（自我尊重）。這並沒有強制——強制着去得有這些道德品質，因爲這些道德品質是「對義務概念而言」的感受這**感受性**之**主觀條件**，而並不是道德之客觀條件。它們一切皆是「被義務概念所影響」的心靈之**敏感的、先在的**，但亦是**自然的能力**；「去得有這些心靈之能力」這並不能被看成是一義務，但是每一人皆有這些能力，而且因着這些能力，一個人可被置於強制或責成之下。對於這些能力之意識並不是屬於「經驗的起源」的，但只能追蹤於道德法則之意識，作爲「道德法則作用於心靈上」的一個結果。

A 道德情感

道德情感是對於快樂或不快樂的感受，快樂或不快樂是只從「我們的行爲之符合於或不符合於義務之法則」之意識而說者。現在，**選擇的意志**〔有選擇權的意志〕之每一決定皆從可能行爲之觀念，通過在感興趣於這行爲或這行爲之結果中的苦樂之情，而**進到**

行事；而在這裏，這感受的狀態（內部感性作用之感應）或是一**感性的情感**，或是一**道德的情感**。前者是這種情感，即：「**先於法則之理念**」的那種情感，而後者則是「**隨法則之理念而來**」的那種情感。

現在，「去有一道德情感或去獲得一道德情感」，這不能是一**義務**；因爲一切責成之意識皆假設有這種情感以便一個人可意識到那居於義務概念中的強制性〔不得不如此〕；但是每一人（作爲一道德的存有）皆在其自身中根源上即有這種道德情感；依是，**責成**只能擴展到這情感底**培養**以及這情感底**加強**，甚至因着讚賞其**不可究測的根源**而擴展至其培養或其加強；此義因展示這問題，即：「如何恰因着純然的理性之概念道德情感始依其自己之純淨性而且離開任何感性的刺激而可強烈地被引起」這一問題，而被結成；而去名此種情感曰「**道德的感取**」〔道德方面的感性作用，一般籠統地說爲道德感覺，或更簡單地說爲道德感〕，這亦是不恰當的；因爲「**感取**」一詞，一般地說來，是意謂「**指向一對象**」的一種**知解性的**〔**理論性的**〕「**知覺之力量**」；而**道德情感**（就像一般說的快樂與不快樂）卻是某種只是**主觀的東西**，此只是主觀的東西並**不供給知識**。沒有人是完全無道德情感的，因爲如果他眞對於這「感覺」是完全無感受的，他必應道德上是死亡的；而若以物理學家底語言說，如果道德的活力不再能在此情感上產生任何結果，則他的人之爲人之人性必瓦解而成爲純然的動物性（好像是因着化學法則而化解爲純然的動物性），而且不可挽回地必與其他物理存有之質量相混合。但是我們對於（道德的）善與惡並沒有一種**特殊的感取**，即在對於「**眞理**」〔知識上的眞理〕而有的**感取**以外的特殊感

取，雖然這樣的字眼常被使用；但是我們關於**自由選擇的意志**對其為「純粹實踐理性以及純粹實踐理性之法則」所推動這一點，卻有一種感受；而正是這種**感受**我們始名之曰**道德情感**。

〔案〕：依康德，我們只有「道德情感」，而並無一種特殊的「道德感取」，因為康德視「感取」（感性底作用，如內部感取外部感取之感取）為一認知字，「指向於對象的一種知解性的〔理論性的〕『知覺之力量』」。道德情感只是主觀的，並不認知對象，「並不供給知識」。它只是「自由選擇的意志」當為理性法則所推動時，所有的一種感受。假定我們的自由選擇的意志之決定是從義務之法則而來，則我們便有一種純淨的快樂之感，此感便是道德情感，而不是感性的情感（生理享受的情感）。這種情感亦可以說是每一人生而本有的，與其存有組而為一的，但卻不是理性，亦不是法則，乃是法則作用於心靈上所引起的結果，「能感受法則之影響」的一種情感，即：康德所謂「感受義務概念這感受性之主觀條件」，它並不是「道德之客觀條件」。沒有人沒有道德情感；但如若他真沒有，你也不能有辦法叫他有；此即是說：不能有一義務強制他非有道德情感不可，此亦即是說：道德情感不能被獲得。我們只能培養它或加強它。「培養它或加強它」是你的義務，而「有之」或「未有而有之」，則不是一義務。凡義務皆有強制性，使你不得不如此。但意識到義務之強制而覺得須從事於這義務，這已便假定了道德情感。是故道德情感生而本有，無有不能令之有。若真無有，則已不是人，而是物。是故「去有一

道德情感或去獲得一道德情感」這不能算是一義務。此即表示說：根本不能說去獲得之。

康德如此說道德情感，以及不允許假定有一種道德的感取，恰如朱子說心以及其反對以覺訓仁。朱子視知覺爲智之事，即是視之爲「指向一對象的一種知解的〔理論的〕知覺之力量」。但「以覺訓仁」中的那個「覺」（明道與上蔡所意謂者）卻只是道德情感，而不指向對象，亦不是一知解的知覺力量，此可名曰「覺情」，此亦可說「覺」，即「惻然有所覺」之覺。康德在此只說情（情感之情），我們可加一「覺」字而說「覺情」。但此覺情卻又不只一種感受，只是主觀的；它是心是情亦是理，所以它是實體性的仁體，亦可說是覺體，此則比康德進一步。縱使就「是非之心智也」而言，智亦不是如朱子所理解，爲「一種指向對象的知解的知覺力量」（借用康德語），爲一認知字，而乃是本心仁體底一種決斷力，實踐的知覺力量（覺情之知覺力量），非知解的（知識的）知覺力量，故陽明由之而言良知以代表本心仁體也。故此「是非之心智也」之智亦同時是心是情是理者。此則既駁朱子亦駁康德。康德不用「道德感取」一詞是對的；但其所說的道德情感卻又只是主觀的感受，而不是理性之法則，這也是心理爲二也。但他還設定一個自由自律的意志，此則比朱子爲高。故康德是朱子與陽明之間的一個居間形態。

若康德所說的道德情感上提而爲覺情，即以之指目本心仁體或良知之知體，則此即是吾人之性體，心性是一，心理是一，則此性體亦不能被獲得，亦不能說「去有此性體」爲一義務。因

爲既是性體，焉能再說被獲得？義務乃是性體之所發以賦諸吾人者。下關於良心亦同此論。

B 關於良心

同樣，良心亦不是一須被獲得東西，而「去獲得之」亦不是一義務。但是每一人，作爲一道德的存有，皆根源上即有之於其自身內。被迫著去有一良心，這必等於說在一義務下去承認諸義務。因爲良心是這樣的實踐理性，即：「在每一法則之情形中，此實踐理性在一個人面前執持此人之義務，即爲獲免或定罪而執持此人之義務」這樣的實踐理性〔案：此即主觀意義的實踐理性而不是客觀意義的實踐理性〕；因此，良心並不涉及一**對象**，但只涉及**主體**（即以其自己之活動來影響道德情感）；這樣，良心是一**不可免的事實**，而不是一**責成**，亦不是一**義務**。因此，當一個人說：「這個人沒有良心」，此語所意謂的乃是：他不注意良心底指揮。因爲如果他眞不曾有任何良心，他必在任何「依照義務而作成」的事上不信任他自己，他亦不能以違犯義務而譴責他自己，因而他必甚至不可能去思議「須有一良心」之義務。

我且跨過關於良心底種種隸屬的區分，我只觀察那「從適所已說者」而來者，即是說，我只觀察沒有「錯誤的良心」這會事。在「是否某事是一義務或不是一義務」這樣的**客觀判斷**中去弄錯，這有時是可能的；但是「爲那客觀判斷底目的之故，我是否已把這某事與我的實踐的理性（在此即裁判地活動的理性）相比對」，在這比對之**主觀判斷**中我不能有錯誤；因爲如果我會有錯，我畢竟不會

有已運用過的實踐判斷,而在此情形中,則既無「對」,亦無「錯」。「無良心」並不是良心之缺無,但只是這一種癖性,即「不注意良心底判斷」這種癖性。但是當一個人意識到「他已依照他的良心而活動」時,則就有罪或無罪而言,他便不再需要什麼更多的事,所需要的只是他須把他的知性,即關於「什麼是義務或不是義務」之知性,弄得清明〔案:此則可使客觀判斷正確,這是知性底事〕;但是當知性歸於或已歸於行動時,則良心即不由自主地而且不可免地要說話〔案:此即是主觀的判斷,良心底裁判〕。因此,「要有良心地去活」這不能是一義務,因為若不然,則必須要有一第二良心,以便意識到第一良心之活動。

在這裏,義務只是去培養我們的良心,去對於內部法官〔檢察官〕底聲音加快我們的注意,去使用一切方法以確保服從於良心,這樣,這義務是我們的間接的義務。

C 關於愛人

「愛」是情感之事,不是意志或決意之事,而我不能因為「我意欲去愛」〔意即:我的意志決定去愛〕,所以才愛,我亦不能因為「我應當去愛」,所以才愛(我不能被迫著去愛)。因此,這並無「當作一義務而去愛」這樣的事。但是,仁慈,當作一種行動看〔不是仁慈心〕,卻可以服從一義務之法則。無私的仁慈常被名曰愛(此雖十分不恰當);甚至當他人底幸福不被關切,但只把個人自己的一切目的完整而自由地統屈從於另一存有(甚至一超人的存有)之目的,愛亦被說為「亦是我們的義務」。但是一切義務都是

不得不如此的或強制性的，雖然這強制可以是依一法則而自制。但是凡從強制而作成者並不是從愛而作成者。

「依照我們的能力善待他人，不管我們愛他們或不愛他們」，這是一義務，而縱然我們必須作這悲哀的注說，即：「我們的人類呀，嗳！當我們愈眞切地知之時，它實並不是這樣被見爲特別值得愛」，這義務亦並不喪失其重量之絲毫。但是，「恨人」總是可恨的事：縱使這「恨人」只存於對於人類的完全厭惡而無任何實際主動的敵意（此如獨居的避人避世者），「恨人」亦是可恨的事。因爲仁慈總是一義務，甚至對「恨人者」，仁慈亦仍是一義務。對這「恨人者」，我們不能愛他，但我們能對之表示和善。

「憎恨人們的惡」〔惡惡〕，這既不是義務，亦不是反於義務，但只是一「惡惡」之情，意志對於這情感無影響，這情感對於意志亦無影響。慈善是一義務。一個人如果他時常實踐慈善，並且見到他的慈善的目的已成功，則最後他實可愛其所對之有慈善之行的那個人。因此，當我們說：「你應當愛你的鄰人如同愛你自己」，這句話並不意謂：你應當首先愛，然後再因著這愛而善待之；而是意謂：善待你的鄰人，而此種仁善之行將在你身上產生對於人的愛（此種愛是一種定習，即傾向於善行的定習）。

因此，愛「滿足」必唯一是直接的。這是一種快樂，它直接與「一對象底存在」之觀念相連繫，而「對於這種滿足要有一義務，即是說，被迫使著去在一物中找到快樂」，這必是一矛盾。

　　〔案〕：仁慈與愛不同，愛是感性的情，而仁慈則從理。
　　孔子所説的「仁」是從理者，故曰：「克己復禮爲仁」。

即使從仁說愛，這愛亦是從理說的愛，不是從感性之情說的愛，此亦如耶穌所說的「愛仇敵，愛鄰人」之愛。康德說：「這種愛是實踐的愛，不是感性的愛，是一種位於意志中的愛，不是位於感性底嗜好中的愛──位於行動底原則中而並不屬於柔性的同情的愛；單只是這種愛始可被命令。」（《道德底形上學之基本原則》第一節中語）。感性之情的愛是不能被命令的，正如喜歡吃咖啡，這「喜歡吃」是不能被命令的，因此，它亦不是一義務。慈善──仁慈之行是一義務。依儒家，從本心仁體而發的仁愛之行是一義務，但本心仁體自身既被肯定為性體，則此性體不能被獲得，亦不能說去獲得此性體是一義務，此與上說良心同。

愛「滿足自得」，此種自得亦如支道林所講的「足於物」的逍遙，此並非修道境界的真逍遙。此後者是精神的，可以作一義務看，而前者是感性的，不能作一義務看。

D 關於尊敬

尊敬同樣是某種只是**主觀的**東西，是一特種的情感，而不是關於一對象的判斷，此所謂「對象」是這樣的，即：「去達成之或去促進之」乃是一義務，這樣的對象，即不是關於「在義務上要達成之或促進之」這樣一個對象之判斷〔案：此對象指「善」說〕。因為如果尊敬要被看成是一義務，則它只能因著「我們對之所有的尊敬」而被思議為是如此。因此，對於尊敬要有一義務，這必等於

說：在義務中被迫著「去有一義務」〔案：意即義務上非有一義務不可〕。因此，當我們說：「人有一自我尊敬之義務」，此語是不恰當地被陳述了的，我們實當該這樣說：在他自己之內的法則不可免地迫使他尊敬他自己的存在，而此種情感（此是一特種的情感）是某些義務底基礎，即是說，是某些活動底基礎，此某些活動即是可與他的「對其自己之義務」相一致者。但是，我們不能說：他有一「尊敬其自己」之義務；因為要想畢竟能夠去思議義務，他必須對於在其自己之內的法則有尊敬。

〔案〕：不知尊敬法則，便不解義務為何物。義務是法則命令著吾人必須去行者。要有此義務之意識，必須先知尊敬法則。因此，「尊敬法則」這尊敬之情亦同樣只是主觀的東西，這亦是心之感受性——感受法則之影響於吾人而使吾人覺得法則值得尊敬這感受性之主觀條件。它亦是「心靈之敏感的、先在的，但卻亦是自然的能力」。當這心靈之能力為義務概念（或法則）所影響時，它即起現而為尊敬。我們只能培養、滋長或加強這種尊敬之情，而不能說「去有這尊敬之情」是一義務。我們只能說「培養這尊敬之情」是一義務，因此，這是一間接的義務，即：因著此「培養尊敬之情」之義務，我們始可進一步實行法則之所命令者而去盡那直接的義務。「尊敬」本身不是一義務，它是生而有的內在的主觀之情（孟子曰：恭敬之心人皆有之）。「一個人如不曾有之，他不能被迫著非去有它或獲得它不可。」如果「去有它或獲得它」是一義務，則

你何以能有此義務之意識？你必須先對於那要被視爲義務的尊敬有尊敬之情始可，因此，這即預設了尊敬，因而終不能視「去有尊敬」爲一義務。故康德云：「如果尊敬要被看成是一義務，則它只能因著『我們對之所有的尊敬』而被思議爲是如此。因此，對於尊敬要有一義務，這必等於說：在義務中被迫著去有一義務。」此意是說，如果尊敬須是一義務，則因此作爲義務之尊敬須先預設對此尊敬有尊敬，故此作爲義務之尊敬須有另一尊敬（第二尊敬）以使此第一尊敬之爲義務爲可能；而如尊敬爲一義務，則所預設之第二尊敬亦當爲一義務，如是，此第二尊敬又須有一第三尊敬，依此後溯，以至無窮，如是，便成無窮後退過。因此，尊敬之情不能是一義務，一如良心之有不能是一義務。「對于尊敬要有一義務」等於說「在義務中被迫著去有一義務」，此語之意即是無窮後退：第一尊敬之爲義務須第二尊敬之爲義務，乃至第二須第三，我們永遠是在義務中被迫著有義務，而不是在尊敬法則中實行義務，而尊敬永不可得，而義務之意識亦終於主觀地不可能。

附錄二：《道德學》論良心

我們人心中的一個內部法庭之意識便是良心（在此法庭面前人的心意互相責難並互相原諒）。

每一個人皆有一良心，並且每一個人皆覺得他自己為一內部的法官〔檢查官〕所注視，此內部的法官威嚇他，並且使他處於恐懼中（處於敬畏中，處於與懼怕相結合的虔敬中）；而這一種力量，即：「注視或守護在他之內的法則」之力量，並不是某種「他自己所隨意造成」的東西，而乃是生而有之者，即組織之於其存有中者。當他想去逃避它時，它卻像他的影子一樣永遠跟著他。他實可因著快樂與分散〔迷亂〕而自欺〔自己愚弄自己〕，但他不能避免時或醒悟，在醒悟時，他即刻覺察到它的可怕的聲音。在其極度的墮落中，他實可不注意於此聲音，但他不能不去聽它。

現在，這一種**根源的、智的**，而且是**道德的**（如一義務之概念之為道德的）**能力**，所被名曰**良心**者，它有這特性，即：雖然它的事業是「一個人有事於其自己」之事業，但是這一個人他見到他自己為他的理性所逼迫，被逼迫著去處理這事業好像是在另一人之命令下去處理這事業似的。因為這處理在這裡就是在一法庭前一種裁判之行為。但是，「一個為其良心所責備的人必須被思議為與法官為同一人」，這是對於法庭底一種背理的想法；蓋如此，則控訴人必喪失其立場。因此，在一切義務中，人底良心，如果它要想避免自相矛盾，它必須視人自己以外的另一個人為關於「他的行動」之法官。現在，這另一個人可以是一個現實的人，亦可以只是一個理

想的人,即:理性為其自己所構想的一個理想的人。這樣一個理想化的人(有權威的良心之法官)必須是一個「知道心意」的人;因為這法庭是建立在人底內部;同時,他也必須是責成一切者〔一切義務之責成的人〕,即是說,他必須是或被思議為是這樣的一個人,即:「在關涉於這個人中,一切義務須被視為是他的命令」這樣的一個人;因為良心是一切自由活動底內部法官〔檢察官〕。現在,**因為**這樣一個理想化的道德的存有必須同時有一切力量(天上地上的一切力量),因為若不然,他必不能把諸命令底適當結果給與於他的那些命令(這些命令之適當結果是法官辦公室中所必然需要的),又**因為**具有「越過一切力量」以上的力量的這樣一個道德的存有即叫做是上帝,**所以**良心必須被思議為是「一個人在上帝面前為其自己的行為負責」這**一種**負責底**主觀原則**;不,這上帝之概念實包含在(雖然只是隱晦地包含在)每一道德的「自我意識」中,猶不只「在上帝面前」而已也。

〔案〕:此段文見於《道德學》(*Tugendlehre*)293頁以下。阿保特譯將此段文移於〈道德學底形上成素之序論〉最後一段(XVII)末尾作結。今附錄於此,須與前附錄「關於良心」段合看。茲將此兩段文合疏如下:

康德以法庭底情形比喻良心之裁判。「人心中一個內部法庭之意識就是良心。」人皆有良心,並見其自己為一內部的法官(檢察官)所注視。此內部的法官威嚇他,並使他處於恐懼中,處於敬畏中。此種力量是他生而有的,組織於其存有中的,不是他所隨意造成的。這是一種「守護在

他之內的法則」的力量。它如影隨形，總跟著他。人在清醒的時候，立刻覺察到它的可怕的聲音。這一切同於中國儒家所說的「良心不昧」，《中庸》、《大學》所說的「慎獨」：「戒慎乎其所不睹，恐懼乎其所不聞」、「毋自欺」，以及王陽明所說的「無聲無臭獨知時」之獨知。試以王陽明所說的良知爲準而比論之。良知也可以比喻爲一個內部法庭之意識，良知底裁判（良知之獨知），亦如一內部的法官。至此爲止，康德所說的良心與陽明所說的良知完全相同。但康德說，良心是「守護在人之內的法則之力量」，其所守護之法則與良心爲一爲二？依上〈附錄一〉，良心亦是心靈之感受性底主觀條件，它本身不是一義務，亦不是一法則，它不是道德底客觀條件，而是感受義務這感受底主觀條件，而義務則是由法則底命令而成。法則是理性所立。照這分別的說法，顯然良心與法則是二，不是一；而且良心亦不是法則之源，法則亦不出於良心。但是王陽明所說的良知卻是心理是一者：良知之獨知（知是知非）即是良知之感受性（心靈之感受之主觀條件），但同時良知亦即是天理（法則）——良知即是法則之源，法則即出於良知；良知即是理性，並非良知外別有一個虛懸的理性。在此顯出了良心與良知底差別。依康德，良心只是主觀的。依陽明，良知之獨知是主觀的，此可說是良知之**主觀性**，但良知亦是天理，此可說是良知之**客觀性**。當陽明說「知善知惡是良知」時，這良知之知不只是「知善知惡」這知之活動，而且即在此知中決定一法

則或方向，良知即是天理，所以陽明總說「良知之天理」。因此，良知是**實體性的天心**，不只是知之活動中之感受性（當然更不是認知作用的知解）。但是康德所說的良心卻只是主觀的感受。「良心是這樣的實踐的理性，即：『在每一法則之情形中，此實踐理性在一個人面前執持此人之義務，即為獲免或定罪而執持此人之義務』，這樣的實踐理性；因此，良心並不涉及一對象，但只涉及主體（即以其自己之活動來影響道德情感）；這樣，良心是一不可免的事實，而不是一責成，亦不是一義務。」（上〈附錄一〉關於良心段）。依此文，康德亦說良心是**實踐的理性**，但卻是主觀意義的實踐理性，而不是客觀意義的實踐理性，「因此，它不涉及對象，但只涉及主體。」若依陽明而觀，這所說的主觀意義的實踐理性（良心）與客觀意義的實踐理性（意志自律以及法則），這兩者當該是一。但在康德，則不能是一。良心只是主觀的感受。說「良心底判斷」、「良心底指揮」（見前〈附錄一〉關於良心段），這判斷或指揮並不表示一法則，它只表示感受性底作用，它是虛的，純主觀的，它與法則底無上命令不同。法則底命令是實的，客觀的，是理命，是靜態的。但心之感受性之判斷或指揮則是良心之守護法則，而這判斷本身不是法則，它只是一種虛的動態的作用（裁判地活動的理性，主觀意義的實踐理性）；它的指揮或判斷只表示它能檢查或審定人是否依照法則所定的義務而行。因此，良心與法則不是一，亦即心與理不是一。因此，良心不是

實體性的心，雖然它亦是人生而就有的，亦不是可以獲得的——自此而言，它不是一義務，它是守護法則，執持義務於人之面前者。因此，康德所說的良心尚只停在主觀狀態中，尚未進至孟子與陸王所說的實體性的本心之境界。但是，他的分解是可以再進一步予以消融的。

又「關於良心」一段，康德說沒有「錯誤的良心」，此義亦精。「在『是否某事是一義務或不是一義務』這樣的客觀判斷中去弄錯，這有時是可能的；但是『爲那客觀判斷底目的之故，我是否已把這某事與我的實踐的理性（在此即裁判地活動的理性）相比對』，在這比對之主觀判斷中我不能有錯誤。」案此中後半句是略辭，尚不甚完整，即不只是「將某事與裁判地活動的理性（即：主觀意義的實踐理性，即良心）相比對（相對照）」，而且即在此比對中，良心即有是非或善惡之判斷，此判斷即是主觀的判斷，亦即良心之感受，這不會有錯誤。因爲良心之獨感是最後的、純一的，不能有對錯交替之可能。若有此可能，則良心不是現成的，不是一「不可免的事實」，而是後天訓練成的，這便成可獲得的，但良心不可獲得。因此，即就良心之獨感而言，其本身不能有錯誤。依康德，錯誤是在知性方面。客觀地判斷某事是否是義務，這是知性底事。但是是義務不是義務一經與良心相對照，則立刻能感知之，這樣的感知（獨知）之主觀判斷不能有錯誤。依陽明，這層意思是對的，但尚不止於此。依陽明，良知之主觀性與客觀性是一，即是把康德所說的良心提升上去而且

豎立起來與他所說的自律自由的意志合而為一。良知主觀
地感是感非同時即客觀地自立法則以定義務。至於在現實
生活裡關於某事是否提義務，知性雖可有錯，但亦需要有
知性之助，此即所謂「道問學」之事，良知管不了這麼
多。王學致良知教在許多有關的方面體會得比康德更為深
遠，而且更為周匝圓備，是故可消融康德之分解也。讀者
順此悟入，當可一一詳辨之。

良心守護法則，能檢查並審定人是否依照法則所定之義務
而行。因此，良心可表示一個內部的法庭。在此法庭上，
有原告，有被告，有最高的法官。我們平常說「良心底事
業是人有事於其自己底事業」，但「人有事於其自己」是
一句籠統語，此中必須分析出原告、被告、法官底格位。
原告，控訴者，也可以說就是檢察官，此即是良心。被告
是這行動的現實人，即具有理性的「感性人」。他的行動
是否依法則所定的義務而行，良心皆能感受而知之。因
此，良心守護法則，維持義務。如果我們的行動不依義務
而行，它就要以檢察官底身分提出控訴。它向誰控訴呢？
依陽明，良知知是知非，它本身是檢察官，同時亦是最高
的法官。但是康德卻並不能如此說，他要在良心以外再構
想一個格位以為最高的審判官。此最高的審判官是一個理
想化的格位，它是理性給其自己所構想的，此即是上帝。
因此，良心是向上帝控訴這個賦有理性的感性人。「良心
底事業雖是人有事於其自己底事業，可是人見到他自己為
理性所逼迫去處理這事業好像是在另一格位底命令下去處

理。」我們不能把良心所控訴的人視爲與法官爲同一人。因此，不是人處理他自己，乃是另一人處理他自己。如果是同一人，則控訴者又成被控訴者，此則便成自相矛盾，而控訴人便喪失其立場。「因此，在一切義務中，人底良心必須視這人自己以外的另一個人爲他的行動底法官。這另一個人可以是一個現實的人，亦可以只是一個理想的人（康德名之曰作爲智思物的人）。這樣一個理想化的人格（有權威的良心之法官）必須是一個知道心意的人，因爲這法庭是建立在人底內部。」此中所說「這樣一個理想化的人格」，康德用括弧註之以「有權威的良心之法官」。這當該是良心所向之提控訴的法官，並不表示良心本身是這有權威的法官。良心只是控訴人，或只是檢察官。因爲這個理想化的格位（人格）、有權威的良心之法官，康德心目中視其爲上帝，而在康德的道德哲學中，良心不會是上帝。因此，「有權威的良心之法官」只應是良心所向之提控訴的那個有權威的最高審判官，而並非說良心本身是這有權威的法官。若依陽明所說的良知，良知是檢察官，同時亦是有權威的最高審判官，因爲良知既有**主觀性**，亦有**客觀性**（如前所說），而且是「乾坤萬有之基」，此即是其**絕對性**，良知是最後的實體，良知以外不能再有一個更高的上帝。但是，在康德則不能如此。

這樣一個理想化的人格、有權威的良心〔法庭上〕之法官，不但是一個知心意的人，而且「同時他亦必須是責成一切者（一切義務之責成者），即是說，他必須是或被思

議爲是這樣的一個人，即：在關涉於這個人中，一切義務
須被視爲是他的命令，因爲良心是一切自由行動底內部檢
察官（inward judge）。」康德用"inward judge"說良
心，又用"the authorized judge of conscience"（有權威
的良心〔法庭上〕之法官）說那理想化的人格，他都是用
"judge"這個字，這使得非常混亂。按理，如果良心不
能是上帝，則於良心處之"judge"只能譯爲檢察官，因
爲它只是控訴者；而於理想化的人格處，則譯爲「有權威
的良心〔法庭上〕之法官或審判官」。良心既只是一內部
的檢察官，則它只能感受地知吾人之行動是否是依義務而
行，但它不能決定義務。義務是實踐理性底道德法則所客
觀地決定成者。道德法則客觀地即理性地命令著吾人必須
依法則而行，不管你願意不願意，此之謂義務。這些義務
可以看成是理想化的人格（有權威的法官）底命令，不是
良心底命令，即這些命令（理命）不是良心之所發。

這樣，我們現在可以關聯著那理想化的人格而確定良心在
內部法庭中的地位。確定之程序如下：㈠這樣一個理想化
的人格即道德的存有，因爲他是一切義務之責成者，所以
同時他亦必擁有天上地下的一切力量，越過一切力量以上
的力量。因爲若不然，他必不能把其命令之適當結果給與
其命令，而這些適當結果是他的法官身分底辦公室中所必
然需要的。這個意思即是德性與幸福間的適當的比配。命
令表示德性，每一命令之適當結果表示幸福。這只有擁有
一切力量的那個理想化的人格，那個最高的道德的存有，

始能把其命令之適當結果比例地分配給每一命令。㈡這樣一個擁有越過一切力量以上的力量的道德存有即叫做是上帝。由以上兩義，我們可說㈢良心必須被思議爲是一個人在上帝面前爲其自己的行爲負責這一種負責之**主觀原則**。但依陽明，良知是感受底主觀條件，負責底主觀原則，同時亦是道德底客觀原則、客觀條件。因此，良知是心理爲一，是實體性的本心。

又，康德在此說理想化的人格是意指上帝而言，其實在良心法庭中，所直接分析出的就是實踐理性底無上命令、道德法則。這個實踐理性底無上命令也可以格位化而名之曰理想化的人格，此理想化的人格也可以名之曰人之物自身的身分，即：作爲智思物的人。康德在此把他上提而說爲上帝，這是進一步的格位化，即，由於把實踐理性所規定的義務視爲上帝底命令而成的進一步的格位化。其實上帝只是實踐理性底一個設準──爲圓善可能底條件，這樣，便分開說了，而在此則合一說了。

若問實踐理性落實處究是什麼，康德首先說只有一個理性，而有知解的使用與實踐的使用，這樣說的理性便只是虛說。他進一步說實踐理性就是自由意志、意志底自律，這便落實了。但他說意志只從理性一面觀看，不從心一面觀看。其實意志是心底本質作用，意志即是心理爲一者，這即是陽明所說的良知，良知心體即性體。如此，便沒有如康德所限定的只是心之感受之主觀條件的良心，也可以說這是把康德所說的良心上提並豎立而爲良知，把心理爲

二提升而爲心理是一，把康德所說的「意志」恢復了其心底意義。再進一步，良知不但是道德底主客觀原則（只有既是主觀原則又是客觀原則，道德法則之體現始有力），而且是形而上學的創生原則，是乾坤萬有之基，不但是道德性的心體性體，而且是形而上的道體，而此兩者是合一的，是頓時圓融的，因此，良知就是上帝，不再如康德那樣，在作爲實踐理性的自由意志以外復預設一上帝以爲另一設準。這樣，便全體通透了。這是可以由問題底逼迫而步步升至的。因此，我說康德是朱子與陽明之間的一個居間的形態。

《牟宗三先生全集》總目